药物化学

Yaowu Huaxue

李淑敏 崔成红 主编

山东人民出版社
全国百佳图书出版单位 国家一级出版社

编委会成员

主　编　李淑敏　崔成红

副主编　王桂梅　杨俊玲

编　者　（以姓氏笔画为序）

王桂梅（山东药品食品职业学院）

付艳辉（海南师范大学）

李淑敏（山东药品食品职业学院）

李淑清（山东药品食品职业学院）

李敏之（山东新华制药有限公司）

杨俊玲（山东药品食品职业学院）

余　霞（山东药品食品职业学院）

刘命彩（山东淄博新华大药店连锁有限公司）

隋新安（山东药品食品职业学院）

崔成红（山东药品食品职业学院）

前 言

《药物化学》是药学相关专业的一门专业基础课,在化学基础课与化学制药技术、药物制剂技术、药物分析技术、临床药学等应用性专业课之间起着承前启后的作用;它主要研究新药开发、药物合成、药物理化性质及其分子水平研究药物的作用方式等,是一门综合性学科。学生通过本课程的学习,对全面掌握药学相关学科的知识起重要的引导作用。因此,本教材的编写,既强调了本课程的专业基础,又强化了课程的实践性和实用性,强化学生职业技能和职业素养的培养,增强学生的就业竞争力和发展潜力。

按照我国高职高专"以服务为宗旨,以就业为导向"为基本特征的教育人才培养模式,由企业一线技术骨干参与,由山东药品食品职业学院药学系组织,结合教学和实际药学工作,广泛听取各方面的意见和建议,达成共识:以全面提高学生的综合职业能力为中心,从知识、能力和素质结构出发,将职业素质的养成融入教材的编写中。

本教材打破了传统的学科体系和教材形式,大胆进行从形式到实质的改革创新,采用了全新的结构模式,按知识、能力、素质结构要求重新整合教材体系和教学内容,将教学内容、学习指导、实训项目与指导有机地结合在一起,做到理实一体化;遵循学生的认知规律和职业能力递进规律,学习内容按照由易到难的顺序进行了调整,将人们经常接触并且相对简单的解热镇痛药放在前面,激发学生的学习兴趣,将抗感染药物调整到前面,突出其在临床应用中的重要地位;增加了抗老年痴呆及改善脑代谢药、抗血栓药、抗骨质疏松药和抗艾滋病药等特殊疾病的用药,突出教材与时俱进的特点。依据《中国药典》(2010 年版)和国家基本药物目录(2012年版)遴选典型药物品种,删除部分陈旧的内容;将药物变质反应和代谢反应等通论知识以知识链接等方式穿插到各章学习内容中,便于学生理解接受。理论内容的选取对接全国卫生专业技术资格药师(士)资格考试及执业药师考试大纲等主要内容，实验实训项目的设计与岗位需求衔接，为学生将来考取执业药师资格打下基础。教材中穿插了“课堂活动”、“知识链接”、“难点释疑”和“案例分析”、“课外活动”等栏目，注重引入实际案例，以提高学生理论联系实际、分析解决问题的能力，每章后的“目标检测”有助于学生及时复习和巩固所学知识。整个教材突出了职业的特点，尤适合药学等相关专业的教学。

本教材内容主要包括：各类药物的发展概况；典型药物的名称、化学结构、理化性质、主要用途；重要类型的构效关系、体内代谢、合成路线；简要介绍了药物的稳定性、药物代谢、药物的构效关系与新药研究等知识。实验实训由药物合成、综合实训等 10 个项目组成，各专业可根据实际需要进行选择。

本教材在编写过程中借鉴和参考了国内外大量的参考文献及相关教材，得到了山东人民出版社、山东药品食品职业学院以及山东新华制药有限公司、山东淄博新华大药店连锁有限公司、海南师范大学的大力支持与鼎力帮助，在此一并表示衷心的感谢！

由于编者水平有限，不当和疏漏之处在所难免，恳请广大读者和有关院校在使用中提出宝贵意见，以便进一步修订。

李淑敏　崔成红

2014 年 6 月

目 录

第一章　绪　论

一、药物化学的内容与研究任务

药物是指具有预防、治疗、缓解和诊断疾病，有目的地调节机体生理机能的物质。

按照其来源和性质不同，可将药物分为天然药物、化学药物和生物药物三大类。化学结构确切的化合物称为化学药物，主要包括无机药物、化学合成的有机药物或天然药物中提取的有效成分或单体，或者通过发酵方法得到的抗生素或半合成抗生素。化学药物是目前临床上最常用和最重要的一类药物。

药物化学（medicinal chemistry）是一门发现与发明新药、合成化学药物、阐明药物化学性质、研究药物分子与机体细胞（生物大分子）之间相互作用规律的综合性学科。涉及生物学、医学和药学等多个学科的内容，研究内容扩展到研究药物的化学结构与生物活性之间的关系（构效关系）、药物在生物体内的代谢过程，药物分子在生物体中作用的靶点以及药物与靶点结合的方式，并从分子水平上解析药物作用机制和作用方式，运用计算机辅助进行药物设计等。药物化学也是药学领域中的重要学科。

药物化学既要研究化学药物的结构、理化性质及其变化规律，又要研究药物的体内代谢、作用机制及构效关系，其主要任务是研究和创制新药。

基于药物化学的研究对象和学科特点，其主要任务有如下三个方面：

第一　为有效利用现有化学药物提供理论基础

研究药物的化学结构与理化性质、化学稳定性、体内代谢、药效之间的关系及变化规律，可为药物的贮存与保管、剂型选择与制备、药物分析方法确立、临床合理用药及配伍、药物化学结构修饰等奠定必要的化学理论基础。因此，为有效利用现有化学药物提供理论基础是当前药物临床使用的需要，是药物化学的一项基本任务，也是高职高专药品类专业学生学习药物化学课程的主要任务。

课堂活动

1. 抗生素类药物青霉素钠结构中含有β－内酰胺环，为什么在临床上使用时不能口服，而只能制成注射用无菌粉末？

2. 解热镇痛药阿司匹林结构中具有酯键，为什么要密封，在干燥处保存？

根据以上分析，思考药物的化学结构及理化性质在药物应用中的重要性。

第二　为化学药物的生产提供经济合理的方法和工艺

研究化学药物的合成原理和路线，选择和设计适合我国国情的生产工艺条件，提高合成设计水平，研制新原料、新试剂、新工艺和新技术是药物化学的一项基本任务。改进合成的路线和工艺，降低生产成本，获取更大经济效益是化学药物生产的中心环节。将药物化学研究成果运用于药物生产实践，现已形成药物化学一个新的分支学科——化学制药工艺学。

第三　寻求优良新药，不断探索研究开发新药的途径与方法

通过多种途径和方法来寻找、发现具有进一步研究开发前景的先导化合物(lead compound)，对其进行结构改造和优化，创造出疗效好、毒副作用小的新药是当今药物化学的首要任务。目前，创制新药的研究已经构成药物化学的一个重要分支学科——药物设计学。

药物化学课程是高职高专药学相关专业核心课程，也是国家药士(师)资格及国家执业药师资格的考试科目之一。根据不同专业的培养目标要求，教学重点有所不同。高职高专学生学习药物化学应以药物发展过程为主线，以药物的化学结构为中心，以药物的理化性质为重点，基本要求为：

1. 熟悉各类药物的发展概况、分类或化学结构类型；

2. 熟悉重要结构类型的构效关系、作用机制；

3. 掌握典型药物的名称、化学结构、理化性质、临床应用特点，学会应用药物的理化性质解决药物的调剂、制剂、分析检验、贮存保管及临床使用等问题；

4. 熟悉典型药物的合成路线；

5. 了解新药研究与开发、药物体内代谢的基本知识。

总之，药物化学的总体目标是有效利用现有化学药物和创制新药，不断提供药物新品种，促进医药工业发展，提高人类健康水平。

二、药物化学的发展概况

(一)药物化学的历史回顾

人类应用矿物、植物和动物等天然物质防治疾病的历史可追溯至数千年前,早期应用的化学药物是从矿物、植物、动物等天然物质中提炼出来的。19 世纪以来,以近代医学、化学、生物学的发展和化学工业的建立为基础,形成了应用化学的一个重要分支学科——药物化学,化学药物也逐渐成为临床上防治疾病的一类主要药物。

1. 形成与建立阶段

19 世纪初至中期,化学学科已有相当基础,人们已能从临床应用的植物、矿物中提取、分离出有效成分,如从野生植物古柯叶中分离得到具有麻醉作用的可卡因,从金鸡纳树皮中分离出了具有抗疟疾作用的奎宁,从罂粟的果实中提取分离得到具有镇痛作用的吗啡。这些活性成分的确定证实了天然药物中所含的化学物质是其产生治疗作用的物质基础,从而为化学物质替代天然药物奠定了基础。

19 世纪中期以后,由于化学工业的发展,人们用简单的化工原料合成药物,并进行大规模生产,如将乙醚作为全身麻醉药,苯酚作为消毒防腐药,以水杨酸为原料合成阿司匹林等,药物化学的研究开始由天然药物转向人工合成品。同时,人们开始思考药物结构与生理活性的联系,探索药效基团,为 20 世纪初化学药物的合成和进展奠定了基础,与此同时药物化学逐渐成为一门独立的学科。

2. 发展阶段

20 世纪 30 年代到 60 年代,这一阶段合成药物大量涌现,如内源性活性物质的分离、测定、活性确定以及酶抑制剂的联合应用等,这一时期是化学药物发展的黄金时期。

20 世纪 30 年代中期,百浪多息和磺胺被发现后,陆续合成了许多磺胺类药物,开创了现代化学治疗的新纪元。1940 年青霉素疗效得到肯定,各种抗生素陆续被发现并化学合成,化学治疗的范围日益扩大。1940 年,随着代谢拮抗理论的建立,人们不仅阐明了抗菌药物的作用机制,也为寻找新药开拓了新的途径。例如,根据抗代谢学说发现了抗肿瘤药、利尿药和抗疟药等。药物结构与生物活性关系的研究也随之开展,为创制新药和先导化合物提供了重要依据。药物化学也逐渐发展成为一门独立的学科。

知识链接

青霉素的发现与贡献

1928 年英国细菌学家弗莱明(Fleming)发现青霉素,此后,英国科学家弗洛里(Florey)与德国生物化学家钱恩(Chain)进行深入研究,青霉素于 1941 年首次用于临床,1943 年开始工业化生产。青霉素的发现是 20 世纪药物化学最突出的成就之一,开创了抗生素研究的新纪元,在细菌感染性疾病的治疗中发挥了重要作用,挽救了无数人的生命。由于在青霉素研究上的杰出贡献,以上三位科学家赢得了 1945 年的诺贝尔生理学或医学奖。

20 世纪 50 年代以后,随着生物学和医学科学的发展,药物在体内的作用机制和代谢变化逐步得到阐明,导致联系生理、生化效应和针对病因寻找新药,改变了过去单纯从药物的显效基团或基本结构出发寻找新药的方法。例如,以具有药理作用的母体作为先导化合物(lead compound)进行结构改造,利用潜效化(latentiation)和前药(prodrug)概念设计能降低毒副作用和提高选择性的新药等。1952 年发现治疗精神分裂症的氯丙嗪后,精神疾病的治疗取得了突破性进展。

知识链接

先导化合物

先导化合物是通过各种途径或方法得到的具有一定生物活性的化合物,可以用来作为进行结构修饰和结构改造的模型,进一步优化获得预期药理作用的药物。

先导化合物的发现方法:(1)随机(青霉素);(2)天然产物(生物碱);(3)内源性物质(激素);(4)药物代谢物(磺胺类药物);(5)临床副作用、老药新用及模仿(me - too)结构改造(阿司匹林防血栓);(6)基于生物大分子的 CADD;(7)组合化学和 HTS;(8)中间体(异烟肼);(9)生物工程、寡义核苷酸技术、单克隆技术等新技术。

早期甾体激素主要从脏器提取,到 20 世纪 50 年代发展到化学合成并结合微生物转化的方法大量生产,甾体激素成为一类重要的药物,并以此合成为基础,分别发展了一系列计划生育药和抗炎药。60年代,发现了非甾体抗炎药吲哚美辛,一系列非甾体抗炎药先后上市。在抗生素大量使用和生产的基础上,发现了6－氨基青霉烷酸(6－APA)和7－氨基头孢烷酸(7－ACA),为半合成β－内酰胺类抗生素开辟了道路。

知识链接

反应停事件

1957年,西德某制药厂生产的药物沙利度胺(又称反应停)因为能有效减轻妇女怀孕初期的恶心呕吐等症状,上市后风靡欧洲各国和日本等国家,被广泛应用于治疗妊娠反应,由此导致出生了一万多名由沙利度胺造成的短肢畸形、形同海豹的"海豹畸形婴儿"。反应停事件是化学药物发展史上的悲剧,给全世界敲响了药品安全的警钟。

3. 设计阶段

设计阶段开始于20世纪60年代后期,这一阶段一系列全新药物和所谓重磅炸弹式新药先后上市。天然抗疟药青蒿素、抗肿瘤药喜树碱、紫杉醇的发现,使从天然药物的研究寻找先导化合物再次成为研究的热点。

与此同时,人们对蛋白质、受体、酶、离子通道的性能和作用有了更深入的研究,以此作为药物的作用靶点进行新药设计,在此基础上开发了受体激动剂和拮抗剂、酶抑制剂、离子通道调控剂类药物。如治疗心血管疾病的肾上腺素β－受体拮抗剂,抑制胃酸分泌的组胺H_2受体拮抗剂等药物的发展是这一阶段的典型范例。70年代发展起来的血管紧张素转化酶(ACE)抑制剂、用于调血脂的羟甲戊二酰辅酶A还原酶抑制剂以及一系列钙通道阻滞剂等药物的问世,为心脑血管疾病的治疗提供了有效药物。根据药物定量构效关系研究成果,成功开发出一大批含氟喹诺酮类药物,被认为是合成抗菌药发展史上的重要里程碑。

寻找内源性活性物质是药物化学的研究内容之一,80年代以来发现了许多活性多肽和细胞因子,如内皮舒张因子NO是调节心血管系统、神经系统和免疫系统功能的细胞信使因子,参与机体的多种生理作用。90年代以后,有关NO供体和NO合酶抑制剂的研究成为热点,将为心血管药物的研发开拓新的领域。

近年来,随着生命科学和计算机科学的发展,为研究和开发新药提供了新的技术和手段,有力地促进了药物化学的发展。手性药物研究、寻找内源性活性物质等成为新药研究与开发的新方向。药物设计由定性研究到定量研究,发展到合理药物设计(rational drug design),利用计算机辅助药物设计(computer aided drug design),使药物设计更加合理化。利用组合化学(combinatorial chemistry)结合高通量筛选(high throughput screening)技术,进行大范围、快速、高效的活性筛选,加快了新药研究和发现的速度。基因组学、蛋白质组学和分子影像技术等现代生物学和医学科学的发展,必将对药物化学的发展产生深远的影响和巨大的推动作用。以基因工程、细胞工程等为主体的现代生物技术为新药研究提供了重要手段,一大批生物技术药物已开始上市应用。生物学和医学全面介入彻底改变了药物化学的发展模式,药物化学开始了与生命过程逐步相融的发展历程。

(二)我国药物化学事业的发展现状

建国以来,我国药物化学事业有了长足发展,我国药品生产和新药研究从无到有,已建立了比较完整的生产和研究体系。从建国之初到1969年的20年内,我国完成了临床常用12大类原料药物的生产,50年代主要发展了青霉素类、四环素类、氯霉素类等抗生素类、磺胺类、解热镇痛药、抗结核药、维生素类等药物,60年代主要发展了计划生育药、甾体激素药,70~80年代在半合成青霉素和头孢菌素类抗生素、抗肿瘤药、心血管药、消化系统药和喹诺酮类抗菌药等方面有了很大发展,80年代以后我国制药工业开始从单纯原料药向原料药—制剂一体化生产发展,目前已成为我国国民经济的重要组成部分,被誉为“朝阳产业”。目前我国具有一定规模的化学制药企业已近4000家,医药工业总产值在2010年达到1.24万亿元,位居全球第五位。现在我国已能生产24大类化学原料药近1500种,年产量42万吨,已成为世界第二大原料药生产国。能生产片剂、注射剂、胶囊剂等34个剂型的4000多个品种的各类化学药品制剂,一些重要品种如维生素C、青霉素在世界上具有举足轻重的地位。

随着我国国民经济的发展,对新药研究的投入也逐年增大,自1993年开始实施药品专利保护,药品生产开始从仿制转向创新,新药创制工作取得了很大的成绩。从天然药物中分离有效成分发展新药,如青蒿素、山莨菪碱和石杉碱甲等的发现。形成了基于天然药物活性成分结构为基础的新药设计和发现新药的特色,同时合成药物的研究也取得了可喜的成果,特别是近20年来计算机辅助药物设计、药物定量构效关系研究、组合化学以及高通量筛选技术的应用在我国药物化学研究中都有了很快的发展。

随着我国改革开放和科学技术的发展,药物化学事业必将会取得更辉煌的成绩,市场上也将出现更多的拥有我国自主知识产权的化学药物。

知识链接

我国首次发现新型抗疟药青蒿素

我国科学家在1971年首次从植物黄花青蒿中提取分离得到具有倍半萜内酯结构的新型抗疟药青蒿素,这是一种速效、高效、低毒抗疟药。以青蒿素为先导化合物,对其进行结构改造得到蒿甲醚和青蒿琥酯,抗疟活性均超过青蒿素。青蒿素类系列药物的成功开发为抗疟药的研究开辟了新的领域,我国抗疟药的研究已居于世界领先地位。科学家屠呦呦因发现青蒿素获2011年拉斯克医学奖。

三、化学药物的名称

每种药物都有其特定的名称,化学药物的名称通常包括通用(正式)名、化学名和商品名三种类型。

药品通用名称是列入国家药品标准的药品名称,又称为药品法定名称,中国药典收载的中文药品名称均为法定名称。药品通用名是新药开发者在新药申请时向政府主管部门提出的正式名称,不受专利和行政保护,也是文献、资料、教材以及药品说明书中标明有效成分的名称。若该药物在世界范围内使用,则采用世界卫生组织推荐使用的国际非专利药名(International Nonproprietary Names for Pharmaceutical Substances,INN)。在WHO的国际非专利药名的基础上,我国国家药典委员会编写的《中国药品通用名称(CADN)》(化学工业出版社,1997)是中国药品命名的依据。其中的药物中文译名是根据英文名称、药品性质和化学结构等特点,采用音译、意译、或音、意合译,一般以音译为主,且尽量与英文名称对应。

知识链接

药物的通用名

药物中文通用名采用INN英文音译的如阿司匹林(aspirin)、吗啡(morphine)、普鲁卡因(procaine)等。

在INN中,具有相似药理作用的药物都有共同的词干、词头或词尾,表明它们是同类药物,如使用词干头孢(cef-)、洛尔(-olol)、沙星(-oxacin)的药物头孢氨苄、普萘洛尔及氧氟沙星等。

药物的化学名是根据药物的化学结构进行命名，反映药物的本质，具有规律性、系统性和准确性的特点，不会发生混淆和误解。在新药报批和药品说明书中都要使用药物的化学名，但其冗长和复杂，不容易掌握和记忆。

中文化学名以《中华人民共和国药典》收载的化学名为依据，在申请新药时，化学名必须与药典命名原则一致。化学名命名方法是以药物母核名称为母体，按规定顺序注明取代基或官能团的序号及立体构型。并将序号，立体构型及取代基或官能团的名称置于母体前面。

课堂活动

阿司匹林

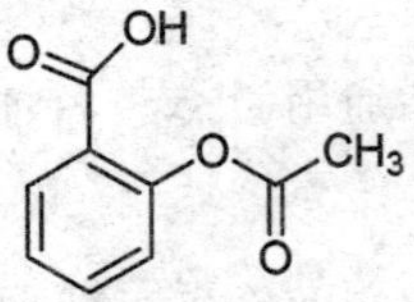
的化学名为2－乙酰氧基苯甲酸

尝试根据下列药物的化学结构进行化学命名，并查阅药典进行核对。

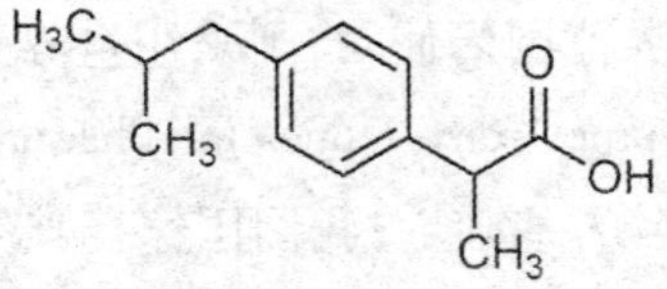

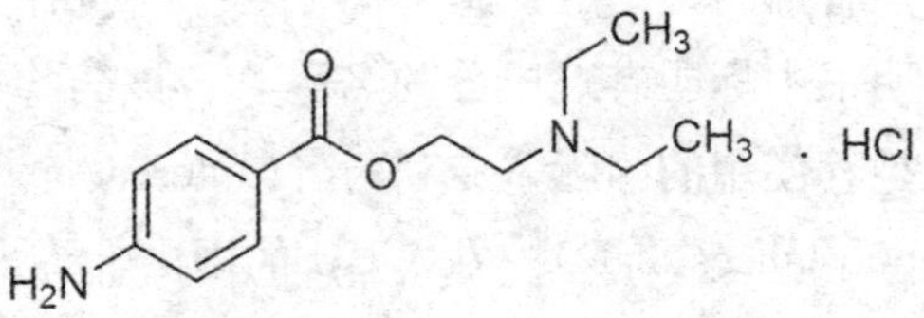

药物的商品名是制药企业为保护自己开发产品的生产权或市场占领权，经过注册批准后成为该药品的专用商品名称，受到法律保护，故又称专利名。便于人们记忆不同厂家生产的同一个药物可有不同的商品名。

四、学习本课程的基本方法

药物化学是建立在基础化学上的专业基础应用学科，是对基础化学特别是有机化学知识的综合运用，因涉及的药物品种繁多，结构复杂，临床用途各异，所以该课程对于初学者可能比较难学，下面介绍药物化学的一些学习方法供初学者参考。

1. 应将基础化学特别是有机化学的基础打好

在充分熟悉和掌握有机化学知识的基础上进行药物化学的学习，并且要善于联系和熟练运用有机化学知识。

2. 学会归纳总结，培养自学能力

学习药物化学时，应充分阅读教材，分为通读和理解阅读两个阶段。先通读一到两遍，再在理解的基础上仔细阅读，即阅读的同时将每章或每节重点章内容进行归纳总结，梳理清楚教材的各个层次，便于掌握和记忆，并会使书"越读越薄"。例如有的章节药物类型很多，可以列出各类药物的代表药物，通过总结各种药物的化学结构、理化性质、构效关系及临床用途等，归纳一些共同规律性的内容，药物的化学结构与理化性质的依存关系，结构与活性关系等经验总结，这样既可以培养自学能力，又可以提高学习效率。

3. 学会记忆

本门课程需要记忆的内容很多，应采用机械记忆与理解记忆相结合的方法。例如比较记忆、联系（联想）记忆、简化记忆、分组（分类）记忆等。记忆药物的化学结构就显得尤为重要，首先可以采用联系（联想）记忆法，少数药物的名称直接反映其化学结构，如丙戊酸钠、对乙酰氨基酚、对氨基水杨酸钠等；一些药物的名称对其化学结构及其特点能给予提示，如氯胺酮提示结构中含有氯、氨基和酮基。其次可以采用比较记忆法，抗心绞痛药物中的硝苯地平、尼群地平、尼卡地平和尼莫地平，比较这一组药物的结构，只是苯环上硝基的位置和二氢吡啶环上的酯基不同。记忆药物的作用也可采用联系（联想）记忆法，我国药典委员会建议，药物的正式名称应避免反应出它的作用，以免妨碍医生的治疗，因此，现在的药品名称基本上不反映药物的作用（药物的商品名称则不包括在内），仅个别药物的名称反映其作用如克霉唑、睾酮、雌二醇、甲地孕酮等。有些药物的名称间接反映出其作用类型，如词尾为卡因的药物为局部麻醉药，词尾为地平的药物为钙拮抗剂，词尾为替丁的药物为 H_2 受体拮抗剂等。记忆药物的理化性质可以采用简化记忆法，一般药物为白色或类白色结晶或结晶性粉末，故不需记忆，我们仅需记住少数为液体或带颜色的固体药物就可以了；一般的游离药物在水中略溶、微溶或不溶，但可溶于有机溶剂；成盐的药物大都易溶于水，只有少数例外。

4. 疑难问题及时解决

学习过程中如遇到疑难问题，要通过与同学讨论、查阅文献或求助老师等方法及时解决，因为知识是有连贯性的，疑难问题积累多了得不到解决，可能会导致学习积极性下降。

总之，学习和掌握任何一门学科知识，都要经过理解、记忆和应用的过程，要运用科学的方法，并不断培养自学能力。

目标检测

一、选择题

（一）单项选择题

1. 用于预防、治疗、缓解和诊断疾病，有目的地调节机体生理功能的化合物，称为（　　）

A. 药物　　B. 化学品　　C. 化学试剂　　D. 中药材

2. 下列哪项叙述不属于化学药物的功能（　　）

A. 缓解心绞痛　　B. 治疗细菌感染　　C. 预防脑血栓　　D. 肿瘤放射治疗

3. 以下说法不正确的是（　　）

A. 药物化学以化学药物为研究对象

B. 药物化学的基本任务之一是为有效利用现有化学药物提供理论基础

C. 研究和开发新药是药物化学的首要任务

D. 由青霉素类抗生素的作用机制研究提出的抗代谢学说为药物化学的发展作出了重要贡献

4. 先导化合物是指（　　）

A. 新化合物

B. 不具有生物活性的化合物

C. 具有某种生物活性，可作为进行结构修饰或改造的模型，进一步优化得到供临床应用的药物

D. 理想的临床药物

5. 该药物的通用名称为 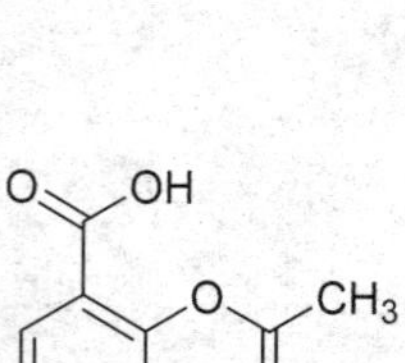（　　）

A. 2－（乙酰氧基）苯甲酸　　B. 阿司匹林

C. 乙酰水杨酸　　D. 扑热息痛

（二）多项选择题

1. 下列哪些属于化学药物 （ ）

A. 维生素 C B. 吗啡 C. 黄连 D. 硫酸钡 E. 伤寒疫苗

2. 下列属于药物化学研究范围的有 （ ）

A. 研究发明新药 B. 合成化学药物 C. 阐明药物的理化性质

D. 研究药物与机体生物大分子相互作用方式（作用机制）

E. 研究药物化学结构与生物活性之间的关系

3. 目前已发现的药物的作用靶点包括 （ ）

A. 受体 B. 酶 C. 离子通道 D. 核酸 E. 细胞核

4. 化学药物的名称包括 （ ）

A. 通用名 B. 化学名 C. 别名 D. 商品名 E. 拉丁名

二、简答题

1. 什么是药物？什么是药物化学？药物化学的主要任务有哪些？

2. 通过查阅资料，进一步分析回顾药物化学的发展经历，了解药学事业的发展前景及发展趋势。

（李淑敏）

第二章　解热镇痛药和非甾体抗炎药

解热镇痛药(antipyretic analgesics)以解热、镇痛作用为主,大多有抗炎作用;非甾体抗炎药(non - steroidal anti - inflammatory drugs NSAIDs)以抗炎作用为主,兼有解热、镇痛作用,无甾类药物的副作用,在临床上主要侧重于抗炎、抗风湿。两者无本质区别,是全球用量最大的一类药物。

第一节　解热镇痛药

解热镇痛药(antipyretic analgesics)的解热作用是,选择性地抑制环氧化酶,减少前列腺素的生物合成,使发热病人的体温恢复正常;其镇痛作用主要在痛觉中枢的外周,用于头痛、神经痛、牙痛、关节痛、肌肉痛、月经痛等慢性钝痛,但对创伤性及内脏痉挛绞痛无效,且不易产生耐受性及成瘾性。

临床常用的解热镇痛药按化学结构可分为水杨酸类、苯胺类及吡唑酮类。

一、水杨酸类

水杨酸类是最早使用的解热镇痛药。1830 年首先在柳树皮中提取到水杨酸(Salicylic acid)。1860 年 Kolbe 首次化学合成了水杨酸,1875 年水杨酸钠作为解热镇痛药和抗风湿药用于临床,但伴有严重的胃肠道反应。1898 年德国化学家霍夫曼合成了其衍生物——乙酰水杨酸(Aspirin),1899 年至今仍然被广泛用于临床,由于其具有胃肠道刺激性,若长期或大剂量使用可以诱发并加重溃疡病,甚至导致胃出血,因此对其进行成盐、成酯、成酰胺等结构修饰,得到一系列药物如赖氨匹林、阿司匹林铝、贝诺酯(扑炎痛)、乙氧苯酰胺(止痛灵)等,并陆续用于临床。

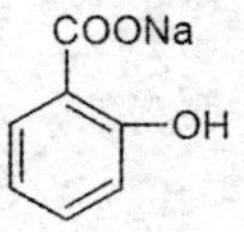
水杨酸钠

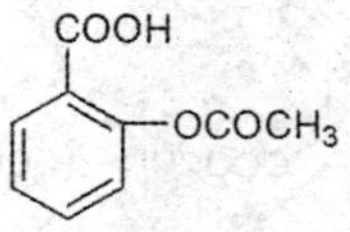
阿司匹林

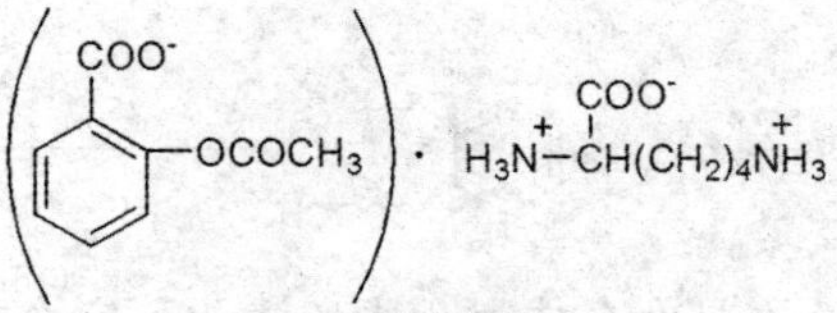
赖氨匹林

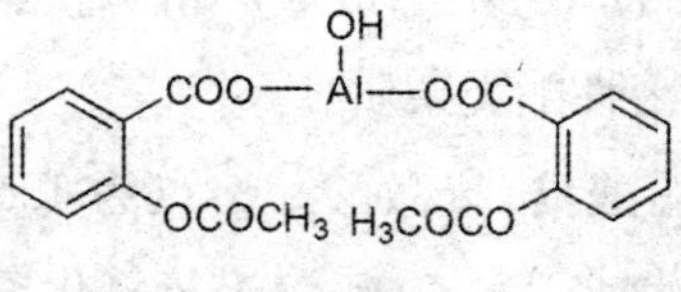
阿司匹林铝

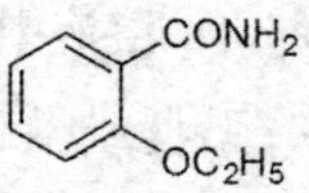
乙氧苯酰胺

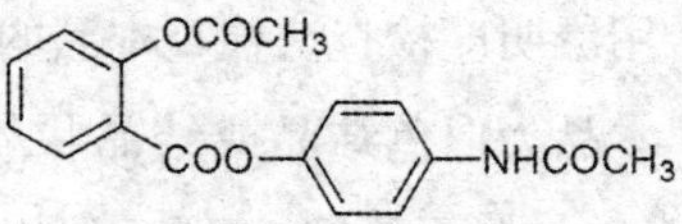
贝诺酯

另外，乙酰水杨酸被含氟基团所取代，则可以明显增强抗炎、镇痛作用，并且对胃肠道的刺激性也进一步减弱，如氟苯柳。

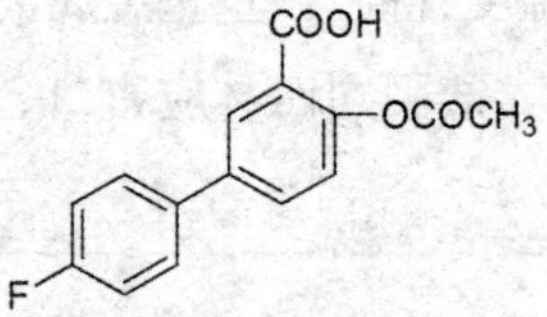
氟苯柳

阿司匹林　Aspirin

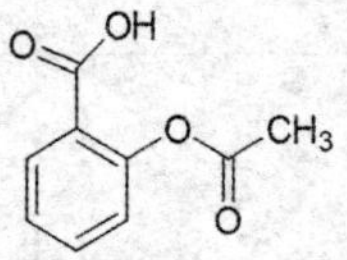

化学名为2－(乙酰氧基)苯甲酸，又名乙酰水杨酸。

本品以水杨酸为原料，醋酐为酰化剂，在硫酸催化下，进行乙酰化反应即得本品。

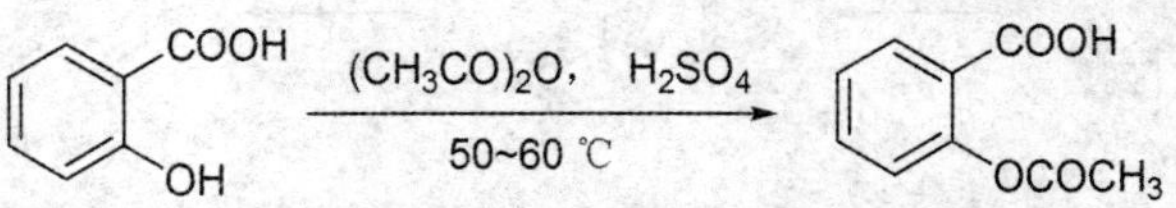

制备过程中用浓硫酸做催化剂，破坏水杨酸分子内氢键，在50～60℃的水浴上加热30min完成反应。如果温度升得太高或太快，会产生大量的副产物如苯酚、醋酸苯酯、水杨酸苯酯、水杨酰水杨酸和乙酰水杨酸酐等。

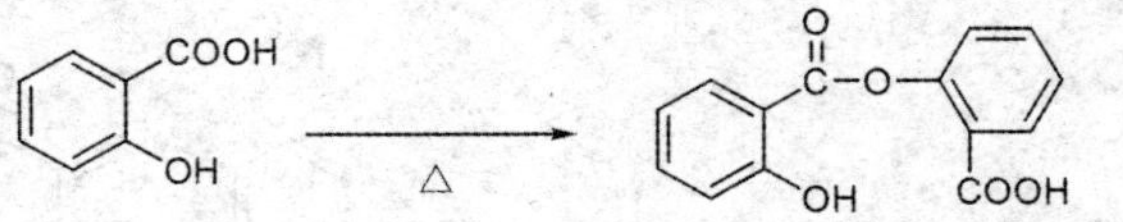

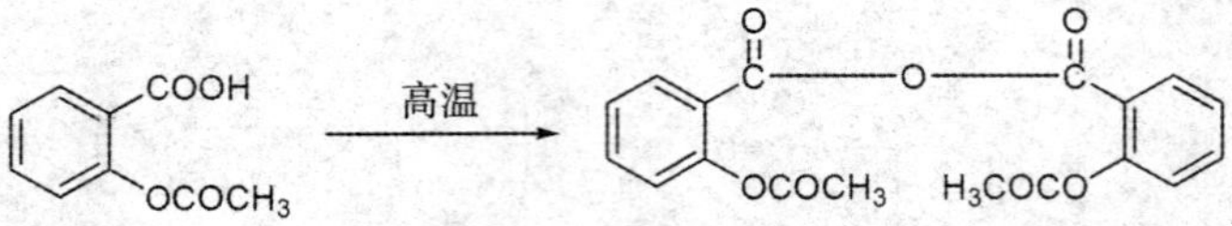

本品在合成过程中乙酰化不完全或贮存不当都会产生水杨酸，故药典规定检查游离水杨酸。在整个合成过程中，因铁质能使产品带有颜色，故应严格防止其掺入。用澄明度检查法检查本品的 Na_2CO_3 溶液中不溶性酯类杂质。

本品为白色结晶或结晶状粉末；无臭或微带醋酸臭，味微酸。熔点为 135～140℃。易溶于乙醇，溶于三氯甲烷或乙醚，微溶于水或无水乙醚；溶于氢氧化钠溶液或碳酸钠溶液。

本品具有酚酯结构，遇湿气即缓缓水解生成的水杨酸，遇空气可逐渐变为淡黄色、红棕色至深棕色。日光、温度升高、微量重金属离子（铜、铁等）均可促进氧化反应进行，碱性条件下容易水解。故阿司匹林应密封、置阴凉干燥处保存。

课外活动

查阅资料，药物贮存的常用方法有哪些？药物的变质反应有哪几种类型？影响药物变质的外界因素有哪些？

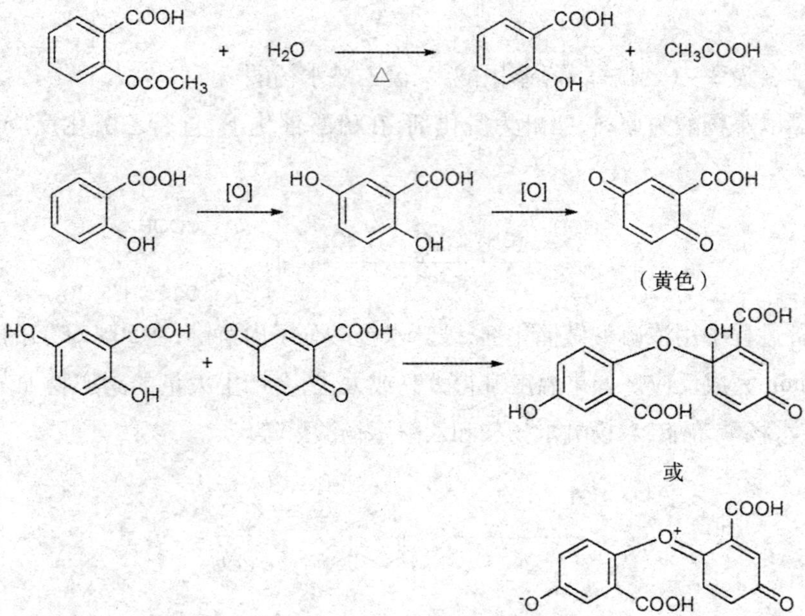

课堂活动

阿司匹林的碳酸钠溶液加热放冷，再加入稀硫酸，会出现白色沉淀，并发出醋酸臭味。试用反应式表示。

本品不与三氯化铁溶液发生显色反应，但其水溶液加热或长时间放置后，会水解产生水杨酸，遇三氯化铁溶液即呈紫堇色。

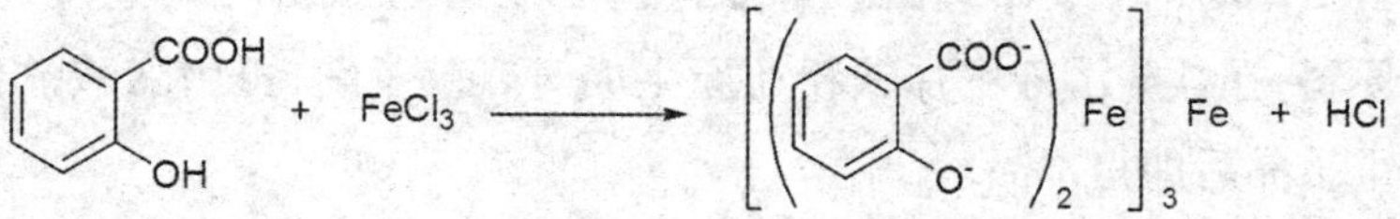

本品口服后主要在胃及小肠中被快速吸收，但很快在体内被酯酶水解为水杨酸及乙酸。代谢物水杨酸在肝脏与葡糖醛酸或甘氨酸结合后由尿液中排出。

本品用于感冒发烧的解热镇痛，头痛、牙痛和月经痛等慢性钝痛，是风湿热、类风湿性关节炎的首选药物，也可预防血栓形成。

课外活动

1. 根据阿司匹林的结构特点分析其副作用，如何克服？
2. 请你根据阿司匹林的结构特点分析适合制成液体制剂还是固体制剂？

二、苯胺类

1875 年人们发现苯胺有很强的解热镇痛作用，但能破坏血红蛋白，毒性大，无药用价值。1886 年将苯胺乙酰化，得到乙酰苯胺（退热冰），曾用于临床，因毒性大而被淘汰。将二者体内代谢产物对氨基苯酚进行结构改造，得到非那西丁，亦曾广泛用于临床，由于其对肾、膀胱、血红蛋白及视网膜的毒性极大且易致癌，现单方制剂已被淘汰，个别复方制剂还有应用，如索密痛片（PPCP）、止痛片（APC）等。1948 年发现了非那西汀的代谢产物对乙酰氨基酚（扑热息痛），是一个优良的解热镇痛药，毒副作用小，尤其适用于胃溃疡病人及儿童，但不宜大剂量使用。

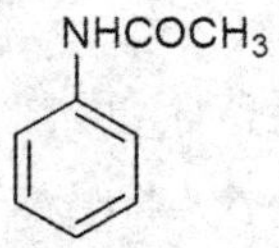

退热冰

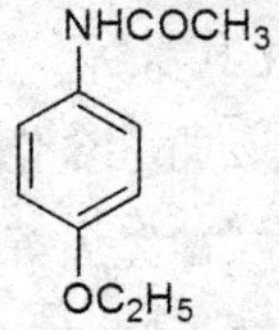

非那西丁

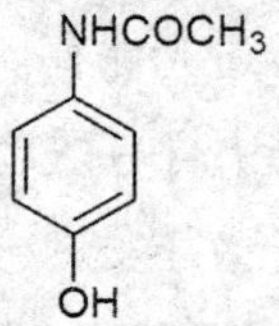

扑热息痛

对乙酰氨基酚　Paracetamol

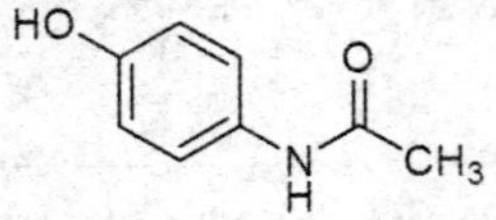

化学名为N－(4－羟基苯基)乙酰胺(或4′－羟基乙酰苯胺),又名扑热息痛。

对乙酰氨基酚的制备工艺路线有多种途径,以下主要介绍的途径是以对硝基苯酚钠为原料,在盐酸溶液中加铁粉还原生成对氨基苯酚,再用醋酸酰化,所得粗品用热水重结晶后即得本品。

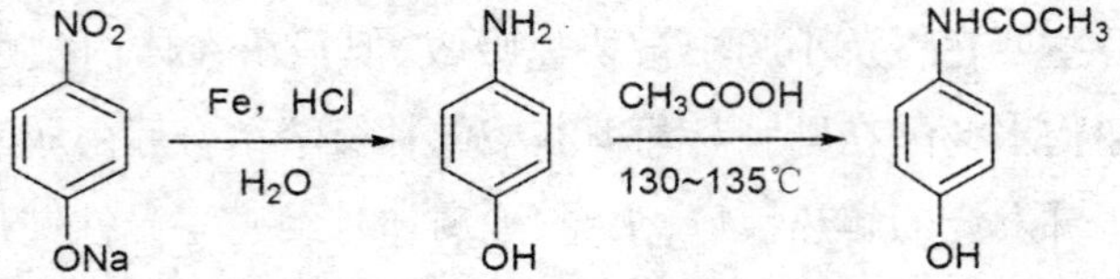

本品为白色结晶或结晶状粉末,无臭,味微苦。熔点为168～171℃。易溶于热水、乙醇、氢氧化钠溶液,略溶于水,溶于丙酮,不溶于乙醚。

本品分子中具有酰胺结构,干燥状态下较稳定,暴露在潮湿的空气中易水解,生成对氨基苯酚,毒性较大;在酸性条件下,可与亚硝酸钠试液作用,生成重氮盐,再与碱性β－萘酚试液偶合生成红色的偶氮化合物。

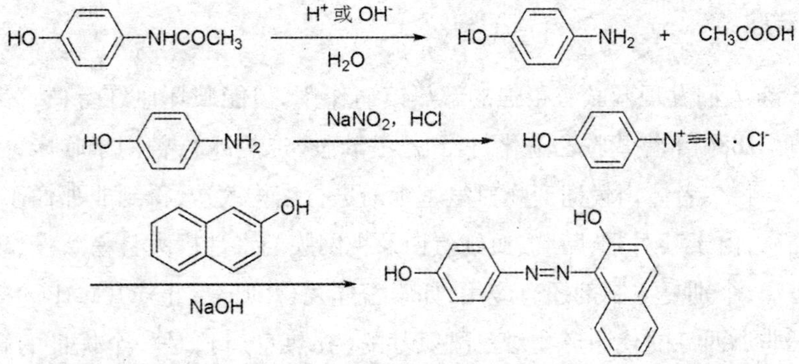

水解产物对氨基苯酚进一步被氧化成有色的醌型化合物(黄色→红棕色→暗棕色),应注意避光保存。酸或碱催化其水解。

本品分子中含有酚羟基,其水溶液加三氯化铁试液显蓝紫色。

本品用于感冒发热、关节痛、头痛、神经痛等病症的治疗,常作复方感冒药物的成分,尤其适用于儿童和老年患者。严重肝肾功能不全者禁用。

案例分析

案例：张女士得了急性感冒，到药店买了新速效感冒片、快克、白加黑三种感冒药服下，希望感冒早好。一周后，她觉得全身无力，肚子发胀，脸色发黄。到医院检查，结果被确诊为急性药物性肝病，血清转氨酶（ALT）高达 463 U/L（正常人在 40U/L 以下）。

分析：这三种感冒药都含对乙酰氨基酚，重复使用使得总剂量超标，损害肝脏。对乙酰氨基酚在体内主要与葡糖醛酸或硫酸成酯被排出体外，少部分经肝脏氧化代谢成 N－羟基衍生物，进一步转化成毒性大的乙酰亚胺醌，再与谷胱甘肽等物质结合，随尿排出体外。如过量服用对乙酰氨基酚，肝脏中贮存的谷胱甘肽就会大部分被消耗，乙酰亚胺醌可与含巯基的肝蛋白质形成共价加成物，进而引起肝脏损害、肾小管坏死或低葡萄糖昏迷等症状。口服或注射 5% 的乙酰半胱氨酸等含巯基的药物解救。

贝诺酯　Benorilate

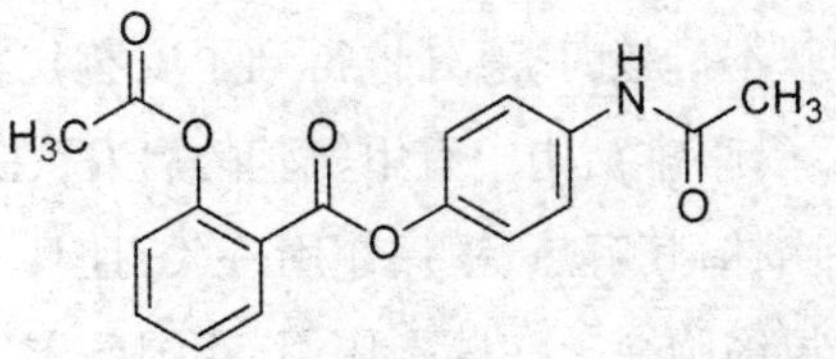

又名苯乐来、扑炎痛、解热安。

本品为白色结晶性粉末，无臭，无味。熔点为 177～181℃。不溶于水，易溶于沸乙醇，溶解于沸甲醇，微溶甲醇或乙醇。

课堂活动

请你根据贝诺酯的结构，分析其性质和临床应用？

本品是利用前药原理将对乙酰氨基酚与阿司匹林化学结合而成。进入体内分解成阿司匹林和对乙酰氨基酚，发挥协同作用。主要用于风湿性关节炎及其他发热所引起的疼痛，优点是对胃粘膜的刺激性下降，安全范围大，适用于儿童和老年患者使用。

知识链接

前药原理

前药是指药物经过化学结构改造后，在体外无活性或活性很低的一类化合物，在体内经酶促或非酶促作用又可以释放出原药进而发挥药理作用。这种无活性的化合物称为前体药物，简称前药。

前药原理主要是在不改变药效学的前提下，改变药物的特性，其设计的主要目的是为了改变药物的物理化学性质，原药经修饰后，可以达到提高药物对靶组织作用的选择性、降低毒副作用、改善药物在体内的药代动力学过程、提高生物利用度、提高化学稳定性、可增加水溶性或脂溶性、改善药物的不良气味、消除不适宜味道及改善的制剂性质等多种目的。

原来的药物则称为母体药物，简称原药。

三、吡唑酮类

在研究抗疟药奎宁基本母核时，意外地得到了安替比林，这是一种 5 - 吡唑酮类衍生物，但毒性较大。受吗啡结构中有甲氨基的启发，在安替比林结构中 4 位上引入二甲胺基即为氨基比林，其解热、镇痛作用持久，且对胃无刺激性，但由于它具有能引起白细胞减少及粒细胞缺乏症等副作用，我国已于 1982 年将其淘汰。在氨基比林分子中引入次甲磺酸钠基，即得安乃近，其解热镇痛作用更迅速且强大，尤其对顽固性发热有效，其毒性降低，水溶性增大，还可供注射用，但其仍可引起粒细胞缺乏症，严重者可导致再生障碍性贫血。为了降低毒性并增强疗效，人们合成了许多吡唑酮类衍生物，如尼芬那宗，与氨基比林比较，其镇痛效果好，作用时间久，且毒性仅有氨基比林的八分之一。

安乃近　Metamizole Sodium

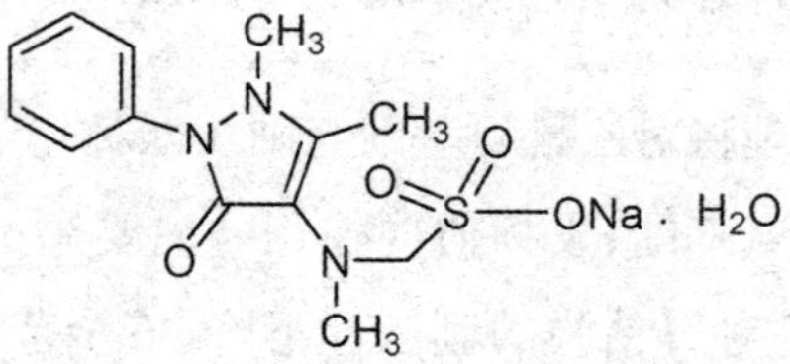

又名罗瓦尔精。

本品为白色（供注射用）或略带微黄色（供口服用）的结晶或结晶性粉末；无臭，味微苦。熔点172℃。易溶于水，略溶于乙醇，几乎不溶于乙醚、丙酮、三氯甲烷和苯。

本品用于高热症状，亦用于急性关节炎、头痛、牙痛、痛经、肌肉痛和偏头痛等。

第二节　非甾体抗炎药

非甾体抗炎药（non－steroidal anti－inflammatory drugs　NSAIDs）主要用于抗炎和抗风湿，也用于镇痛，是目前世界上处方量最大的一类药物之一。按化学结构主要分为3，5－吡唑烷二酮类、邻氨基苯甲酸类、芳基烷酸类及1，2－苯并噻嗪类。

知识链接

解热镇痛药和非甾体抗炎药作用机制解热镇痛药和非甾体抗炎药物作用的靶点为环氧合酶（COX），通过抑制COX而阻断花生四烯酸合成炎症介质前列腺素（PG），从而达到解热、镇痛和抗炎的作用。环氧合酶分为COX－1和COX－2，COX－1存在于肠、胃道、肾等大多数组织中，保护胃肠道黏膜。而COX－2在正常组织细胞内的活性极低，只有受到诱导才能大量产生，它通过对PG合成的促进作用，介导疼痛、炎症和发热等反应。因此，选择性COX－2抑制剂可避免产生对胃肠道的副作用。

一、3，5－吡唑烷二酮类

1946年发现吡唑烷二酮类的保泰松具有较强的抗炎作用而解热镇痛作用较弱，曾一度被视为是治疗关节炎的重大突破，其缺点是对肝、肾及造血系统损伤较大，故应用日趋减少。1961年发现保泰松在体内的代谢物羟布宗（羟基保泰松）也具有消炎抗风湿作用，且毒性较低，副作用较小。后又发现了磺吡酮和γ－酮保泰松等药物，用于治疗痛风及风湿性关节炎。

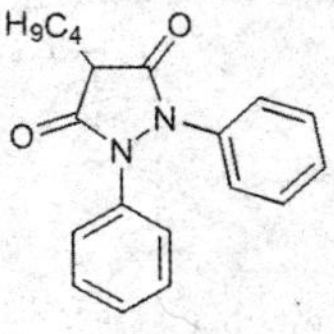

保泰松

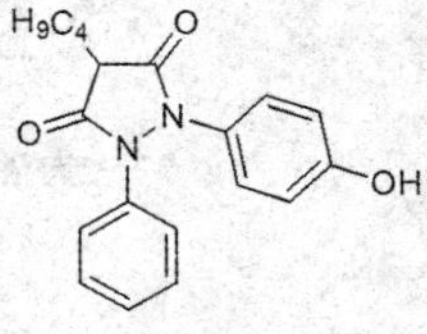

羟基保泰松

羟布宗 Oxyphenbutazone

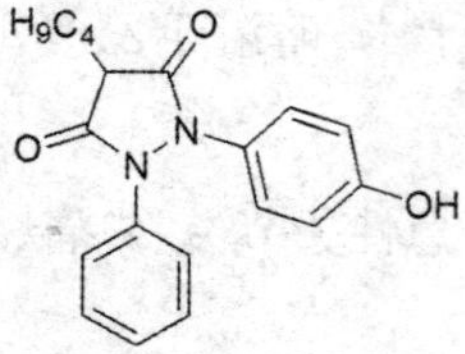

本品为白色结晶性粉末;无臭,味苦。熔点为96℃。几乎不溶于水,易溶于乙醇、丙酮,溶于三氯甲烷、乙醚,易溶于氢氧化钠和碳酸钠溶液中。

本品用于治疗痛风,风湿性、类风湿性关节炎及强直性脊椎炎。口服吸收完全,用药期间应限制食盐摄入量。

课堂活动

羟布宗的酸性与哪个结构有关?

二、邻氨基苯甲酸类

邻氨基苯甲酸类又称芬那酸类药物,常见的有甲芬那酸(甲灭酸 扑湿痛)、氟芬那酸(氟灭酸)、甲氯芬那酸(甲氯灭酸)及氯芬那酸(氯灭酸),临床上用于风湿性和类风湿性关节炎,由于毒副作用大,现已少用。对甲芬那酸结构进行改造,制得格拉非宁,镇痛作用为阿司匹林的7~10倍,广泛应用于治疗关节炎、术后疼痛及其他炎症的疼痛,且几乎没有慢性毒性及成瘾性。夫洛非宁也具有较强的镇痛作用,但抗炎作用较弱。将其衍化制得氟灭酸丁酯,其能降低毛细血管通透性亢进,使炎症被抑制,疼痛得到缓解,常作为外用抗炎药。

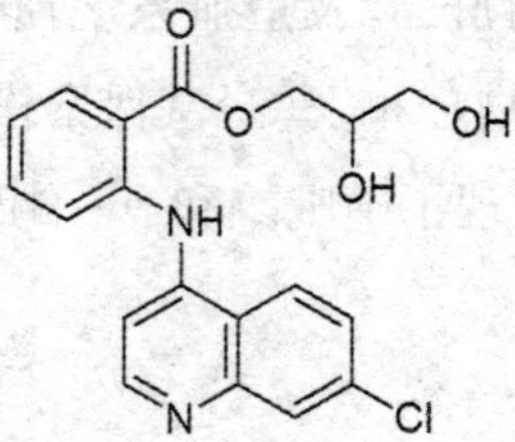

格拉非宁

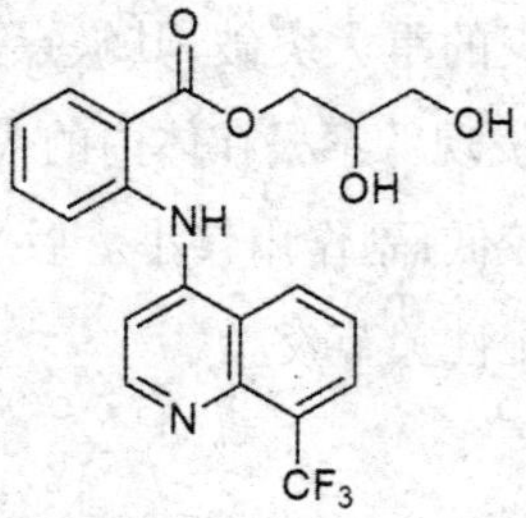

夫洛非宁

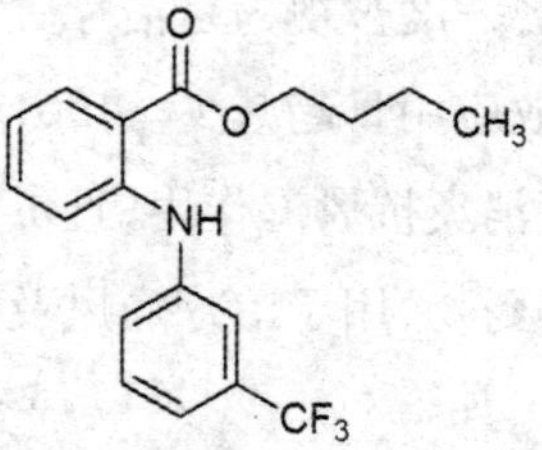

氟灭酸丁酯

三、芳基烷酸类

芳基烷酸类药物研究开发速度较快，消炎作用强，毒性和副作用较少，已广泛用于临床。根据其结构的特点又分为芳基乙酸类和芳基丙酸类。

（一）芳基乙酸类

研究发现风湿病患者体内色氨酸的代谢水平较高，体内可代谢成炎症介质5－羟色胺，因此对吲哚类衍生物进行研究，发现了吲哚美辛具有很强的镇痛抗炎活性，可用于治疗风湿性和类风湿性关节炎。

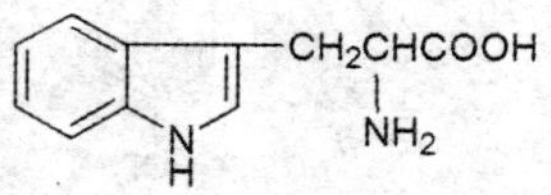

色氨酸

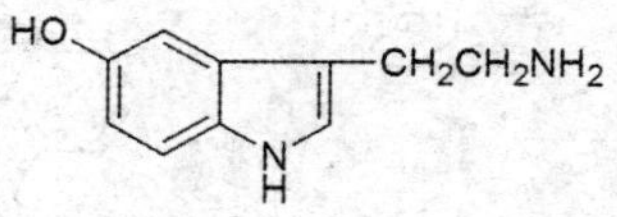

5－羟色胺

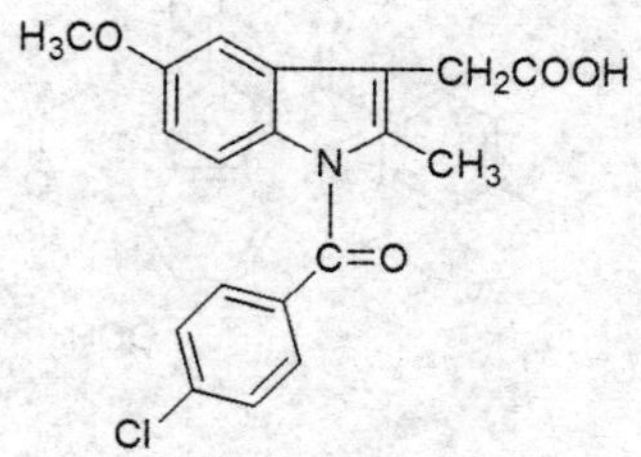

吲哚美辛

其后又合成了大量的衍生物，如双氯芬酸钠，消炎作用比乙酰水杨酸强26～50倍，镇痛作用比吲哚美辛强2～5倍，且具有剂量小、毒性低、对心血管系统及中枢神经系统没有影响等特点，适用于类风湿性关节炎和骨关节炎的治疗。舒林酸不具有消炎镇痛活性，口服吸收后在体内被还原为甲巯基化合物而显示活性。

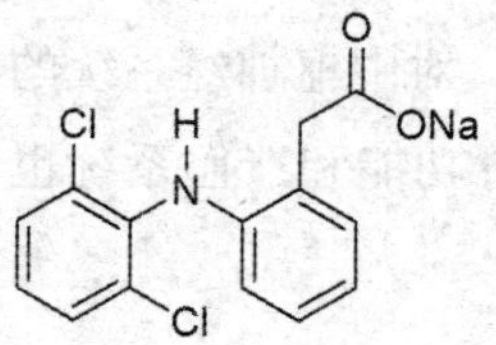

双氯芬酸钠

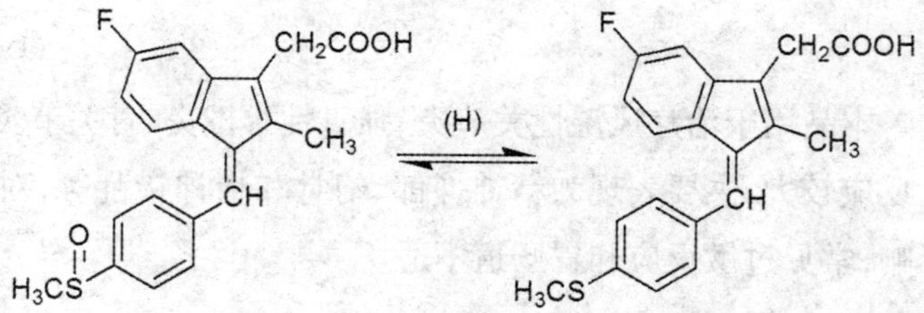

舒林酸　　甲巯基化合物

吲哚美辛　Indometacin

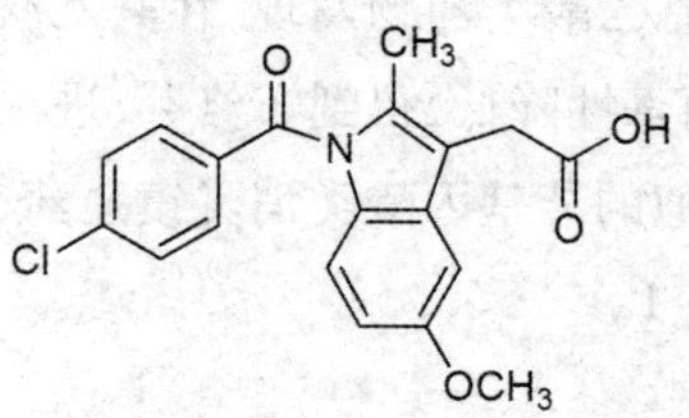

化学名为2－甲基－1－(4－氯苯甲酰基)－5－甲氧基－1H－吲哚－3－乙酸,又名消炎痛。

本品为类白色或微黄色结晶性粉末;几乎无臭,无味。熔点为158～162℃。溶于丙酮,略溶于甲醇、乙醇、三氯甲烷或乙醚,微溶于苯,极微溶于甲苯,几乎不溶于水。

本品在空气中稳定,但遇光会逐渐分解;其水溶液在pH＝2～8时较稳定。遇强酸或强碱易水解。水解产物还可进一步被氧化生成有色物质,且随温度升高,水解变色速度更快。

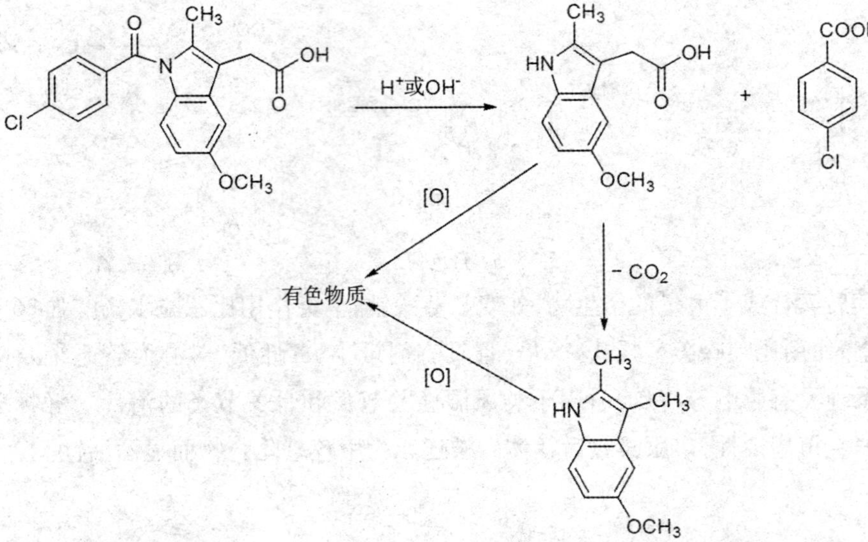

本品用于治疗风湿性关节炎、强直性脊椎炎、骨关节炎。对中枢神经系统的不良反应较大,主要表现为精神抑郁、幻觉和精神错乱等,对肝功能和造血系统也有影响,常见过敏反应和胃肠道不适。

(二)芳基丙酸类

通过研究发现在芳基乙酸类药物的苯环上增加疏水基团(烷基、芳烷基等)可使抗炎作用增强。研究芳基乙酸类药物发现,在其乙酸基的α－碳原子上引入烷基,增强了消炎镇痛作用而毒性降低,得到布洛芬,进一步研究发现了一系列疗效强且应用范围与布洛芬相似的芳基丙酸类消炎镇痛药,如氟比洛芬、非诺洛芬钙、酮洛芬、萘普生等,见表2－1。

表 2－1　常用芳基丙酸类非甾体抗炎药

药物名称	化学结构	作用强度
布洛芬 Ibuprofen	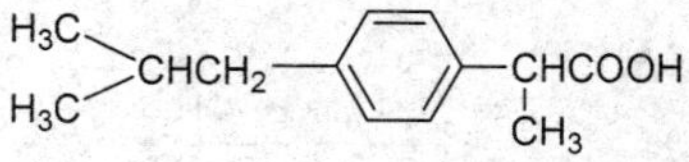	0.1
氟比洛芬 Flurbiprofen	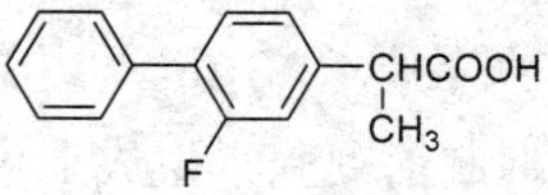	5
非诺洛芬 Fenoprofen	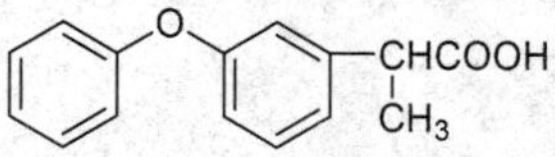	0.1
酮洛芬 Ketoprofen	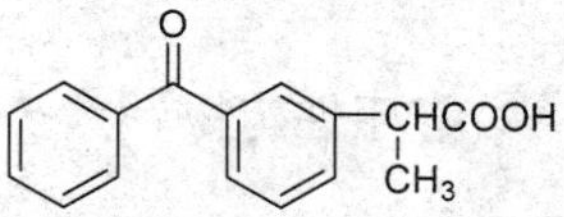	1.5
萘普生 Naproxen	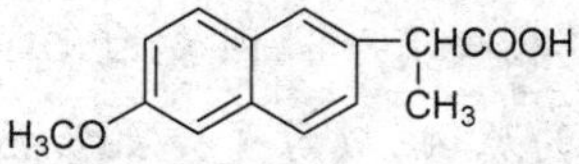	1

布洛芬　Ibuprofen

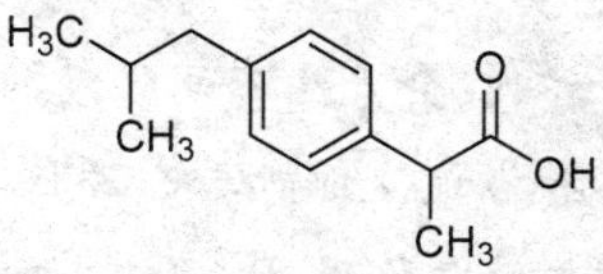

化学名为 2－(4－异丁基苯基)丙酸，又名异丁苯丙酸。

课堂活动

试总结药物通用名称中的“布”与哪个结构有关？

本品的合成是由甲苯与丙烯在钠－碳(钠－氧化铝)催化下制得异丁基苯。异丁基苯在无水三氯化铝催化下与乙酰氯作用，生成 4－异丁基苯乙酮，再与氯乙酸乙酯进行 Darzens 反应，生成 3－(4－异丁基苯)－2，3 环氧丁酸乙酯，经水解、脱羧、重排，制得 2－(4－异丁基苯)丙醛，再在碱性溶液中用硝酸银氧化后即得本品。

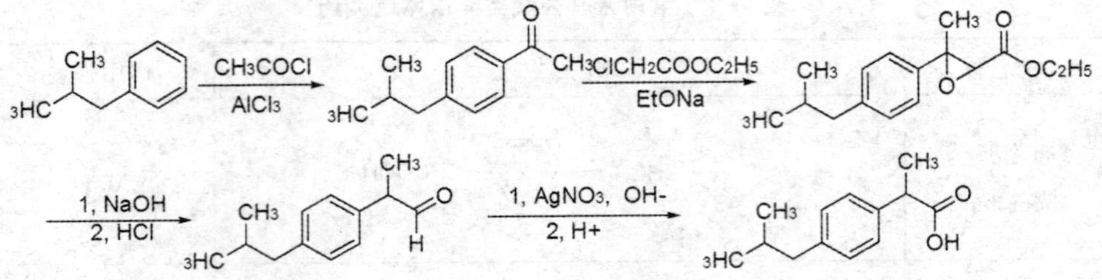

布洛芬的侧链上有一个手性碳原子，存在 R(－)－型和 S(＋)－型两个光学异构体。S(＋)－型布洛芬在抑制前列腺素生成上优于 R(－)－型，然而 R(－)－型可以通过形成辅酶 A 硫脂单向地转化为 S(＋)－型，所以药用产品中仍多数为消旋体形式。

知识链接

手性药物

手性药物(chiral drug)是指含有手性因素的化学药物立体异构体。手性中心是最常见的分子产生手性的原因，碳原子是最常见的手性原子。临床使用的 1850 种药物统计表明，有 1045 种为手性药物，其中有 570 种为单一对映体，475 种为外消旋体。

手性药物对映体进入人体内，会产生不同强度的药效或不同类型的药理作用。例如对奈哌齐的左旋体和右旋体都能与乙酰胆碱结合治疗阿尔茨海默病；布洛芬的 S－(＋)型具有解热镇痛作用，R－(－)型无效；噻吗洛尔的 S－对映体为心血管疾病治疗药，R－异构体则用于治疗青光眼。手性药物对映体或生物转化产物不同引起药物毒副作用的例子在药物治疗史上屡见不鲜，镇静药沙利度胺又名反应停，R(＋)－对映体有镇静作用，而 S(－)－对映体及其代谢产物有严重的胚胎毒性和致畸作用，导致了震惊医药界的“反应停”事件。

布洛芬为白色结晶性粉末；稍有特异臭，几乎无味。熔点为 74.5～77.5℃。几乎不溶于水，易溶于乙醇、丙酮、三氯甲烷或乙醚，易溶于氢氧化钠或碳酸钠试液。

本品用于风湿性及类风湿性关节炎、骨关节炎、急性痛风、轻度至中度的疼痛及各种原因引起的发热。

萘普生　Naproxen

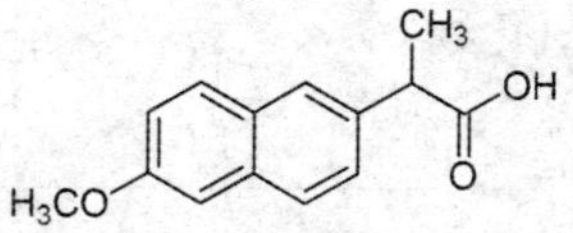

萘普生化学名(+)-α-甲基-6-甲氧基-2-萘乙酸。

本品为白色或类白色结晶性粉末;无臭或几乎无味。熔点为153~158℃。溶于甲醇、乙醇或三氯甲烷,略溶于乙醚,几乎不溶于水。比旋度为+63.0°~+68.5°(10mg/mL的三氯甲烷溶液)。

本品遇光可逐渐变色。

本品用于类风湿性关节炎、骨关节炎、强直性脊椎炎、急性痛风等慢性变性疾病以及轻度、中度疼痛。

四、1,2-苯并噻嗪类

20世纪70年代研究开发了1,2-苯并噻嗪类又称昔康类(oxicams)消炎镇痛药,对COX-2有一定的选择性抑制作用。吡罗昔康(piroxicam)最早用于临床,其中1,2-苯并噻嗪酸性烯醇式是保持抗炎活性的必需结构。衍化吡罗昔康的结构,可得到一些疗效较好的消炎镇痛药,如舒多昔康、依索昔康及美洛昔康等。

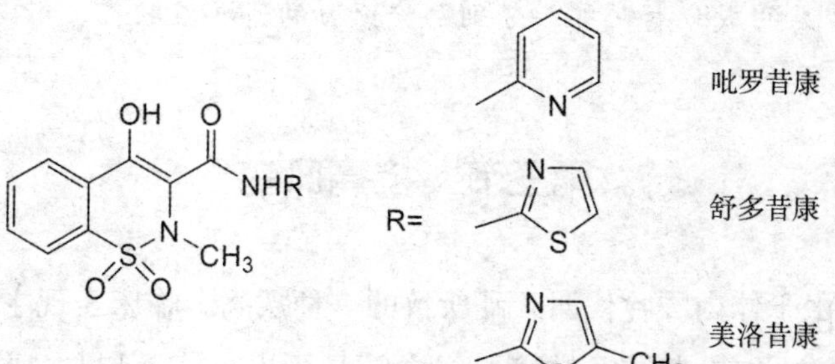

安吡昔康为吡罗昔康的前体药物,口服后在体内被酶水解生成吡罗昔康从而发挥作用,故此药作用与吡罗昔康相当,但对胃粘膜损伤较吡罗昔康弱。

美洛昔康　Meloxicam

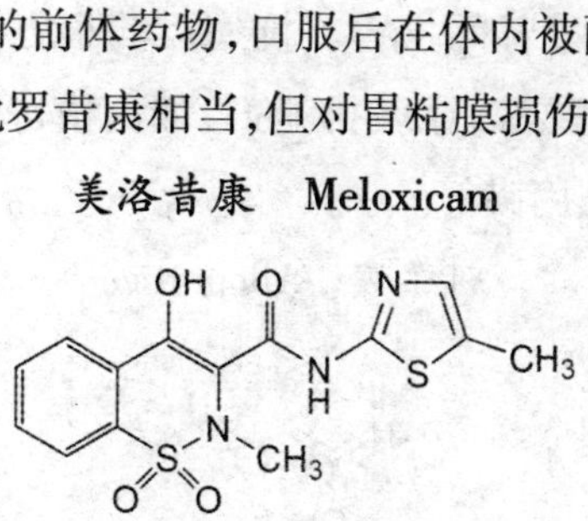

化学名为2-甲基-4-羟基-N-(5-甲基-2-噻唑基)-2H-1,2-苯并噻嗪-3-甲酰基-1,1-二氧化物。

课堂活动

试总结药物通用名称中的"唑"、"嗪"、"噻"与哪个结构有关?

本品为微黄色至淡黄色或微黄绿色至淡黄绿色的结晶性粉末;无臭,无味。本品在水中几乎不溶,溶解于二甲基甲酰胺,在丙酮中微溶,在甲醇或乙醇中极微溶解。

本品加氢氧化钠溶解后,在270 nm和362 nm处有最大吸收值。

本品炽灼产生的气体可使湿润的醋酸铅试纸显黑色。

本品加三氯甲烷溶解后,加三氯化铁试液,三氯甲烷层显淡紫红色。

本品为解热镇痛类非甾体抗炎药,用于类风湿、风湿性关节炎。抗炎活性比保泰松、萘普生强,与吲哚美辛相似;镇痛作用比布洛芬、萘普生、保泰松强,与阿司匹林相似;其具有良好的耐受性,$T_{1/2}$约为35~46小时,是一种长效抗风湿病药物。

课外活动

生活中你用过哪些解热镇痛药?临床上有哪些复方感冒制剂?试总结复方感冒药物中常见的成分有哪些?分别解除感冒的哪些症状?

第三节 抗痛风药

痛风病是由于体内嘌呤代谢紊乱所致的一种疾病。临床表现主要为高尿酸血症,致使尿酸盐在关节、肾脏及结缔组织中结晶析出,从而引起痛风性关节炎及痛风性肾病和肾尿酸盐石症等肾的损害。抗痛风药根据其作用特点主要分为三大类:尿酸合成阻断剂,如别嘌醇;尿酸排泄剂,如丙磺舒;抗痛风发作药,如吲哚美辛。本节主要介绍别嘌醇、丙磺舒。

别嘌醇 Allopurinol

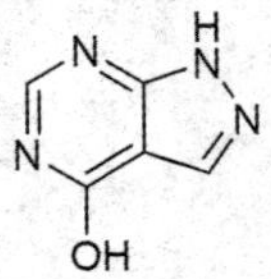

化学名为1H－吡唑并[3,4－d]嘧啶－4－醇。

本品为白色或类白色结晶性粉末，几乎无臭。极微溶于水，不溶于乙醚或氯仿，易溶于氢氧化钾或氢氧化钠溶液中。

本品在酸性条件(pH3.1～3.4)下最稳定，若pH增大，则易分解。

本品与碱性碘化汞钾试液共热煮沸，放置后，产生黄色沉淀。

本品常用于痛风性肾病及慢性源发性或继发性痛风，对急性痛风无效。

丙磺舒　Probenecid

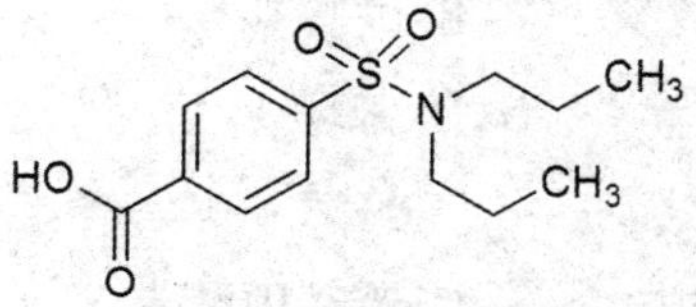

化学名为对－[(二丙氨基)磺酰基]苯甲酸。

本品为白色结晶性粉末；无臭，味微苦。几乎不溶于水和稀酸，溶于丙酮，略溶于氯仿或乙醇；溶于稀氢氧化钠溶液。熔点198～201℃。

本品用氢氧化钠溶液溶解后，再加入三氯化铁试液，即生成米黄色沉淀。

本品与氢氧化钠共热熔融后，将分解产生亚硫酸，放冷，加入数滴亚硝酸试液，再经盐酸酸化后，过滤，滤液显硫酸盐的性质反应。

本品为抗痛风药。主要用于慢性痛风，对急性痛风无效。

目标检测

一、选择题

(一)单项选择题

1. 非甾体抗炎药按化学结构可以分为　　(　　)
   A. 水杨酸类、苯乙胺类、吡唑酮类
   B. 3,5－吡唑烷二酮类、芳基烷酸类、邻氨基苯甲酸类、1,2－苯并噻嗪类
   C. 吲哚乙酸类、芳基烷酸类、水杨酸类
   D. 吡唑酮类、芳基烷酸类、苯胺类
2. 阿司匹林片剂放置空气中变黄，发生了哪些反应　　(　　)

A. 水解　　B. 氧化　　C. 先水解后氧化　　D. 先氧化后水解

3. 下列哪项叙述与布洛芬性质相符　　(　　)

A. 易溶于水　　B. 可溶于氢氧化钠溶液中

C. 在酸性或碱性条件下均易水解　　D. 空气氧化变色

4. 1,2 - 苯并噻嗪结构的药物是　　(　　)

A. 阿司匹林　　B. 萘普生　　C. 吡罗昔康　　D. 吲哚美新

5. 对乙酰氨基酚可采用重氮化偶合反应鉴别,是因其结构中具有　　(　　)

A. 酚羟基　　B. 酰胺基

C. 潜在的芳香第一胺　　D. 苯环

6. 阿司匹林属于哪类药物　　(　　)

A. 水杨酸类　　B. 苯胺类　　C. 芳基丙酸类　　D. 1,2 - 苯并噻嗪类

7. 属于芳基烷酸类非甾体抗炎药的是　　(　　)

A. 布洛芬　　B. 美洛昔康　　C. 双氯芬酸钠　　D. 吲哚美辛

8. 显酸性,但结构中不含羧基的药物是　　(　　)

A. 阿司匹林　　B. 吲哚美辛　　C. 萘普生　　D. 吡罗昔康

9. 具有解热和镇痛作用,但无抗炎作用的药物是　　(　　)

A. 对乙酰氨基酚　　B. 贝诺酯

C. 布洛芬　　D. 美洛昔康

10. 下列哪一个为 3,5 - 吡唑烷二酮类非甾体抗炎药　　(　　)

A. 羟布宗　　B. 安乃近　　C. 布洛芬　　D. 吡罗昔康

11. 导致对乙酰氨基酚产生肝坏死的代谢产物是　　(　　)

A. 葡萄糖醛酸结合物　　B. 硫酸酯结合物

C. N - 乙酰基亚胺醌　　D. 谷胱甘肽结合物

12. 临床上使用的布洛芬为何种异构体　　(　　)

A. 左旋体　　B. 右旋体　　C. 内消旋体　　D. 外消旋体

13. 与化学结构为 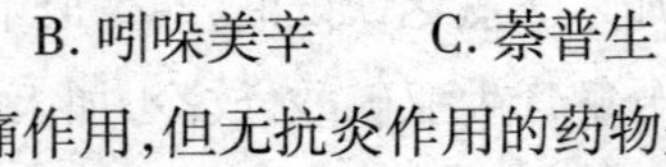 药理作用相似的药物是　　(　　)

A. 吡罗昔康　　B. 吗啡　　C. 依他尼酸　　D. 茶碱

14. 用于检查阿司匹林中的水杨酸杂质的试剂是　　(　　)

A. Na_2CO_3　　B. $FeCl_3$　　C. NaOH　　D. $CuSO_4$

15. 结构为 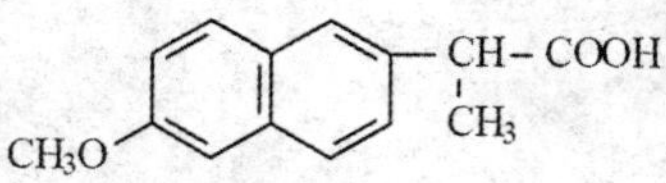 的药物是 （ ）

A. 萘普生　　B. 对乙酰氨基酚

C. 布洛芬　　D. 吡罗昔康

16. 显酸性但无羧基的药物是 （ ）

A. 阿司匹林　B. 萘普生　C. 吡罗昔康　D. 布洛芬

（二）配伍选择题

（1～5 题） A. 阿司匹林　B. 对乙酰氨基酚　C. 美洛昔康　D. 布洛芬　E. 羟布宗

1. 3,5－吡唑烷二酮类　　2. 芳基烷酸类

3. 1,2－苯并噻嗪类　　4. 苯胺类

5. 水杨酸类

（6～10 题） A. 阿司匹林　B. 贝诺酯　C. 美洛昔康　D. 布洛芬　E. 吲哚美辛

6. 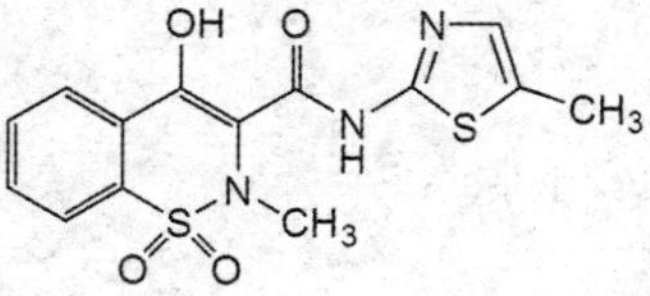

7. 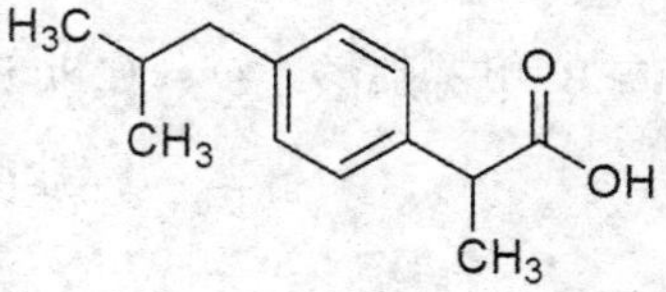

8. 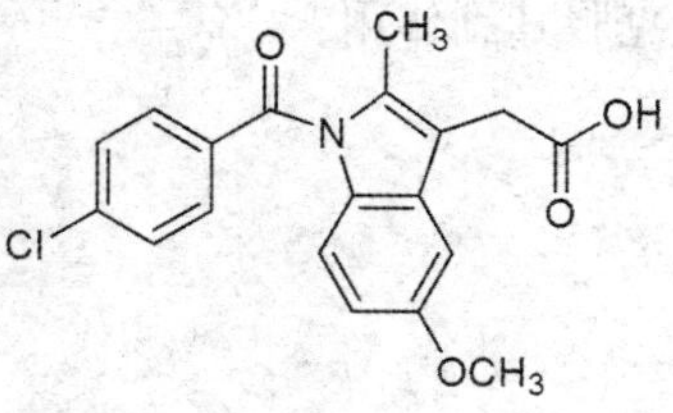

9. 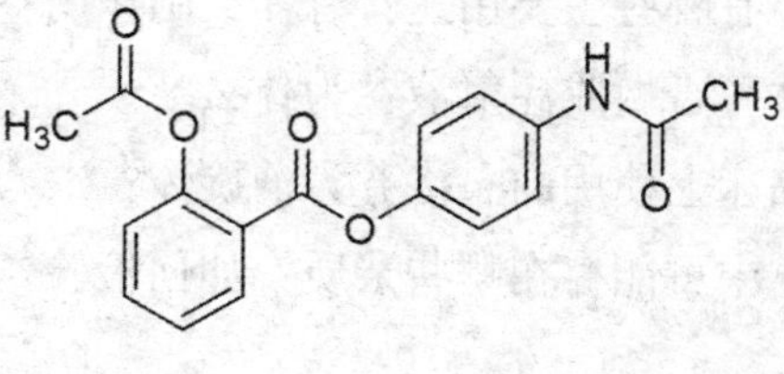

10. 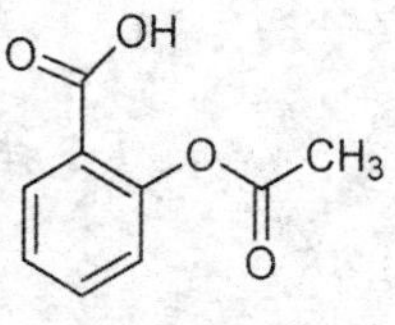

（三）多项选择题

1. 阿司匹林的性质与下列叙述中哪些相符 （ ）

A. 水溶液加热后加入三氯化铁试液，显紫堇色

B. 在氢氧化钠或碳酸钠溶液中溶解，且同时水解

C. 与对乙酰氨基酚生成的酯具有前药性质

D. 具有解热和镇痛作用，无抗炎作用

E. 加水生成黄色沉淀

2. 属于芳基烷酸类非甾类抗炎药的是 （ ）

A. 贝诺酯　B. 羟布宗　C. 美洛昔康　D. 布洛芬　E. 双氯芬酸钠

3. 贝诺酯是由哪两种药物化学结合而成 （ ）

A. 阿司匹林　B. 布洛芬　C. 萘普生　D. 对乙酰氨基酚　E. 美洛昔康

4. 下列叙述与对乙酰氨基酚相符的是 （ ）

A. 具有解热和镇痛作用　B. 无抗炎作用

C. 与阿司匹林生成的酯具有前药性质

D. 遇三氯化铁试液显蓝紫色　E. 具有麻醉作用

6. 含有羧基的解热镇痛药及非甾体抗炎药有 （ ）

A. 贝诺酯　B. 布洛芬　C. 吲哚美辛

D. 对乙酰氨基酚　E. 萘普生

7. 具有酯键的药物有 （ ）

A. 布洛芬　B. 甲芬那酸　C. 贝诺酯

D. 阿司匹林　E. 盐酸异丙肾上腺素

二、简答题

1. 阿司匹林有哪些主要用途？有什么副作用？如何克服其副作用？

2. 阿司匹林可否做成注射液？为什么？

3. 为什么临床上使用的布洛芬为消旋体？

4. 阿司匹林中可能存在哪些杂质？如何检验？

（王桂梅）

第三章　合成抗感染药

抗感染药物系指具有杀灭或抑制各种病原微生物的作用,可以口服、肌注、静注等全身应用的各种抗生素、磺胺类和喹诺酮类药以及其他化学合成药。在人类与感染性疾病的抗争中,抗感染药物得到了广泛的应用和快速的发展,是临床非常重要的一类药物。

第一节　磺胺类药物及抗菌增效剂

一、磺胺类药物

磺胺类药物(sulfonamides)是一类具有对氨基苯磺酰胺结构的合成抗菌药,其结构通式为:

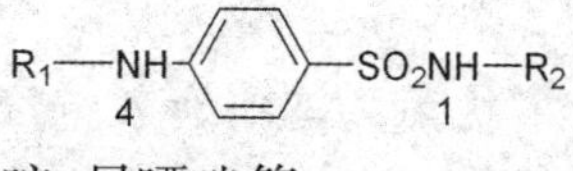

R_1 多为 H,R_2 多为杂环,如嘧啶、异噁唑等。

目前磺胺类药物的临床应用已不多,主要有磺胺异噁唑(sulfafurazole)、磺胺醋酰(sulfacetamide)、磺胺嘧啶(sulfadiazine)、磺胺噻唑(sulfathiazole)等。

磺胺嘧啶　Sulfadiazine

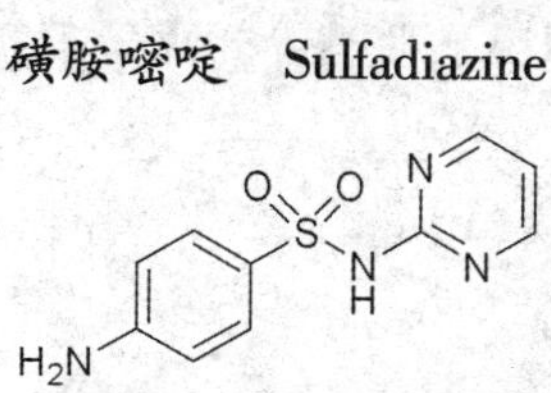

化学名为 N-2-嘧啶基-4-氨基苯磺酰胺,简称 SD。

本品为白色或类白色的结晶或粉末;无臭,无味。本品微溶于乙醇、丙酮,不溶于水,易溶于氢氧化钠溶液和氨溶液,溶于稀盐酸。

直火加热本品可熔融分解,显红棕色。

本品分子中的芳香第一胺易被空气氧化,在日光及重金属催化下,氧化反应加速,遇光颜色逐渐变暗,特别是其钠盐在碱性条件下更易氧化。因此,本类药物应遮光、密封保存。

本类分子含有芳香第一胺,可发生重氮化-偶合反应,在酸性溶液中与亚硝酸钠进行重氮化反应生成重氮盐,在碱性条件下再与β-萘酚偶合,生成橙红色或猩红色偶氮化合物沉淀。用于定性定量分析。

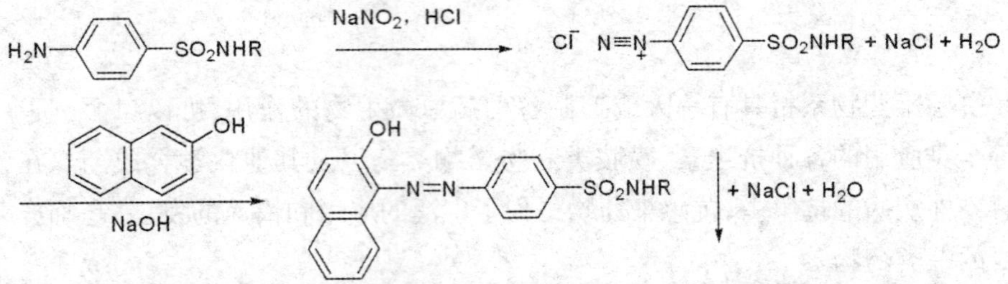

本品分子中的磺酰氨基上的氢原子比较活泼,与氢氧化钠反应后可被金属离子(如银、铜等)取代,生成黄绿色沉淀,放置后变成紫色沉淀。

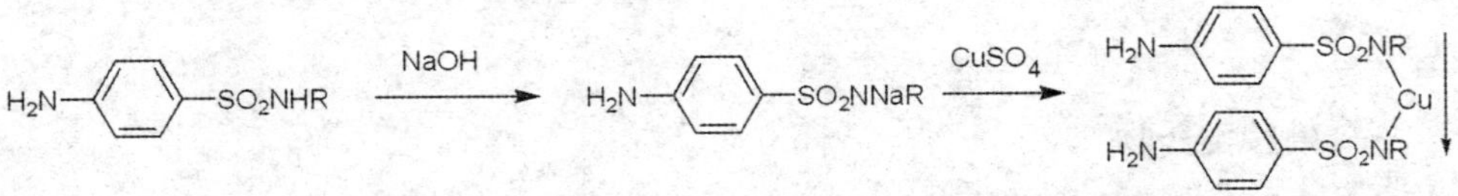

本品的钠盐水溶液能吸收空气中的二氧化碳,析出磺胺嘧啶沉淀;与硝酸银反应生成的磺胺嘧啶银具有抗菌和收敛作用,用于烧伤、烫伤创面的抗感染,对铜绿假单胞菌有抑制作用。

本品抗菌作用和疗效均好,优点为血中有效浓度高,血清蛋白结合率低,药物易透过血脑屏障,为预防和治疗流行性脑炎的首选药物。

案例分析

案例: 医生为某流行性脑膜炎的患者开出了下列处方,分析处方中药物配伍的合理性

10%磺胺嘧啶钠注射液　2 mL

维生素C注射液　5 mL

10%葡萄糖注射液　500 mL

Sig. i. v. gtt.

分析: 不合理,磺胺嘧啶钠为强碱弱酸盐,磺胺嘧啶的酸性比维生素C弱,两种药液混合后会产生磺胺嘧啶的沉淀,因此应将两种注射液分别注射。

磺胺甲噁唑　Sulfamethoxazole

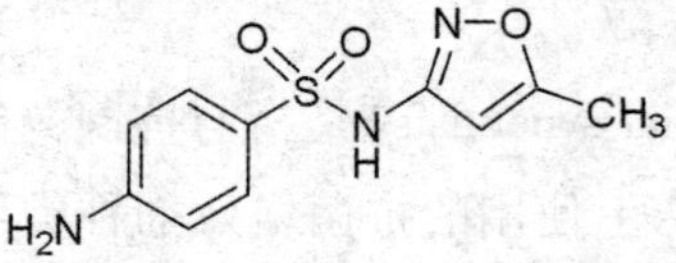

又称新诺明，简称 SMZ。

本品为磺胺类广谱抗菌药，临床主要用于尿路感染、外伤及软组织感染、呼吸道感染。

本品与 TMP 合用制成复方磺胺甲噁唑（又称复方新诺明，CoSMZ），其抗菌作用更强，一次给药后有效浓度可维持 16 小时，是目前临床应用较广的磺胺药。

知识链接

磺胺类药物的作用机制

已被实验证实并且公认的磺胺类药物的作用机制是“Wood－Fields“代谢拮抗”学说。该学说认为：磺胺类药物与细菌竞争细菌生长必需的对氨基苯甲酸（PABA）的分子形状、大小及电荷分布与 PABA 相似，因此可以取代 PABA 与二氢叶酸合成酶结合，抑制该酶的活性，使细菌二氢叶酸的合成受到干扰，阻碍其生长。

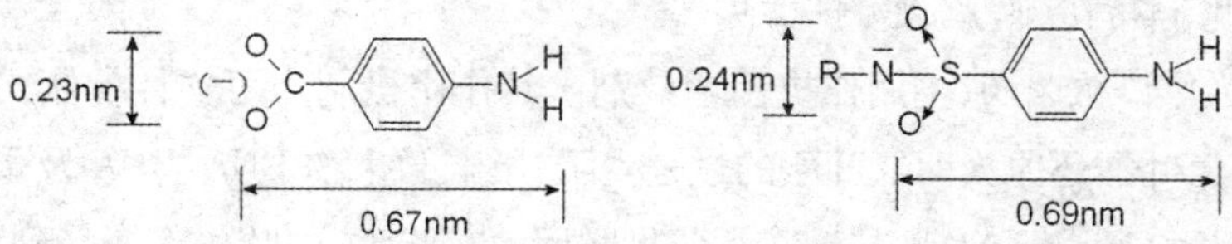

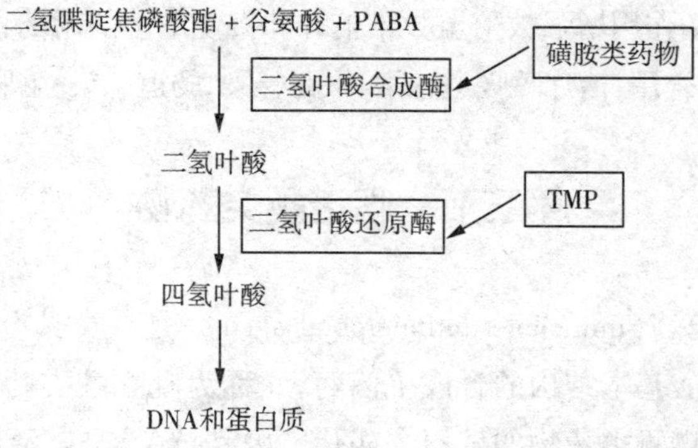

二、抗菌增效剂

抗菌增效剂(antibacterial synergists)是指与抗菌药配伍使用后,能增强抗菌药抗菌活性的药物。目前临床上使用的抗菌增效剂种类不多,增效的作用机制亦各不相同:①本身具有抗菌活性,如甲氧苄胺嘧啶;②本身不具抗菌活性或抗菌活性很弱,如克拉维酸;③本身不具有抗菌活性,如丙磺舒。与当它们与其他抗菌药合用可进一步增强抗菌药的活性。

甲氧苄啶　Trimethoprim

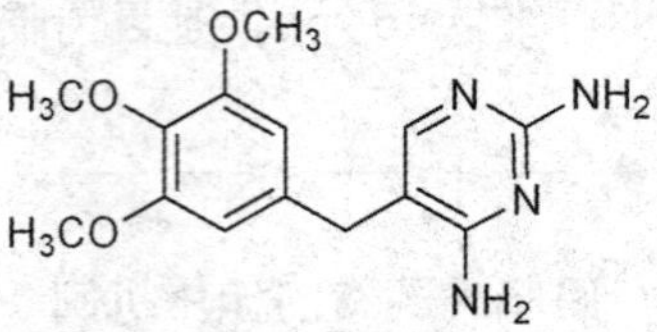

化学名为5-[(3,4,5-三甲氧基苯基)甲基]-2,4-嘧啶二胺,又名甲氧苄氨嘧啶、磺胺增效剂、TMP。

本品为白色或类白色结晶性粉末;无臭,味苦。略溶于三氯甲烷,微溶于乙醇和丙酮,几乎不溶于水,易溶于冰醋酸。

本品具芳香第一胺,在空气中易发生自动氧化,在日光及重金属催化下,氧化加速。因此,本品应遮光、密封保存。

本品为广谱抗菌药,主用作抗菌增效剂。其作用机制为可逆性抑制二氢叶酸还原酶,使二氢叶酸还原为四氢叶酸的过程受阻,影响微生物DNA、RNA及蛋白质的合成,使其生长繁殖受到抑制;与磺胺类药物联用,使细菌体内叶酸代谢受到双重阻断,产生协同作用,抗菌作用增强数倍至数十倍,同时,使细菌的耐药性减少。常与磺胺甲噁唑或磺胺嘧啶合用,治疗呼吸道感染、尿路感染、肠道感染、脑膜炎和败血症等。

第二节　喹诺酮类药物

喹诺酮类抗菌药(quinolone antimicrobial agents)是一类具有1,4-二氢-4-氧代吡啶-3-羧酸基本结构的合成抗菌药,又称为吡酮酸类药物。自1962年萘啶酸问世以来,喹诺酮类药物的发展为四代。因其抗菌谱广、活性强、生物利用度高、使用方便与其他抗菌药无交叉耐药性等特点,已成为仅次于头孢菌素类的抗菌药。常见喹诺酮类药物如下:

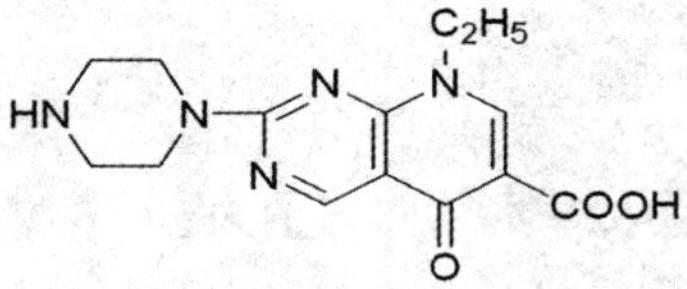

吡哌酸

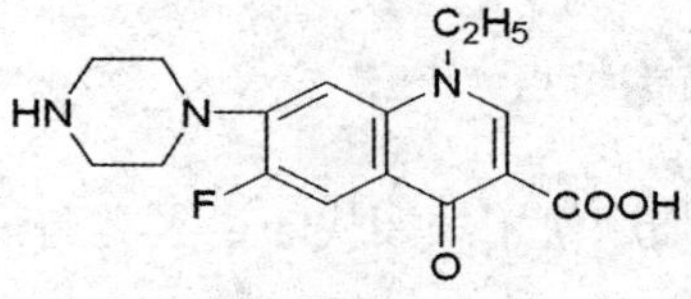

诺氟沙星

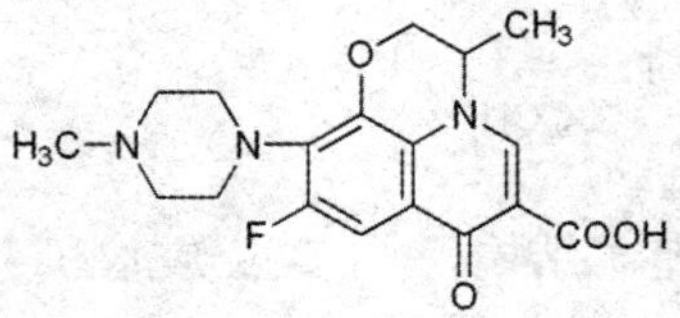

氧氟沙星

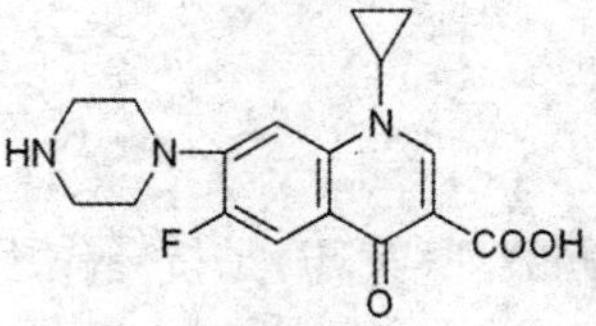

环丙沙星

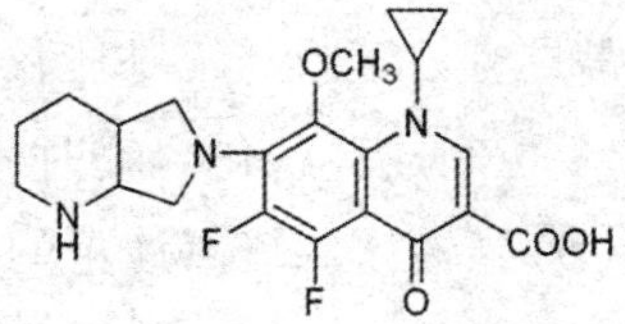

莫西沙星

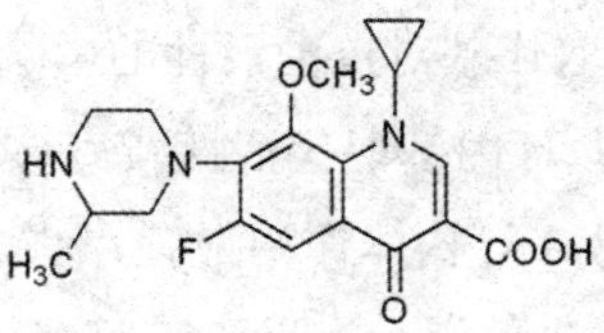

加替沙星

知识链接

喹诺酮类药物的抗菌谱与应用

第一代(1962～1969 年)喹诺酮类代表药物为萘啶酸,仅对大肠杆菌等革兰氏阴性菌有抑制作用,因其抗菌谱窄,口服吸收差,易产生耐药性,中枢不良反应较大,仅用于尿路与肠道感染。以吡哌酸为代表的第二代(1970～1977 年)药物,对铜绿假单孢菌及变性杆菌有效,抗菌谱从革兰氏阴性菌扩大到阳性菌,如吡哌酸对尿路感染及肠道感染的疗效较好,且毒性低,副作用小。第三代(1978～1998 年)喹诺酮类药物,有诺氟沙星、环丙沙星、氧氟沙星等,抗菌谱进一步扩大,对革兰氏阴性菌和革兰氏阳性菌均有明显的抑制作用,有些药物对支原体、衣原体、军团菌以及分支杆菌也有效,耐药性低,毒副作用小,在大多数组织(除脑组织和脑脊液外)和体液中均有较好的分布,用于治疗泌尿系统感染、肠道感染及呼吸道感染等,是目前最常用的合成抗菌药。以莫西沙星、加替沙星、司帕沙星和吉米沙星为代表的第四代(1999～至今)喹诺酮类药物相继上市,抗菌谱进一步扩大,对革兰氏阳性菌(如肺炎链球菌)和厌氧菌的抗菌活性进一步提高,对革兰氏阴性菌的抗菌活性与环丙沙星相似或略优,对结核分支杆菌、军团菌、幽门螺杆菌等亦有良好活性,具有生物利用度好、半衰期较长等优点,为喹诺酮类药物的临床应用打开了更广阔的空间。

一、结构特点

综合临床使用的四代喹诺酮类药物的结构，基本结构归纳为：

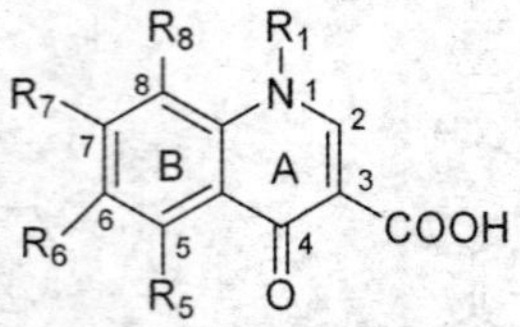

1. 吡酮酸环（A 环）是抗菌作用必需的基本结构，其中 3 位羧基和 4 位酮基是抗菌活性不可缺少的部分。

2. 1 位取代基对抗菌活性的影响较大。常见有乙基或与乙基体积相近的取代基如氟乙基、环丙基取代活性较好；若 1 位和 8 位间成环状化合物时，产生光学异构体，以（S）- 异构体作用最强，氧氟沙星的（S）异构体左氧氟沙星的抗菌活性为其消旋体的两倍。

3. 2 位引入取代基，其活性消失或减弱。

4. 5 位取代基中以氨基为最好，可提高吸收或组织分布，其他基团取代则活性下降。

5. 6 位引入氟原子，可使活性显著增强，由于 6 位氟原子的引入可使药物增加对 DNA 螺旋酶的结合力，而且对细菌细胞壁的穿透性也增加。

6. 7 位引入五元或六元杂环，抗菌活性明显增强，以哌嗪基为最好，哌嗪基的 4 位被甲基取代可提高抗革兰氏阳性菌的活性。

7. 8 位引入—F、—Cl、—OCH_3，可降低最小抑菌浓度，—OCH_3 取代抗厌氧菌活性增加，但—F 取代光毒性也增加，最可能引起光毒性的是 6,8 - 二氟喹诺酮类。

二、作用机制

DNA 螺旋酶（又称拓扑异构酶Ⅱ）和拓扑异构酶Ⅳ在细菌 DNA 自身的合成（复制）、转录过程中发挥着重要作用，是细菌生长所必需的酶。喹诺酮类药物以氢键与以上两种酶形成稳定的拓扑异构酶 - DNA - 药物三重复合物，使细菌 DNA 超螺旋过程受阻，干扰细菌细胞的 DNA 复制而呈现杀菌作用。

三、典型药物

诺氟沙星　Norfloxacin

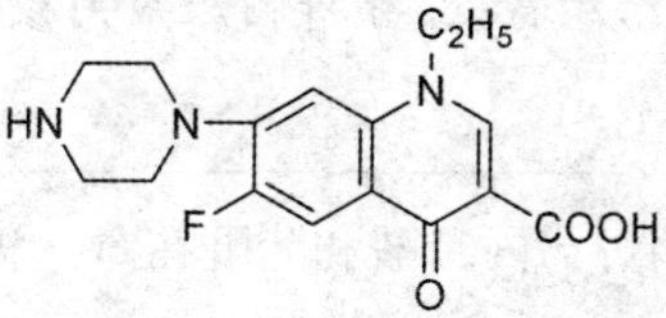

化学名为1-乙基-6-氟-1,4-二氢-4-氧代-7-(1-哌嗪基)3-喹啉羧酸,又名氟哌酸。

本品为类白色至淡黄色结晶性粉末;无臭,味微苦;在空气中能吸收水分,遇光色渐变深。略溶于二甲基甲酰胺(DMF),微溶于水和乙醇。

本品合成方法:以4-氟-3-氯苯胺为原料,与乙氧基甲烯丙二酸二酯缩合,

再在二苯醚中加热250℃环合得6-氟-7-氯-4-氧代-3-喹啉羧酸乙酯,在DMF中与硫酸二乙酯完成N-乙基化反应,再在DMSO(二甲亚砜)条件下与哌嗪缩合,碱性水解、酸中和后即得本品。

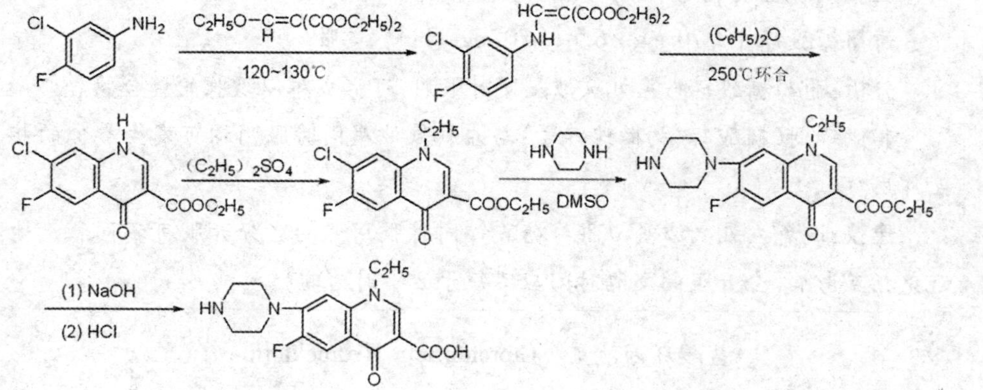

本品为酸碱两性化合物,易溶于醋酸、盐酸和氢氧化钠溶液。

本品结构中3-位羧基和4-位酮基,极易和钙、镁、锌等金属离子生成螯合物,抗菌活性降低,使体内的金属离子流失,可影响软骨发育。因此,孕妇、哺乳期妇女、18岁以下未成年人禁用这类药物,同时该类药物不宜和牛奶等含钙、铁等的食物和药品同时服用。近年来发现该类药物引起的肌腱病损也与药物引起体内镁离子浓度下降有关。

本品在室温、干燥条件下相对稳定。光照下分子中的哌嗪环及氟分解产生光

敏反应及光毒性,故本品应遮光、密封,在干燥处保存。

课堂活动

根据喹诺酮类药物的结构特点,分析临床应用该类药物时,应注意哪些问题?

本品分子中的叔胺基团可与丙二酸和醋酐在80~90℃反应,显红棕色。

本品具有机氟化物的反应,经氧瓶燃烧破坏后,吸收液与茜素氟蓝和硝酸亚铈试液作用生成蓝紫色配合物。

本品为最早应用于临床的第三代喹诺酮类药物,具有较好的组织渗透性,临床上主要用于治疗敏感菌引起的肠道和尿路感染。

案例分析

案例:男,49 岁。"因腹泻 2d"就诊。既往有"口腔溃疡"病史 1 个月。诊断:1. 急性肠炎;2. 口腔溃疡。

左氧氟沙星胶囊　0.1 g×12 粒　0.2 g　bid　口服

葡萄糖酸锌片　70 mg×6 片　70 mg　bid　口服

分析:葡萄糖酸锌与左氧氟沙星同时服用,可形成难以吸收的螯合物。

其他锌剂(硫酸锌、枸橼酸锌等)与左氧氟沙星同时服用均可发生类似的相互作用。

建议:避免左氧氟沙星与葡萄糖酸锌同时服用。两者分开服可不同程度地避免相互影响(分开服的间隔时间应不短于2小时为宜)。

盐酸环丙沙星　Ciprofloxacin Hydrochloride

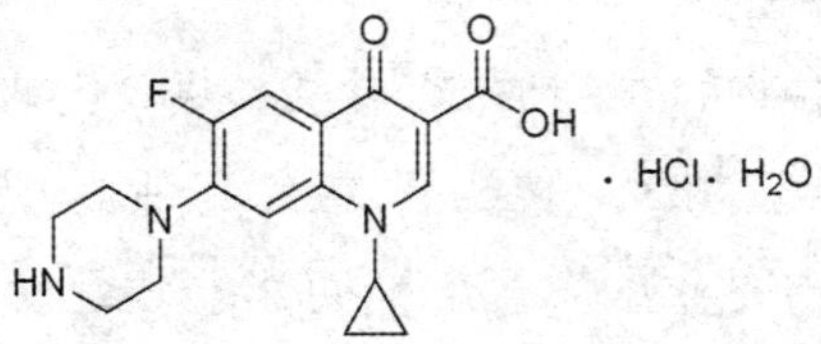

又名环丙氟哌酸。

本品为白色或微黄色结晶性粉末;几乎无臭,味苦。溶于水,微溶于甲醇,极微溶解于乙醇,几乎不溶于三氯甲烷,易溶于氢氧化钠溶液。

本品抗菌谱与诺氟沙星相似,优于其他同类药物及半合成头孢菌素和氨基糖苷类抗生素。另外,对耐 β - 内酰胺酶抗生素或耐庆大霉素的病原菌也有效,因而在临床上被广泛应用于敏感菌所致的呼吸道、尿道及消化道等部位的感染。

左氧氟沙星 Levofloxacin

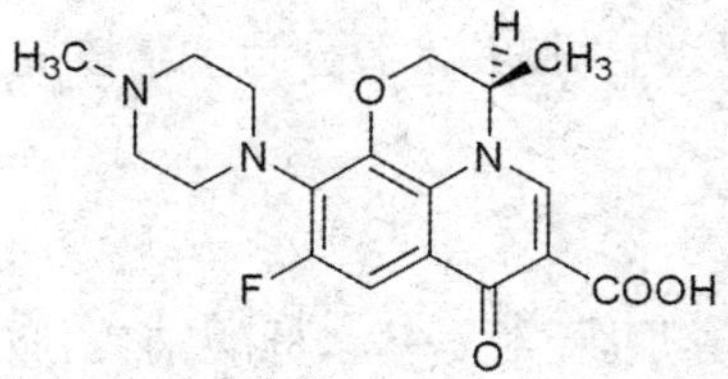

又名左旋氟嗪酸。

本品为白色或淡黄色结晶性粉末;无臭,味苦。本品易溶于冰醋酸,微溶于甲醇,略溶于三氯甲烷、稀酸和稀氢氧化钠溶液。

本品为氧氟沙星的左旋体,为手性药物,其体外抗菌活性是氧氟沙星的两倍,抗菌谱及抗菌活性与环丙沙星基本相同,且口服吸收完全,广泛分布于各组织,主要以原形自肾排泄,在体内代谢少,不良反应少。适用于敏感菌引起的泌尿生殖系统、呼吸道及胃肠道等感染。

案例分析

案例:男,4 岁。因"发热,咳嗽,喘息 2d"入院。诊断:支气管肺炎。左医生给予左氧氟沙星注射液 0.1g 静脉滴注 1/d。

分析:喹诺酮类抗菌药能与体内的钙、锌等金属离子形成难以吸收的螯合物,影响软骨发育,因此该类药物应避免用于 18 岁以下未成年人。喹诺酮类药物在其他抗菌药物无效或由多种耐药菌引起的感染,且细菌仅对喹诺酮类呈现敏感时,小儿可权衡利弊,慎用该类药物,并避免长期用药。用时密切注意短期可能出现的不良反应,必要时可作随访,相关问题可向患者家属说明。

第三节 抗结核药物

结核病是由结核杆菌感染引起的一种常见的慢性传染病,可累及全身各个器官和组织,其中以肺结核最常见。由于结核杆菌是具有特殊细胞壁的耐酸杆菌,其细胞壁有高度亲水性类脂,因此对醇、酸、碱和某些消毒剂高度稳定,所以抗结核药用药周期长,且易产生耐药性,临床上以联合用药为主。

课堂活动

结核病有哪些症状？历史上，哪些名人死于结核病？

目前临床常用的抗结核药物按其来源分为抗结核抗生素和合成抗结核药。

一、合成抗结核药物

合成抗结核药主要有异烟肼、对氨基水杨酸钠、乙胺丁醇等。2000 年以来，含氟喹诺酮类药物如氧氟沙星、环丙沙星和莫西沙星具有较高的抗结核杆菌作用和较低的副作用，与其他抗结核药无交叉耐药性，现已成为耐药结核病的主要选用药物。

异烟肼 Isoniazid

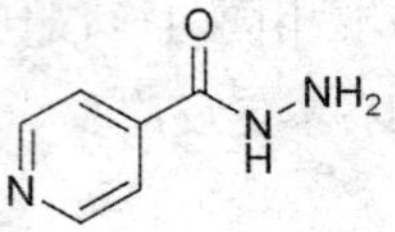

化学名为 4 - 吡啶甲酰肼，又名雷米封。

本品为无色结晶或白色至类白色的结晶性粉末；无臭，味微甜后苦，遇光渐变质。

本品易溶于水，微溶于乙醇，极微溶于乙醚。

本品含酰肼结构，受光、重金属离子、温度、pH 等因素影响变质后，分解生成异烟酸和游离肼，后者毒性较大，故变质后的异烟肼不可供药用。本品在碱性溶液中，在有氧气和金属离子存在时，可分解产生异烟酸盐、异烟酰胺及二异烟酰肼等。

本品可与铜离子、铁离子、锌离子等金属离子发生配位反应，生成有色的配合物。因此微量金属离子的存在可使本品水溶液变色，故配制注射液时应避免与金属器皿接触。

案例分析

案例： 男，35岁，因"发热，左侧胸痛1周"就诊。既往有"胃溃疡"病史3年，诊断，左侧结核性胸膜炎，胃溃疡，医生给予处方：

异烟肼片 0.1g×21片 0.3g qd 口服

复方氢氧化铝片 84片 4片 tid 口服

分析： 复方氢氧化铝每片含氢氧化铝0.24g、三硅酸镁0.105g、颠茄流浸膏0.0026mL。异烟肼在胃肠道中可与 Mg^{2+}、Al^{3+} 等金属离子形成螯合物，从而影响异烟肼的吸收，使疗效降低。另外，氢氧化铝和颠茄可延长胃排空时间，从而使异烟肼吸收减慢，使其峰浓度降低。

建议： 避免异烟肼与复方氢氧化铝同用或在口服异烟肼至少1h后再服用复方氢氧化铝片。

本品含有肼的结构，具有较强的还原性，可被多种弱氧化剂氧化，如在酸性条件下可与溴、碘、硝酸银、溴酸钾反应，生成异烟酸，同时放出氮气。如果与氨制硝酸银作用，即放出氮气并有银镜生成。本品碱性水溶液接触空气及金属离子易发生氧化反应而变质，注意遮光，密闭贮存。

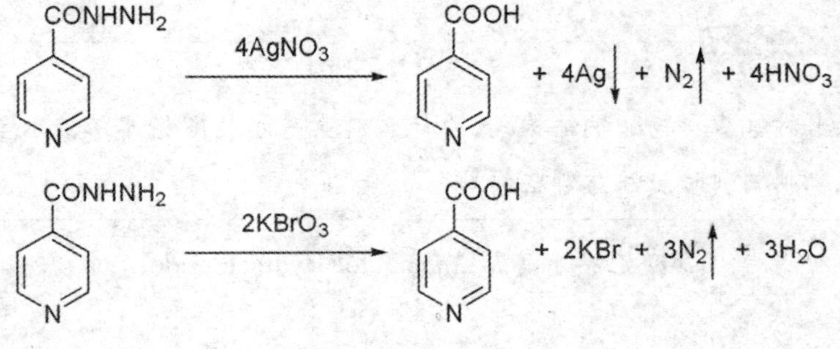

课堂活动

注射用异烟肼是制成注射液还是粉针剂？为什么？制备制剂时还应注意哪些问题？

本品水溶液加香草醛的乙醇溶液，析出黄色结晶，可用于鉴别。

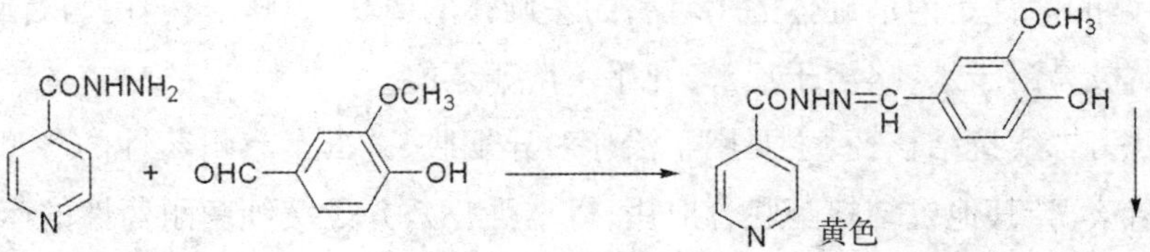

知识链接

异烟肼的体内代谢

异烟肼口服吸收后主要在肝脏进行乙酰化代谢反应,生成无活性的N-乙酰异烟肼,由尿排出。体内的乙酰化作用受乙酰化酶的控制,不同人体内的乙酰化酶浓度是不同的,由于这种个体差异决定了乙酰化速度较快的病人需要调节使用剂量。另一条代谢途径产生异烟酸和肼,或者由N-乙酰异烟肼水解产生异烟酸和乙酰肼,乙酰肼是微粒体酶CYP-450的底物,与肝蛋白反应形成乙酰肝蛋白,引起肝坏死。因此在使用异烟肼过程中要注意检查肝功能。

本品适用于各型肺结核和肺外结核,对结核杆菌有强大抑制和杀灭作用,对细胞内外的结核杆菌均有效,除预防用药时可单独使用外,对各种类型结核病治疗,作为首选药物之一均须与其他第一线药物联合应用,以增加疗效和避免细菌产生耐药性,由于较易通过血脑屏障,故对结核性脑膜炎疗效较好。

本品口服吸收快,食物及各种耐酸药物可以干扰或延误其吸收,因此应空腹服用。

课外活动

试写出对氨基水杨酸钠结构式,为什么对氨基水杨酸钠水溶液放置空气中会变色?配制制剂时应注意哪些问题?

盐酸乙胺丁醇 Ethambutol Hydrochloride

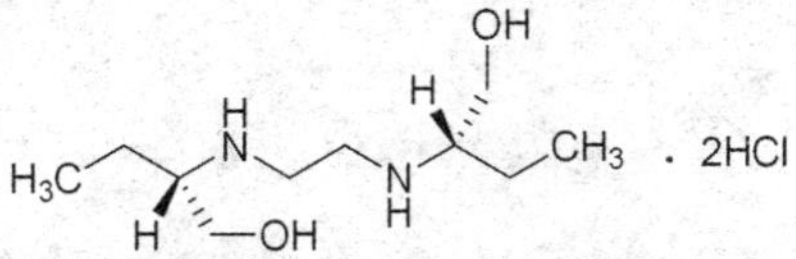

本品为白色结晶性粉末;无臭或几乎无臭,略有引湿性。

本品分子中含有两个手性碳原子,但因分子存在对称性,只有三个光学异构体,右旋体的活性是内消旋体的12倍,为左旋体的200~500倍,药用为右旋体。

本品极易溶于水,略溶于乙醇,几乎不溶于乙醚。

本品为二线抗结核药,主要用于治疗对异烟肼、链霉素有耐药性的各型肺结核及肺外结核,与其他抗结核药联合应用,以增强疗效并延缓细菌耐药性的产生。

二、抗结核抗生素

抗结核抗生素主要有硫酸链霉素、利福霉素、卡那霉素等。

硫酸链霉素为抗结核病的常用药,治疗各种结合病,对急、慢性浸润性肺结核有很好的疗效。缺点是容易产生耐药性,对第八对脑神经有显著损害,严重时产生耳聋,对肾脏也有毒性。详见第四章。

天然的利福霉素有 A、B、C、D、E 等碱性物质,化学结构为 27 个碳原子的大环内酰胺,由于化学性质较不稳定,仅获得利福霉素 B 纯品,但抗菌作用很弱。将利福霉素 B 进行结构改造得到其半合成的衍生物利福平,抗结核的活性比利福霉素高 32 倍。1981 年,我国科学工作者将利福平哌嗪环上的甲基用异丁基取代得到利福定,对结核杆菌和麻风杆菌抗菌活性强,口服吸收好,毒性低。利福喷丁为利福平哌嗪环上的甲基被环戊基取代的衍生物,对结核杆菌抗菌作用比利福平强 2～10 倍。

利福平　Rifampicin

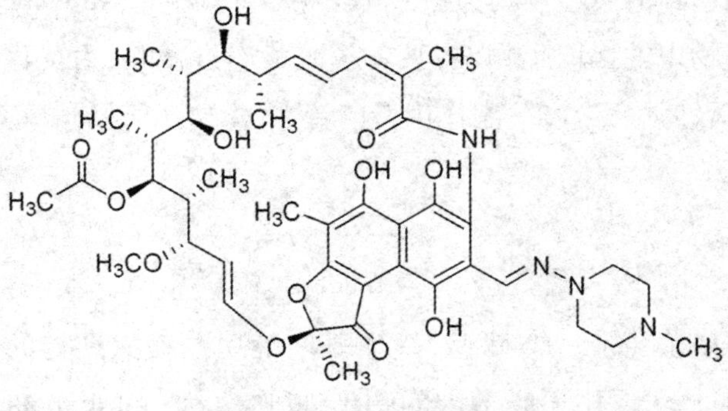

化学名为 3－[[(4－甲基－1－哌嗪基)亚氨基]甲基]－利福霉素,又名甲哌利福霉素。

本品为鲜红色或暗红色的结晶性粉末;无臭,无味。

本品易溶于三氯甲烷中,溶解于甲醇中,几乎不溶于水中。本品遇光易变质,水溶液易氧化损失效价。

在碱性条件下,本品分子中的 1,4－萘二酚结构被氧化成醌型化合物;在强酸条件下,本品萘环 3 位的醛缩氨基哌嗪在 C＝N 处分解。

本品体内代谢主要发生在 C－21 位酯键水解,其代谢物为脱乙酰基利福霉素;利福平的另一代谢物为 3－醛基利福霉素 SV。利福平的代谢物仍有抗菌活性,但活性下降；代谢物具有色素基团，因而尿液、粪便、唾液、泪液、痰液及汗液等常呈橘红色。

课外活动

结核病人服用利福平以后，为什么尿液、粪便、唾液、泪液、痰液及汗液等常会呈现橘红色？

本品临床用于肺结核、泌尿生殖系统结核、肺炎、淋巴结核等的治疗，与异烟肼、乙胺丁醇有协同作用。

本品在肠道中吸收迅速，食物可以干扰药物的吸收。因此，该药适宜空腹服用。

第四节　其他合成抗菌药物

其他合成抗菌药主要包括异喹啉类、硝基呋喃类和消毒防腐药等。

异喹啉类抗菌药的典型药物为盐酸小檗碱（berberine hydrochloride），它是从黄连和三颗针等植物中的提取生物碱，又名盐酸黄连素，外观为黄色结晶性粉末，味极苦，具有抗菌活性强、毒性低、副作用低的特点，主要用于肠道感染。

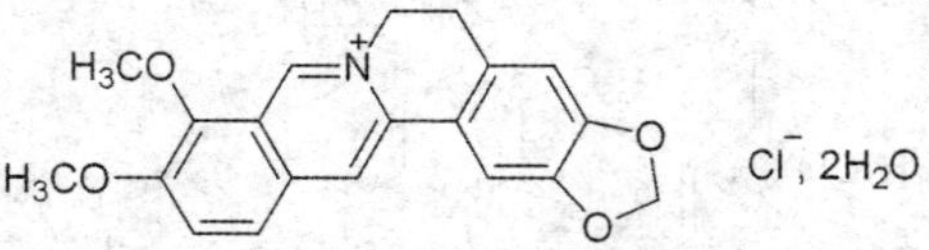

硝基呋喃类抗菌药是一类具有 5－硝基呋喃甲醛缩氨结构的衍生物，如呋喃唑酮（furazolidone），主要用于肠道内的感染；呋喃妥因（nitrofurantoin）主要治疗大肠杆菌、变形杆菌等引起的泌尿道感染。

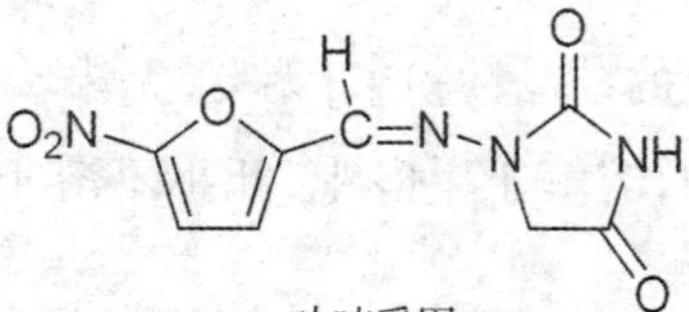

呋喃妥因

硝基咪唑类抗菌药主要有甲硝唑（metronidazole）、替硝唑（tinidazole），临床上除用于抗滴虫病和抗阿米巴虫病外，近年来广泛用于厌氧菌引起的系统及局部感染。药物结构中的硝基，在无氧环境中还原成氨基显示抗厌氧菌作用，对需氧菌或兼性需氧菌则无效。

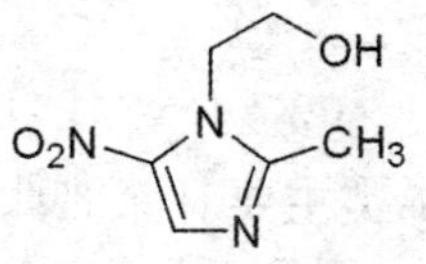

甲硝唑

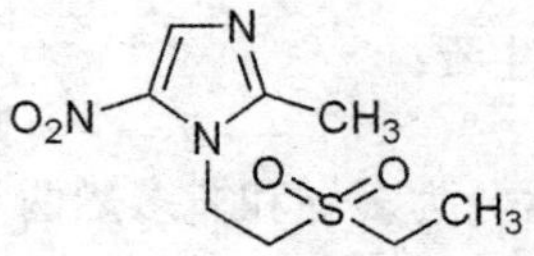

替硝唑

噁唑烷酮类抗菌药是近年来新开发的一类新型抗菌药，与其他抗菌药无交叉耐药性，对革兰阳性菌和部分厌氧菌具有很强的活性。利奈唑胺（linerzolid）首先用于临床，主治疗社区获得性肺炎、皮肤或软组织感染、医院获得性肺炎和万古霉素耐药的肠球菌的感染。

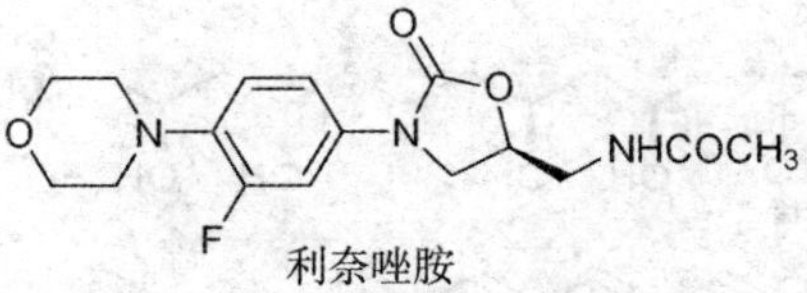

利奈唑胺

课外活动

深入社区医院、医疗机构或根据自己的生活经验，举例说明临床常用的消毒防腐药有哪些？

第五节　抗真菌药物

真菌感染是一种常见病，一般分为两大类：浅表真菌感染和深部真菌感染。浅表感染是一种传染性强的常见病和多发病，占真菌病患者的90%，主要发生在皮肤、黏膜、皮下组织，如脚癣、股癣、花斑癣等，传染性强但危害较小。侵害人体黏膜深处、内脏、泌尿系统和骨髓等的感染称为深部真菌感染，传染性小但危害大，可导致死亡。近年来，抗生素的广泛应用破坏了真菌与细菌间正常菌丛的共生关系，皮质激素、免疫抑制剂、放射治疗等药物的应用使机体对真菌的抵抗力降低，器官移植和大型手术都使病人机体的免疫系统受损，深部真菌感染的发病率逐年上升，真菌感染已成为癌症病人、艾滋病人及免疫丧失患者死亡的因素之一。因此，抗真菌药物的研究与开发日益受到重视。

目前临床上使用的抗真菌药物（antifungals drugs）按化学结构可分为：①抗真菌抗生素；②氮唑类抗真菌药物；③其他抗真菌药物。

一、抗真菌抗生素

抗真菌抗生素分为多烯和非多烯两类，多烯类主要对深部真菌感染有效，因结构中含有共轭多烯基团，性质不稳定，遇光、热、氧等迅速被破坏。主要药物有两性霉素 B(amphotericin B)、制霉菌素(nystatin)等，用于深部真菌感染。非多烯类抗生素主要有灰黄霉素(griseofulvin)和西卡宁(siccanin)，主要用于浅表真菌感染。由于毒性较大，且生物利用度低，不宜长期服用，一般外用较多。

两性霉素 B　Amphotericin B

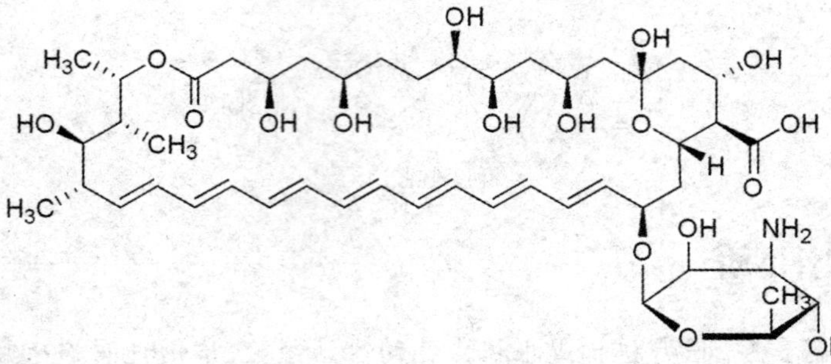

本品含有氨基和羧基，故具有酸碱两性。

本品在 pH4.0～10.0 时稳定，遇光、热、强酸和强碱均不稳定，在日光下易被破坏失效，应避光贮存。

两性霉素 B 是第一个用于临床的全身性治疗用抗真菌药。抗菌谱广，是许多危重深部真菌感染治疗的首选药物，也用于治疗皮肤和黏膜真菌感染。缺点是口服后在胃肠道吸收少而不稳定，不良反应较多，肾毒性较大，限制了其使用。

二、氮唑类抗真菌药物

氮唑类抗真菌药始于 20 世纪 60 年代末，是目前抗真菌药物中最大的一类。主要药物有克霉唑(clotrimazol)、益康唑(econazole)、咪康唑(miconazole)和酮康唑(ketoconazole)；三氮唑类药物主要有氟康唑(fluconazole)、伊曲康唑(itraconazole)等。

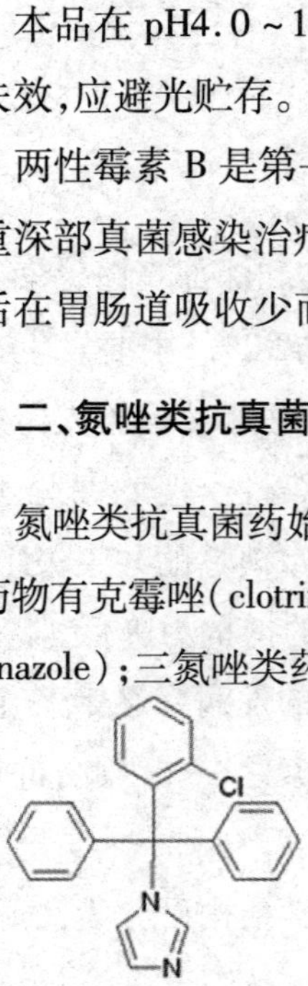

克霉唑

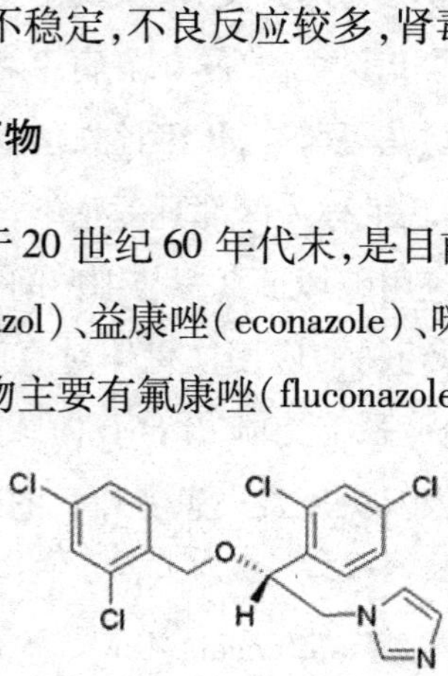

咪康唑

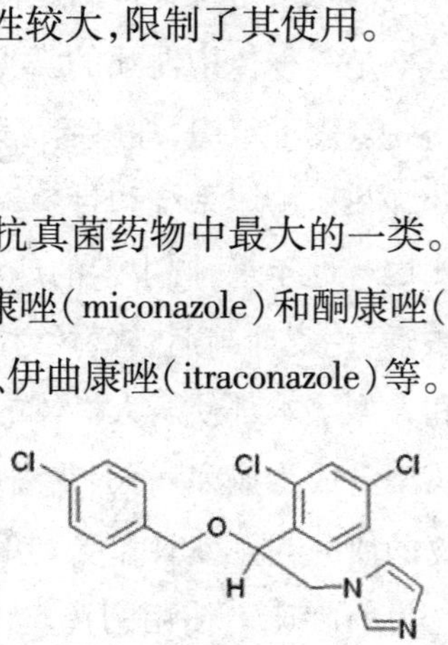

益康唑

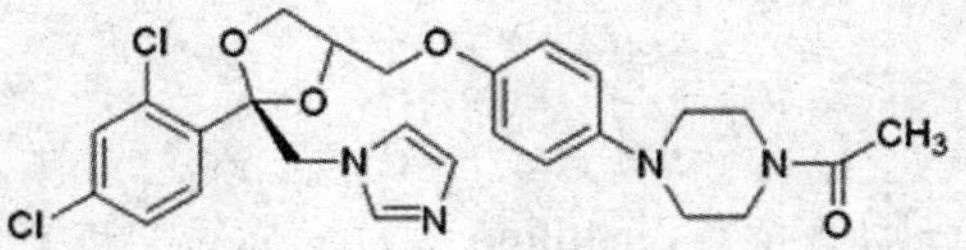

酮康唑

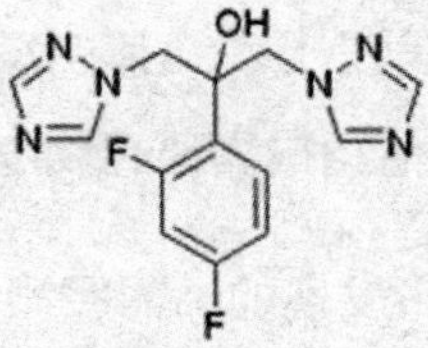

氟康唑

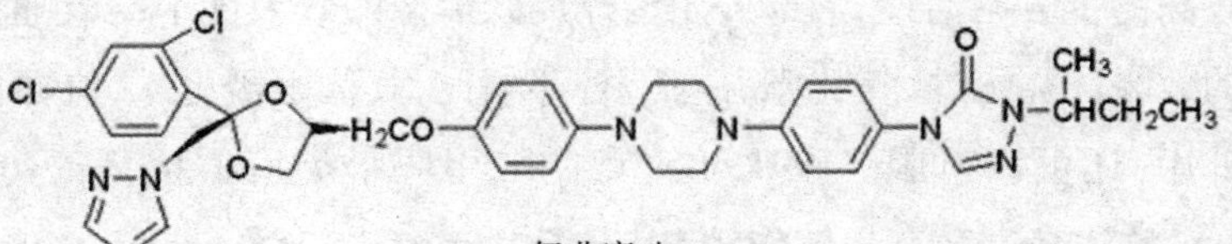

伊曲康唑

唑类抗真菌药物不仅可以外用治疗浅表性真菌感染，也可以口服或静脉注射治疗全身性真菌感染。氮唑类抗真菌药可用以下结构通式表示，其构效关系为：

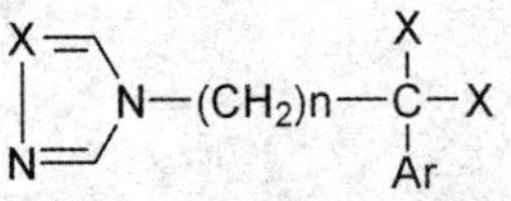

①分子中至少有一个唑环，可以是咪唑环和三氮唑环；②以唑环1位氮原子通过中心碳原子与芳烃基 Ar 相连；③芳烃基 Ar 一般为一卤代或二卤代苯环。

该类药物通过咪唑环的3位或三氮唑环的4位氮原子与细胞色素 P450 酶系的血红素辅基中3价铁离子形成配位键结合，竞争抑制酶的活性，抑制真菌细胞内麦角甾醇的生物合成而起作用。

氟康唑　Fluconazole

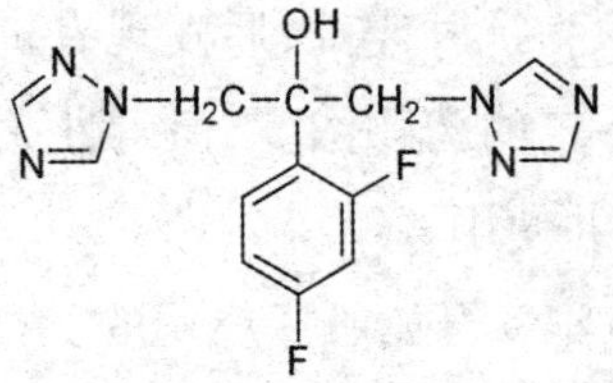

化学名为 α-(2,4-二氟苯基)-α-(1H-1,2,4-三氮唑)-1-基甲基)-1H-1,2,4-三氮唑-1-基乙醇。

本品为白色或类白色结晶或结晶性粉末；无臭或微带特异臭，味苦。易溶于甲醇，溶于乙醇，微溶于二氯甲烷、水和醋酸，不溶于乙醚。

本品显有机氟化物的鉴别反应。密封、在干燥处保存。

本品可经口服或注射给药，蛋白结合率较低，生物利用度高，并具有穿透中枢的特点。既可治疗浅表真菌感染如各种皮肤癣症，又可治疗深部真菌感染，无致畸和肝脏毒性。

三、其他类抗真菌药物

1981 年发现的烯丙胺型化合物萘替芬(naftifine),为一类新型抗真菌药,随后又发现活性更高、毒性更低的特比萘芬(terbinafine)和布替萘芬(butenafine)。本类药物具有较高的抗真菌活性,局部外用治疗皮肤癣菌的效果优于益康唑,治疗白色念珠菌病的效果同克霉唑,特比萘芬与萘替芬相比,其抗菌谱更广,抗菌活性更强,不仅可以外用,还可以口服。1991 年上市的二甲吗啉类广谱抗真菌药阿莫罗芬(amorolfine),抗浅表真菌有长效作用,用于指甲癣,一周一次。

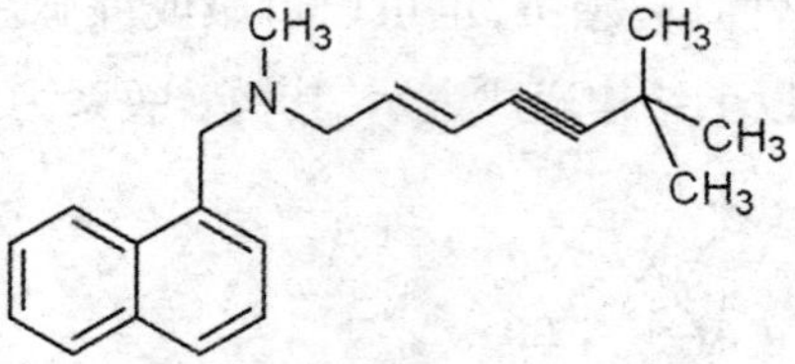

特比萘芬

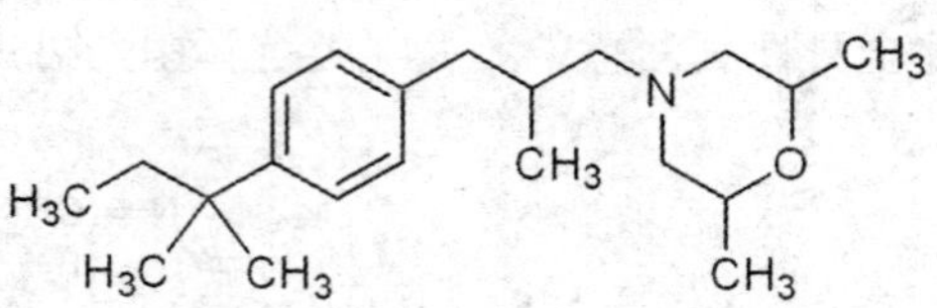

阿莫罗芬

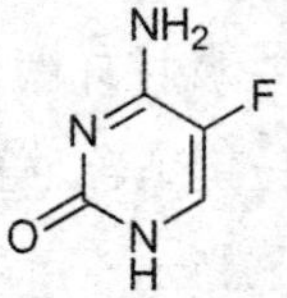

氟胞嘧啶

氟胞嘧啶(flucytosine)原为抗肿瘤药,后发现有抗霉菌活性,其特点是口服吸收好,并在脑脊液中可达到一定的药物浓度,但毒性大,易产生耐药性。临床上多与氟康唑及两性霉素 B 等合并使用。

棘白菌素类药物是 21 世纪初开始临床应用的一类新型广谱抗真菌药,对耐氟康唑的念珠菌及曲霉菌等真菌均有较好的活性。目前,已上市的药物包括卡泊芬净(caspofungin)、米卡芬净(mica fungin)、阿尼芬净(anidulafungin),均为天然或半合成的脂肽。与其他药物的相互作用较少,是一类发展前景很好的药物。

第六节　抗病毒药物

抗病毒药是指用于预防和治疗病毒性感染疾病的药物,病毒性感染疾病是严重危害健康的传染病,大多数流行性传染病是由病毒感染引起的。

知识链接

病毒简介

病毒是病原微生物中最小的一种,结构简单,其核心是核酸(DNA 或 RNA),外壳是蛋白质。病毒分为 RNA 病毒或 DNA 病毒。常见的由病毒引起的疾病有流行性感冒、脑炎、病毒性肝炎、麻疹、水痘、流行性腮腺炎、脊髓灰质炎、狂犬病及 SARS、禽流感等,某些病毒感染的致死率或致残率很高,并发症严重,如 20 世纪 80 年代发现的人免疫缺陷病毒(HIV)所致的艾滋病是危害性极大、死亡率很高的传染病。某些病毒性疾病如脊髓灰质炎和狂犬病还没有抗病毒治疗药物,只能靠疫苗预防。

抗病毒药物按结构分为三类:三环类、核苷类和其他类。三环类药物主要有金刚烷胺(amantadine);核苷类是抗病毒药物中数量最多、发展最快的一类药物,其作用靶点是 RNA 病毒的逆转录酶或 DNA 病毒的 DNA 聚合酶,具有广谱的抗病毒效果,毒副作用也比较大。它们具有嘧啶核苷或嘌呤核苷的结构,可以分为开环和非开环核苷类。开环核苷类抗病毒药物主要有阿昔洛韦(aciclovir)、泛昔洛韦(famciclovir)、伐昔洛韦(valacyclovir)等;非开环核苷类抗病毒药物主要有利巴韦林(ribavirin)、齐多夫定(zidovudine)等。其他类药物主要有膦甲酸钠(foscarnet Sodium)、奈韦拉平(nevirapine)、干扰素(interferon)等。

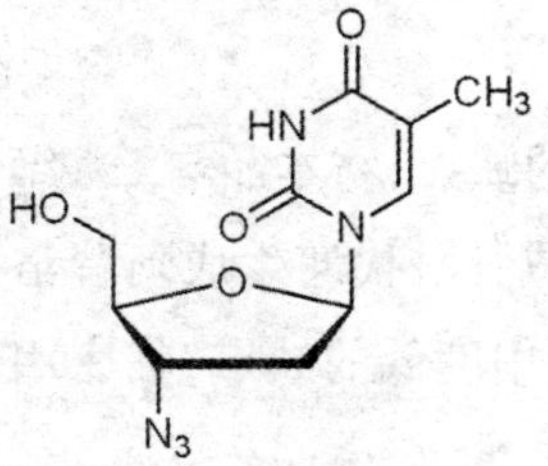
齐多夫定

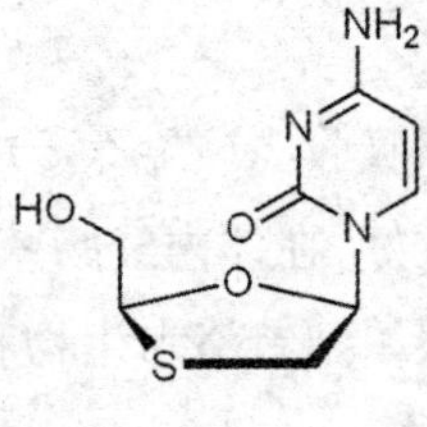
拉米夫定

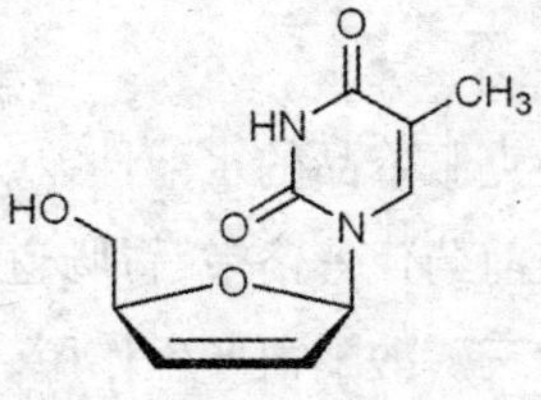
司他夫定

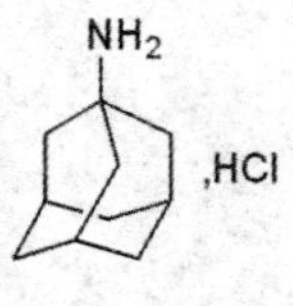
盐酸金刚烷胺

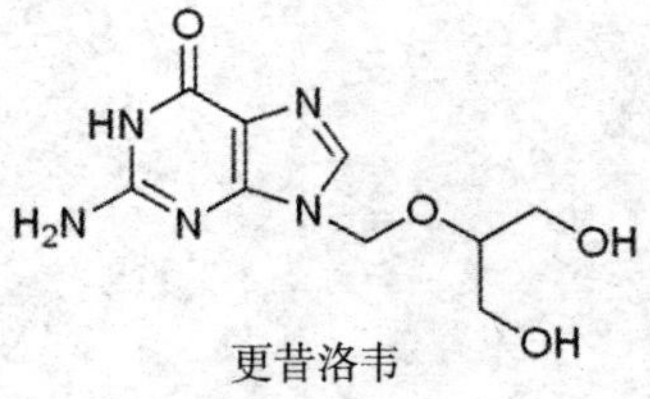
更昔洛韦

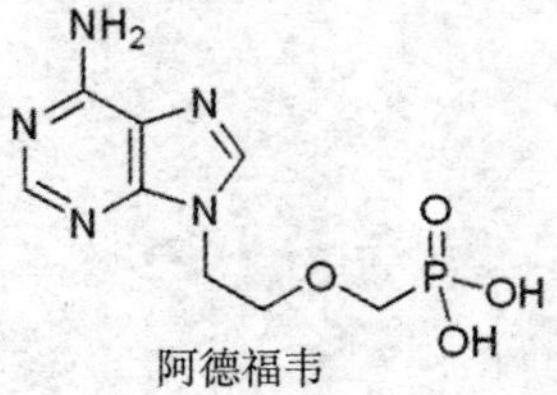
阿德福韦

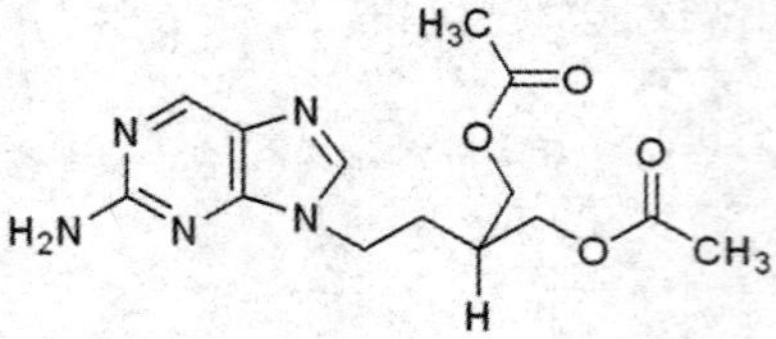

泛昔洛韦

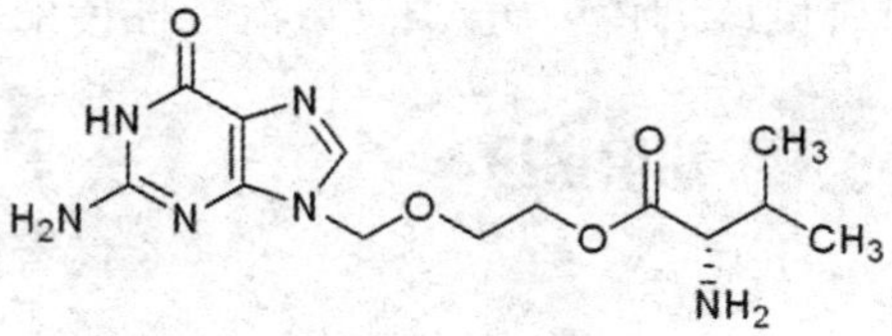

伐昔洛韦

课堂活动

上述药物中哪些是嘌呤核苷类？哪些是嘧啶核苷类？

阿昔洛韦　Aciclovir

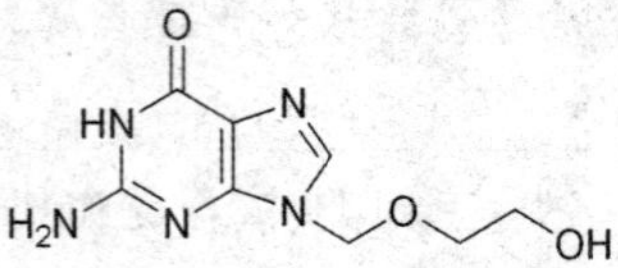

化学名为9－(2－羟乙氧甲基)鸟嘌呤，又名无环鸟苷，缩写ACV。

本品为白色结晶性粉末；无臭，无味。略溶于冰醋酸和热水，极微溶解于水，几乎不溶于乙醚和三氯甲烷，溶解于稀氢氧化钠溶液。熔点在256～257℃。

本品可口服或制成钠盐供配制注射用。本品宜遮光，密封保存。

本品为开环核苷类抗病毒药物，系广谱抗病毒药物，毒性低，几乎无全身毒性。现已作为抗疱疹病毒首选药物，广泛用于治疗疱疹性角膜炎、生殖器疱疹、全身性带状疱疹和疱疹性脑炎及治疗病毒性乙型肝炎。本品除局部给药外，还可口服、静注。

为克服本品的水溶性差、口服吸收少(约15%)的缺点，将本品与L－缬氨酸制成酯类前药伐昔洛韦，胃肠道吸收好，在体内经肠壁或肝脏代谢生成阿昔洛韦继而转化为三磷酸酯而产生作用，克服了阿昔洛韦生物利用度低的缺点，临床用于治疗急性的局部带状疱疹。

知识链接

"非典"事件

从2002年11月起，一场突如其来的传染性非典型性肺炎(简称"非典")，即严重急性呼吸综合征(SARS)在我国及全球一些国家和地区相继爆发，病人以发热、头痛、肌肉酸痛、乏力、干咳少痰等为主要临床表现，严重者出现呼吸窘迫。在2002年11月~2003年8月期间，全世界29个国家报告临床诊断病例8422例，死亡916例。

"非典"的病原体是人类中从未出现过的新型冠状病毒，是一种RNA病毒，主要通过呼吸道飞沫传播，传染性强，危害严重。

利巴韦林　Ribavirin

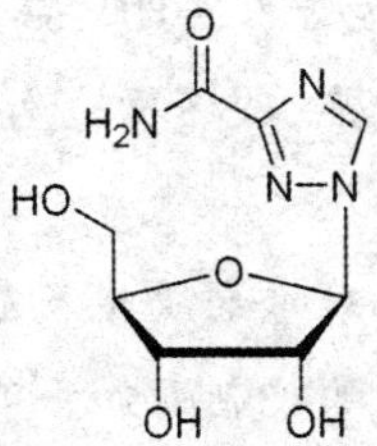

又名三氮唑核苷、病毒唑。

本品为白色结晶性粉末；无臭，无味。易溶于水，微溶于乙醇，不溶于乙醚和三氯甲烷。

本品水溶液加氢氧化钠试液，加热能使湿润的红石蕊试纸变蓝。

本品常温下稳定，但光照下易变质，宜避光，密封保存。

本品为广谱抗病毒药物，可口服或注射给药，吸收迅速而完全。临床上可用于呼吸道合胞病毒引起的病毒性肺炎与支气管炎及皮肤疱疹病毒感染。主要毒性是溶血性贫血，大剂量应用可致心脏损害，有致畸作用，孕妇禁用。

齐多夫定　Zidovudine

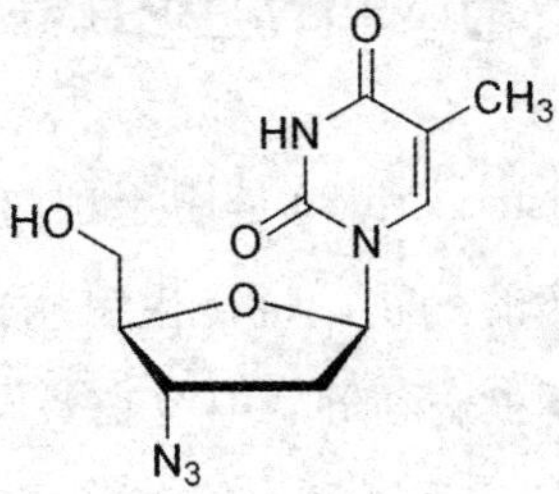

化学名为3′-叠氮-3′-脱氧胸腺嘧啶,又名叠氮胸苷,缩写AZT。

本品为白色或类白色结晶粉末;无臭。微溶于水,溶于乙醇。对光、热敏感,应低温、避光保存。

本品为胸苷类似物,有叠氮基取代,它对艾滋病毒和引起T细胞白血病的DNA病毒有抑制作用,具有反转录酶作用,为美国FDA批准的第一个用于抗艾滋的药物。

知识链接

艾滋病与抗艾滋病药物发展

艾滋病全称为"获得性免疫缺陷综合征(AIDS)",是由人免疫缺陷病毒(简称HIV,为RNA逆转录酶病毒,)感染引起的传染性疾病。自1981年美国确诊首例艾滋病患者以来,其传播速度惊人。HIV病毒主要通过性接触、血液和母婴三种途径传播。这种病毒终生传染,破坏人的免疫系统,使人体丧失抵抗各种疾病的能力。

抗艾滋病药物是近年来在抗病毒药物中发展最为迅速的一类药物,临床用药按作用机制分为核苷类拟转录酶抑制剂如齐多夫定、扎西他滨等;非核苷类拟转录酶抑制剂奈韦拉平、地拉韦啶等;蛋白酶抑制剂如沙奎那韦、茚地那韦等;整合酶抑制剂如雷特格韦;进入抑制剂恩夫韦地、尼菲韦罗等五大类。迄今为止,治疗艾滋病的药物已发展到31个品种。但是AIDS尚无有效的治疗药物。

目前国际通行的方法是标准三联药物疗法,即鸡尾酒疗法,是指两个核苷类逆转录酶药物加一个蛋白酶抑制剂,或两个核苷类逆转录酶药物加一个非核苷类逆转录酶抑制剂。

每年的12月1日是世界艾滋病日,红绸带是其标志。

第七节　抗寄生虫病药物

抗寄生虫病药物(antiparasitic drugs)是用于预防和治疗寄生在人体或其他牲畜体内各种寄生虫引起的疾病的药物。抗寄生虫病药物主要包括驱肠虫药、抗疟药、抗滴虫病药、抗血吸虫和丝虫病药等。本节主要简介驱肠虫药、抗疟药。

一、驱肠虫药

驱肠虫药能够驱除或杀灭肠道蛔虫、钩虫、蛲虫及绦虫等寄生虫，口服后药物直接作用于虫体，发挥驱虫作用，但对人体有不同程度的毒性，主要包括哌嗪类、咪唑类、嘧啶类、三萜类和酚类，目前临床使用的多为咪唑类药物，如盐酸左旋咪唑(levamisole hydrochloride)、阿苯达唑(albendazole)、甲苯咪唑(mebendazole)等。

阿苯达唑(Albendazole)

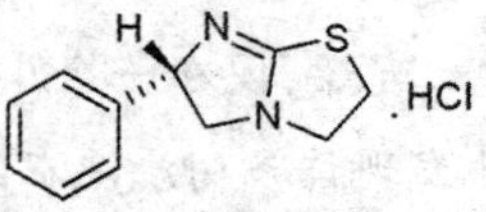

盐酸左旋咪唑

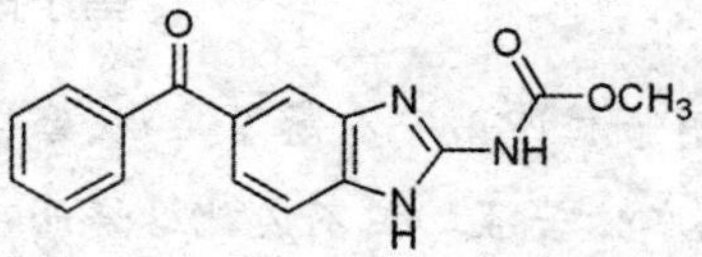

甲苯咪唑

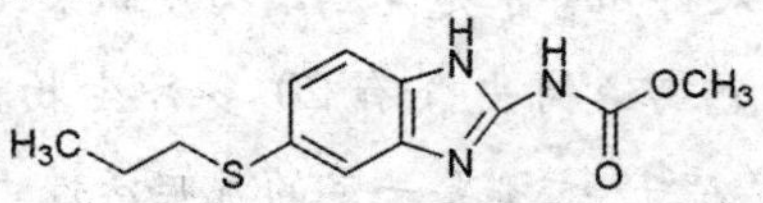

化学名为5－(丙硫基－1H－苯并咪唑－2－基)氨基甲酸甲酯，又名丙硫咪唑、肠虫清。

本品为白色或类白色粉末；无臭，无味。在水中不溶，在冰醋酸中溶解，在乙醇中几乎不溶，在丙酮和三氯甲烷中微溶。熔点206～212℃。

本品具叔胺的性质，稀硫酸溶液加碘化铋钾试液产生红棕色沉淀。

结构中含硫原子，灼烧后产生的气体可使醋酸铅试纸显黑色。

本品口服后胃肠道吸收较少，有利于其发挥抗肠道寄生虫作用。本品在肝脏被代谢为亚砜和砜类化合物，前者仍有较强的驱虫活性。

本品为高效广谱驱肠虫药，对蛔虫、蛲虫、钩虫、鞭虫有作用，对成虫和虫卵均有活性。由于实验发现本品治疗剂量有致畸作用和胚胎毒性，因此孕妇、哺乳期妇女及2岁以下小儿禁用。

二、抗疟药

疟疾是由已感染疟原虫的雌性蚊子所传染给人类的一种传染性疾病。临床常见的有恶性疟、间日疟和三日疟等。抗疟药是指能预防、治疗或控制疟疾传播的药物，按化学结构分为喹啉类、嘧啶类和萜内酯类。

喹啉类第一个用于临床的药物奎宁(quinine)是从茜草科植物金鸡纳树皮中提

取分离出的一种生物碱，对红细胞内期的疟原虫有较强的杀灭作用，可控制疟疾的症状。对奎宁进行结构改造得到氯喹(chloroquine)和伯氨喹(primaquine)，氯喹具有速效杀虫作用，伯氨喹能杀灭人体血液中各型疟原虫的配子体，可作为防止疟疾复发和传播的首选药物。嘧啶类代表药物乙胺嘧啶(pyrimethamine)能抑制疟原虫的二氢叶酸还原酶，对多数疟原虫有较强的抑制作用，临床上作为预防药物。

知识链接

奎宁的发现

传说有一位印第安人患了疟疾，寒热交作，口干舌燥，便在一个小池塘边喝了许多水，水味苦涩。但不久就退烧而痊愈了。他发现许多树浸泡在池塘里，使得水味苦涩。从此，印第安人得知苦水是金鸡纳树皮而来，遂采用金鸡纳树皮来治疗疟疾。后来研究证明金鸡纳树皮含有20多种生物碱，奎宁的含量高达20%～40%，还有奎尼丁、辛可宁等，都要一定的抗疟活性。

具有萜内酯结构的青蒿素是20世纪70～80年代，我国科研人员从菊科植物黄花蒿中提取得到的活性成分，为世界疟疾的控制做出了重大贡献。研究表明，青蒿素结构中的内过氧化结构对产生抗疟活性是必需的，以青蒿素为先导化合物，相继合成了一些作用更好的衍生物。如将C－10位羰基还原得到的双氢青蒿素(dihydroartemisinin)抗疟作用比青蒿素强1倍，双氢青蒿素的C－10位羟基醚化后得到蒿甲醚(artemether)，与氯喹几乎无交叉耐药性，双氢青蒿素的羟基与琥珀酸成酯得到青蒿琥酯(artesunate)，其钠盐可制成粉针剂用于静脉注射，作用强度与氯喹相当，但起效快，适用于抢救脑型疟和危重疟疾病人。

课外活动

你能说出青蒿素是我国哪位科学家研究发明的吗？获得了哪项科学奖？

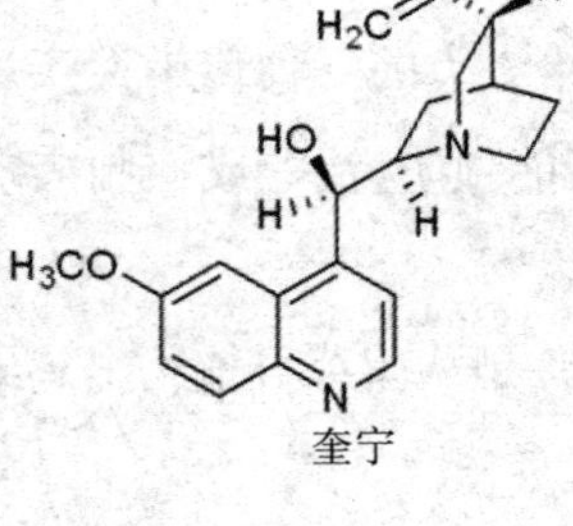

奎宁

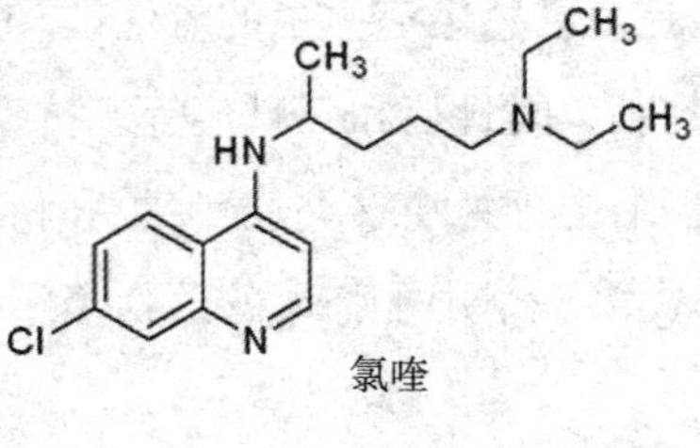

氯喹

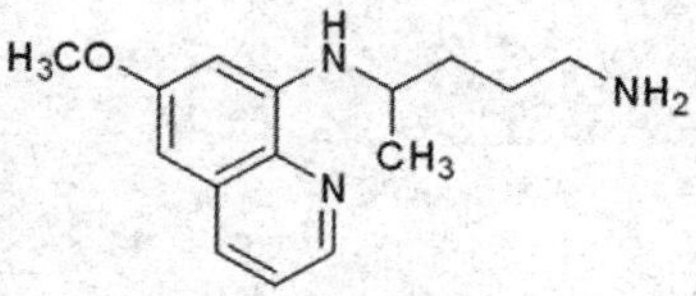
伯氨喹

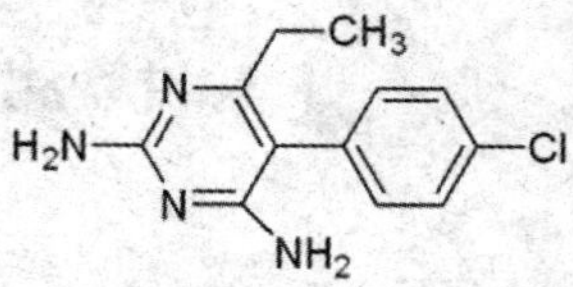
乙胺嘧啶

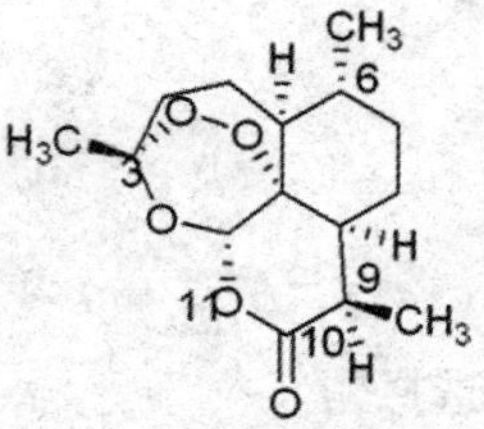
青蒿素

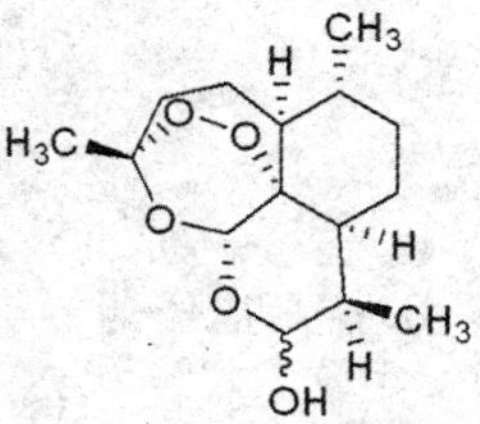
双氢青蒿素

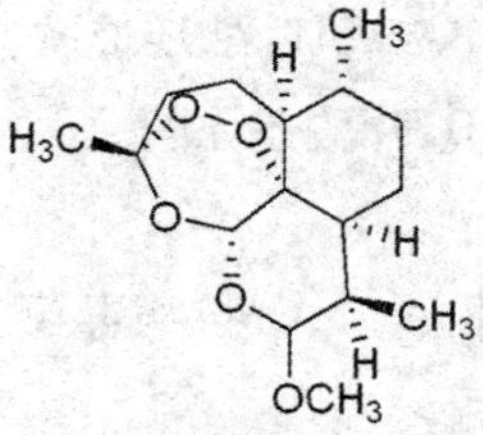
蒿甲醚

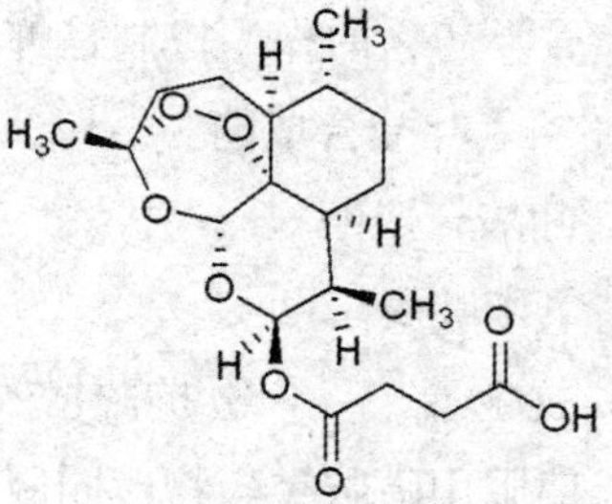
青蒿琥酯

青蒿素 Artemisinin

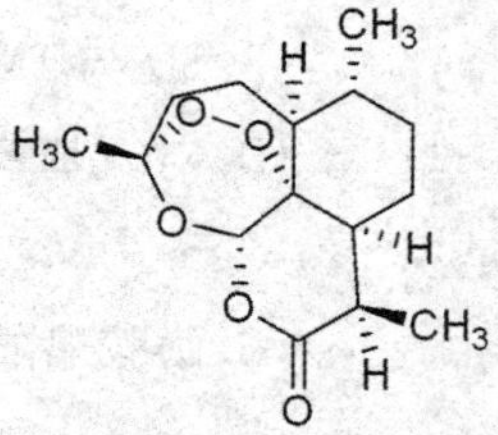

本品为无色针状结晶，味苦。在水中几乎不溶，在冰醋酸中易溶，在丙酮和三氯甲烷中易溶，在甲醇、乙醇和乙醚中溶解。熔点 150～153℃。分子中含有 7 个手性碳原子，药用为右旋体。

本品结构中过氧键在酸性条件下可将碘化钾试液氧化析出碘，遇淀粉指示剂即显紫色。

本品的倍半萜内酯结构，加氢氧化钠试液加热水解，遇盐酸羟胺试液及三氯化铁试液可生成深紫红色的异羟肟酸铁。

为速效、高效抗疟药，脂溶性大，易于通过血脑屏障，对恶性疟尤其是对氯喹耐药的脑型疟原虫有迅速杀灭作用。本品口服活性低、溶解度小，由于在体内代谢及排泄速度快、半衰期短，不利于彻底杀灭疟原虫，因此复发率较高。

课堂活动

如何从天然青蒿素进行结构改造以开发疗效更好的新药？

目标检测

一、选择题

(一)单项选择题

1. 磺胺类药物的作用机制是抑制　（　　）

A. 二氢叶酸合成酶　B. 二氢叶酸还原酶

C. 叶酸合成酶　D. 叶酸还原酶

2. 甲氧苄啶属于　（　　）

A. 抗生素　B. 抗菌增效剂　C. 抗病毒药　D. 抗高血压药

3. 长期服用磺胺类药物应同服　（　　）

A. NaCl　B. Na_2CO_3　C. $NaHCO_3$　D. NH_4HCO_3

4. 复方新诺明是由　（　　）

A. 磺胺醋酰与甲氧苄啶组成　B. SD 与 TMP 组成

C. SMZ 与 TMP 组成　D. 对氨基苯磺酰胺与 TMP 组成

5. 能进入脑脊液的磺胺类药物是　（　　）

A. 磺胺嘧啶　B. 新诺明　C. 磺胺醋酰钠　D. 对氨基苯磺酰胺

6. 具有过氧键的药物的是　（　　）

A. 氧氟沙星　B. 青蒿素　C. 阿苯达唑　D. 乙胺丁醇

7. 下列哪个药物属于喹诺酮类抗菌药物　（　　）

A. 磺胺嘧啶　B. 诺氟沙星　C. 异烟肼　D. 甲硝唑

8. 诺氟沙星的结构是　（　　）

A. 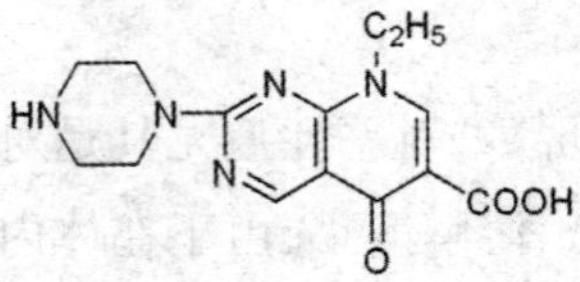

B. 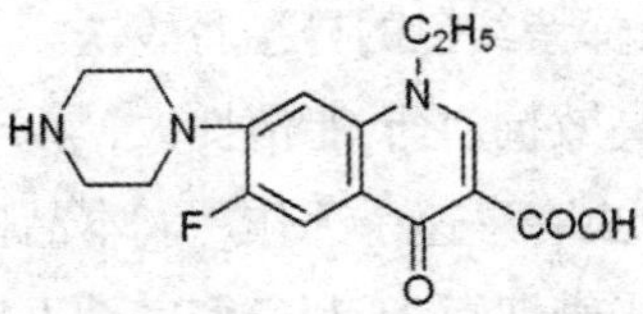

C. 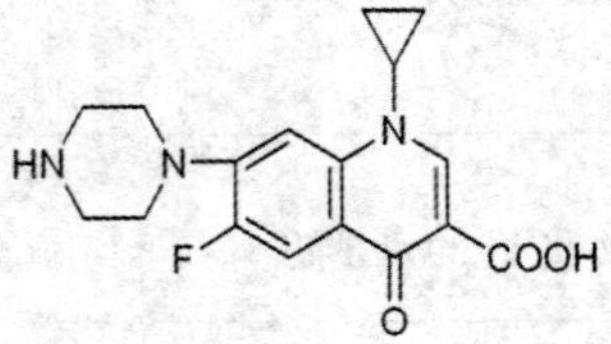

D. 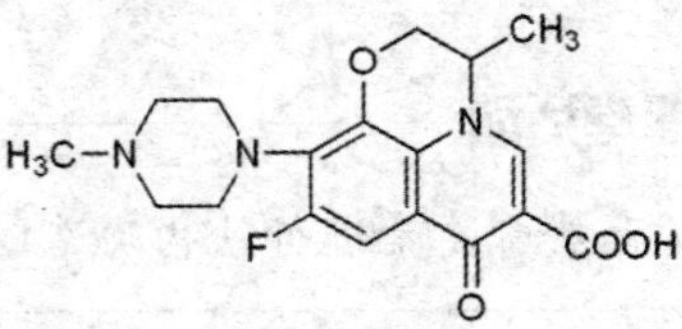

9. 喹诺酮类药物必须的结构是　　　　（　　）

A. 3 位羧酸　　　　B. 6 位 F

C. 4 为酮基　　　　D. 3 位羧酸和 4 为酮基

10. 甲氧苄啶的抑菌机理是抑制　　　　（　　）

A. 二氢叶酸合成酶　　　　B. 二氢叶酸还原酶

C. 叶酸合成酶　　　　D. 叶酸还原酶

11. 氟康唑的化学结构是　　　　（　　）

A. 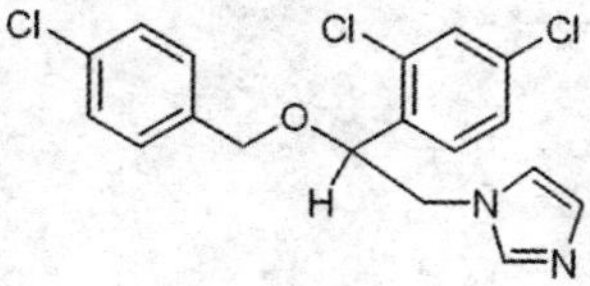　　　　B. 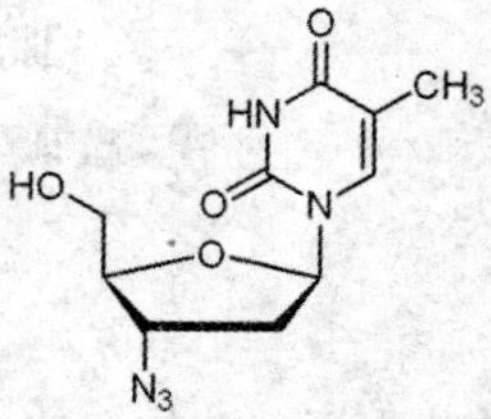

C. 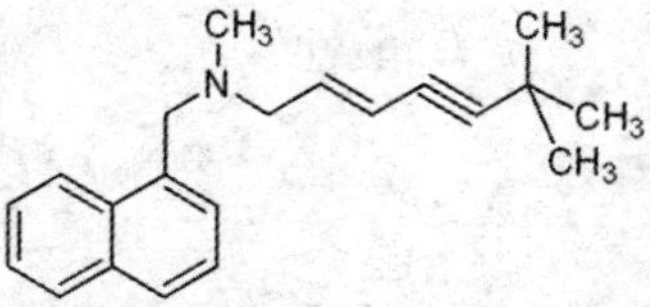　　　　D. 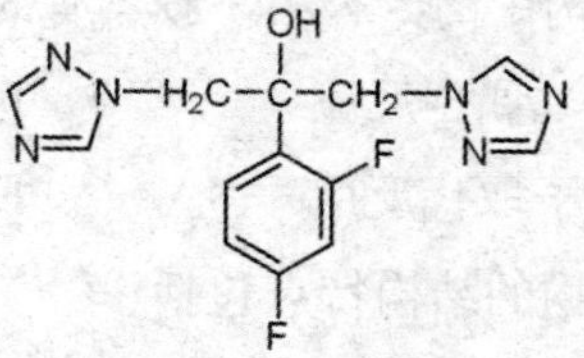

12. 喹诺酮类抗菌药物的光毒性主要来源于第几位取代基　　　　（　　）

A. 5 位　　B. 6 位　　C. 7 位　　D. 8 位

13. 异烟肼保存不当变色了，与分子中的哪个结构有关　　　　（　　）

A. —$NHNH_2$　　B. 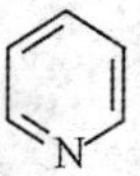　　C. —CONH—　　D. —$CONHNH_2$

14. 药用的盐酸乙胺丁醇为　　　　（　　）

A. 外消旋体　　B. 内消旋体　　C. 左旋体　　D. 右旋体

15. 下列具有三氮唑结构的抗真菌药物有　　　　（　　）

A. 酮康唑　　B. 氟康唑　　C. 克霉唑　　D. 两性霉素 B

16. 具有下列化学结构的药物是　　　　（　　）

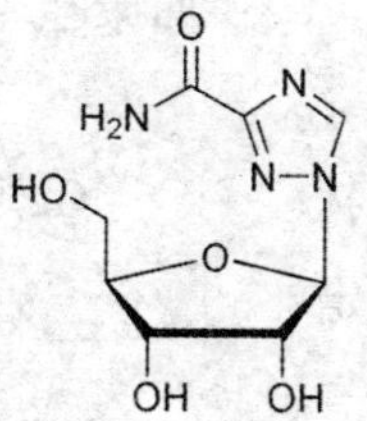

A. 利巴韦林　B. 阿昔洛韦　C. 齐多夫定　D. 替硝唑

(二)配伍选择

(1~5 题)　A. SD　B. 环丙沙星　C. 乙胺丁醇　D. 司他夫定　E. 氟康唑

1. 喹诺酮类药物　2. 抗结核药物

3. 抗病毒药物　4. 抗真菌药物

5. 磺胺类药物

(6~10 题)　A. SMZ　B. 诺氟沙星　C. 青蒿素　D. 司他夫定　E. 氟康唑

6. 三氮唑环　7. 4－吡啶酮－3－羧酸

8. 对氨甲苯磺酰胺　9. 叠氮基

10. 过氧键

(三)多项选择题

1. 磺胺类结构中的芳香第一胺具有的性质包括　(　　)

A. 重氮化－偶合反应　B. 碱性　C. 酸性

D. 金属离子取代反应　E. 自动氧化

3. 磺胺类药物的结构特点包括　(　　)

A. 哌嗪环　B. 芳香第一胺　C. 三氮唑环　D. 磺酰胺基　E. 苯环

4. 具有抗病毒作用的药物　(　　)

A. 新诺明　B. 阿昔洛韦　C. 利巴韦林　D. 司他夫定　E. 青蒿素

5. 下列关于喹诺酮类药物构效关系描述正确的是　(　　)

A. 吡酮酸环是抗菌作用必需的基本结构

B. 2 位上引入取代基活性增加

C. 3 位羧基和 4 位酮基是抗菌活性的必需基团

D. 在 6 位引入氟原子抗菌活性增加

E. 在 7 位上引入哌嗪基使活性增加

6. 具有抗真菌活性的药物有　(　　)

A. 两性霉素 B　B. 克霉唑　C. 伊曲康唑　D. 特比萘芬　E. 氟胞嘧啶

7. 下列属于前体药物的是　(　　)

A. 伐昔洛韦　B. 利巴韦林　C. 阿昔洛韦

D. 青蒿琥酯　E. 齐多夫定

8. 下列抗疟药物中，哪些是天然产物　　　　　　　　　　　　　　　　　　(　　)

A. 青蒿素　　B. 奎宁　　C. 乙胺嘧啶　　D. 氯喹　　E. 伯氨喹

9. 喹诺酮类药物有　　　　　　　　　　　　　　　　　　　　　　　　　(　　)

A. 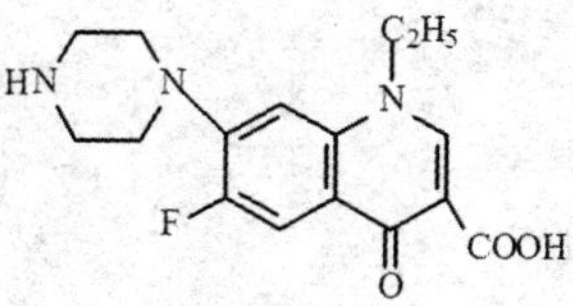

B. 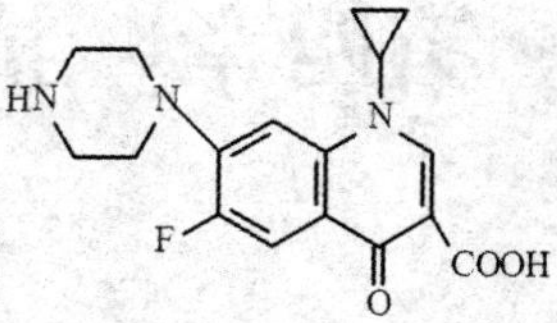

C. 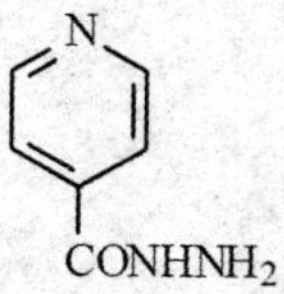

D. 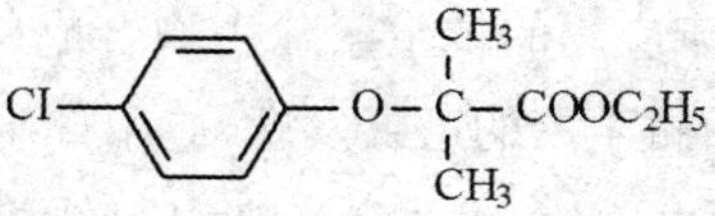

E. 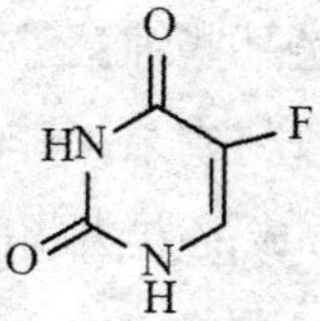

10. 诺氟沙星具有　　　　　　　　　　　　　　　　　　　　　　　　　(　　)

A. 喹啉酸环　　B. 哌嗪环　　C. 吲哚环　　D. －F　　E. 吩噻嗪环

二、简答题

1. 为什么注射用异烟肼需要制成粉针剂？
2. 写出环丙沙星的结构式，并分析临床用药时应注意的问题。
3. 分析磺胺类药物和甲氧苄啶协同抗菌作用的原因
4. 简述异烟肼产生肝毒性的主要原因。

三、实例分析

1. 医生为一患有细菌性上呼吸道感染的老年患者开了环丙沙星片剂口服，3 天后患者找到医生，告知病情没有好转。经医生询问得知该患者在服用该药的同时还服用了乳酸钙。试解释环丙沙星疗效下降的原因。
2. 患者，男性，34 岁，因咽喉肿痛前去就医，经确诊为患有化脓性扁桃体炎初期，医生给他开了复方新诺明，并告知服药方法：每天 2 次，每次 2 片，但第一次服药需服用 4 片。请对此给予合理解释。

（杨俊玲）

第四章 抗生素

抗生素(antibiotics)是某些细菌、放线菌、真菌等的次级代谢产物,能以极低的浓度对其他微生物产生抑制或杀灭作用。临床应用的抗生素除生物合成(发酵)外,也可通过半合成、全合成的方法获取。随着抗生素的迅猛发展,应用日益广泛,不仅用于抗感染,还可用于肿瘤的治疗及由原虫、立克次体和病毒引起的疾病;有些抗生素还具有免疫抑制和刺激植物生长的作用。根据化学结构,抗生素可以分为:①β-内酰胺类;②大环内酯类;③氨基苷类;④四环素类;⑤其他类。

知识链接

抗生素的滥用

从1928年发现青霉素至今,以青霉素为代表的抗生素从病魔手中挽救了数以万计的生命。据统计,目前全国使用量、销售量排在前10位的药品中,抗生素药物名列前茅。我国抗生素在药物总用量中占30%~40%,远远大于其他各类药物;而欧美发达国家的比例仅在10%左右。世界卫生组织建议,抗生素在医院的使用率不得超过30%,而我国的使用率却达70%左右。随着人们对抗生素的过分依赖和滥用,耐药菌株迅猛发展,如葡萄球菌的多数菌株对青霉素G、氨苄西林等耐药,一些曾经有效的药物由于失效或减效逐渐淡出临床。2010年的导致多人死亡的“超级细菌”引起的感染,源于抗生素的滥用,需要多种抗生素联合使用才能控制。

耐多药的结核菌、艾滋病病毒、医院感染的耐药菌株成为21世纪人类将面临三大病原微生物的威胁

我国是全球抗生素滥用最严重的国家。

第一节　β－内酰胺类抗生素

β－内酰胺类抗生素（β－lactam antibioics）是一类含有β－内酰胺环抗生素。目前临床上治疗感染性疾病的重要药物。

根据结构及作用特点，β－内酰胺类抗生素分为：

- β－内酰胺类抗生素
  - 青霉素类
    - 青霉素类
    - 半合成青霉素类
  - 头孢菌素类
  - 非典型的β－内酰胺类抗生素
    - 碳青霉烯类
    - 单环β－内酰胺类
    - β－内酰胺酶抑制剂

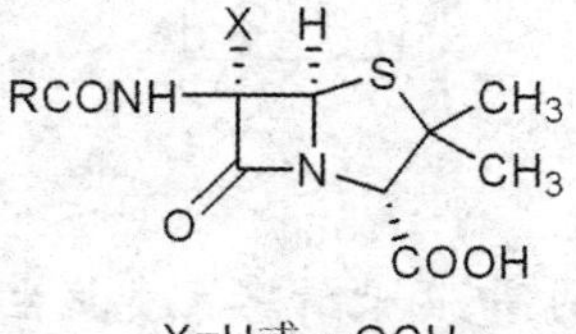

X=H或－OCH$_3$

青霉素类

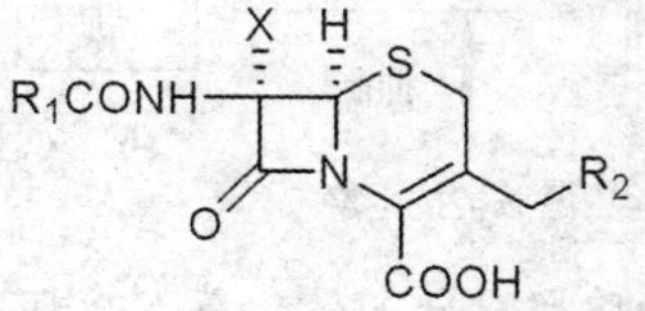

头孢菌素类

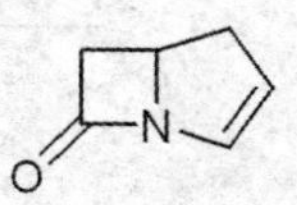

碳青霉烯

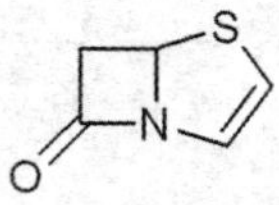

青霉烯

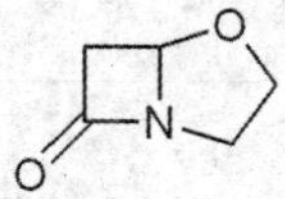

氧青霉烷

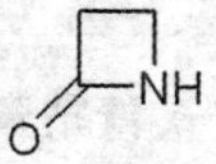

单环β－内酰胺

分析上述各类型的β－内酰胺类抗生素基本结构，它们共同的结构特征：

（1）都有一个β－内酰胺酶环。

（2）除单环β－内酰胺类抗生素外，其余抗生素均由β－内酰胺环与另一个五元或六元杂环稠合。如青霉素类的母核由β－内酰胺环与氢化噻唑环稠合而成，头孢菌素类的母核由β－内酰胺环与氢化噻嗪环稠合而成。

（3）除诺卡霉素外，与氮相邻的碳原子上（2位）连有一个羧基。

（4）在青霉素类的6位、头孢菌素类的7位和单环β－内酰胺类的3位都有一个酰胺基的侧链。

(5)6－氨基青霉烷酸(6－APA)为青霉素的基本结构,其中有3个手性碳原子,理论上有8个旋光异构体,绝对构型为2S、5R、6R的异构体有活性。7－氨基头孢烷酸(7－ACA)为头孢菌素类的基本母核,有2个手性碳原子,故有4个旋光异构体,绝对构型为6R、7R异构体有抗菌活性。

知识链接

β－内酰胺类抗生素的作用机制

黏肽转肽酶是细菌细胞壁合成过程中的一种酶,β－内酰胺类抗生素的结构与黏肽D－丙氨酰－D－丙氨酸的末端结构具有相似的构象,能竞争性地和黏肽转肽酶的活性中心共价结合,妨碍细菌细胞壁黏肽的合成,造成细胞壁缺损,最终引起细菌细胞壁破裂而死亡。

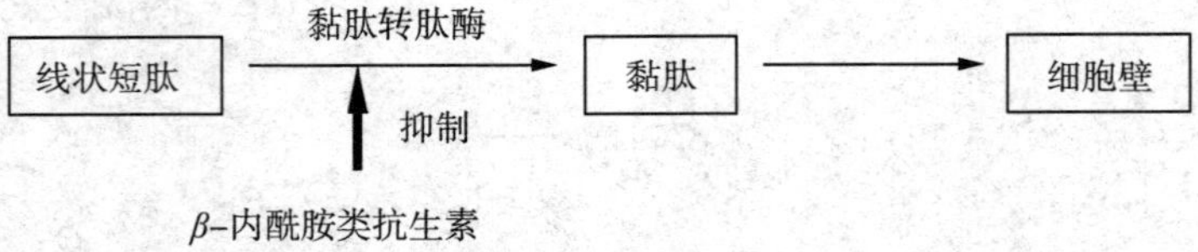

革兰阳性菌的细胞壁黏肽含量比革兰氏阴性菌的高,因此青霉素类抗生素一般对革兰氏阳性菌的作用强,有高度的选择性,对正在合成细胞壁的生长期细菌有强力杀灭作用;人体细胞没有细胞壁,因此β－内酰胺类抗生素对人体细胞无影响,故毒性很低。

一、青霉素类

(一)天然青霉素

从青霉菌培养液和头孢菌素发酵液中得到的天然青霉素有7种,即青霉素G、K、X、V、N、F及双氢青霉素。在这些天然青霉素中,以青霉素G和青霉素V的疗效较好。目前青霉素G虽然可以全合成,因成本高,工业上仍以微生物发酵生产为主。

青霉素钠　Benzylpenicillin Sodium

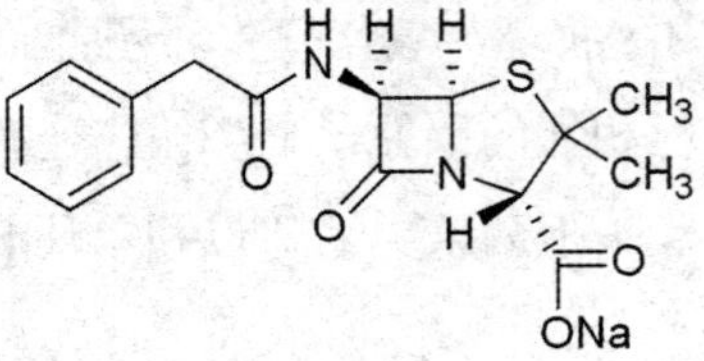

化学名为(2S,5R,6R)-3,3-二甲基-6-(2-苯乙酰氨基)-7-氧代-4-硫杂-1-氮杂双环[3.2.0]庚烷-2-甲酸钠盐,又名苄青霉素钠、青霉素G钠。

本品为白色结晶性粉末;无臭或微有特异性臭;有引湿性;遇酸、碱或氧化剂等迅速失效,水溶液在室温放置易失效。极易溶解于水,溶解于乙醇,不溶于脂肪油或液体石蜡。

青霉素钠的水溶液遇稀盐酸,即生成白色沉淀;此沉淀能在乙醇、醋酸戊酯、三氯甲烷、乙醚或过量的盐酸中溶解。

青霉素类的母核是由β-内酰胺环和五元的氢化噻唑环骈合而成,两个环的张力都比较大,且两个环不共平面,β-内酰胺环的羰基与氮上的孤对电子对不能形成共轭,易受到亲核或亲电性试剂的进攻,导致β-内酰胺环破裂而失效。

(1)在碱性条件或β-内酰胺酶存在下青霉素分解失效,其他亲核试剂如醇、胺、水的作用相同。

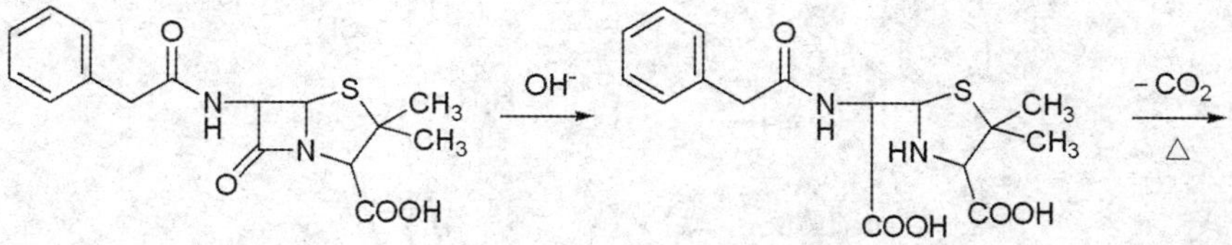

青霉酸

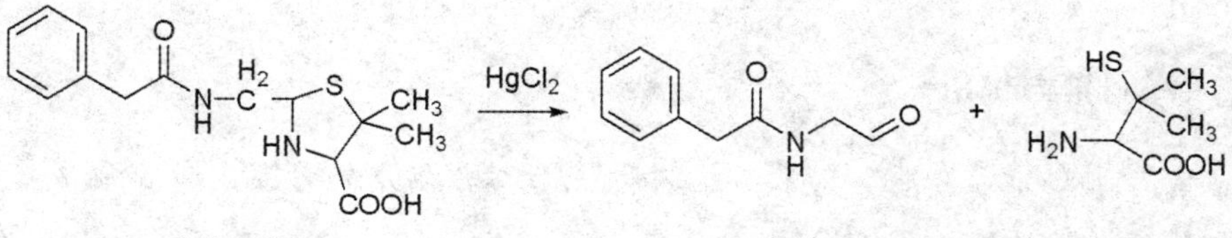

青霉噻唑酸　　青霉醛　　青霉胺

课堂活动

某人使用青霉素钠一段时间后,再用青霉素治疗感染性疾病,作用不明显,试解释原因。

(2)青霉素钠在不同的酸性条件下分解产生青霉二酸、青霉醛和青霉胺而失去抗菌活性。

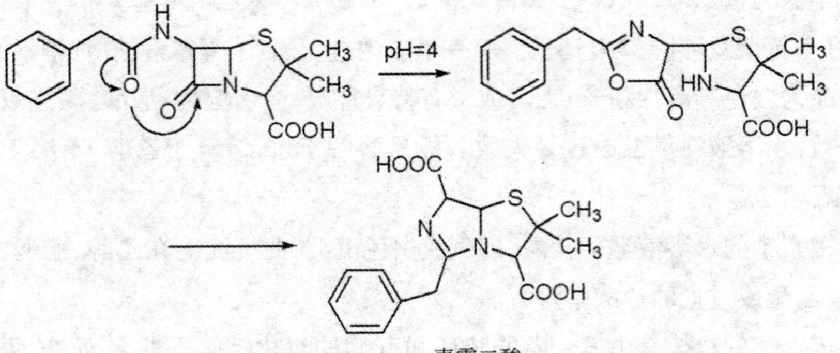

青霉二酸

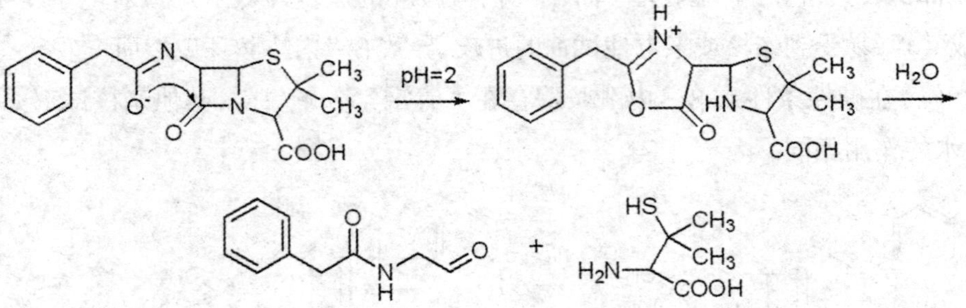

青霉醛　　　　青霉胺

本品应盛于严封或熔封的灭菌干燥容器内，并置阴凉处保存。

课堂活动

青霉素G能否口服？如果不能口服，为什么注射用的青霉素G需制成粉针剂？能否与酸性药物配伍使用？

本品在酸性条件下加热，再加入盐酸羟胺和三氯化铁试剂显紫红色。

本品是第一个临床使用的抗生素。主要用于革兰氏阳性菌（如葡萄球菌、链球菌、肺炎球菌等）所引起的全身或局部严重感染；但也存在过敏反应，发生率较高，严重时甚至导致死亡。

知识链接

青霉素的过敏反应

青霉素的过敏反应发生率居各类药物之首，其临床表现轻症为荨麻疹和血管神经性水肿等，重症为过敏性休克。引起青霉素过敏的杂质有两种，即外源性和内源性杂质。外源性杂质主要来源于生产过程中带入的蛋白质、多肽等；内源性过敏原可能来自青霉素生产、储存和使用过程中，β－内酰胺环开环后自身聚和产生的高聚物。

青霉素类抗生素间存在强烈的交叉过敏反应。

青霉素钠经注射给药后，很快以游离酸的形式经肾排出。为了克服青霉素钠排泄快、作用时间较短的缺点，可将其与丙磺舒合用，竞争肾小管分泌，延长体内作用时间；或将其与分子量较大的胺类制成难溶性盐类；或者通过将游离羧基酯化等方式提高药效。

课外活动

临床应用青霉素G，存在哪些缺点？分别如何克服其缺点？

（二）半合成青霉素

经过长期的临床应用，青霉素G也暴露出许多缺点，如不耐酸，只能注射给药；易产生耐药性，抗菌谱窄仅对革兰阳性菌有效；有严重的过敏反应。为解决上述问题，20世纪50年代，以6－氨基青霉烷酸为原料，进行化学结构改造，合成了许多抗菌活性高、耐酶、广谱并且可口服的抗生素。

1. 耐酸青霉素

在青霉素发酵过程中发现了青霉素V（penicillin V），具有耐酸性质，可口服。经研究发现在青霉素6位侧链酰胺基α位引入吸电子基团，阻碍了青霉素在酸性条件下的电子转移重排，增加了对酸的稳定性，相继合成了非奈西林（pheneticillin）、奈夫西林（nafcillin）等。

2. 耐酶青霉素

在青霉素酰胺侧链上引入空间位阻大的基团，如三苯甲基具有较大的空间位阻，能有效阻碍与酶活性中心的结合，从而增加了 β－内酰胺环的稳定性。尽管三苯甲基青霉素的抗菌活性较低，但根据酰胺侧链空间位阻的启发，合成了许多类似物应用于临床，如：苯唑西林（oxacillin）、氯唑西林（cloxacillin）、替莫西林（temocillin）、丙匹西林（propicillin）等。

苯唑西林钠　Oxacillin Sodium

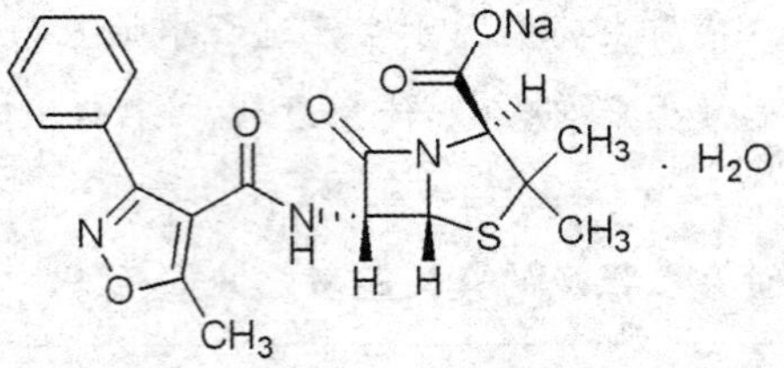

本品为白色粉末或结晶性粉末；无臭或微臭；易溶于水，极微溶于丙酮或丁醇，几乎不溶于醋酸乙酯或石油醚；在水中（10mg/1mL）比旋度为＋195°～＋214°。

苯唑西林在弱酸性条件下，经水浴加热 30 分钟后，重排成苯唑青霉烯酸，依照分光光度法在 399nm 波长处有最大吸收。

本品耐酶、耐酸，抗菌作用较强，在临床上主要用于治疗量产生青霉素酶的金黄色葡萄球菌和表皮葡萄球菌的周围感染，不适用于中枢感染的治疗。

3. 广谱青霉素

在青霉素酰胺侧链的 α－碳原子上引入亲水性基团，扩大了抗菌谱，如：氨苄西林（ampicillin）、阿莫西林（amoxicillin）、羧苄西林（carbenicillin）等。

阿莫西林　Amoxicillin

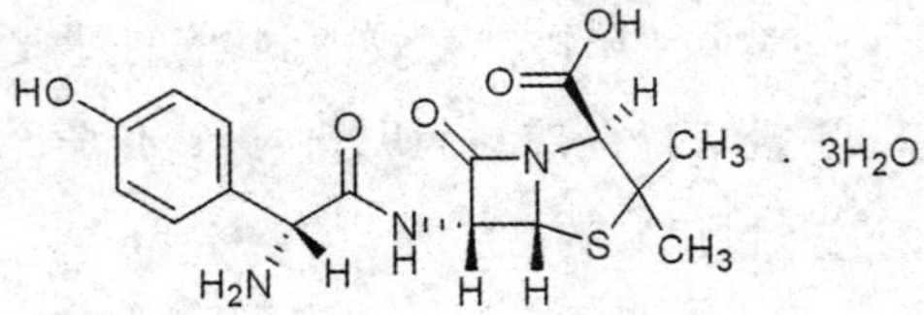

化学名为（2S，5R，6R）－3，3－二甲基－6－［（R）－（－）－2－氨基－2－（4－羟基苯基）乙酰氨基］－7－氧代－4－硫杂－1－氮杂双环［3.2.0］庚烷－2－甲酸三水合物，又名为羟氨苄青霉素。

本品为白色或类白色结晶性粉末；味微苦；微溶于水，几乎不溶于乙醇；在水中（1mg/1mL）比旋度为＋290°～＋310°。本品临床应用为 R 构型。结构中既有酸性功能基羧基、酚羟基，又有碱性功能基氨基。

本品含酚羟基，能与三氯化铁反应显色，且易被氧化变质，应避光密封储存。

本品的水溶液在 pH6 时比较稳定。本品侧链 α－氨基的强亲核性，易进攻另一分子 β－内酰胺环的羰基，引起多聚合反应，且酸能加速聚合反应。

课堂活动

阿莫西林钠为什么溶于生理盐水静脉滴注，而不用葡萄糖注射液？

本品为广谱、耐酸半合成青霉素，临床主要用于泌尿系统、呼吸系统、胆道等的感染治疗。

表 4－1 常见半合成青霉素

药物名称	药物结构	作用特点
青霉素 V Penicillin V	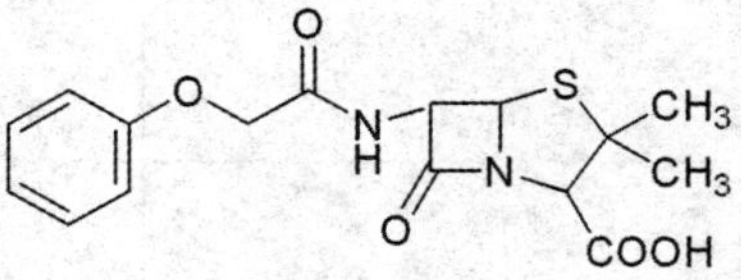	耐酸，可以口服，适用于革兰氏阳性球菌引起的轻度感染和急性感染
奈夫西林 nafcillin	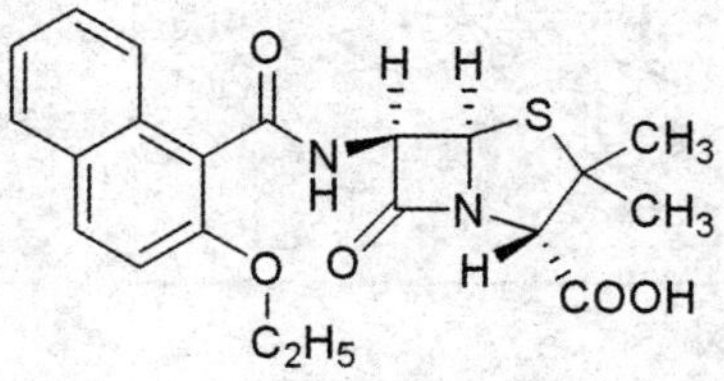	对酸稳定，用于治疗耐药性金黄色葡萄球菌感染
氯唑西林 cloxacillin	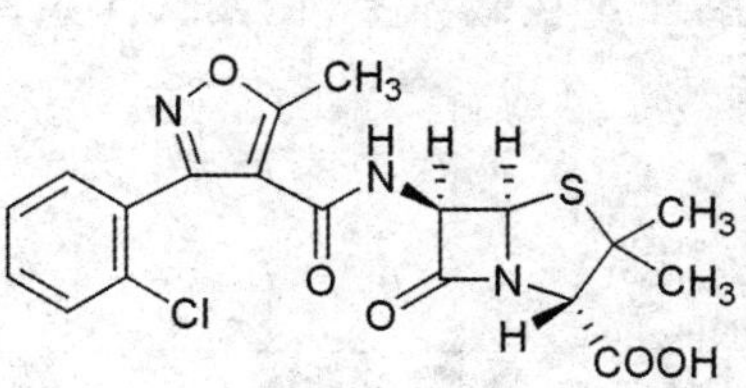	耐酶耐酸，血药浓度均高于苯唑西林
替莫西林 temocillin	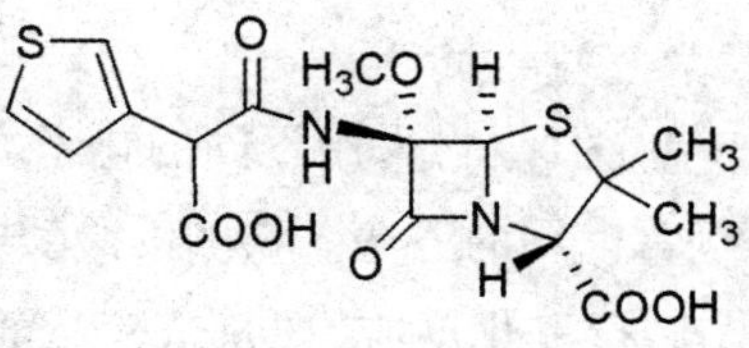	6α－位引入甲氧基，侧链上引入杂环使药物半衰期延长，并具有广谱耐霉双重作用

（续表）

药物名称	药物结构	作用特点
氨苄西林 ampicillin	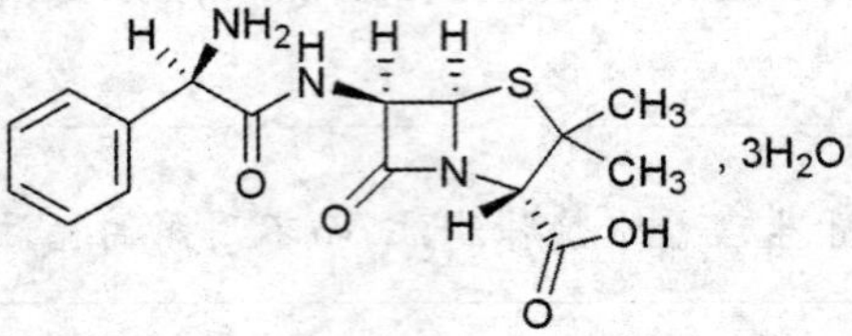	为广谱青霉素。对流感杆菌、痢疾杆菌、大肠埃希菌、伤寒杆菌、变形杆菌均有效，用于心内膜炎、脑膜炎、败血症等治疗
羧苄西林 carbenicillin	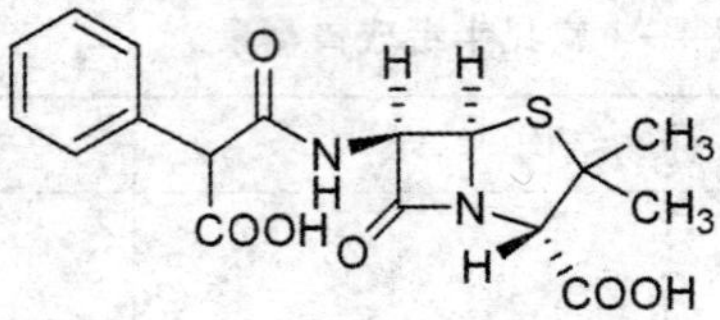	主要用于铜绿假单胞菌、大肠埃希菌等引起的感染，对革兰氏阴性菌的抗菌谱比氨苄西林广，需注射给药
阿帕西林 apalcillin	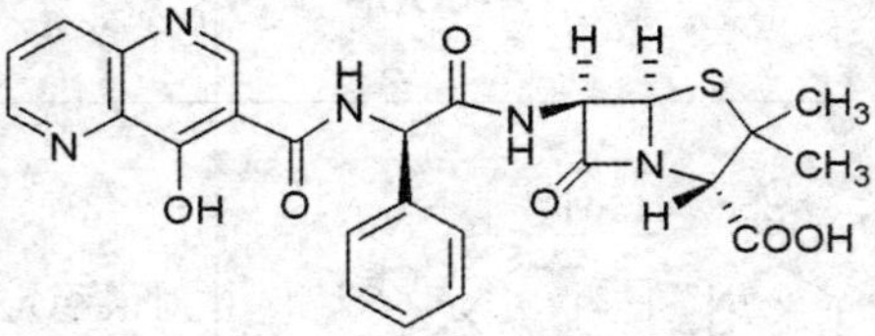	为抗假单胞菌抗生素，具有广谱抗菌作用。抗菌力比羧苄西林强 7～10 倍，过敏反应较多

4. 半合成青霉素的化学合成

用化学方法将青霉素酰化酶固定在载体上，在偏碱性条件下酶解青霉素制得 6－氨基青霉烷酸（6－APA），作为半合成青霉素的原料。

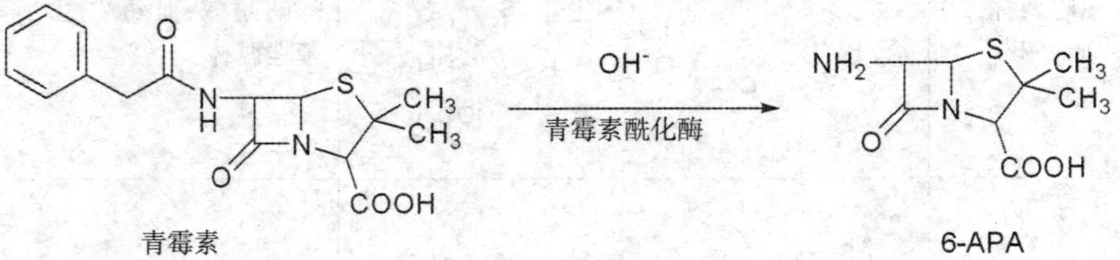

青霉素　　　　6-APA

以 6－氨基青霉烷酸（6－APA）为原料，采用不同的化学方法制备各种类型的半合成青霉素。（1）酰氯法：是经常使用的方法。将侧链羧酸制备成酰氯，在低温、中性或近中性条件下与 6－APA 进行酰化反应，如氨苄西林的制备。（2）酸酐法：将侧链羧酸制备成酸酐或混合酸酐后与 6－APA 进行酰化反应，如哌拉西林的制备。(3)DCC 法:以 N,N′-二环已基碳二亚胺(DCC)为缩合剂,将侧链羧酸和 6-APA 在有机溶剂中进行酰化反应。此法收率高、路线短,但成本高。(4)固相酶法:用固相酶催化侧链与 6-APA 直接缩合。此法工艺简单、收率高。

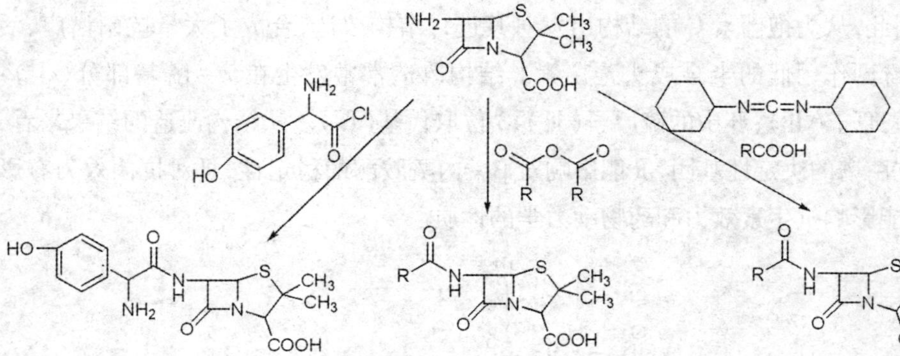

临床使用的半合成青霉素均是钠盐或钾盐。为了避免 β-内酰胺环开环破坏,应用氢氧化钠或氢氧化钾成盐时需要格外小心,对碱不稳定的半合成青霉素,可通过与有机酸盐反应成盐。

二、头孢菌素类

头孢菌素(cephalosporins)类是一类广谱半合成抗生素,天然的头孢菌素 C 为 7-氨基头孢烷酸(7-aminocephalosporanic acid,7-ACA)与 D-α-氨基已二酸缩合而成。β-内酰胺环与氢化噻嗪环稠合而成 7-ACA,头孢菌素的“四元环并六元环”稠环体系的张力较小,且分子中 β-内酰胺氮原子上的未共用电子对与邻位的 C-C 双键形成共轭,使 β-内酰胺环趋于稳定。但由于 C-3 位乙酰氧基是一个较好的离去基团,容易接受亲核试剂对内酰胺羰基的进攻使 C-3 位乙酰氧基带负电离去,导致头孢类药物 β-内酰胺环开环而失活。

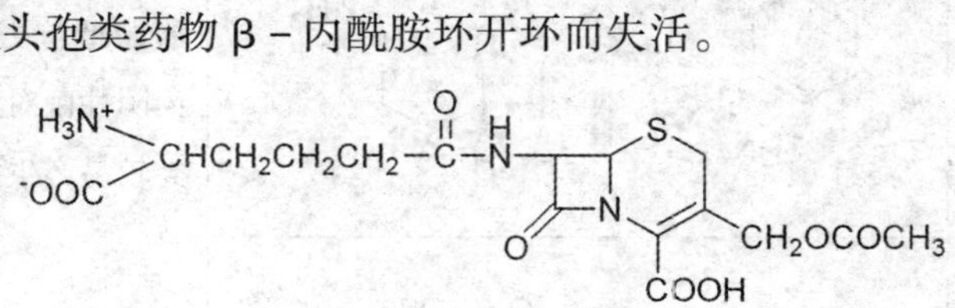

头孢菌素C

课堂活动

分析头孢菌素类和青霉素类药物结构特征，比较两类药物稳定性。

因此，从头孢菌素C的结构出发对其进行结构改造，合成了大量抗菌谱广、活性强、毒副作用低的半合成头孢菌素。结构改造常常发生在7-酰基部分（Ⅰ）；7-α氢原子（Ⅱ）；环中的硫原子（Ⅲ）；3位取代基（Ⅳ）。从结构改造的结果来看，Ⅰ是抗菌谱的决定性基团，Ⅱ能影响对β-内酰胺酶的稳定性，Ⅲ对抗菌效力有影响，Ⅳ能影响抗生素效力和药物动力学的性质。

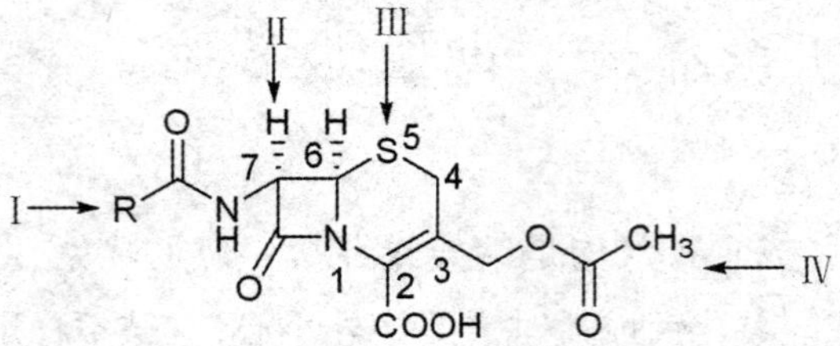

表4-2 主要的头孢菌素类代表药物

药物名称	药物结构	作用特点
头孢氨苄 cefalexin	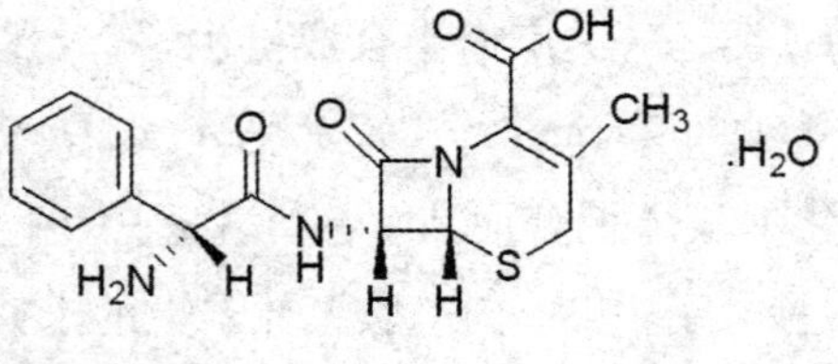	第一代头孢菌素类抗生素。革兰氏阴性菌的β-内酰胺酶的抵抗力较弱，因此革兰氏阴性菌对第一代头孢菌素类较易产生耐药性
头孢拉定 cefradine	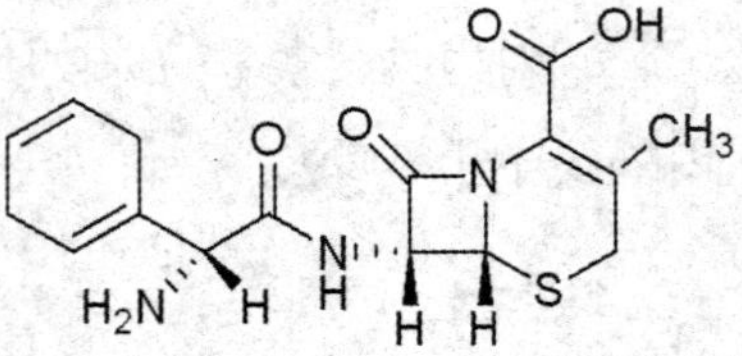	
头孢羟氨苄 cefadroxil	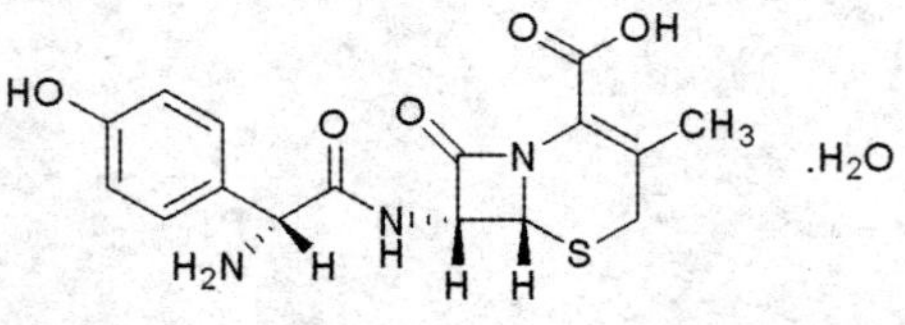	

（续表）

药物名称	药物结构	作用特点
头孢孟多 cefamandole	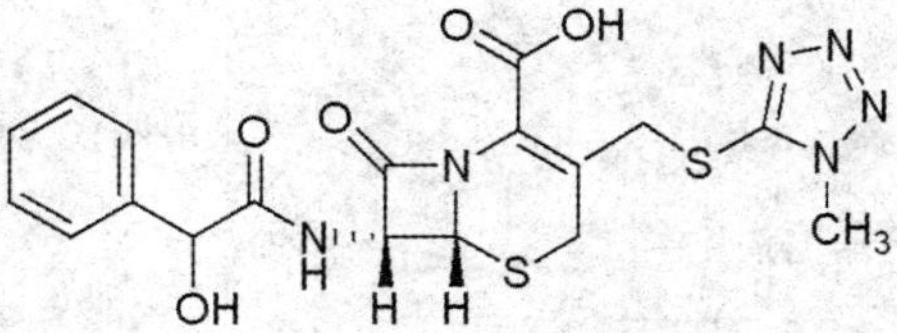	第二代头孢菌素类抗生素。革兰氏阳性菌的抗菌效能与第一代相近或较低，而对革兰氏阴性菌的作用较优。主要表现为耐酶性能强，抗菌谱广
头孢呋辛 cefuroxime	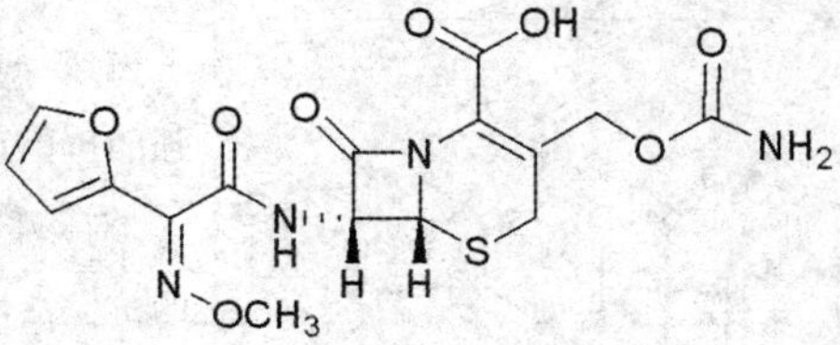	
头孢克洛 cefaclor	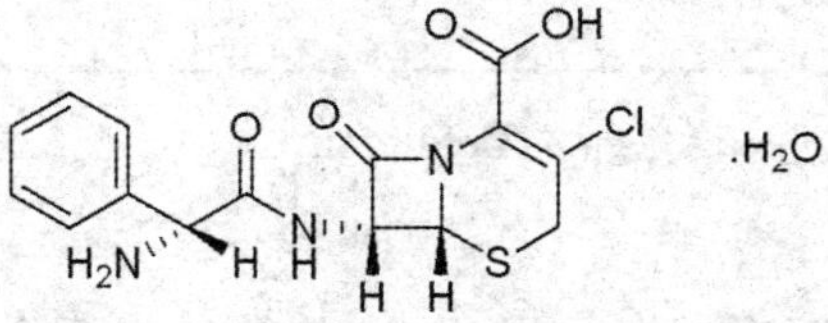	
头孢噻肟 cefotaxime	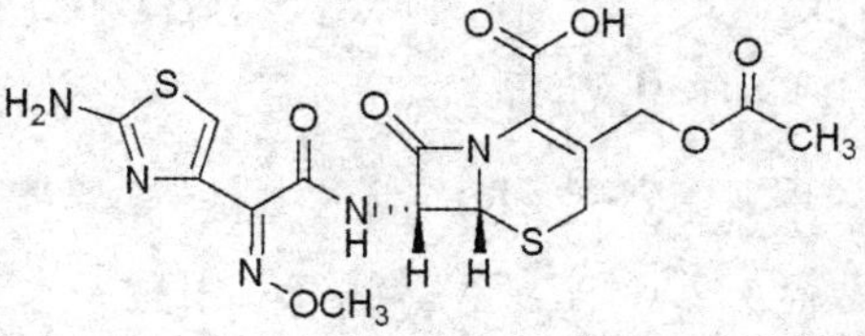	第三代头孢菌素类抗生素。革兰氏阳性菌的抗菌效能普遍低于第一代，对革兰氏阴性菌的作用较第二代头孢菌素类更为优越。抗菌谱扩大，对铜绿假单孢菌、沙雷杆菌、不动杆菌等有效；耐酶性能强，可用于对一代或第二代头孢菌素类耐药的一些革兰氏阴性菌株
头孢曲松 ceftriaxone	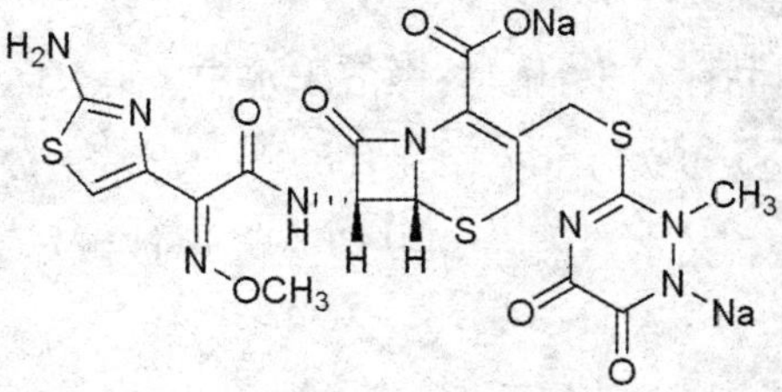	
头孢克肟 cefixime	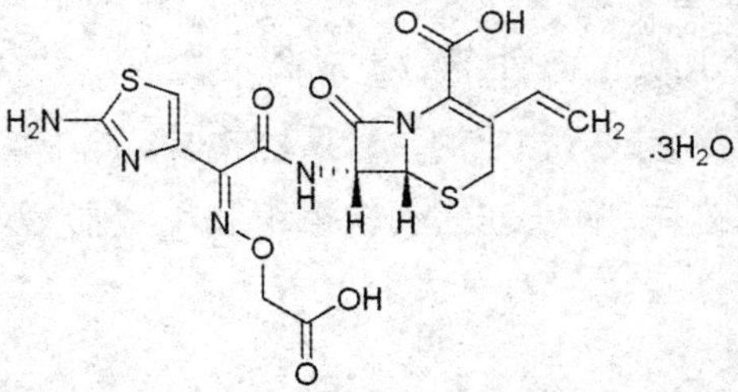	

（续表）

药物名称	药物结构	作用特点
头孢吡肟 cefepime	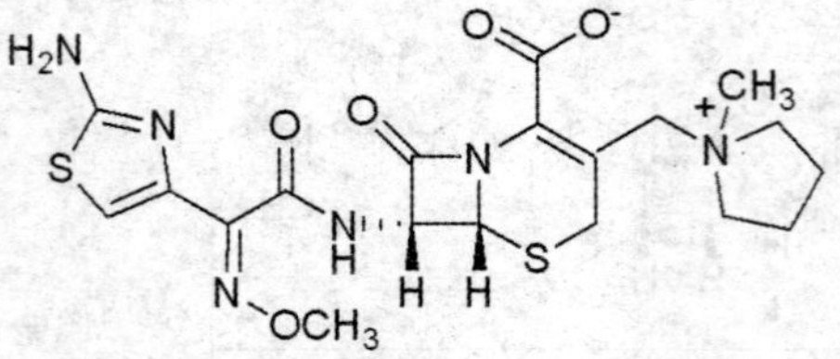	第四代头孢菌素类抗生素的3位含有带正电荷的季铵基团，能更快地透过革兰氏阴性杆菌的外膜，对细菌的β-内酰胺酶更稳定，具有较强的抗菌活性。从抗菌谱来说，对革兰氏阳性菌有更强的抗菌活性
头孢匹罗 cefpirome	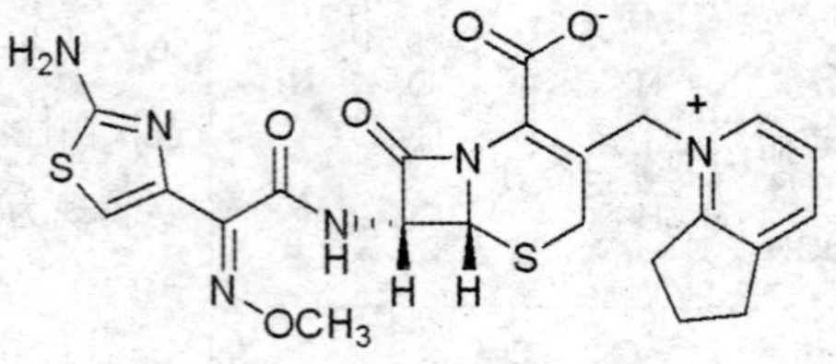	

头孢氨苄　Cefalexin

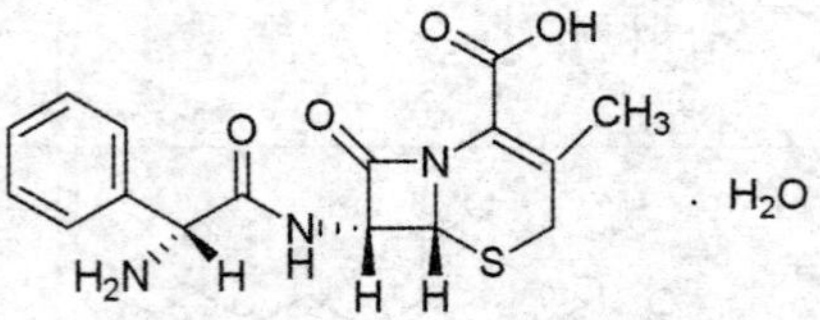

化学名为(6R,7R)-3-甲基-7-[(R)-2-氨基-2-苯乙酰氨基]-8-氧代-5-硫杂-1-氮杂双环[4.2.0]辛-2-烯-2-甲酸一水合物，又名先锋霉素Ⅳ，头孢力新，苯甘孢霉素。

本品为白色或微黄色结晶性粉末；微臭；微溶于水中，不溶于乙醇、三氯甲烷或乙醚。在水中(5mg/1mL)比旋度为+144°～+158°。

本品在干燥状态下稳定。其水溶液在pH9以上迅速被破坏，加热、强酸、强碱和光照能加速本品分解。

本品与茚三酮试液呈颜色反应。

本品在温度升高和湿度加大的条件下易生成高聚物，从而引起过敏反应的发生，对有青霉素过敏史的患者应进行相应的过敏反应试验。

本品口服对呼吸道、扁桃体、咽喉、皮肤、软组织和生殖器官等部位的感染有效。

案例分析

牛黄解毒片合用头孢氨苄

案例：一患者男43岁，因“发热，咽痛2d”就诊，诊断：急性扁桃体炎。医生给出处方：

牛黄解毒片　42片　2片　tid　口服

头孢氨苄胶囊　0.125g×63粒　0.375g　tid　口服

分析：同时应用头孢菌素类药与牛黄解毒片，前者分子含有酰胺基，能与牛黄解毒片含的Fe^{2+}、Ca^{2+}、Mg^{2+}等金属离子形成溶解度小且不宜被胃肠道吸收的络合物，而且彼此吸收减少，从而导致疗效降低，故不宜同服。

头孢噻肟钠　Cefotaxime Sodium

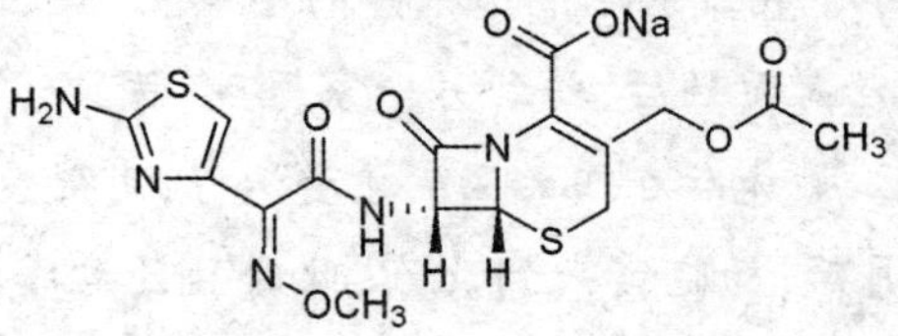

又名凯福隆、泰可欣。

本品为白色或微黄白色结晶；无臭或微有特殊臭；易溶于水，微溶于乙醇，不溶于三氯甲烷；在水中(10mg/1mL)比旋度为+56°～+64°。

本品α位的顺式甲肟基对β－内酰胺酶有高度的稳定作用，而2－氨基噻唑基可以增加药物与细菌青霉素结合蛋白的亲和力。这两个基团的结合使本品具有耐酶和广谱的特点。

本品在光照下会发生顺、反异构体的转化，通常需避光保存，使用时现用现配。

头孢哌酮钠　Cefoperazone Sodium

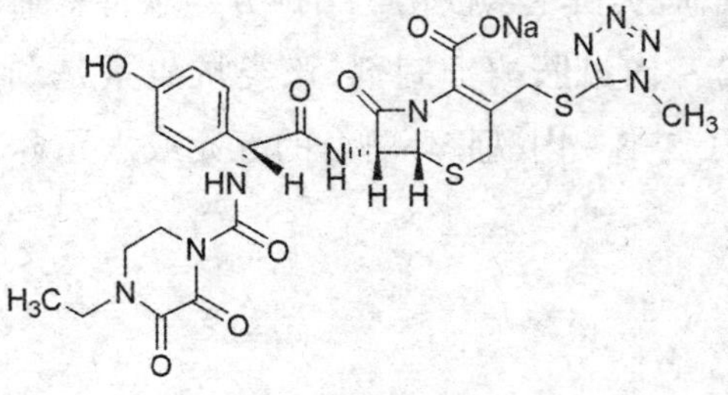

本品为白色或类白色结晶性粉末；无臭，有引湿性；易溶于水，略溶于甲醇，极微溶于乙醇，不溶于丙酮和醋酸乙酯中；水溶液因浓度不同由无色到浅黄色。

本品3位的（1－甲基四氮唑）－硫甲基取代，扩大了抗菌谱，对β－内酰胺酶稳定，半衰期长。

本品7位取代基上含有不对称碳原子，R构型活性强。对铜绿假单胞菌的作用较强。本品可干扰维生素K的代谢，有引起出血的倾向，临床应用尤应注意。

以7－ACA和7－ADCA为原料，采用类似半合成青霉素的合成方法及酰氯法、酸酐法和DDC法，在C－7位或C－3位上引入不同的侧链制备不同的半合成头孢菌素。

案例分析

2004年中央电视台“3.15之夜”晚会上，讲到了小女孩杨晓霞的经历。1994年夏天，她的右手拇指上长了一个很痒的小黑点，自己挑破后开始溃烂，经过乡卫生院抗生素的治疗无效后，转到另一家医院，拔掉了病变指甲，还是用抗生素治疗，无效。随后，她先后在四大医院接受治疗，用得最多的还是抗生素，手指依然在溃烂。3个月后，杨晓霞来到北京，此时她的右手已经坏死，只好做了截肢手术。但是，手术后细菌又在截肢的伤口上继续感染。

经过几十次检查，医生在杨晓霞的伤口上发现了12种细菌，更让人担心的是有2种细菌已经对21种抗生素耐药。杨晓霞面对死亡的威胁，在没有退路的情况下，医生经过科学实验为她选择了广谱抗菌药——泰能。令人欣慰的是，“泰能”挽救了小女孩的生命。

这个案例给了我们什么启示？

三、非经典β－内酰胺类抗生素

非经典的β－内酰胺类抗生素按化学结构分为碳青霉烯、青霉烯、氧青霉烷和单环β－内酰胺类、β－内酰胺酶抑制剂，该类抗生素是利用电子等排原理，以－O－，－CH_2－替代了与β－内酰胺环骈合的五元或六元含硫杂环中的硫原子形成的。

知识链接

电子等排体

电子等排体是指具有相同价电子的原子或原子团，如 $-CH_3$、$-OH$ 和 $-NH_2$，$-CH_2-$ 和 $-O-$，互为电子等排体。将电子等排体的定义进一步广义化为生物电子等排体。生物电子等排体是指：凡具有相似的物理、化学性质又能产生相似或相互拮抗的生物活性的分子或基团都为生物电子等排体。生物电子等排可分为经典和非经典两大类型。

经典的生物电子等排体有：

1. 一价电子等排体：如 $-F$、$-Cl$、$-OH$、$-NH_2$、$-CH_3$ 等
2. 二价电子等排体：如 $-O-$、$-NH-$、$-CH_2$、$-S-$
3. 三价电子等排体：如 $-N=$、$-CH=$
4. 四价电子等排体：如 $=C=$、$=N^+=$ 等

非经典的生物电子等排体有：

1. 可相互替代性基团，如 $-CH=CH-$、$-S-$、$-O-$、$-NH-$、$-CH_2-$
2. 环与非环结构的相互替代，如用吡咯环代替利多卡因分子中的二乙胺基，得到吡咯卡因，其局麻作用与利多卡因相似。

用生物电子等排体原理设计优化先导化合物，可以得到相似的药理活性，或产生与先导化合物相反的作用（拮抗作用），甚至副作用可能会比原药低，疗效更好。

β－内酰胺酶抑制剂是目前临床应用最多的非经典β－内酰胺类抗生素，对β－内酰胺酶有很强的抑制作用，与β－内酰胺类抗生素联合应用以提高疗效，是一类抗菌增效剂。临床上常用的β－内酰胺酶抑制剂按结构类型分为氧青霉素类和青霉烷砜类。

克拉维酸是第一个被报道的β－内酰胺酶抑制剂，属于氧青霉烷类结构。

表4－3 非经典β－内酰胺抗生素和β－内酰胺酶抑制剂

药物名称	药物结构	作用特点
氨曲南 aztreonam	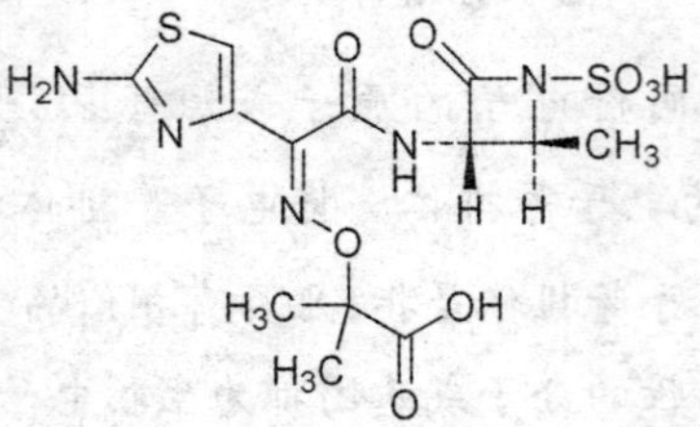	单环β－内酰胺类抗生素。对需氧的革兰氏阴性菌包括铜绿假单孢菌有强的活性，对各种β－内酰胺酶稳定，能透过血脑屏障，副作用少
亚胺培南 imipenem	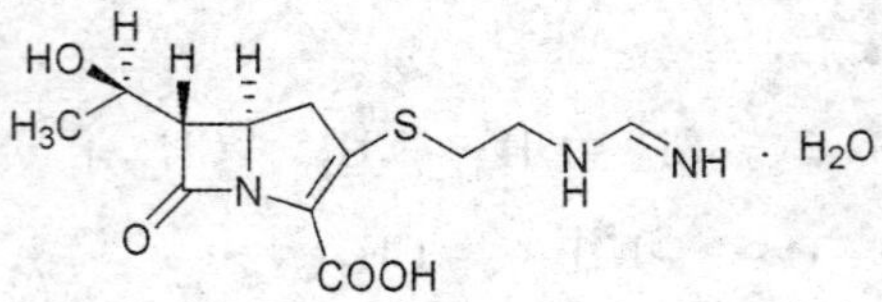	碳青霉烯类药物，6位的氢原子处于β－构型，具有抗菌活性高、抗菌谱广、耐酶等特点
法罗培南 faropenem	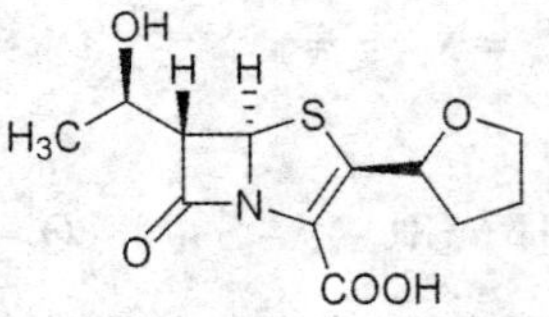	青霉烯类抗生素，比青霉素及头孢菌素的抗菌谱更广。对β－内酰胺酶稳定，对静态细菌有杀菌作用
克拉维酸钾 clavulanate potassium	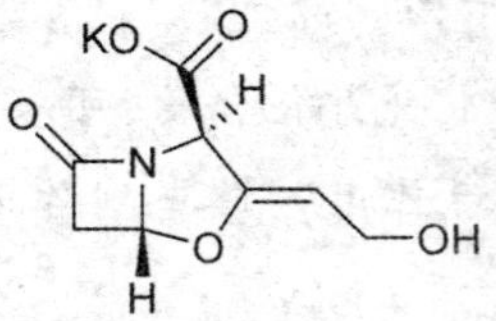	又名棒酸钾，氧青霉烷类β－内酰胺酶抑制剂，单独使用无效。临床常与β－内酰胺类抗生素制成复方制剂，具有协同作用
舒巴坦 sulbactam	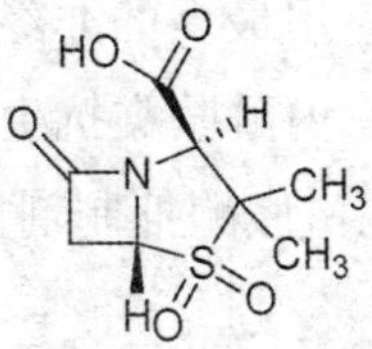	青霉烷砜类，是一种不可逆竞争性β－内酰胺酶抑制剂
三唑巴坦 tazobactam	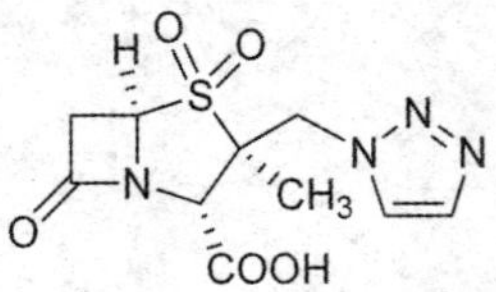	对各类细菌产生的β－内酰胺酶均有很强抑制作用

课外活动

1. 上面案例中"泰能"的成分是什么？
2. 临床应用的含克拉维酸或舒巴坦的复方制剂分别有哪些？
3. 试总结抗菌增效剂有哪几类？分别与哪些药物合用增效？

第二节　四环素类抗生素

四环素类抗生素(tetracycline antibiotics)是由放线菌属产生的一类广谱抗生素,包括天然四环素类和半合成四环素类抗生素。

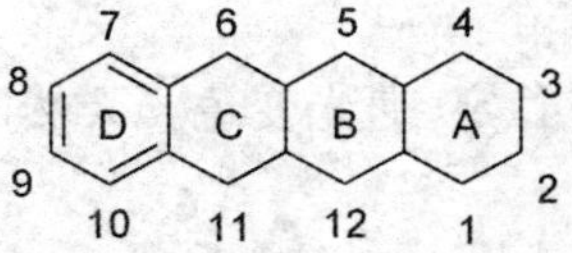

氢化并四苯

一、四环素类抗生素的基本结构

四环素类抗生素由 A、B、C、D 四个环组成,是氢化并四苯的衍生物。

二、天然四环素类抗生素

天然四环素类抗生素主要包括金霉素、土霉素和四环素。主要有以下理化性质:

表 4-4　天然四环素

药物名称	药物结构	作用特点
金霉素 chlortetracycline	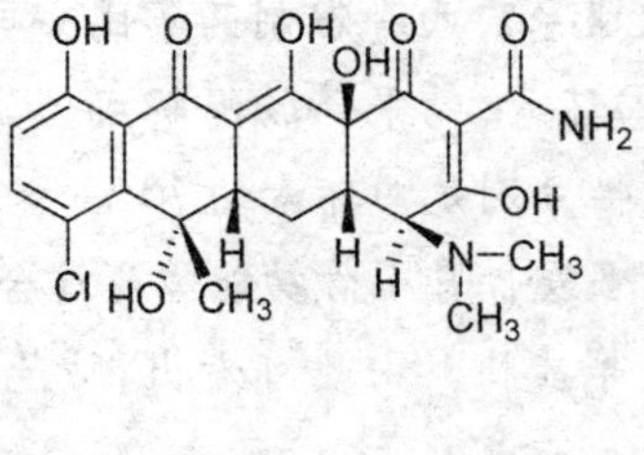	为天然四环素类抗生素,是第一个被发现的四环素类抗生素。临床用于治疗斑疹伤寒、原发性异型肺炎、泌尿道感染和阿米巴痢疾等,对结膜炎、沙眼等也有效

（续表）

药物名称	药物结构	作用特点
土霉素 oxytetracycline	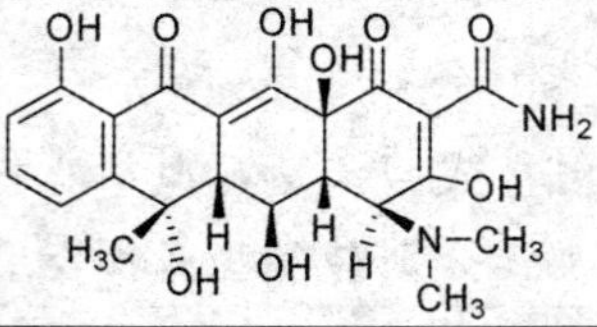	为天然四环素类抗生素。土霉素及其盐酸盐均用于临床。抗菌谱与金霉素相似
四环素 tetracycline	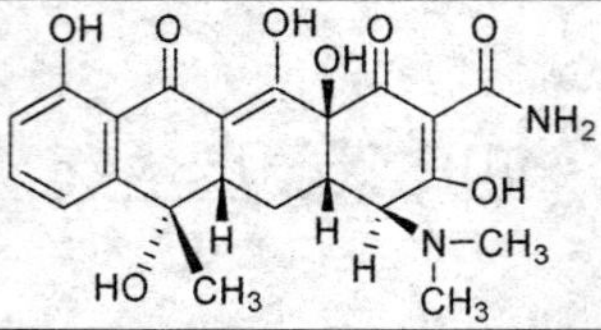	本品的抗菌谱和制菌效力与金霉素和土霉素相似，吸收快，因此血药浓度较高

1. 物理性质

四环素类抗生素均为黄色结晶性粉末，味苦，水中溶解度小，显酸、碱两性。

2. 化学性质

(1)稳定性。干燥状态下稳定，遇光变色。天然四环素类药物的稳定性受 pH 影响较大。

在酸性($pH<2$)条件下天然四环素类抗生素结构中的 C_6 - 位上的羟基与 $C_{5\alpha}$ 上氢发生消除反应生成橙黄色无活性的脱水物。

在 pH2 ~6 条件下，C_4 - 二甲氨基可发生差向异构化反应，生成肾毒性较大的差向异构体。磷酸根、醋酸根等阴离子可促进差向异构体的生成，因此要注意与其配伍的药物酸性不能过强。

在碱性条件下，C_6 - 上的羟基以氧负离子的形式，与 C_{11} - 上的羰基发生分子内亲核反应，经电子转移，C 环破裂，生成内酯结构的异构体。

知识链接

“梅花 K”事件

事件描述：2001 年 8 月在湖南株洲出现震惊全国的“梅花 K”事件。50 多人因服用“梅花 K”而导致中毒，其中数人甚至因此而终身残疾。

中毒原因：“梅花 K”黄柏胶囊系广西半宙制药集团公司第三制药厂生产的中药。在制剂中掺入已变质的四环素，结果药物降解成为毒性更大的差向四环素和脱水差向四环素，两者的毒性分别是四环素的 70 倍和 250 倍。特别是差向脱水四环，服用后临床上表现为多发性肾小管功能障碍综合征，从而引起肾小管性酸中毒，导致乏力、恶心、呕吐等症状。由此可看出，防范药物的变质，控制药物的质量，非常重要。

(2)络合反应。四环素类药物结构中的 C_{10} - 酚羟基、C_{12} - 烯醇羟基及 C_{11} - 羰基是富电子体系,在近中性条件下能与多种金属离子形成不溶性的盐或络合物,与钙离子、铝离子形成黄色络合物,与铁离子形成红色络合物。

案例分析

案例:男,40 岁,因"咽痛 3d"就诊。诊断:急性咽炎。分析下列医生给予的处方是否合理。

土霉素片　0.25g×42 片　0.5g　tid　口服

牛黄解毒片 42 片　2 片　tid　口服

分析:牛黄解毒片内含石膏,石膏的主要成分是硫酸钙,与土霉素同服时,钙离子与土霉素可形成络合物,是土霉素的吸收减少,疗效降低,同时也会影响牛黄解毒片药效的正常发挥。

(3)显色反应。结构中的酚羟基可与三氯化铁试液反应呈颜色反应。

三、半合成四环素类抗生素

天然四环素类抗生素的抗菌效力低,易产生耐药性,副作用比较多,临床应用受到一定的限制。研究证明 C_1 ~ C_4 位及 C_{10} ~ C_{12} 位的取代基是抑菌必要基团;C_6 位羟基不仅可导致四环素类药物形成脱水物和内酯异构体,同时降低药物的脂溶性影响其在体内的吸收。因此改造此部位得到了对酸、碱较稳定的半合成四环素米诺环素和多西环素,半衰期延长,抗菌活性增强。如多西环素、硝环素、米诺环素等。

表 4-5　半合成四环素类

药物名称	药物结构	作用特点
米诺环素 minocycline	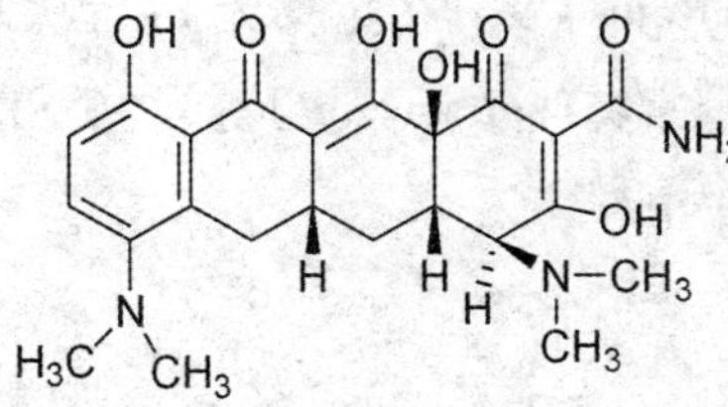	7-二甲氨基取代四环素类抗生素,对耐药的金葡菌、链球菌大肠杆菌敏感。临床用于尿路、胃肠道、妇科、眼及耳鼻喉等感染,对骨髓炎效果好

（续表）

药物名称	药物结构	作用特点
硝环素 nitrocycline	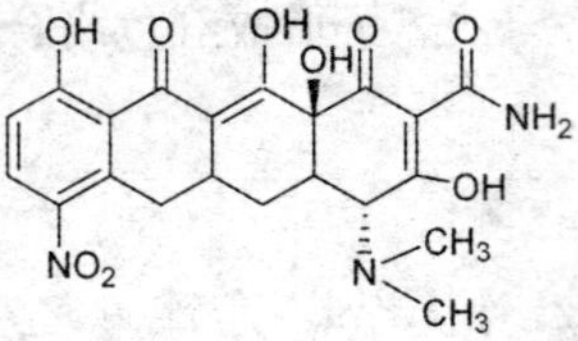	7－硝基取代活性增强，为高效和长效的半合成四环素，口服吸收率几乎达到100%
多西环素 Doxycycline Hyclate	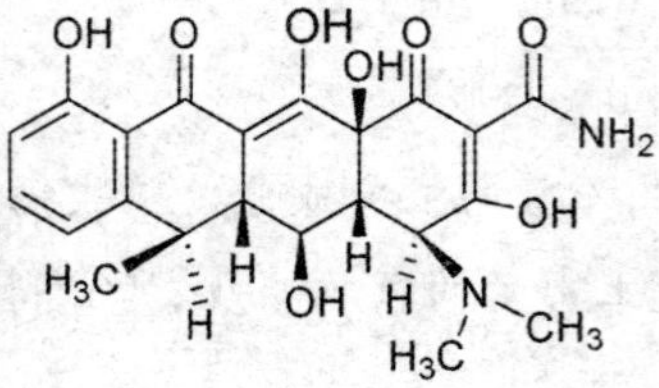	又名为盐酸脱氧土霉素、盐酸强力霉素。抗菌作用比四环素强，对四环素耐药菌仍有效。临床主要用于呼吸道感染、慢性支气管炎、肺炎和泌尿系统感染等。对支原体肺炎、霍乱及出血热等也有良好的疗效。

课堂活动

分析多西环素的结构特征，它具有哪些性质？

第三节　大环内酯类抗生素

大环内酯类抗生素（macrolide antibiotics）是由链霉菌产生的弱碱性抗生素，基本结构特征为具有十四元或十六元的内酯环，并通过内酯环上的羟基和去氧氨基糖或6－去氧糖缩合成碱性苷。大环内酯类具有共同的化学性质，可与酸成盐；在酸性条件下苷键水解，碱性条件下内酯环开环；在体内也易被酶分解丧失或降低抗菌活性。按其内酯环含碳数目的不同，可把大环内酯类抗生素分为14、15和16元环大环内酯。红霉素类（erythromycins）及其衍生物为14元大环内酯类抗生素；麦迪霉素类（midecamycins）、螺旋霉素类（spiramycins）等为16元大环内酯类抗生素；半合成的阿奇霉素为15元大环内酯类抗生素。

一、红霉素

从红色链丝菌培养液中分离出的红霉素包括红霉素A、B和C，其中红霉素A

为抗菌主要成分。由于B和C的活性弱且毒性高，因此国产红霉素是指红霉素A。

红霉素 Erythromycin

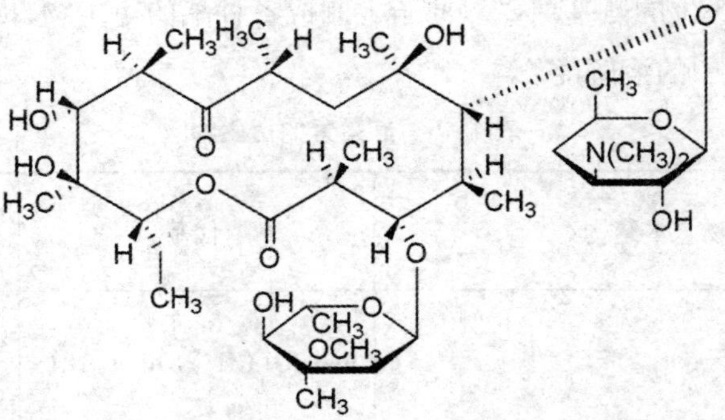

本品为白色或类白色的结晶或粉末；无臭，味苦；微有引湿性；易溶于甲醇、乙醇或丙酮中，极微溶于水中。在无水乙醇溶液中(20mg/1mL)比旋度为-71°~-78°。

14原子的红霉内酯分别在C_3-、C_5-、C_6-、C_{11}-和C_{12}-上连有5个羟基，偶数碳原子上连有六个甲基，9位上连有一个羰基，并通过3位的羟基与红霉糖成苷，5位的羟基与去氧氨基糖缩合成碱性苷。其游离碱供口服用，乳糖酸盐供注射用。

本品在酸、碱性条件下均不稳定，内酯环和苷键遇酸或碱均易水解降低活性，同时红霉素6位的羟基与9位的酮基形成半缩酮的羟基，再与8位上的氢消去一分子水，形成8,9-脱水-6,9半缩酮的衍生物，并进一步环合、脱水并水解成红霉胺和红霉糖，失去抗菌活性。

本品与硫酸作用，即显红棕色；其丙酮溶液遇盐酸即显橙黄色，渐变为紫红色，转溶于三氯甲烷溶液中显蓝色。

红霉素对各种革兰氏阳性菌和某些阴性菌、支原体等有较强的作用。为治疗耐药的金黄色葡萄球菌和溶血性链球菌引起感染的首选药物。本品与β-内酰胺类药物连用，可发生降效作用。

课堂活动

为什么红霉素口服后副作用较大？

二、红霉素衍生物和类似物

红霉素类水溶性较小，只能口服，体内酸碱中不稳定，易分解失活。为此，开发一系列衍生物和类似物，广泛用于临床。

1. 红霉素衍生物

通过将 C－5 位的氨基糖 2″氧原子上制成各种酯的衍生物，提高红霉素口服生物利用度及在水中的溶解度。

表 4－6　红霉素的衍生物

药物基本结构	取代基 $^{R}_{A}$	药物名称
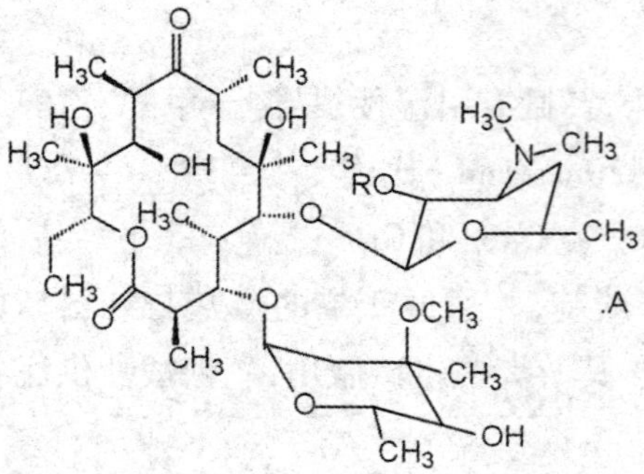	R—$CO(CH_2)_2OCOC_2H_5$	琥乙红霉素 Erythromycin Ethylsuccinate
	R—$CO(CH_2)_{16}CH_3$	硬脂酸红霉素 Erythromycin Stearate
	R—$COOC_2H_5$	红霉素碳酸乙酯 Erythromycin Ethylcarbonate
	R—COC_2H_5 A—$C_{12}H_{25}SO_3H$	依托红霉素 Erythromycin Estolate

2. 红霉素类似物

(1) C_6－结构修饰：将红霉素 C_6－OH 变为－OCH_3 得到克拉霉素，不仅增加了在酸中的稳定性，而且血药浓度高而持久。活性比红霉素强 2～4 倍，对需氧菌、厌氧菌、支原体、衣原体等病原微生物有效。

(2) C_8－结构修饰：在红霉素的 C_8－位引入 F 得到氟红霉素，提高了对酸的稳定性，口服生物利用度高，半衰期较长，对肝脏无毒性。

(3) C_9－结构修饰：将红霉素 C_8－酮基转化成红霉肟，再与侧链缩合得到罗红霉素，口服吸收迅速，生物利用度高，毒副作用小，多用于儿科。将红霉肟经贝克曼重排扩环得到十五元氮杂环内酯衍生物阿奇霉素，具有更为广泛的抗菌谱，不仅提高了活性，而且改善了药代动力学性质，组织浓度更高。对一些难对付的细菌具有杀灭作用，对一些难控制的病原体比红霉素作用强，对流感嗜血杆菌和 β－内酰胺酶产生菌有很强的抑制作用。因此，阿奇霉素在临床上受到广泛的重视。

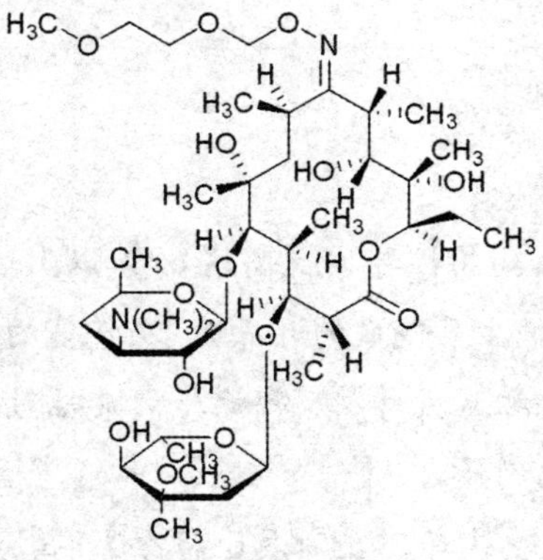

罗红霉素

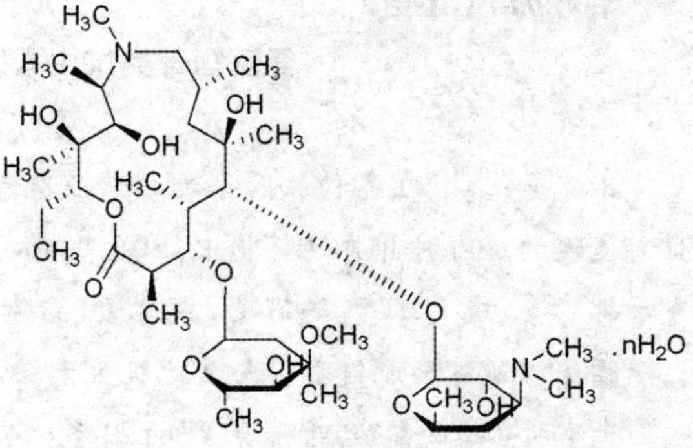

阿奇霉素

(4)泰利霉素是由红霉素修饰(将 C_3 -位变为酮基)得到的第一个酮内酯类抗生素,具有广谱的抗菌活性,对酸稳定,几乎无耐药性。

第四节　氨基苷类抗生素

氨基苷类抗生素(aminoglycoside antibiotics)是由链霉菌、小单孢菌、细菌所产生或经半合成制取,抗菌谱广,对葡萄球菌、革兰氏阴性杆菌、结核分技杆菌等都有很好的抗菌活性。主要有链霉素、卡那霉素、庆大霉素、新霉素、巴龙霉素和核糖霉素等用于临床。

这类抗生素都是由碱性多元环己醇和氨基糖缩合而成,有共同的结构特征,因此表现出具有共同的理化性质及毒性:

(1)碱性:结构中含碱性功能基,如氨基或胍基,可与强酸成盐,常用硫酸、盐酸。

(2)水解性:结构中具有苷键,易发生水解反应。

(3)给药途径:结构中含多个羟基,水溶性较大,脂溶性差,在胃肠道很难吸收,需注射给药。

(4)稳定性:除链霉素中链霉糖上的醛基易被氧化外,本类药物的固体性质稳定。

(5)毒性:主要作用于第八对颅脑神经,可引起不可逆的听力损害,甚至耳聋,对儿童的毒性更大;由于本类药物与血清蛋白结合率低,体内很少代谢,主要以原药形式经肾小球过滤排泄,对肾脏可产生毒性。

知识链接

氨基糖苷类抗生素的耳毒性

不完全统计，在各种原因导致的聋哑患者中，药物性耳毒性高达60%以上。目前发现的近百种耳毒性药物中，以氨基糖甙类抗生素造成的耳聋为多，常见的有卡那霉素、庆大霉素、链霉素、氯霉素、新霉素、红霉素等，其中新霉素毒性最大。临床以链霉素或链霉素与其他抗生素联用比例最大。

大家所熟悉的舞蹈“千手观音”的20多个演员中，就有18例都属于药物性耳聋。

硫酸链霉素　Streptomycin Sulfate

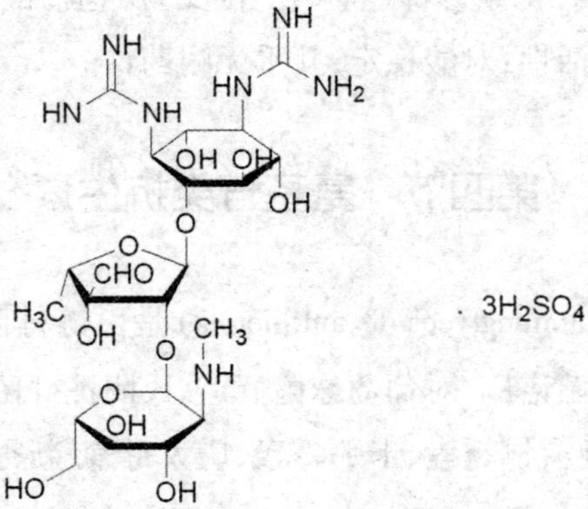

链霉素分子结构中有三个碱性中心，可以和各种酸成盐，临床应用为硫酸盐。本品为白色或类白色的粉末，无臭或几乎无臭，味微苦，有引湿性。易溶于水，不溶于乙醇或三氯甲烷。本品可以发生糖苷键的水解反应。

在酸性条件下分步水解：

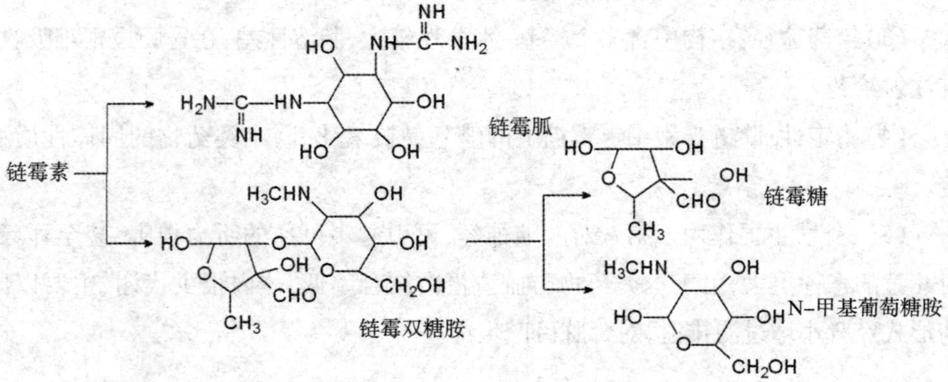

在碱性条件下快速水解,生成的链霉糖经脱水重排,产生麦芽酚。在微酸性溶液中,麦芽酚与三价铁离子形成紫红色螯合物,此为麦芽酚反应,可供鉴别。

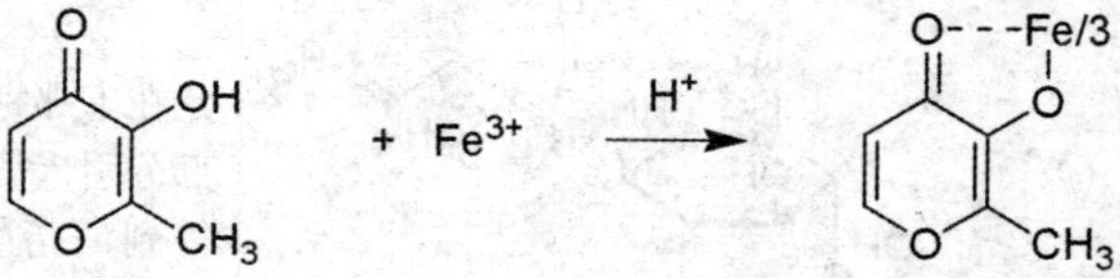

麦芽酚　　紫红色螯合物

本品水解产物链霉胍与8－羟基喹啉乙醇液和次溴酸钠试液反应,显橙红色,此为坂口氏反应,可用于鉴别。

本品临床主要用于结核病,对尿道感染、肠道感染、败血症等也有效,与青霉素联合应用有协同作用。缺点是易产生耐药性,对第八对脑神经有损害,可引起永久性耳聋。

表 4－7　常用其他氨基苷类抗生素

药物名称	药物结构	作用特点
卡那霉素 A kanamycinA	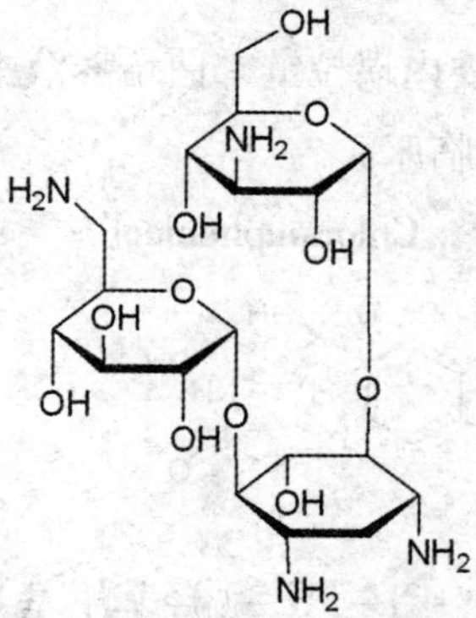	是卡那霉素的主要成分,对革兰氏阴性杆菌、阳性菌和结核杆菌都有效
奈替米星 netilmicin	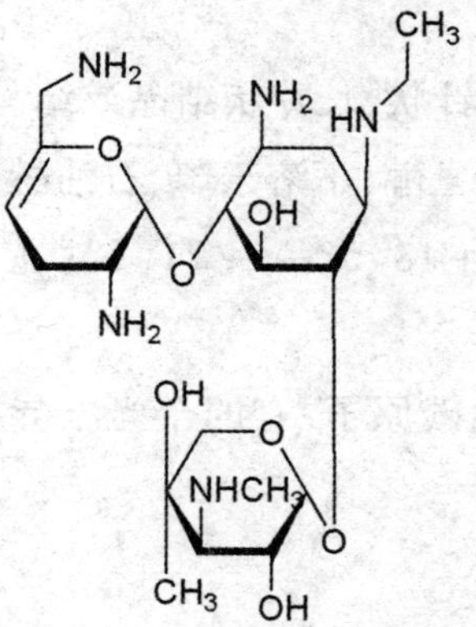	半合成的氨基苷类抗生素,其特点是对氨基苷乙酰转移酶 AAC(3)稳定

（续表）

药物名称	药物结构	作用特点
阿米卡星（丁胺卡那霉素）amikacin	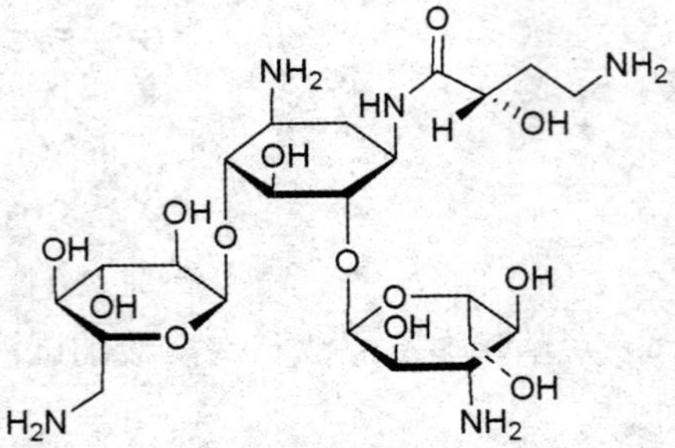	是在卡那霉素分子的链霉胺部分引入氨基羟丁酰基侧链得到的衍生物，突出优点为对铜绿假单胞菌、大肠埃希菌和金葡菌产生的转移酶稳定

第五节　其他类抗生素

一、氯霉素类

氯霉素（chloramphenicol）是由委内瑞拉链霉菌培养液中得到的抗生素，结构简单，随后化学法全合成制得，并用于临床。

氯霉素　Chloramphenicol

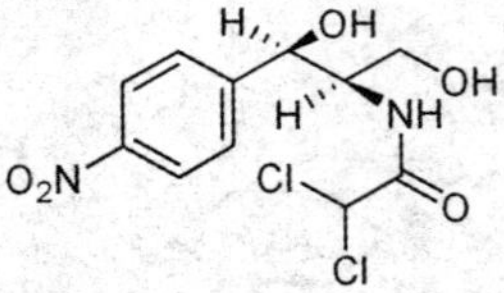

本品化学名为 D－苏式－(－)－N－[α－(羟基甲基)－β－羟基－对硝基苯乙基]－2,2－二氯乙酰胺。

本品为白色至微带黄绿色的针状、长片状结晶或结晶性粉末；味苦。微溶于水，易溶于甲醇、乙醇及丙酮或丙二醇，不溶于苯、石油醚及植物油中。在无水乙醇中（50mg/1mL）中比旋度为＋18.5°～＋21.5°；在乙酸乙酯中比旋度为－25.5°。

本品的结构中含有两个手性碳原子，有四个光学异构体。临床应用为 1R，2R(－)或 D－(－)苏阿糖型。

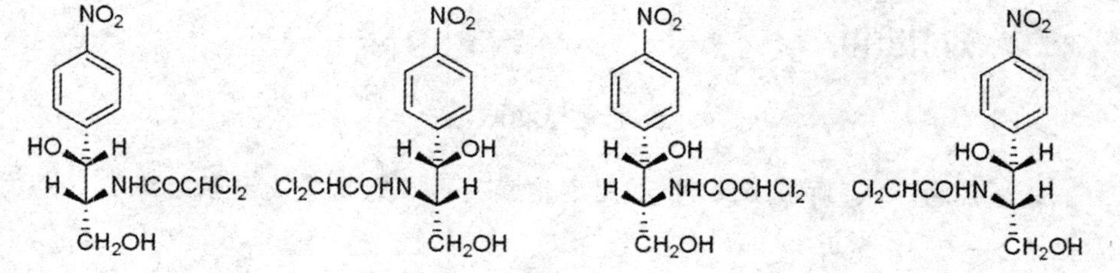

1R，2R（-）　　1S，2S（+）　　1S，2R（+）　　1R，2S（-）

D-（-）-苏阿糖型　　L-（+）-苏阿糖型　　D-（+）-赤鲜糖型　　L-（-）-赤鲜糖型

本品性质稳定耐热，在干燥状态下可保持抗菌活性5年以上，水溶液冷藏几个月，煮沸5小时不影响抗菌活性。

本品在中性或弱酸性条件下较稳定，但在强酸、强碱性的水溶液中均可水解失效。

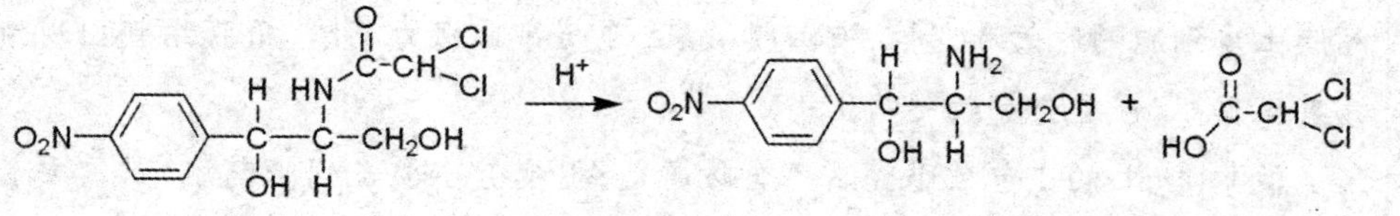

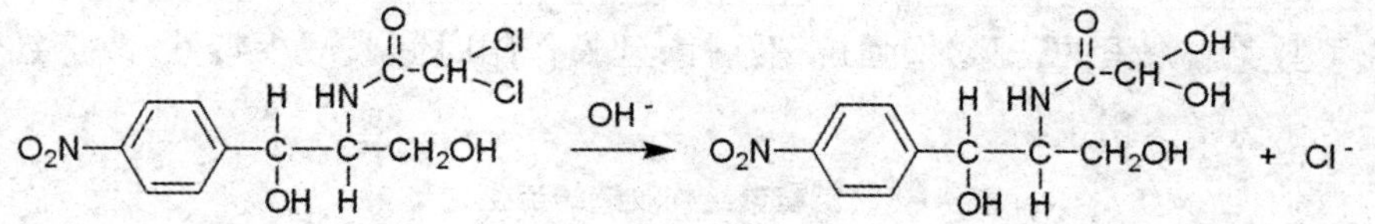

本品分子中硝基经氯化钙和锌粉还原成羟胺衍生物，在醋酸钠存在下与苯甲酰氯反应，生成的酰化物在弱酸性溶液中与 Fe^{3+} 生成紫红色络合物。

氯霉素对革兰氏阴性菌的效力比革兰氏阳性菌强。临床上主要用于治疗伤寒、副伤寒、斑疹伤寒，对百日咳、沙眼、细菌性痢疾及尿道感染等也有效。但此药的长期和多次应用可损坏骨髓的造血功能，引起再生障碍性贫血。

知识链接

氯霉素与滴眼液

氯霉素滴眼液，商品名为润舒，用于结膜炎、沙眼、角膜炎和眼睑缘炎。每次1～2滴，一日3～5次。

“市面上销售的眼药水，其中九成含有防腐剂，不正确使用可能会对眼睛造成各种伤害。”2013年，各大媒体爆出的这一新闻，引起了公众的强烈关注，更令学生和白领等“耗眼一族”惴惴不安。

2010版《中华人民共和国药典》规定，多剂量包装的滴眼剂，须加入防腐剂以杀灭滴眼剂在正常的贮藏和使用过程中污染的微生物，防止或限制微生物生长、繁殖。防腐剂还可以保持眼药水的稳定性和药物穿透力，提高药效。

眼药水中的防腐剂对角膜、结膜、泪膜都有很大伤害，经常使用会引起角膜、结膜上皮细胞的脱落和变性，使泪膜破裂，进而导致视力下降、角膜结膜出现溃疡甚至糜烂，严重会导致失明！

低于1 mL的小包装眼药水不含防腐剂，视疲劳不要乱用眼药水，若需要长期使用，用人工泪液。

为了避免氯霉素的苦味，增强抗菌活性，延长作用时间或减少毒性，改造结构设计合成了氯霉素衍生物。

表4－8　氯霉素结构改造的衍生物

药物名称	药物结构	作用特点
甲砜霉素 Thiamphenicol	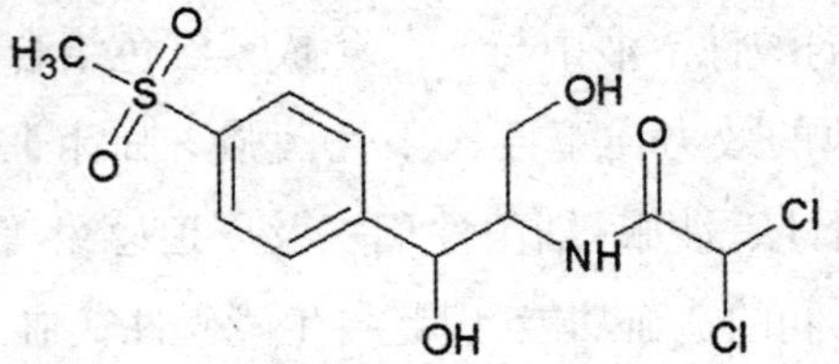	甲砜基取代硝基，抗菌活性与氯霉素相同，水溶性增大，可注射给药，无刺激性。
琥珀氯霉素 Chloramphenicol	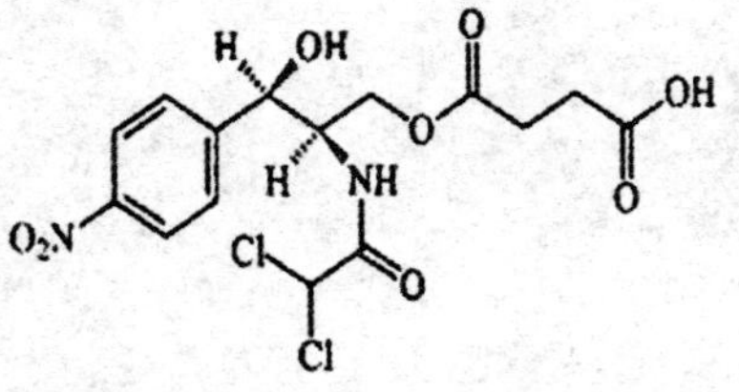	氯霉素分子中的1位羟基与丁二酸形成单酯，成盐，水溶性好。可注射，进入体内经酶解释放出氯霉素产生作用，为前药。

二、林可霉素及其衍生物

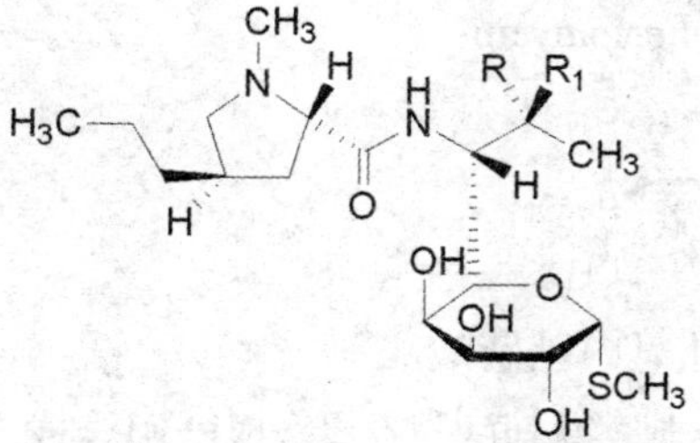

林可霉素 R=OH R_1=H

克林霉素 R=H R_1=Cl

林可霉素(lincomycin)又名洁霉素,属于林可酰胺类抗生素。氨基辛硫代甲苷与4－丙基－N－甲基吡咯烷酸通过酰胺键相连,在酸、碱及氧化剂的存在下本品可发生降解反应。

本品可与红霉素竞争细菌核糖体的肽基转移酶中心,呈现拮抗作用,因此两药不能同时应用。

本品临床用于治疗败血症、呼吸道感染、五官感染等。口服吸收较差,易受食物影响。

克林霉素(clindamycin)是通过去除林可霉素结构中7位的羟基,并以7(S)构型的氯取代后得到的半合成衍生物。其抗菌活性较克林霉素强4~8倍,口服吸收好,不受食物影响,对胃酸稳定;其制品有盐酸盐、棕榈酸酯盐酸盐和磷酸酯等。

案例分析

"欣弗"事件

案例: 2006年7月24日,青海省西宁市部分患者使用标示上海华源股份有限公司安徽华源生物药业有限公司生产的克林霉素磷酸酯葡萄糖注射液(欣弗),出现了胸闷、心悸、心慌、寒战、肾区疼痛、腹痛、腹泻、恶心、呕吐、过敏性休克、肝肾功能损害等临床症状。全国有16个省区共报告"欣弗"不良反应病例93例,死亡11人。

分析: 药品监管部门根据《中华人民共和国药品管理法》有关规定,对安徽华源生产的"欣弗"药品按劣药论处。安徽华源在生产"欣弗"过程中违反规定,未按批准的工艺参数灭菌,降低灭菌温度,缩短灭菌时间,增加灭菌柜装载量,影响了灭菌效果,给公众健康和生命安全带来了严重威胁,并造成了恶劣的社会影响。

三、磷霉素

磷霉素 Fosfomycin

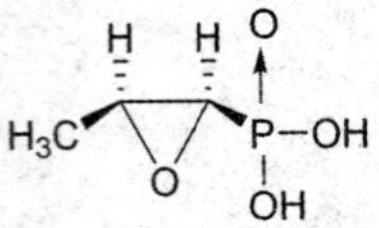

化学名为(—) -(1R,2S) -1,2 -环氧丙基磷酸。

本品是从西班牙土壤中放线菌培养液是得到的抗生素,现已用合成方法制得。

本品为白色结晶性粉末,在水中易溶,无臭,味咸;有引湿性,在空气中易潮解。

本品有两个手性碳原子,临床应用其(—) -1R,2S 型异构体。其对映体虽然没有抗菌活性,但具有降低氨基糖苷类抗生素毒性和免疫相关细胞功能的修饰作用。

本品抗菌谱广,毒性低,与其他抗生素之间无交叉耐药性且多呈协同作用。

四、多肽类抗生素

环孢素 Ciclosporin

环孢素(又称环孢素 A)是含有 11 个氨基酸的环状多肽,是土壤中一种真菌的活性代谢物。

本品为白色或类白色粉末;无臭。极易溶解于甲醇、乙醇或乙腈中,易溶于醋酸乙酯中,溶解于丙酮或乙醚中,几乎不溶于水中。本品在甲醇中(10mg/1mL)的比旋度为 -185° ~ -193°。

环孢素 A 可选择性作用于 T 淋巴细胞,主要用于器官移植或组织移植后排异反应的防治和自身免疫性疾病的治疗。

五、万古霉素

万古霉素(vancomycin)是由东方链霉菌(S. orientalis)发酵后提取获得的糖肽类抗生素。它通过影响细菌细胞膜的通透性,抑制细菌细胞壁及细菌浆内 RNA 的合成三重杀灭细菌。临床用于革兰氏阳性菌严重感染,尤其是对其他抗菌药耐药的耐甲氧西林菌株。

目标检测

一、选择题

(一)单项选择题

1. 阿莫西林的化学结构式为　　　　　(　　)

A. 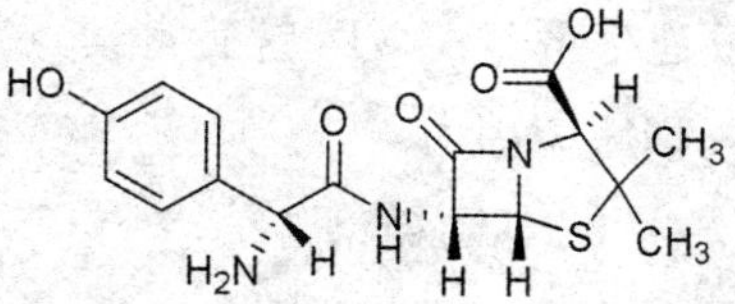

B. 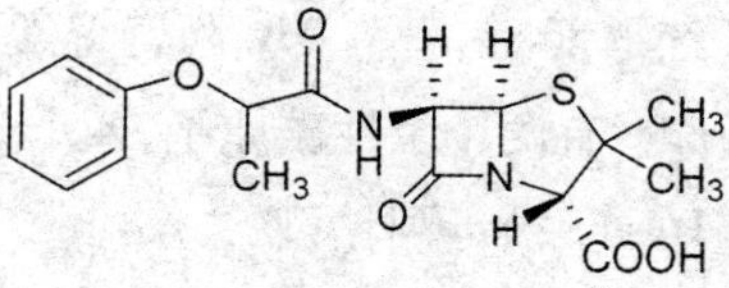

C. 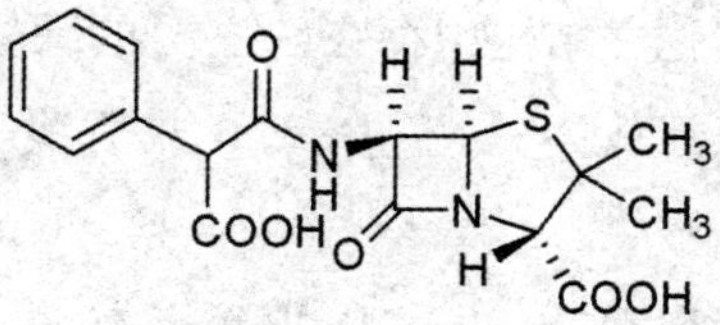

D. 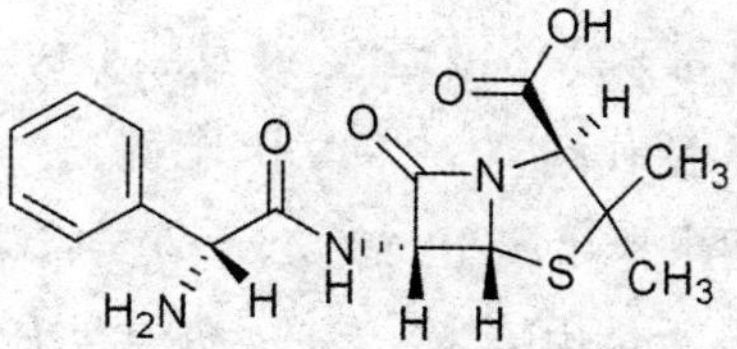

2. 下列哪一药物的化学结构属于单环 β－内酰胺类抗生素　　　　　(　　)

A. 苯唑西林　　B. 舒巴坦　　C. 氨曲南　　D. 克拉维酸钾

3. 属于大环内酯类抗生素的药物是　　　　　(　　)

A. 多西环素　　B. 罗红霉素　　C. 阿米卡星　　D. 环孢素

4. 青霉素不能口服的原因是　　　　　(　　)

A. 肠道分解　　B. 胃酸分解　　C. 酶的破坏　　D. 水溶性大

5. 在碱性、加热条件下能够发生麦芽酚反应的药物是　　　　　(　　)

A. 青霉素 G 钠　　B. 链霉素

C. 氯霉素　　D. 红霉素

6. 耐酸青霉素的结构特点是　　　　　(　　)

A. 6 位酰胺侧链引入强吸电子基团　　B. 6 位酰胺侧链引入供电子基团

C. 5 位引入大的空间位阻　　D. 5 位引入大的供电基团

7. 半合成青霉素的原料是　　　　　(　　)

A. 6－ACA　　B. 7－APA　　C. 6－APA　　D. 7－ACA

8. 固体粉末具有颜色的药物是 ( )

A. 链霉素 B. 红霉素 C. 青霉素 D. 利福平

9. 细菌对青霉素产生耐药性的原因是细菌产生一种酶使 ( )

A. 噻唑环开环 B. β－内酰胺环开环

C. 酰胺侧链水解 D. 噻唑环氧化

10. 两分子链霉素可以和几分子硫酸结合 ( )

A. 2 B. 1 C. 3 D. 4

11. 下列哪一药物属于 14 元大环内酯类抗生素 ( )

A. 红霉素 B. 阿奇霉素 C. 麦迪霉素 D. 螺旋霉素

12. 氯霉素有两个手性碳原子，四个光学异构体，临床应用为 ( )

A. D－(－)苏阿糖型 B. L－(＋)苏阿糖型

C. D－(＋)赤藓糖型 D. L－(－)赤藓糖型

13. 红霉素水溶液遇酸、碱及热不稳定，是由于其化学结构中存在( )的缘故。

A. 糖苷键 B. 酯键 C. 叔醇基 D. A、B、C 三项

14. 阿米卡星属于 ( )

A. 大环内酯类 B. 氨基糖苷类 C. 磷霉素类 D. 四环素类

15. 能引起永久耳聋的抗生素药物是 ( )

A. 四环素 B. 链霉素 C. 头孢氨苄 D. 红霉素

16. 半合成头孢菌素的中间体是 ( )

A. 6－APA B. 7－APA C. 6－ACA D. 7－ACA

17. β－内酰胺酶抑制剂为 ( )

A. 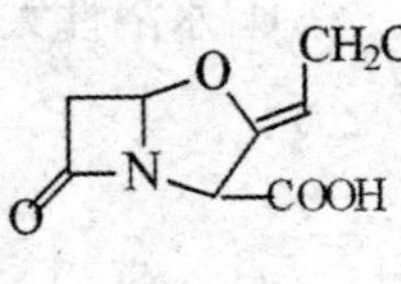

B. 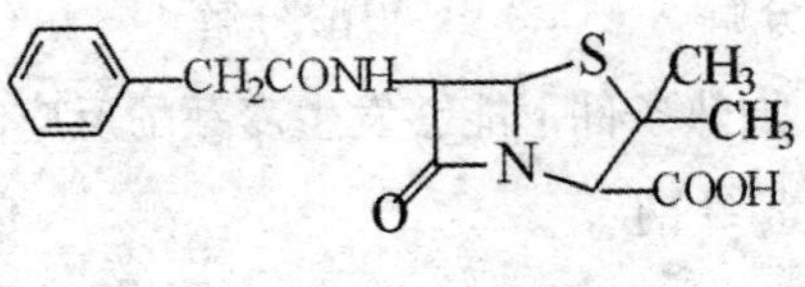

C. 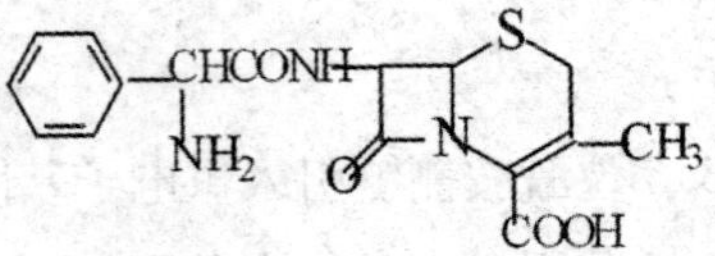

D. E. 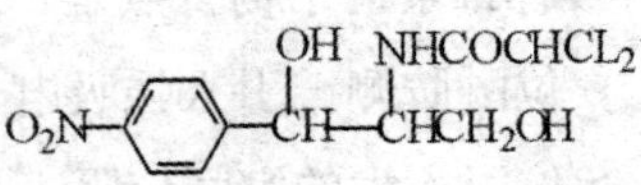

18. 青霉素不稳定的主要结构为 ( )

A. β－内酰胺环 B. 侧链酰胺

C. 氢化噻唑环　　　　　　　　D. 羧基

19. 对第八对颅脑神经有损害作用,可引起不可逆耳聋的抗生素是　　(　　)

A. 大环内酯类　　　　　　　　B. 四环素类

C. 氨基糖苷类　　　　　　　　D. 氯霉素类

20. 能引起骨髓造血系统的损伤,产生再生障碍性贫血的药物是　　(　　)

A. 氨苄西林　　　　　　　　B. 氯霉素

C. 阿米卡星　　　　　　　　D. 阿齐霉素

21. 青霉素 G 钠制成粉针剂的原因是　　(　　)

A. 易氧化变质　　　　　　　　B. 易水解失效

C. 遇 β－内酰胺酶不稳定　　　　D. 使用方便

22. 克拉霉素属于哪种结构类型的抗生素　　(　　)

A. 大环内酯类　　　　　　　　B. 氨基糖苷类

C. β－内酰胺类　　　　　　　　D. 四环素类

23. 头孢菌素的结构改造中 CH_2X 的变化主要影响　　(　　)

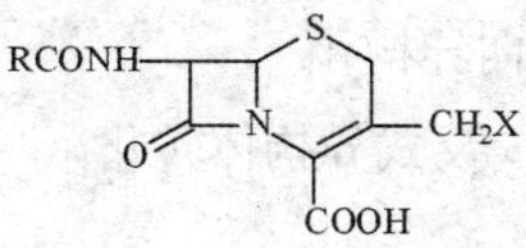

A. 抗菌普　　　　　　　　B. 对 β－内酰胺环的稳定性

C. 抗菌效力　　　　　　　　D. 抗菌效力和药物动力学性质

24. 与"梅花 K"假药有关的是　　(　　)

A. 四环素　　B. 青霉素 G　　C. 链霉素　　D. 氯霉素

25. 氯霉素的化学结构为　　(　　)

A

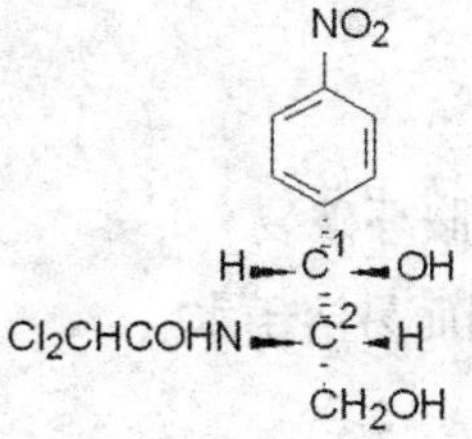

B

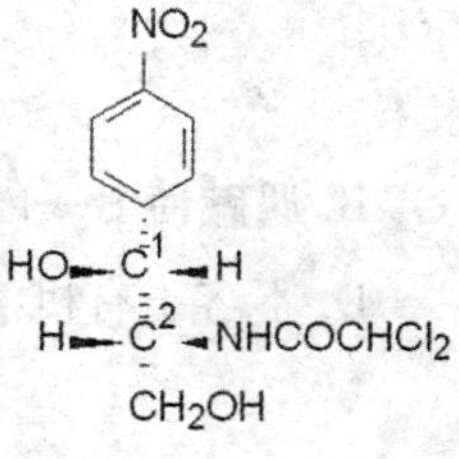

C

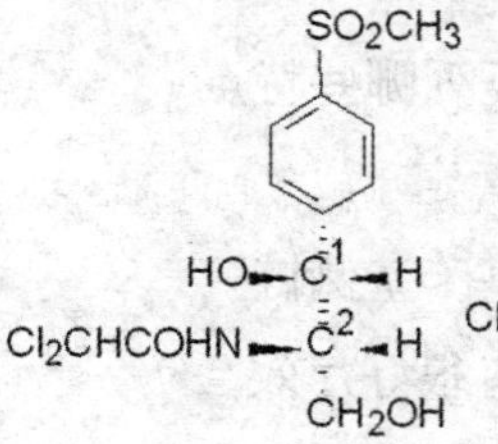

D

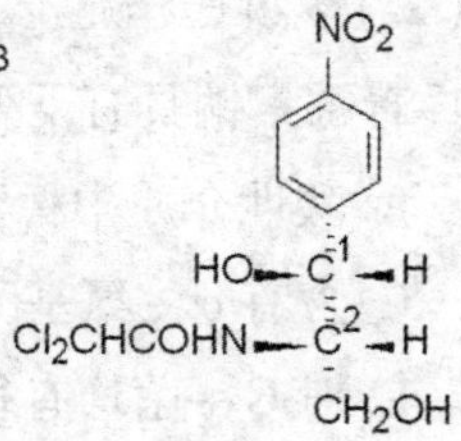

26. 属于 β－内酰胺酶抑制剂的是　　(　　)

A. 氨苄西林　　B. 克拉霉素　　C. 头孢氨苄　　D. 克拉维酸

27. 耐酶青霉素酰胺侧链的结构特点是　　(　　)

A. 引入吸电子基　　B. 引入斥子基

C. 引入空间位阻大的基团　　D. 引入极性亲水性基团

28. 将红霉素的6位羟基甲基化后得到药物　　(　　)

A. 罗红霉素　　B. 阿奇霉素　　C. 克拉霉素　　D. 氟红霉素

29. 利福霉素的作用　　(　　)

A. 抗真菌　　B. 抗结核病　　C. 抗病毒　　D. 抗肿瘤

(二)配伍选择题

(1~5题)A. 克拉霉素　B. 氨曲南　C. 甲砜霉素　D. 阿米卡星　E. 土霉素

1. 为氨基糖苷类抗生素　　2. 为四环素类抗生素

3. 为β-内酰胺抗生素　　4. 为大环内酯类抗生素

5. 为氯霉素类抗生素

(6~10题)A. 氯霉素　B. 头孢噻肟钠　C. 阿莫西林　D. 四环素　E. 克拉维酸

6. 可发生聚合反应

7. 在pH2~6条件下易发生差向异构化

8. 在光照条件下,顺式异构体向反式异构体转化

9. 以1R,2R(-)体供药用

10. 为第一个用于临床的β-内酰胺酶抑制剂

(11~15题)A. 氢化噻嗪环　B. 氢化噻唑环　C. 14元环的内酯　D. 氢化并四苯　E. 硝基

11. 脱氧土霉素　　12. 克拉霉素

13. 氨苄青霉素　　14. 头孢氨苄

15. 氯霉素

(三)多项选择题

1. 青霉素钠具有下列哪些特点　　(　　)

A. 酸性介质中稳定　　B. 遇碱使β—内酰胺环破裂

C. 含有α-氨基苄基侧链　　D. 不溶于有机溶剂而易溶于水

E. 对G+菌均有很好疗效

2. 利福霉素的结构特点　　(　　)

A. 1,4-萘二酚　　B. 27个C的大环内酰胺

C. 27 个 C 的大环内酯　　D. 缩醛氨基哌嗪

E. 酯基

3. 内酰胺酶抑制剂是　　(　　)

A. 克拉维酸　　B. TMP　　C. 头孢立新　　D. 舒巴坦

E. 庆大霉素

4. 含 β—内酰胺环的药物是　　(　　)

A. P—V　　B. 四环素　　C. 头孢立新　　D. 棒酸

E. 氨曲南

5. 土霉素的不稳定性体现在　　(　　)

A. 碱性条件下发生氧化反应　　B. 酸性条件下发生水解

C. PH <2,消除　　D. PH >7.5,C 环破裂

E. PH2 ~6 差向异构化

6. 下列各组药物的配伍能增效的是　　(　　)

A. SMZ 与 TMP　　B. 丙磺舒与青霉素 G

C. 舒巴坦与四环素　　D. 克拉维酸与羟氨苄西林

E. SMZ 与 MTX

7. 关于青霉素的叙述不正确的是　　(　　)

A. 仅作用与 G +　　B. 某些患者出现过敏反应

C. 水液不稳定,制成粉针剂　　D. 既能口服又能注射

E. 很稳定

8. 属于抗菌剂的是　　(　　)

A. TMP　　B. 丙磺舒　　C. 舒巴坦　　D. 克拉维酸

E. 青霉素

9. 半合成头孢菌素的重要原料是　　(　　)

A. 5 – ASA　　B. 6 – APA　　C. 7 – ADCA　　D. 6 – ACA

E. 7 – ACA

10. 属于大环内酯类抗生素的是　　(　　)

A. 罗红霉素　　B. 红霉素　　C. 氯霉素　　D. 庆大霉素

E. 阿奇霉素

11. 属于氨基糖苷类抗生素的是　　(　　)

A. 甲红霉素　　B. 链霉素　　C. 庆大霉素　　D. 阿米卡星

E. 克拉维酸

12. 含有苷键的药物是 (　　)

A. 甲红霉素　B. 链霉素　C. 庆大霉素　D. 阿米卡星

E. 红霉素

13. 具有酸碱两性的药物是 (　　)

A. 土霉素　B. 磺胺嘧啶　C. 庆大霉素　D. 甲氧嘧啶

E. 吗啡

二、问答题

1. 为什么青霉素 G 不能口服？其钠盐为什么必须做成灭菌粉末应用于临床？
2. 奥格门汀是由哪两种药物组成？说明两者合用起增效作用的原理。
3. 半合成青霉素有哪些？其结构有何特点？各举一例。
4. 试说明红霉素失效的原因，如何对其进行改造？
5. 试说明青霉素与丙磺舒合用增效的原理
6. 写出青霉素的结构式，药理作用，应用中有哪些不足？如何克服？

三、实例分析

1. 下列用药合理吗？

   某男，30 岁，肺部感染，发热数日，并出现代谢性酸中毒。医生拟用青霉素 G 钠与 5% 碳酸氢钠合用静滴治疗。试分析该用药是否合理？

2. 试从化学结构上分析苯唑西林主要用于治疗耐青霉素 G 的金黄色葡萄球菌感染的原因。
3. 收集滥用抗生素导致不良反应的实际案例，进行分析，从而达到用所学理论知识指导临床药品应用的目的。

（付艳辉）

第五章　中枢神经系统药物

中枢神经系统药物(central nervous system drugs)对中枢神经活动起到抑制或兴奋的作用的物质。按治疗的疾病或药物作用分类,主要有镇静催眠药、抗癫痫药、抗精神失常药、镇痛药、抗老年痴呆药和改善脑代谢药。

第一节　镇静催眠药

镇静药(sedatives)可使人处于安静或思睡状态,催眠药(hypnotics)可引起类似生理睡眠,两者并没有明显界限,通常小剂量时产生镇静作用,较大剂量时产生催眠作用,统称镇静催眠药。也用于癫痫、焦虑等疾病的治疗。镇静催眠药按照化学结构可分为苯二氮䓬类、巴比妥类及其他类。

知识链接

镇静催眠药与精神类药品

镇静催眠药长期应用,几乎都可产生耐受性和依赖性,突然停药时可引起戒断综合征,多数属于国家特殊管理的第二类精神药品,因此镇静催眠药的处方、使用、保管必须严加管理,临床应用时要严格控制药量,避免长期应用。

一、苯二氮䓬类

苯二氮䓬类药物是20世纪60年代初发展起来的镇静催眠药,具有苯环和七元亚胺内酰胺环并合的苯二氮䓬类母核,其中1,4-苯二氮杂䓬的镇静催眠药作用最强。具有较好的抗焦虑和镇静催眠作用,毒副作用较小,安全范围大,临床上已成为镇静、催眠、抗焦虑的首选药物。临床常用的药物有地西泮、硝西泮、氯硝西泮、奥沙西泮、艾司唑仑等药物。

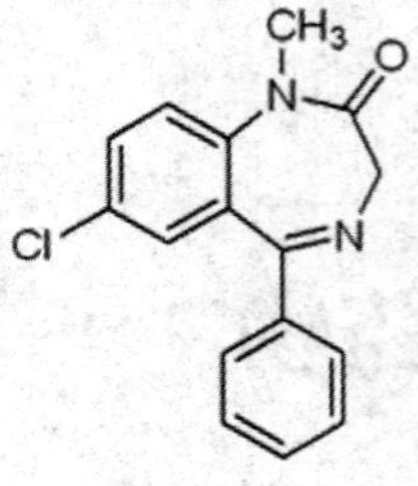

地西泮

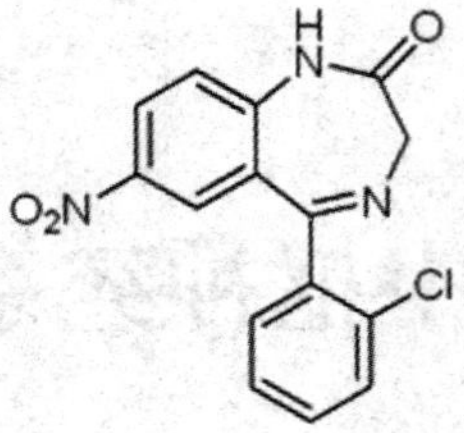

氯硝西泮

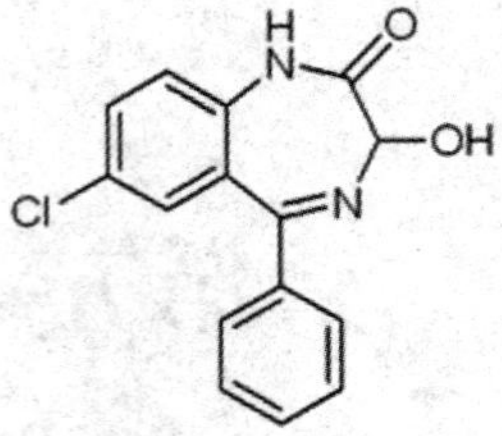

奥沙西泮

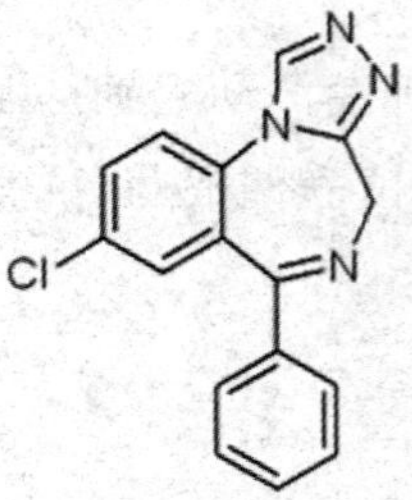

艾司唑仑

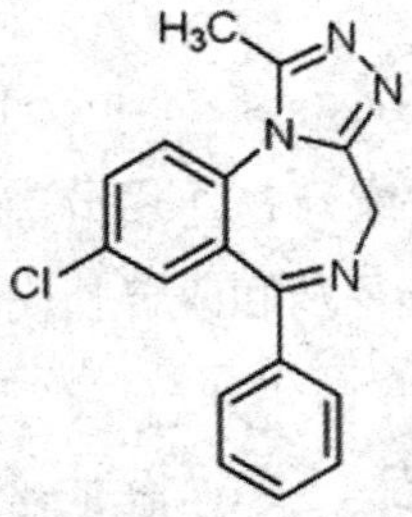

阿普唑仑

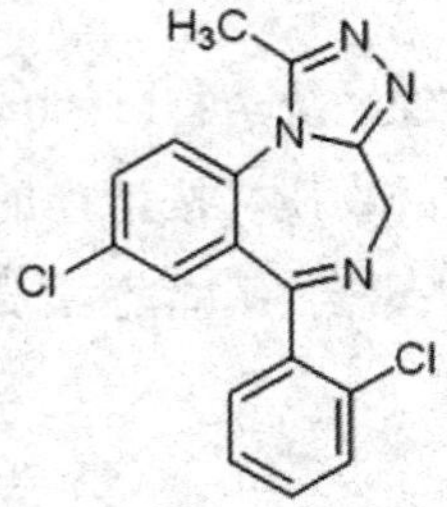

三唑仑

1. 构效关系

(1)二氮䓬分子中的七元亚胺内酰胺环为活性必需结构。

(2)分子的 1 位 N 原子上引入烷基,脂溶性提高,作用增强,如地西泮。

知识链接

药物的各功能基团对药效的影响

药物的药理作用主要依赖于分子整体,但有时一些特定官能团(功能基)可使整个分子结构和理化性质发生变化,影响药物与受体的结合,从而影响药效。

烃基　引入烃基可以增加药物的脂溶性。

卤素　一般在苯环上引入卤素能增加脂溶性,脂肪族中引入卤素会降低脂溶性。同时可影响药物的电荷分布、脂溶性和作用时间,增强与受体的电性结合作用。

磺酸基　引入磺酸基可以增加药物的亲水性和溶解度,仅有磺酸基的化合物一般没有生物活性。

羧基　引入羧基后进一步形成盐增加药物的水溶性,提高生物活性。

酯基　酯基的脂溶性增强,容易被吸收和转运,其生物活性也较强。

酰胺基　引入酰胺基的药物在体内水解速度低于酯基,且酰胺基与生物大分子形成氢键能力更强，增强与受体的结合作用，常显示很好的生物活性。

胺基 一般伯胺的活性较高，但毒性最大，仲胺次之，叔胺最低。季铵类化合物水溶性大，不易通过生物膜和血脑屏障，无中枢作用，但一般口服吸收差。

醚类 醚类化合物由于分子中氧原子具有一定亲水性，碳原子具有亲脂性，使化合物易于通过生物膜，有利于药物的转运。

(3)在分子的7位和5位苯环取代的邻位(C－2′位)引入吸电子基，能显著增强活性，吸电子性越强，作用越强，其次序为—NO_2 >—Br >—CF_3 >—Cl。

(4)在1,2位或4,5位并入杂环，可增加药物的代谢稳定性和对受体的亲和力，生物活性明显提高。

2. 作用机制

苯二氮䓬类药物为苯二氮䓬受体激动剂，作用于脑内不同部位的GABA(γ－氨基丁酸)受体，产生中枢抑制作用。

氟马西尼(flumazenil)为苯二氮䓬类药物拮抗剂，能与苯二氮䓬类受体结合，阻断苯二氮䓬类药物的所有药理作用。临床用于苯二氮䓬类药物过量或中毒的诊断和治疗。

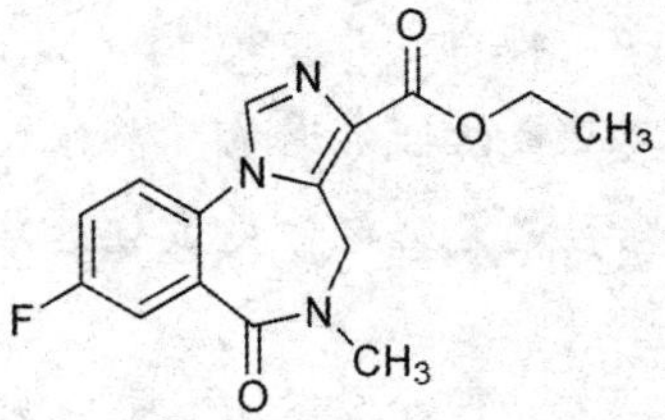

氟马西尼

3. 体内代谢

地西泮体内代谢主要在肝脏进行，代谢途径为N_1－位去甲基，C_3－位的羟基化，代谢产物仍有活性，且毒性降低，被开发成药物使用，即为替马西泮(temazepam)、奥沙西泮(oxazepam)。它们疗效与地西泮相似，毒副作用小，适宜于老年人和肝肾功能不良者使用。

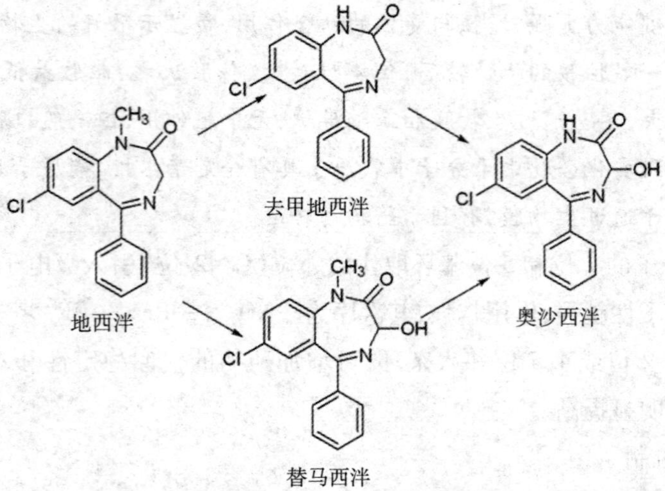

知识链接

药物代谢反应对药物活性的影响及在药物开发中的应用

1. 由活性药物转化成无活性代谢物　如苯巴比妥经生物氧化后生成无催眠镇静作用的对羟基苯巴比妥而排出体外。

2. 由无活性药物代谢转化成活性代谢物　前体药物(prodrugs)多是按此原理设计而成的。如无生物活性的氯胍经体内氧化后环合成环氯胍,具有抗疟作用。

3. 由活性药物转化成仍有活性的代谢物　如保泰松在体内代谢成羟基保泰松,羟基保泰松的药理作用不如保泰松强,但毒副作用比保泰松小。

4. 由无毒性或毒性小的药物转化成毒性代谢物　如利尿药呋塞米在机体内氧化后,在原结构的呋喃环上形成环氧化合物。此物质与肝脏蛋白质结合,结果可导致肝坏死。

5. 经生物转化改变药物的药理作用　如抗忧郁药异烟酰异丙肼经体内作用脱去异丙基成为异烟肼,后者失去原有的药理疗效而具有抗结核作用。

4. 典型药物

地西泮　Diazepam

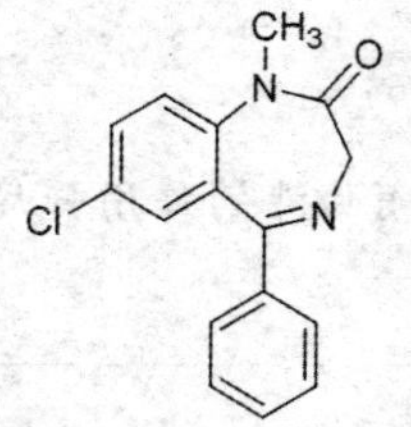

化学名为1－甲基－5－苯基－7－氯－1,3－二氢－2H－1,4－苯并二氮杂䓬－2－酮,又名安定。

本品为白色或类白色结晶性粉末;无臭,味微苦;易溶于三氯甲烷及丙酮,可溶于乙醇,几乎不溶于水;熔点为130～134℃。

本品分子中具有内酰胺及亚胺的结构,在酸性或碱性溶液中,受热易水解,生成2－甲氨基－5－氯－二苯甲酮和甘氨酸。前者具有重氮化偶合反应。①1,2位和4,5位之间开环,两过程平行进行,4,5位开环为可逆的。②1,2间开环水解失效。③37℃,酸性下,主要是4,5位开环,尤其是1,2位或7位引入强吸电子基(三唑环、硝基),几乎都是4,5位开环水解。④口服药物后,在胃酸作用下,4,5位开环,当开环的衍生物进入碱性的肠道后,又闭环成原药。因此,4,5位间开环,不影响药物的生物利用度。

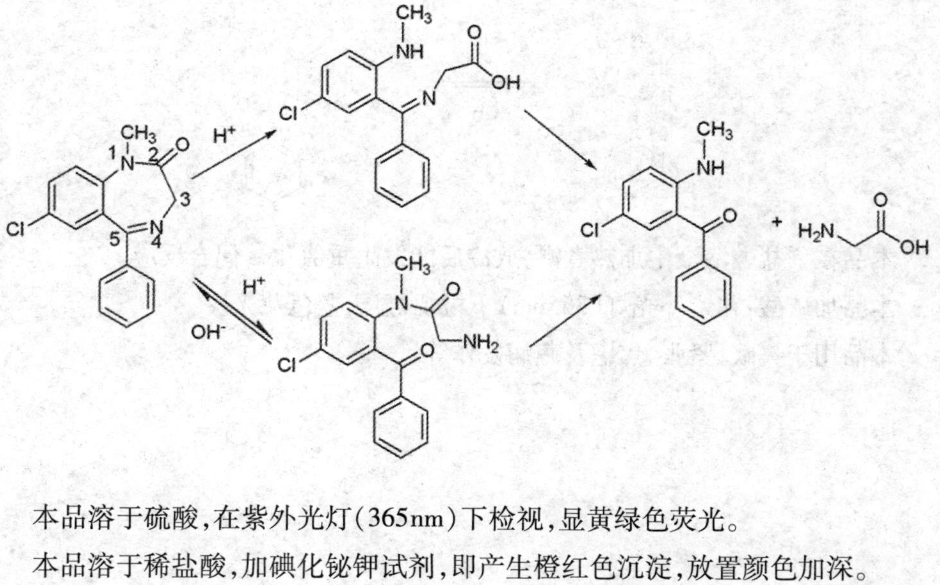

本品溶于硫酸,在紫外光灯(365nm)下检视,显黄绿色荧光。

本品溶于稀盐酸,加碘化铋钾试剂,即产生橙红色沉淀,放置颜色加深。

本品具有抗焦虑、镇静、催眠、抗癫痫等作用。临床用于治疗焦虑症、失眠及各种神经官能症。

课堂活动

由结构分析比较地西泮与硝西泮的作用强度。奥沙西泮的水解产物是否具有重氮化偶合反应？

艾司唑仑 Estazolam

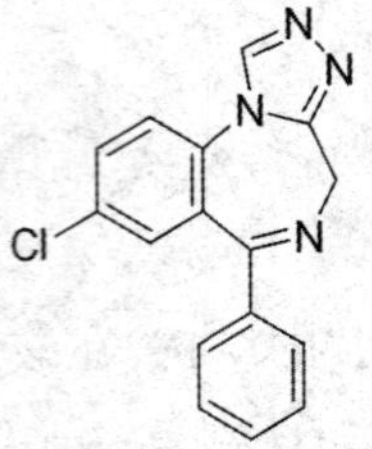

又名舒乐安定。

本品为白色或类白色结晶性粉末；无臭，味微苦；易溶于三氯甲烷及醋酐，可溶于甲醇，略溶于乙酸乙酯或乙醇，几乎不溶于水；熔点为229～232℃。

本品具有亚胺结构，在遇酸性、室温下，5，6位可发生水解开环，碱性条件下则可逆性环合。

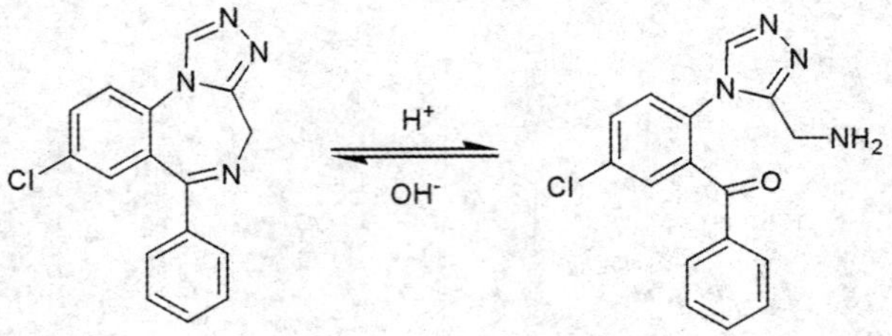

本品在稀盐酸溶液中加热煮沸，放冷后能发生重氮化－偶合反应。

本品加硫酸，在紫外光灯（365nm）下检视，显天蓝色荧光。

本品用于失眠、紧张、焦虑及癫痫发作等。

知识链接

三唑仑与迷药

三唑仑，又称海乐神、酣乐欣，淡蓝色片剂。是常用的有效催眠药之一，也可用于焦虑及神经紧张等。它是一种强烈的麻醉药品，口服后可以迅速使人昏迷晕倒，(0.75mg 的三唑仑，能让人在 10 分钟快速昏迷，昏迷时间可达 4 ~6 小时) 故俗称迷药、蒙汗药、迷魂药。可溶于水及各种饮料中，也可以伴随酒精类共同服用。三唑仑没有任何味道，见效迅速，药效比普通安定强 45 ~100 倍。

近年来常被一些犯罪分子用来麻醉抢劫。滥用后会对人的身心造成严重危害，属于我国严格管制的第一类精神药物。

二、巴比妥类

1. 基本结构、分类

20 世纪初，巴比妥类药物是主要使用的镇静催眠药，由于长期用药可产生成瘾性以及抑制呼吸中枢的副作用，已逐渐被苯二氮䓬类药物替代。

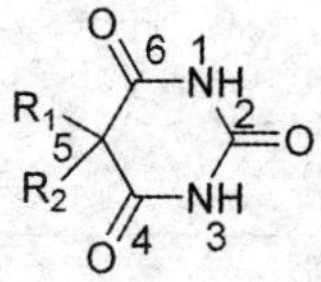

巴比妥类药物基本结构

巴比妥类药物为巴比妥酸(丙二酰脲)的衍生物，巴比妥酸本身并无生理作用，只有 5 位亚(次)甲基上的两个氢原子被烃基取代后，才呈现镇静催眠活性。巴比妥类药物按其作用时间的不同可分为长时效(6 ~8 小时)、中时效(4 ~6 小时)、短时效(2 ~3 小时)和超短时效(1/4 小时)四种类型。常用巴比妥类镇静催眠药见表 5 –1。

表 5 - 1　常用巴比妥类镇静催眠药

药物名称	药物结构	作用特点
苯巴比妥 phenobarbital	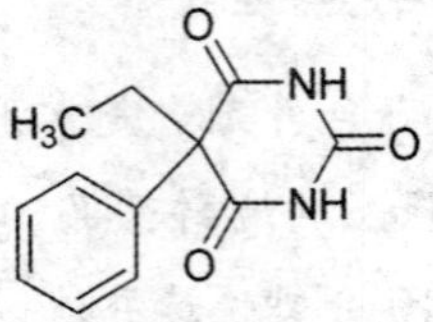	为长效巴比妥类，其中枢性抑制作用随剂量而异。具有镇静、催眠、抗惊厥作用
异戊巴比妥 amobarbital	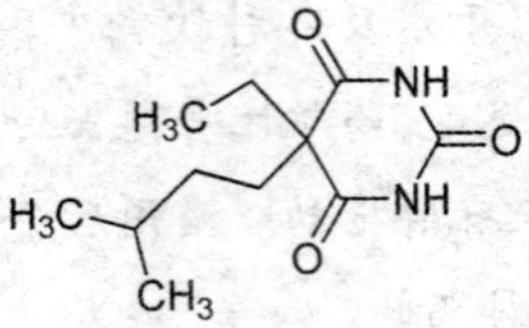	为中效类催眠药，作用与苯巴比妥相似，但作用时间持续较短
司可巴比妥 secobarbital	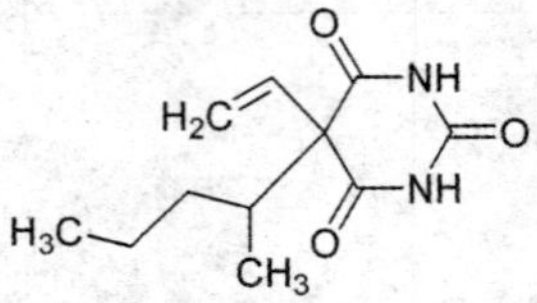	为短效类巴比妥催眠药，催眠作用与异戊巴比妥相同，作用出现快，持续时间短
硫喷妥钠 thiopental sodium	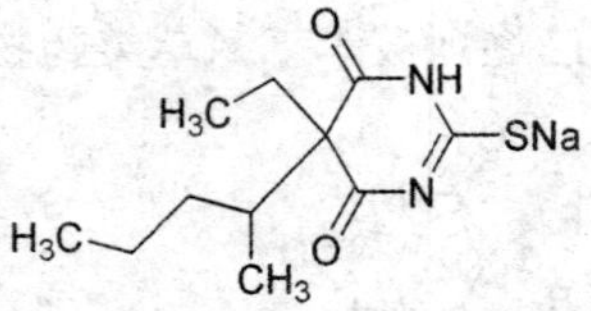	为超短效巴比妥类，用于静脉麻醉

2. 一般性质

(1) 巴比妥类药物一般为白色结晶或结晶性粉末，加热多能升华，不溶于水，易溶于乙醇及有机溶剂。含硫巴比妥类药物，有不适臭味。

(2) 弱酸性：巴比妥类药物结构存在互变异构现象，即丙二酰脲的内酰胺（酮式）和内酰亚胺醇（烯醇式）互变异构，故显弱酸性，比碳酸酸性弱，可与碱金属形成可溶性的盐类。应用：采用酸碱滴定法测定其含量，钠盐可供配制注射液使用。其钠盐水溶液易吸收空气中二氧化碳而析出药物，使溶液呈现浑浊。故本类药物钠盐注射液不能与酸性药物配伍使用或暴露在空气中。

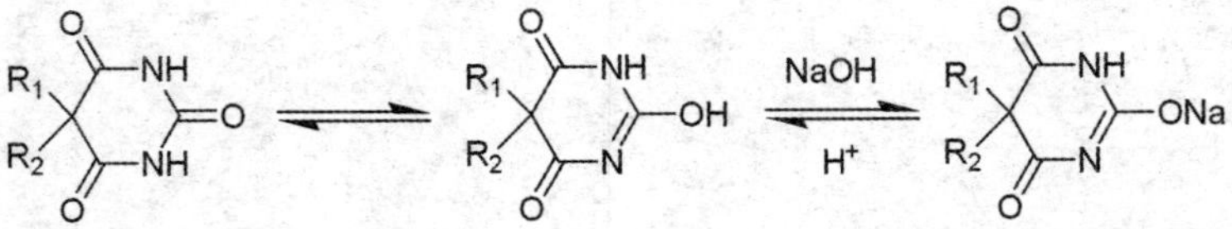

(3)水解性:巴比妥类药物中的酰脲结构使其具有水解性,水解程度及产物与水解条件有关,随温度和 pH 的升高,水解速度加快。其钠盐水溶液室温放置即可水解,因此巴比妥类药物钠盐注射液须制成粉针剂,临用时配制。

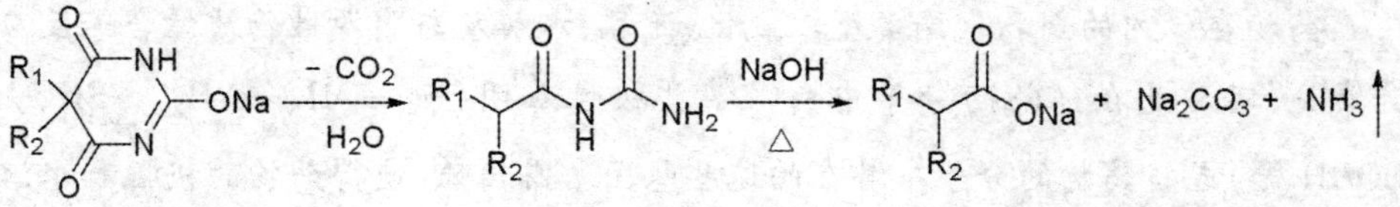

(4)与金属离子成盐反应:巴比妥类药物具有丙二酰脲结构,可用丙二酰脲类药物的一般鉴别试验进行鉴别。

1)与硝酸银作用:在碳酸钠溶液中与硝酸银试液作用,生成白色可溶性的一银盐,加入过量的硝酸银试液,可生成白色不溶性的二银盐沉淀。与硝酸汞也存在类似反应。

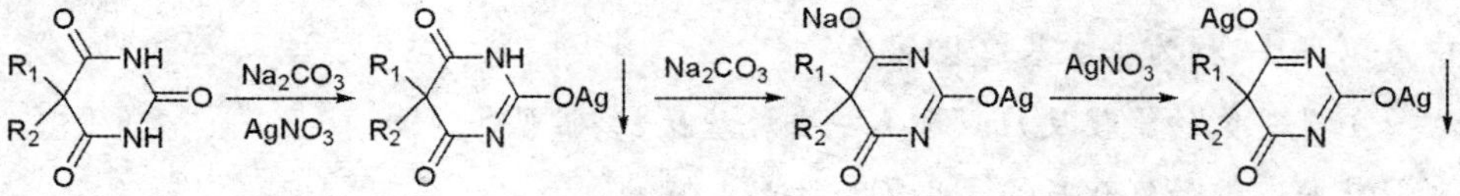

2)与铜吡啶试液作用:与吡啶 - 硫酸铜试液作用显紫色或生成紫色沉淀,含硫巴比妥显绿色。

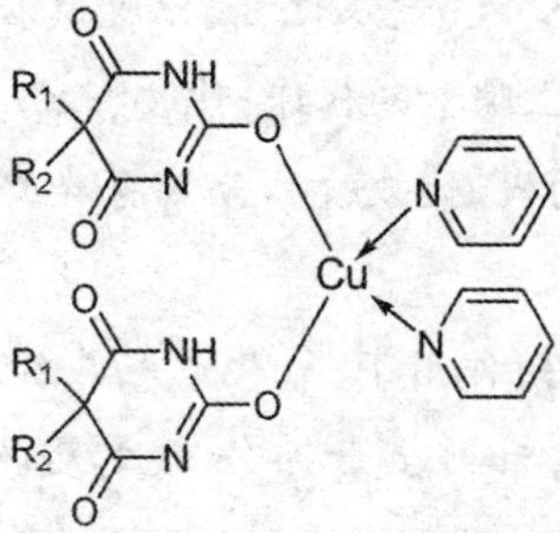

3. 体内代谢

主要在肝脏进行生物转化,包括 5 位取代基的氧化、N - 脱烷基、2 位脱硫、水解开环等,5 位取代基的氧化是巴比妥类药物代谢的主要途径。

知识链接

药物的代谢反应

药物在体内的药物代谢类型以氧化、还原、水解及与内源性物质结合等反应为常见,实质是在药物的分子中引入某些极性基团(如—OH、—NH_2、—SH、—COOH 等)或将药物的分子中潜在的这些基团暴露出来,使得药物的极性和水溶性增加,易于排泄,氧化反应主要包括:

(1)芳环的氧化:在酶系作用下,形成环氧化合物中间体,进一步重排形成酚。

(2)烯烃的氧化:含烯烃药物的氧化是在烯烃位置形成环氧化物。

(3)脂肪烃和脂环烃的氧化:长链烷基的氧化常发生在空间位阻较小的侧链末端,生成 ω-羟基或 ω-1 羟基化合物。

(4)碳-杂原子的氧化反应:氧、氮和硫等杂原子上的烷基在生物转化过程中可以脱去,称为去烷基氧化反应。

①碳-氮的氧化反应　即 N-去烷基反应,常见。

②碳-氧的氧化反应　即 O-去烷基反应。

③碳-硫的氧化反应主要有 S-脱烷基、脱硫和 S-氧化三种。S-氧化通常形成亚砜类代谢物。

(5)胺类的氧化:包括 N-去烷基化、氧化脱氨和 N-氧化等,一般伯胺、仲胺发生氧化脱氨反应,如肾上腺素的代谢;仲胺、叔胺可发生 N-去烷基化,烷基越小,越易脱去,如哌替啶的代谢;叔胺和含 N 芳杂环主要生成稳定的 N-氧化物,如氯丙嗪的代谢。

(6)醇、醛的氧化:在酶的作用下,氧化成相应的醛和羧酸。如维生素 A 的代谢即为氧化成维生素 A 醛和维生素 A 酸,使其生物活性降低。

4. 典型药物

苯巴比妥　Phenobarbital

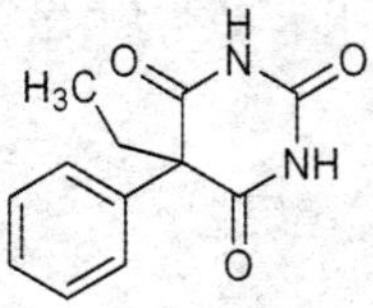

化学名为5-乙基-5-苯基-2,4,6(1H,3H,5H)-嘧啶三酮,又名鲁米那。

本品为白色有光泽的结晶性粉末;无臭,味微苦;能溶于乙醇或乙醚,略溶于三氯甲烷,极微溶于水;熔点为174.5~178℃。

本品固体在干燥空气中较稳定,苯巴比妥钠的10%水溶液pH为9.5~10.5。

本品具有巴比妥类药物的通性。

本品分子中具有苯环,可与亚硝酸钠-硫酸试液作用,即显橙黄色,随即转橙红色。与甲醛-硫酸试剂作用,接界面产生玫瑰红色。可用于区别不含苯基的巴比妥类药物。

本品主要副作用为用药后有头晕和困倦等后遗效应,久用可产生耐受性和依赖性,多次连用可出现蓄积中毒以及呼吸抑制等。

本品具有镇静催眠和抗惊厥作用。临床上用于治疗焦虑、失眠,也可治疗惊厥及癫痫大发作。

课堂活动

苯巴比妥钠注射液为什么要现用现配?其能否与酸性药物配伍使用?

如何区别苯巴比妥、硫喷妥钠和司可巴比妥?

5. 构效关系

巴比妥类药物属于结构非特异性的药物,其镇静催眠作用的强弱和起效快慢取决于药物的解离常数和脂水分配系数,作用时间的长短则与药物在体内代谢难易有关。

(1)解离常数对药效的影响:通常药物以分子形式透过细胞膜,以离子形式发挥作用,这就要求药物要有一定的解离度。各种常用的巴比妥类药物的pKa和未解离百分率(即分子形式占总药量的比例)如表5-2。

表5-2　常用的巴比妥类药物的pKa和未解离百分率

	巴比妥酸	苯巴比妥酸	苯巴比妥	丙烯巴比妥	异戊巴比妥	戊巴比妥	海索巴比妥
pKa	4.12	3.75	7.4	7.7	7.9	8.0	8.40
未解离百分率	0.05	0.02	50	66.61	75.97	79.92	90.91

巴比妥酸衍生物解离常数与其5位碳上取代基数目有关,巴比妥酸(无取代基)和5-苯巴比妥酸(单取代基),在生理pH条件下99%以上被解离,以离子状

态存在，不能透过细胞膜和血脑屏障，无镇静作用。巴比妥类药物即双取代物，50%以上未解离，以分子形式存在，具有中枢抑制作用。

（2）脂水分配系数对药效的影响：①巴比妥类药物5位碳上的两个取代基碳原子总数在4～8之间，脂水分配系数较合适，具有良好的镇静催眠作用；②巴比妥类药物2位碳上氧原子以硫原子代替，如硫喷妥钠，则增大脂溶性，起效快，作用时间短；③巴比妥类药物氮原子上引入甲基，如海索巴比妥，可降低酸性和增加脂溶性，起效快。

知识链接

药物的理化性质对药效的影响

药物在体内的过程（吸收、转运、分布、代谢、排泄）是由药物理化性质决定的。

1. 溶解度和分配系数对药效的影响：药物是通过血液和体液进行转运的，这就要求药物有一定的水溶性与一定的脂溶性。药物的脂水分配系数用P表示。P是药物在有机相中和水相中分配达到平衡时的浓度Co和Cw的比值，即P＝Co/Cw。

中枢神经系统的药物，适当增加药物亲脂性，有利于通过血脑屏障，可增强活性。

2. 酸碱性和解离度对药效的影响：药物在体液中以离子型和分子型同时存在，药物常以分子型通过生物膜，在膜内的水介质中解离成离子而起作用。当药物的解离度增加时，会引起药物离子型浓度上升，未解离的分子型浓度降低，会减少药物在亲脂性组织中的吸收；而解离度过低，离子浓度下降，也不利于药物的转运，只有合适的解离度，才使药物具有最大的活性。

有机药物中多数为弱酸或弱碱性，在体内pH 7.4环境中可部分解离，其解离度由化合物的解离常数pKa和溶液介质的pH决定，因此药物的酸碱性也是影响药物活性的重要因素。

（3）药物在体内代谢难易对药物作用时间的影响：①当5位碳上取代基为饱和直链烷烃或芳烃时，不易氧化，则作用时间长，如苯巴比妥为长效巴比妥；②当5位碳上取代基为支链烷烃或不饱和烃基时，易氧化，则作用时间短，如司可巴比妥为短效巴比妥。

课堂活动

由结构分析苯巴比妥、司可巴比妥及硫喷妥钠的作用时间。

三、其他类

其他类型的镇静催眠药，有醛类、氨基甲酸酯类、酰胺结构的杂环化合物，如水合氯醛(chloral Hydrate)、甲丙氨酯(meprobamate)、格鲁米特(glutethimide，导眠能)、甲喹酮(methaqualone，安眠酮)。

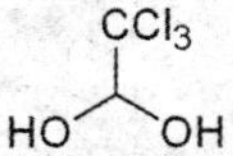

水合氯醛

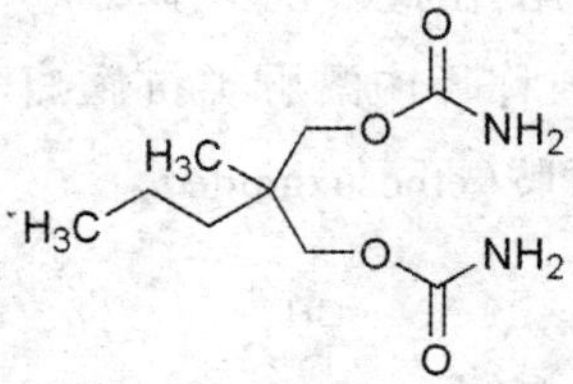

甲丙氨酯

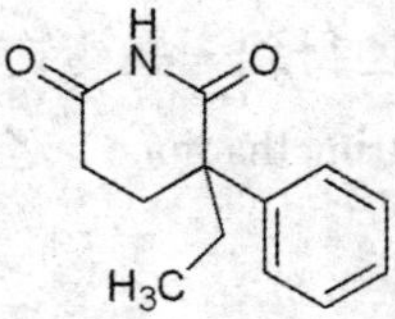

格鲁米特

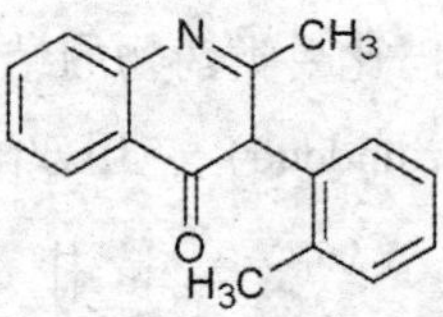

甲喹酮

20 世纪 90 年代，一些安全性更高的新型镇静催眠药物相继问世，如唑吡坦(zolpidem)和佐匹克隆(zopiclone)，其镇静催眠作用很强，口服后吸收迅速，半衰期短、安全性高，有效提高睡眠质量无成瘾性和耐受性，较少抗焦虑、肌肉松弛和抗惊厥作用。唑吡坦用药剂量小，作用时间短，极少产生耐受性和成瘾性。佐匹克隆为速效催眠药，能延长睡眠时间，提高睡眠质量，减少夜间觉醒和早醒次数。

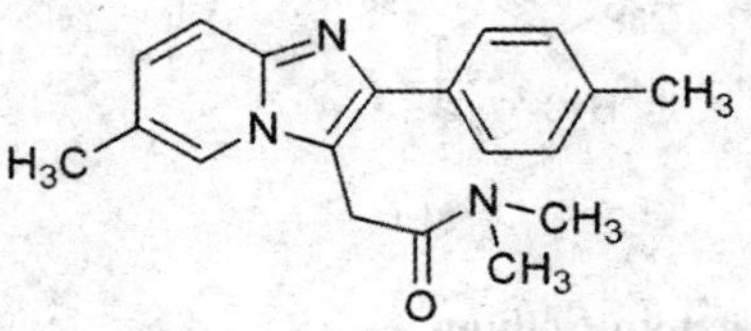

酒石酸唑吡坦

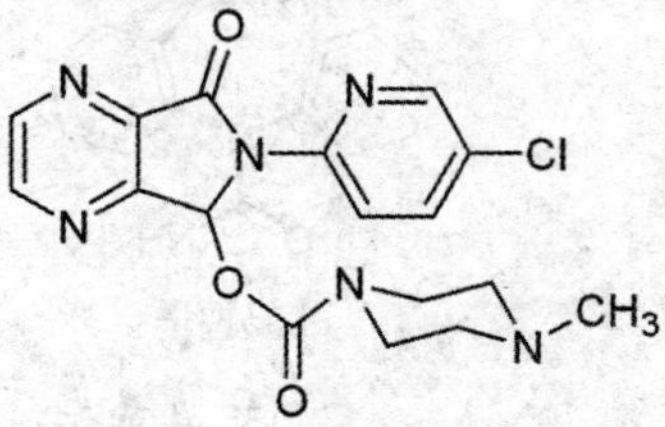

佐匹克隆

第二节 抗癫痫药

癫痫是由大脑局部神经元过度兴奋,产生阵发性放电,所导致的慢性、反复性和突发性的大脑功能失调。表现为不同程度的运动、感觉、意识、行为和自主神经障碍等症状。抗癫痫药(antiepileptics)可抑制大脑神经的兴奋性,用于防止和控制癫痫的发作。

巴比妥类药物和苯二氮䓬类药物中的苯巴比妥和地西泮、氯硝西泮、硝西泮等药物在临床广泛用于癫痫病的治疗。减少巴比妥类药物分子的一个羰基,形成五元环的乙内酰脲类化合物,仍具有抗惊厥作用,由此发现了苯妥英(phenytoin)。改造巴比妥类药物的结构还得到一些药物,通称环内酰脲类抗癫痫药物,如扑米酮(primidone)、三甲双酮(trimethadione)、乙琥胺(ethosuximide)。

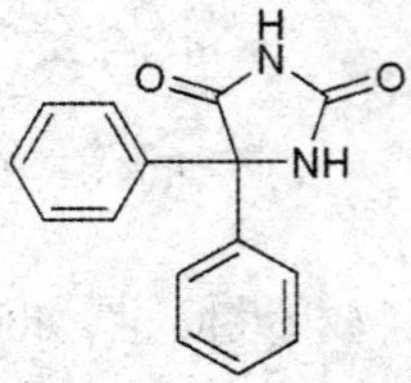

苯妥英

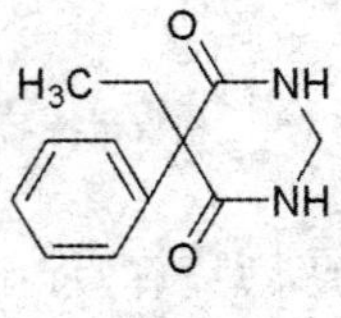

扑米酮

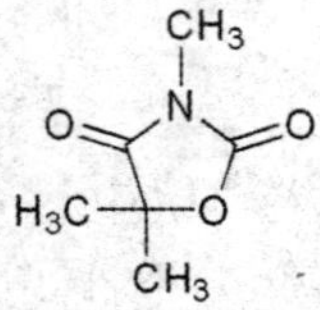

三甲双酮

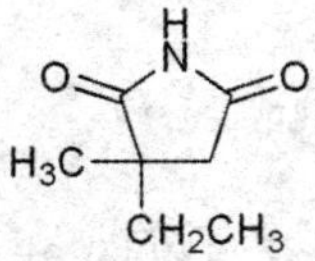

乙琥胺

常用的抗癫痫药物还有二苯并氮䓬类药物如卡马西平(carbamazepine)和脂肪酸类如丙戊酸钠(sodium valproate)等。

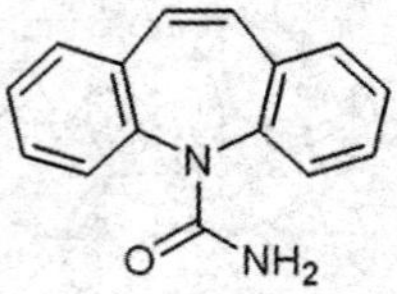

卡马西平

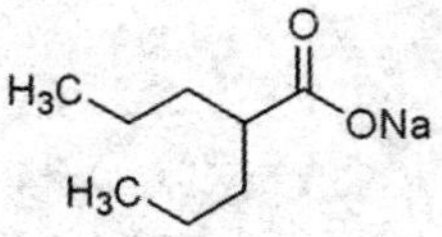

丙戊酸钠

苯妥英钠 Phenytoin Sodium

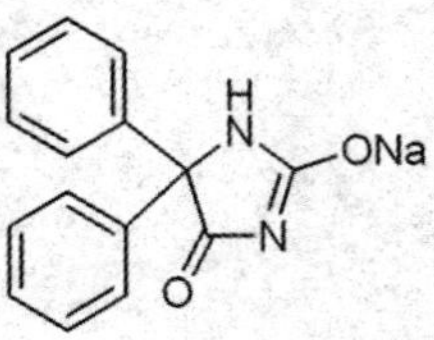

化学名为5,5-二苯基-2,4-咪唑烷二酮钠盐,又名大伦丁钠。

以苯甲醛为原料，在氰化钠存在下，经安息香缩合，生成苯甲酰苯甲醇，经硝酸氧化成联苯甲酰，再与脲在碱液中加热缩合即得本品。

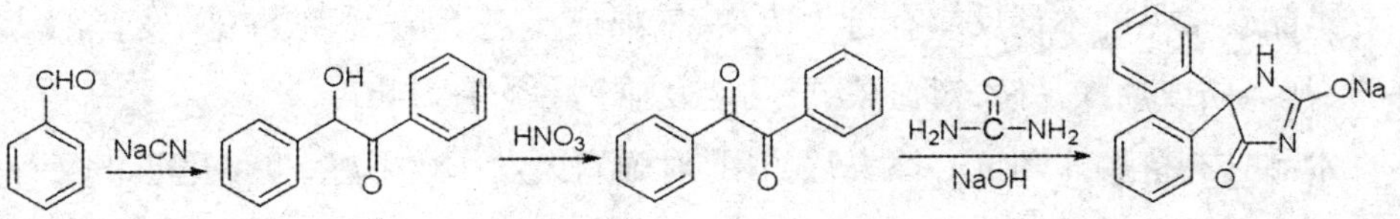

本品为白色粉末；无臭、味苦；微有引湿性；易溶于水，溶于乙醇，几乎不溶于三氯甲烷或乙醚。

本品水溶液呈碱性，在空气中渐渐吸收二氧化碳，析出苯妥英，使溶液浑浊。故本品及水溶液都应密闭保存或新鲜配制。

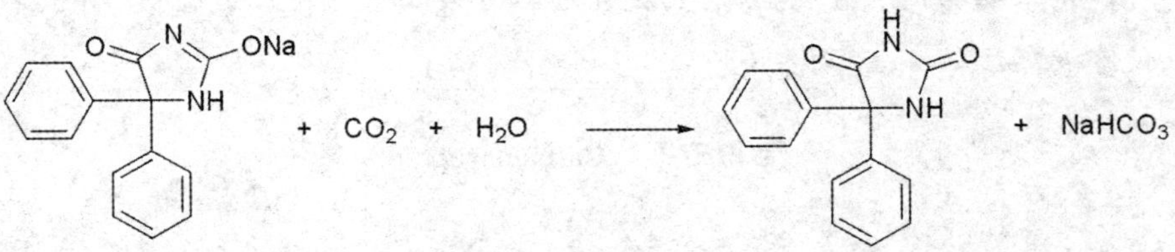

本品分子中具有内酰脲结构，在碱性溶液中受热易水解，可生成二苯基脲基乙酸，最后生成二苯基氨基乙酸，并释放出氨。

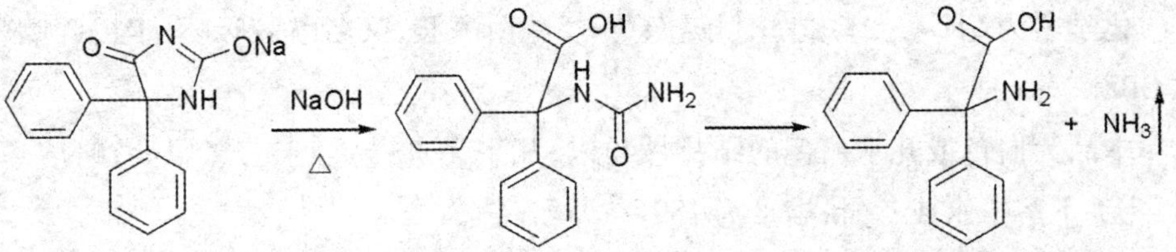

本品水溶液加二氯化汞试液，可生成白色沉淀，在氨试液中不溶。

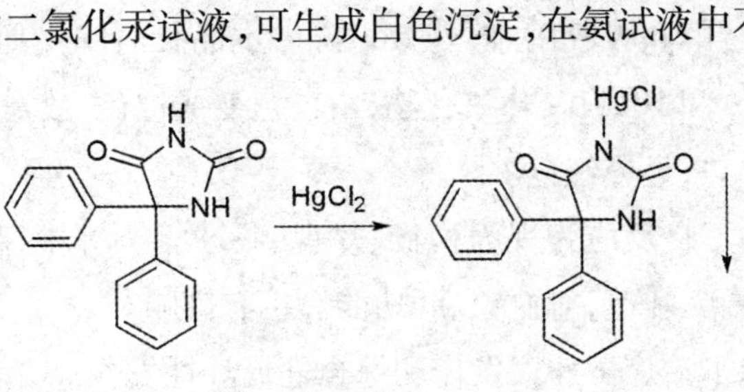

本品与吡啶－硫酸铜试液作用显蓝色。

本品主要被肝微粒体酶代谢，主要代谢物为苯环对位羟基化的产物，失去活性。其代谢有“饱和代谢动力学”的特性，即用量过大或短时反复用药，可使代谢酶饱和，代谢速度下降而产生毒性。

本品较常见的不良反应有行为改变、笨拙或步态不稳、思维混乱、发音不清及手抖、神经质或烦躁易怒，对血象、肝功能及血钙等均有影响。

本品具有抗癫痫和抗心律失常作用，对癫痫大发作效果好，也可用于三叉神经痛及某些类型的心律不齐。

案例分析

案例：某医院护士在配制完苯妥英钠注射液后，由于特殊情况没有马上使用，几小时后发现配制好的注射液变浑浊，试分析此现象。

分析：苯妥英钠水溶液呈碱性，放置过程可吸收空气中二氧化碳，析出苯妥英，使溶液浑浊。

卡马西平　Carbamazepine

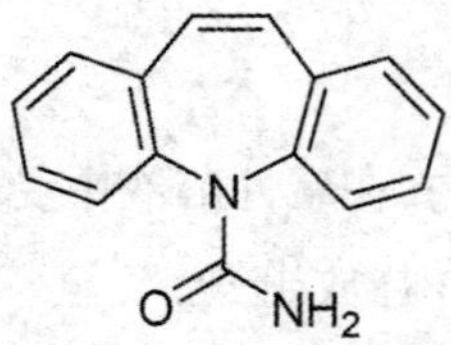

化学名为5H－二苯并[b，f]氮杂䓬－5－甲酰胺，又名酰胺咪嗪、卡巴咪嗪，简称CBZ。

本品为白色或几乎白色的结晶性粉末；几乎无臭；易溶于三氯甲烷，略溶于乙醇，几乎不溶于水或乙醚；熔点为189～193℃。

本品在干燥状态及室温下较稳定。片剂在潮湿的环境中可生成二水合物，导致片剂表面硬化，溶解和吸收困难，药效下降。本品长时间光照，可发生聚合和氧化反应，生成二聚体和10，11－环氧化物，由白色变成橙色，故需避光密闭保存。

本品与硝酸共热，显橙红色。

本品较常见的不良反应为视力模糊、复视、眼球震颤等中枢神经系统反应，以及头晕、乏力、恶心、呕吐等，对血象、肝功能等也有影响。

本品临床上用于治疗癫痫大发作和综合性局灶性发作。

第三节　抗精神失常药

抗精神失常药是用以治疗各种精神疾病的一类药物。根据药物的主要适应证，抗精神失常药可分为抗精神病药、抗抑郁药、抗躁狂症和抗焦虑药四类。

一、抗精神失常药

抗精神病药对神经活动具有较强的选择性抑制，可在不影响意识清醒的条件下，控制兴奋、躁动、妄想和幻觉等症状。抗精神病药主要治疗精神分裂症，故又称抗精神分裂症药、强安定药。经典的抗精神病药按化学结构可分为吩噻嗪类、丁酰苯类和其他类。

（一）吩噻嗪类

氯丙嗪（chlorpromazine）是第一个用于治疗精神病的吩噻嗪类药物，但其毒性和副作用较大，对其进行结构改造，研究结果表明：①吩噻嗪环上2位的氯原子是活性必要基团，可用其他吸电子基团取代，活性强弱顺序为：$-CF_3 > -Cl > -COCH_3$。②吩噻嗪环10位侧链为三个直链碳原子与碱性基团相连，常为叔胺，碱性杂环如哌嗪比叔胺的活性大；将侧链含有羟基的药物与长链脂肪酸成酯，改变药物脂溶性，延长药物作用时间，是长效的抗精神失常药。③5位硫原子可由 $-C-$ 或 $-C-C-$、$-C=C-$ 替代，仍具有抗精神病作用。④10位氮原子可由 $-C-$ 替代并通过双键与碱性侧链相连，仍保持药效。临床常用的吩噻嗪类抗精神病药，见表5－3。

表5－3　临床常用的吩噻嗪类抗精神病药物

药物名称	药物结构	作用特点
氯丙嗪 chlorpromazine	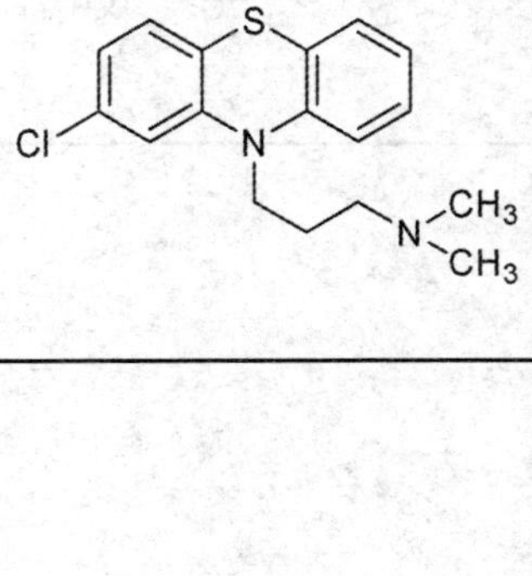	用于治疗精神分裂症和躁狂症，大剂量时可用于镇吐、强化麻醉及人工冬眠等

（续表）

药物名称	药物结构	作用特点
三氟拉嗪 trifluoperazine	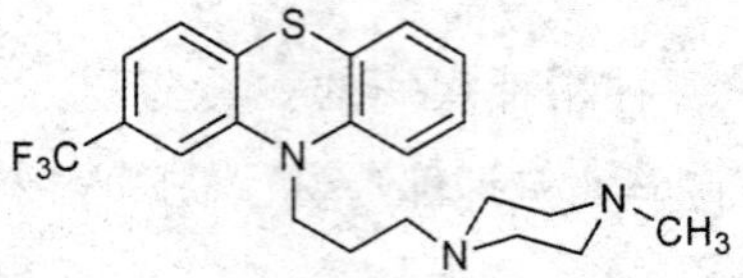	抗精神病作用和镇吐作用比氯丙嗪强，作用快而持久
奋乃静 perphenazine	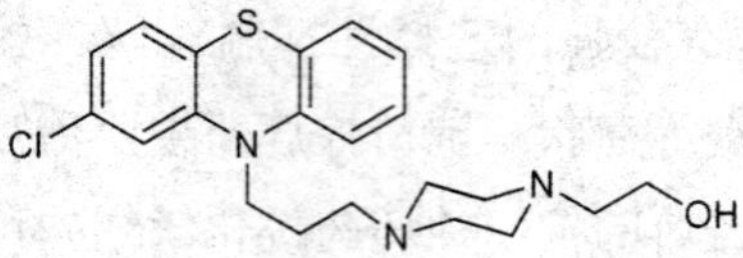	作用与氯丙嗪相似，镇吐作用较强，镇静作用较弱，毒性较低
氟奋乃静 fluphenazine	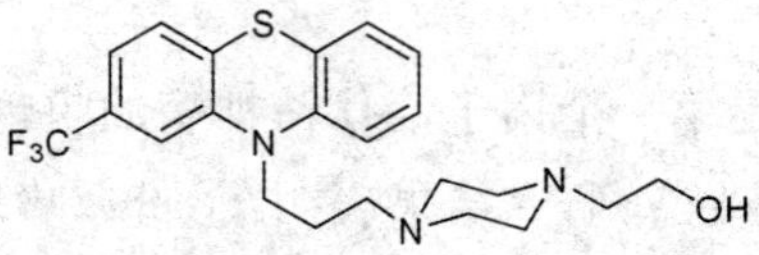	抗精神病作用比奋乃静强，且更持久，其镇静、镇吐作用微弱
氟奋乃静庚酸酯 fluphenazine enanthate	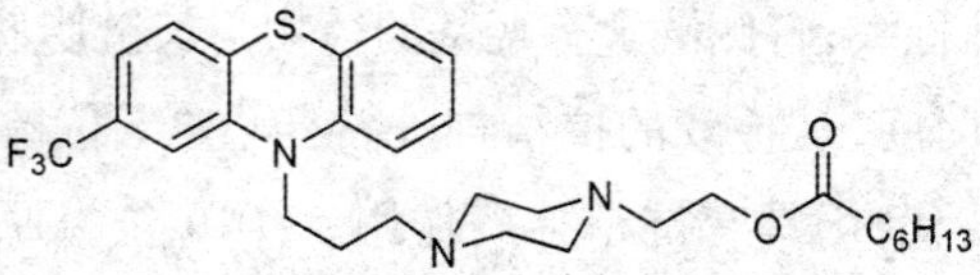	为长效抗精神病药，作用持续时间久，一次给药可维持 2 周
癸氟奋乃静 fluphenazine decanoate	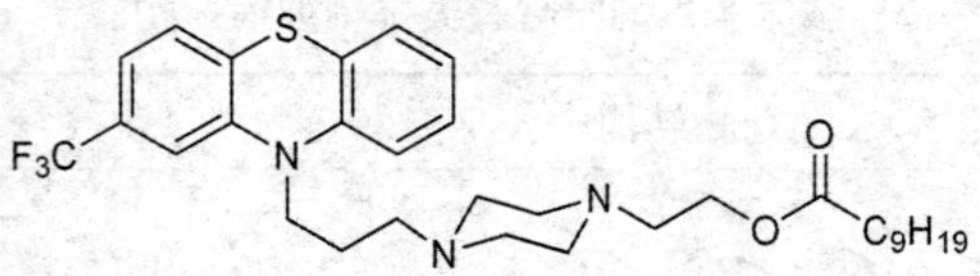	为长效抗精神病药，作用持续时间久，一次给药可维持 2 ~4 周

知识链接

药物的结构修饰方法

1. 成盐　具有羧基、磺酸基、磺酰胺基、酚羟基、烯醇基、四氮唑等基团的酸性药物成盐时常用无机阳离子或有机阳离子。碱性药物成盐时常用的无机阴离子主要有盐酸盐、硫酸盐、氢卤酸盐等；有机阴离子主要有枸橼酸、酒石酸、苯磺酸、维生素C等。成盐修饰目的是增加溶解度，便于制成注射剂，有时增加稳定性。

2. 成酯及成酰胺　含羟基或羧基的药物，可选择成酯修饰的方法；含氨基药物常常被修饰成酰胺。可增加药物的化学稳定性、增加药物的组织选择性，降低毒副作用，延长药物作用时间。

3. 其他修饰　含有羰基，常用的修饰方法有希夫碱、缩酮、肟化物、四氢噻唑、烯醇酯、偶氮等。某些环状药物开环后，在体内能迅速环合成原药，可作药物的开环修饰。

盐酸氯丙嗪　Chlorpromazine Hydrochloride

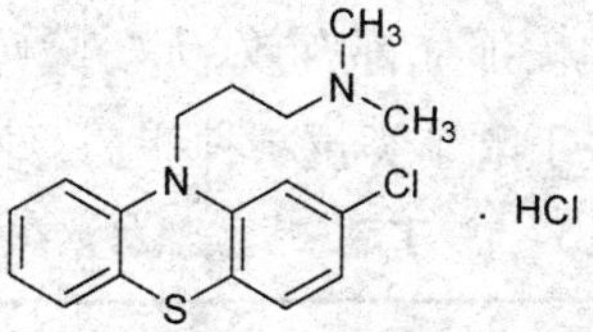

化学名为N,N－二甲基－2－氯－10H－吩噻嗪－10－丙胺盐酸盐，又名冬眠灵。

本品为白色或乳白色结晶性粉末；有微臭，味极苦；有引湿性；遇光渐变色；易溶于水、乙醇或三氯甲烷，不溶于乙醚或苯；熔点为194～198℃。

本品水溶液呈酸性反应，注射液的pH应为3.0～5.0，遇碱可析出游离氯丙嗪沉淀，故本品不能与碱性药物配伍使用。

本品结构中的吩噻嗪环，易被氧化，在空气或日光中放置，逐渐变为红色。为防止变色，其注射液在生产中加入连二亚硫酸钠、亚硫酸氢钠或维生素C等抗氧剂，部分病人用药后，在强烈日光照射下发生严重的光化毒反应。

本品水溶液遇氧化剂时氧化变色。加硝酸后可能形成自由基或醌式结构而显红色,渐变淡黄色。与三氯化铁试液作用,显稳定的红色。

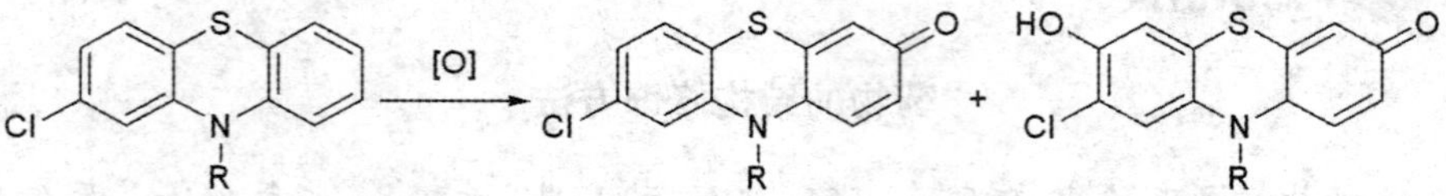

本品的主要副作用有口干、视物不清、上腹部不适、乏力、嗜睡、便秘等。对肝功能有一定影响,长期应用可引起锥体外系反应。对产生光毒性反应的病人,在服药期间要避免阳光的过度照射。

本品为多巴胺受体拮抗剂,临床用于治疗精神分裂症和躁狂症,大剂量时可用于镇吐、强化麻醉及人工冬眠。

课堂活动

盐酸氯丙嗪注射液在放置过程中,会发生变色现象,原因是什么?在制备时应采取哪些措施以增加其稳定性?

(二)丁酰苯类

丁酰苯类药物较吩噻嗪类药物抗精神病作用强,氟哌啶醇(haloperidol)是最早用于临床的药物,对躁狂症和忧郁症都有效,无吩噻嗪类药物的毒性反应,对氟哌啶醇进行结构改造,得到一些丁酰苯类抗精神病药,见表5-4。

表5-4 丁酰苯类抗精神病药物

结构类型	药物名称	药物结构	作用特点
硫杂蒽类	氟哌啶醇 Haloperidol	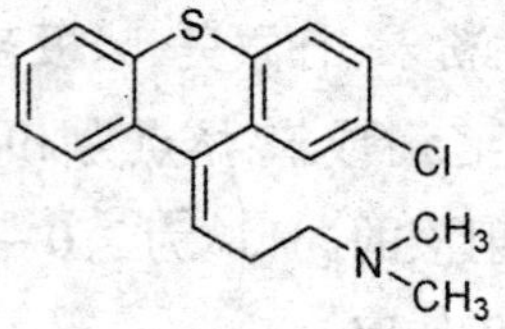	药理作用及机制类似氯丙嗪,锥体外系反应强
	珠氯噻醇 zuclopenthixol	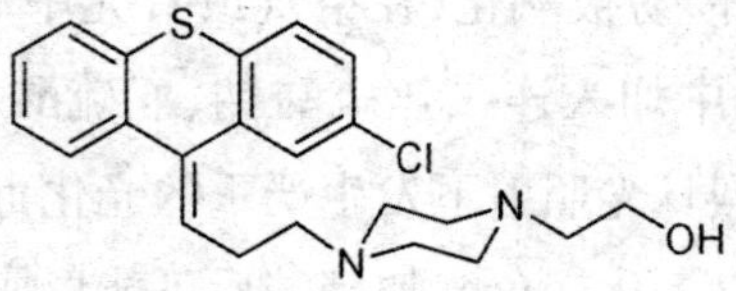	抗精神病作用与氯丙嗪相似,镇静作用较强

（续表）

结构类型	药物名称	药物结构	作用特点
苯甲酰胺类	舒必利 Sulpiride	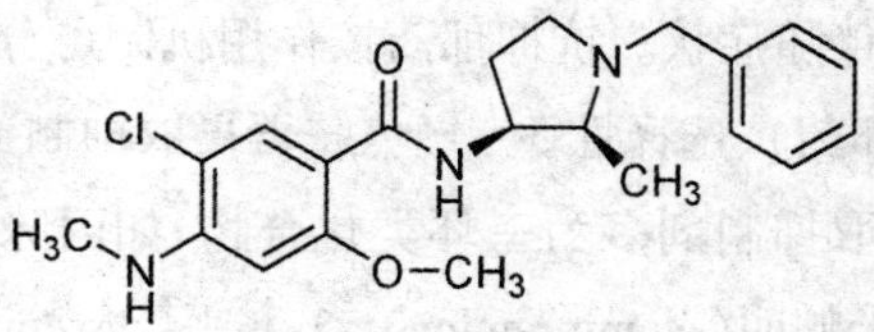	用于治疗精神分裂症及焦虑性神经官能症，也可用于止吐。很少有锥体外系副作用
	奈莫必利 nemonapride	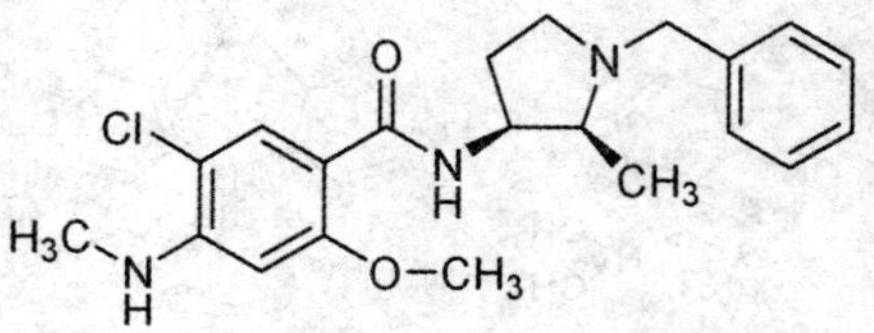	具有较强的抗精神病作用，相似于氟哌啶醇，强于氯丙嗪
二苯丁基哌啶类	匹莫齐特 pimozide	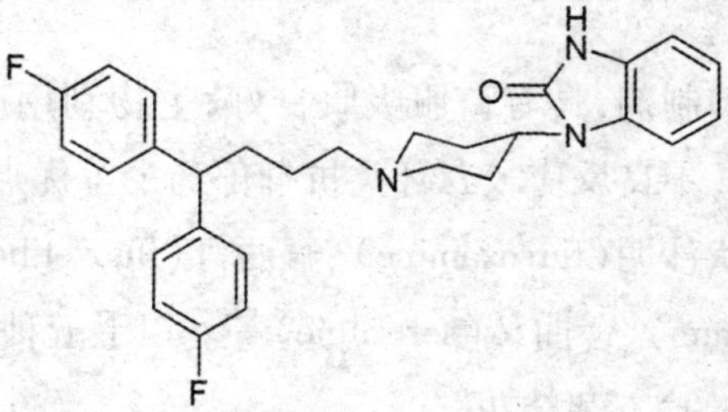	为长效口服抗精神病药，对急性精神分裂症有效
	五氟利多 penfluridol	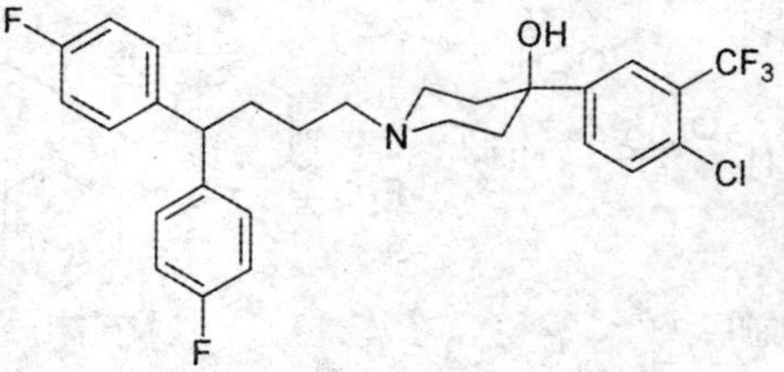	为长效口服抗精神病药，药理作用类似氟哌啶醇，抗精神病作用起效慢、持续时间久
硫杂蒽类	氯氮平 Clozapine	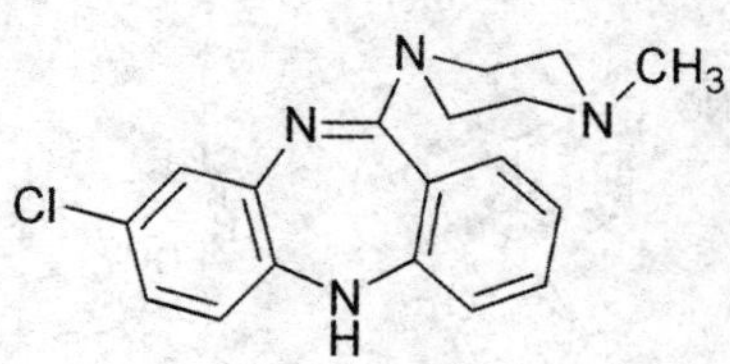	用于治疗多种类型的精神分裂症和狂躁忧郁症等，很少产生锥体外系副作用
	利培酮 risperidone	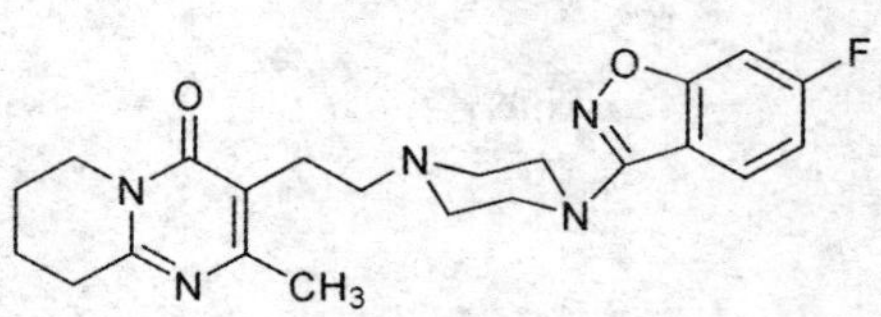	用于精神分裂症的阳性症状、阴性症状，可有效治疗一些经典抗精神病药无效的患者

二、抗抑郁药

抑郁症是以情绪异常低落为主要临床表现的精神疾患,常有强烈的自杀倾向,伴有自主神经或躯体性伴随症状。抗抑郁药按作用机制可分为去甲肾上腺素再摄取抑制剂(三环类抗抑郁药)、选择性5-羟色胺再摄取抑制剂和其他类抗抑郁药。

去甲肾上腺素再摄取抑制剂多为三环类化合物,如丙咪嗪(imipramine)、阿米替林(amitriptyline)、氯米帕明(clomipramine)、多塞平(doxepin)等。

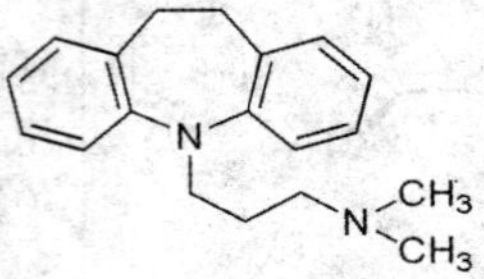

丙咪嗪

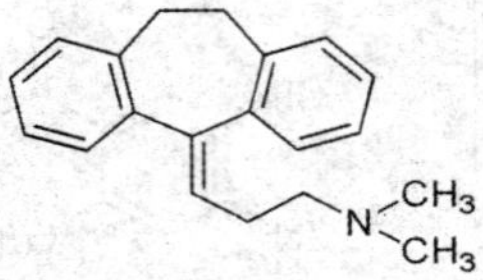

阿米替林

5-羟色胺再摄取抑制剂,具有口服吸收良好,生物利用度高,耐受性好,疗效与三环类抗抑郁药相当,不良反应较三环类抗抑郁药少等优点,现已成为临床主要应用的抗抑郁药,如氟伏沙明(fluvoxamine)、氟西汀(fluoxetine)、帕罗西汀(paroxetine)、西酞普兰(citalopram)、舍曲林(sertraline)等。以上五种药物被我国精神医学界形象地称为抗抑郁药的“五朵金花”。

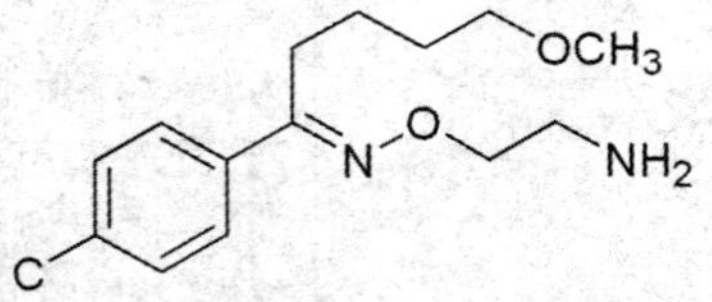

氟伏沙明

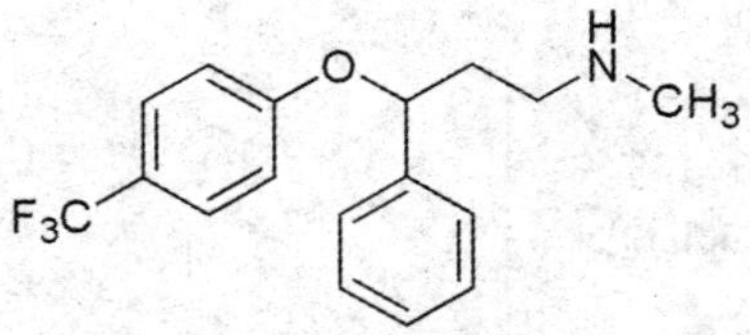

氟西汀

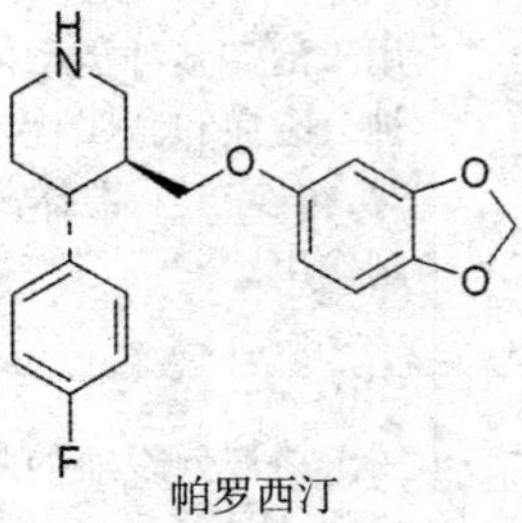

帕罗西汀

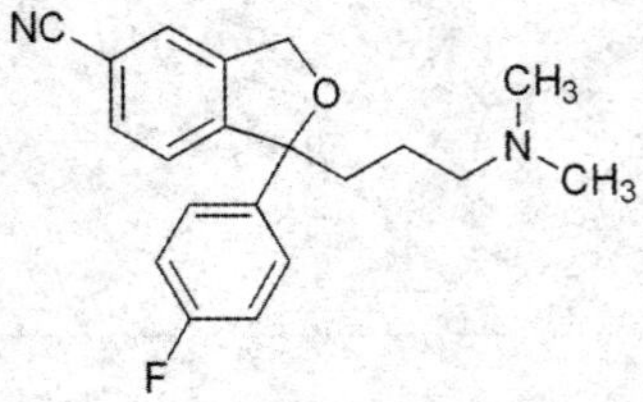

西酞普兰

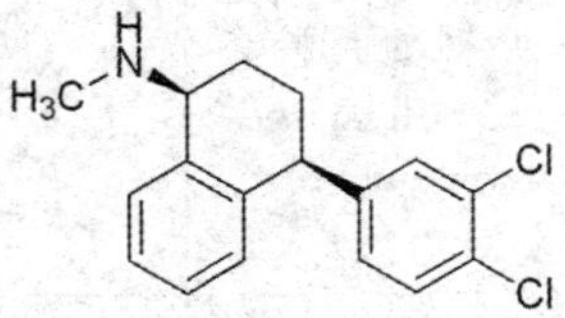

舍曲林

盐酸氟西汀　Fluoxetine Hydrochloride

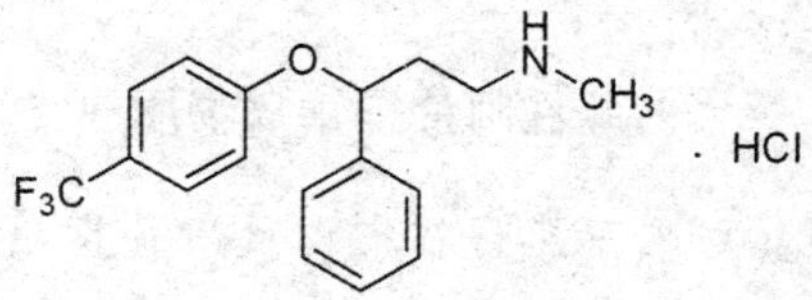

化学名为N－甲基－3－苯基－3－(4－三氟甲基苯氧基)丙胺盐酸盐。又名百忧解。

本品为白色或类白色结晶性粉末;易溶于甲醇,微溶于水。

本品结构中有手性碳原子,具有一对光学异构体,其中S－异构体的活性较强,临床使用其外消旋体。通过拆分可降低毒性和副作用,安全性更高。

本品为选择性5－羟色胺再摄取抑制剂,消除半衰期为4～6天,为长效口服抗抑郁药,可用于治疗各类抑郁症、强迫症、神经厌食症。但由于其代谢物去甲氟西汀的半衰期很长,会产生药物积蓄及排泄缓慢现象。因此,肝病和肾病患者需要考虑用药安全问题。

第四节　镇痛药

疼痛是许多疾病的一种常见症状,剧烈疼痛不仅使感觉痛苦,还会引起血压降低,呼吸衰竭,甚至导致休克等严重症状。镇痛药(analgesics)主要作用于中枢神经系统的特定部位(阿片受体),可选择性地减轻或消除病人的痛觉,而不影响其他感觉。

常用于镇痛的药物有两大类,一类是抑制前列腺素生物合成的解热镇痛药(非甾体抗炎药),通常用于外周的钝痛;另一类是本节介绍的与阿片受体作用的镇痛药,习惯上称作麻醉性镇痛药,简称镇痛药。两类药的作用机制不同,适应证和副作用也不同。镇痛药由于可导致呼吸抑制,有成瘾性、易被滥用,其应用受到限制。

镇痛药按结构和来源可分为吗啡及其衍生物、合成镇痛药和内源性阿片样镇痛物质。

知识链接

内源性阿片样镇痛物质

阿片受体的发现提示脑内可能存在内源性阿片样镇痛物质，最早是从哺乳动物脑内发现了两个具有阿片样镇痛活性的多肽，称为脑啡肽(enkephalins)，即亮氨酸脑啡肽(L－enkephalin)和甲硫氨酸脑啡肽(M－enkephalin)。它们在脑内分布与阿片受体的分布相似，与阿片受体结合后产生吗啡样作用，在体内易被肽酶水解失去活性，不能用于临床。继脑啡肽后，陆续发现20多种有镇痛作用的多肽类物质，统称为内啡肽(endorphins)。

一、吗啡及其衍生物

吗啡具有悠久的药用历史，存在于罂粟浆果浓缩物即阿片中。阿片中至少含有25种生物碱，吗啡(morphine)的含量最高可达20%左右。1804年从阿片中提取分离得到纯品吗啡，1847年确定分子式，1927年阐明化学结构，1952年完成全合成，1968证明其绝对构型。70年代后，逐渐揭示出其作用机制。

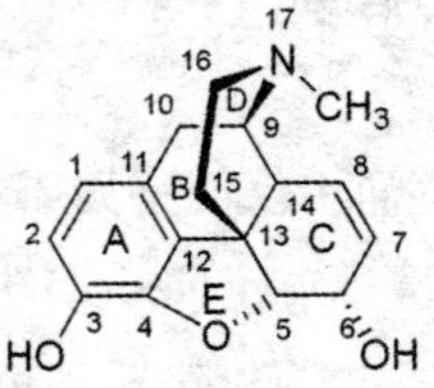

吗啡

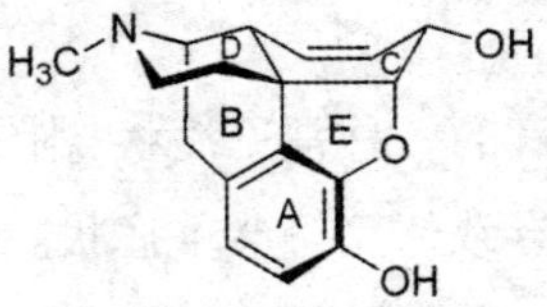

吗啡的立体构象

吗啡的结构是由5个环稠合而成，含有部分氢化菲环、哌啶环，环上有5个手性碳原子，构型分别为5R、6S、9R、13S和14R，天然存在的吗啡为左旋体。吗啡的立体构象呈三维的"T"形，环A、B和E构成"T"形的垂直部分，环C、D为其水平部分。吗啡的镇痛作用与其立体结构关系密切，化学合成的吗啡右旋体，无镇痛及其他生理活性。

盐酸吗啡　Morphine Hydrochloride

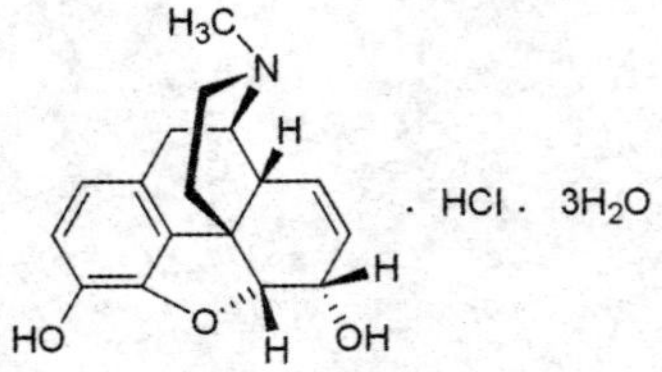

化学名为 17 - 甲基 - 3 - 羟基 - 4,5α - 环氧 - 7,8 - 二脱氢吗啡喃 - 6α - 醇盐酸盐三水合物。

本品为白色、有丝光的针状结晶或结晶性粉末，无臭；遇光易变质；溶于水，略溶于乙醇，几乎不溶于三氯甲烷或乙醚；本品为左旋体，2% 水溶液的比旋度为 -110.0° ~ -115.0°。

吗啡结构中既有酚羟基，又有叔胺基，为两性化合物，药用为盐酸盐。

吗啡及其盐类，在光照下能被空气氧化，生成毒性较大伪吗啡（pseudomorphine，又称双吗啡）和 N - 氧化吗啡，故本品应避光，密闭保存。

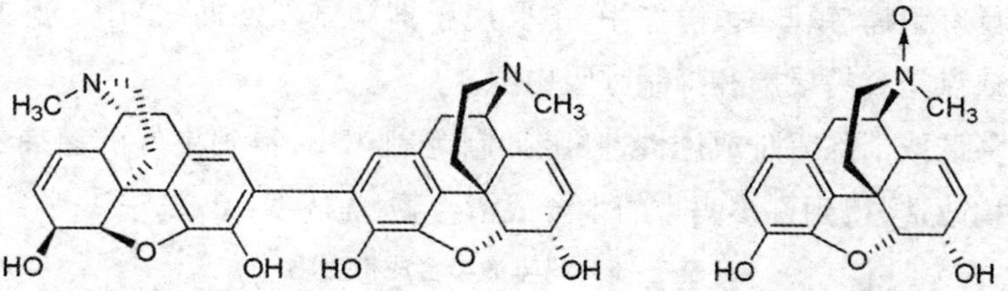

伪吗啡　　N-氧化吗啡

案例分析

配制盐酸吗啡注射液时应采取哪些措施？

分析：吗啡水溶液在酸性条件下稳定，在中性或碱性下易被氧化。在配制吗啡注射液时，应调整 pH 为 3 ~4，还可充入氮气，加入焦亚硫酸钠、亚硫酸氢钠等抗氧剂和 EDTA - 2Na 做稳定剂；注射剂不宜与碱性药物配伍，以保持其稳定。严格按照麻醉药品进行保管。

本品在酸性溶液中加热，可脱水并进行分子重排，生成阿扑吗啡（apomorphine）。阿扑吗啡对呕吐中枢有显著兴奋作用，临床上作为催吐药物。

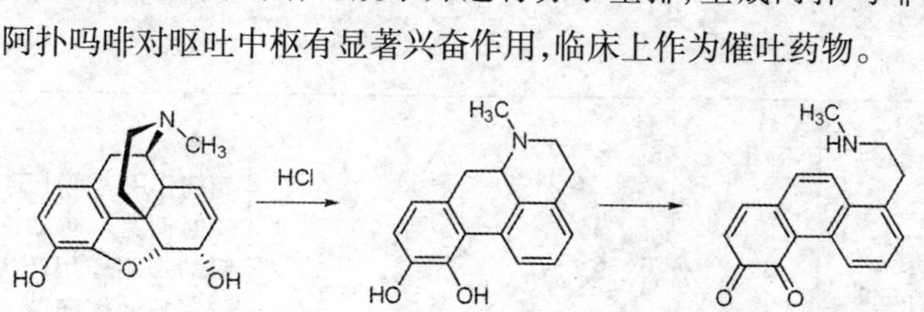

阿扑吗啡　　邻醌化合物（红色）

阿扑吗啡具有邻苯二酚的结构，极易被氧化，可用稀硝酸氧化成邻苯二醌而显红色，该反应可用作鉴别。

吗啡可被铁氰化钾氧化生成伪吗啡，铁氰化钾则被还原生成亚铁氰化钾；再与三氯化铁试液反应生成亚铁氰化铁而呈蓝色，可待因无此反应。

$$C_{17}H_{19}NO_3 + K_3[Fe(CN)_6] \longrightarrow C_{34}H_{36}N_2O_6 + K_4[Fe(CH)_6]$$

$$K_4[Fe(CN_6)] + FeCl_3 \longrightarrow Fe[Fe(CH)_6]_3 + KCl$$

吗啡有多种颜色反应可用作鉴别，如盐酸吗啡的水溶液与中性三氯化铁试液反应显蓝色；与甲醛硫酸试液反应（Marquis 反应），显蓝紫色；与钼硫酸试液反应（Frohde 反应）显紫色，继而变为蓝色，最后变为棕绿色。

本品具有镇痛、镇咳、镇静作用，主要用于抑制剧烈疼痛，也用于麻醉前给药。本品最大缺点是容易成瘾和抑制呼吸中枢。

为了降低或消除吗啡成瘾性、呼吸抑制等副作用，得到更好的镇痛药，对吗啡进行了结构改造，得到许多吗啡的半合成衍生物，见表 5－6。

表 5－6　吗啡的半合成衍生物

药物名称	药物结构	作用特点
可待因 codeine	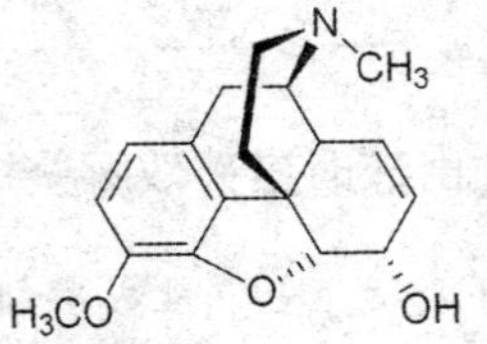	镇痛作用是吗啡的 20%，镇咳作用较好，有轻度成瘾性，为中枢性镇咳药
海洛因 heroin	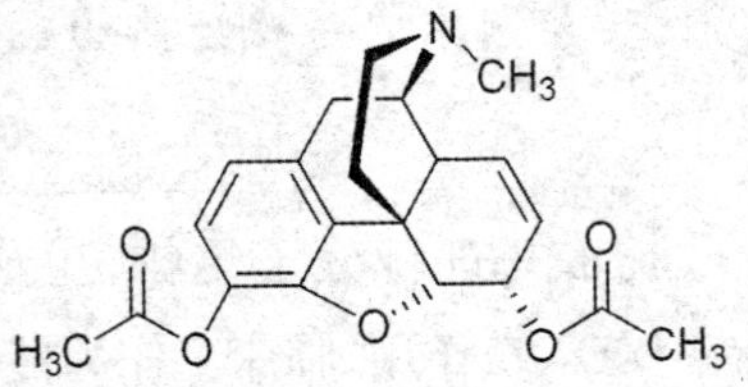	镇痛作用是吗啡的 5～10 倍，但成瘾性更为严重，为禁用的毒品
丁丙诺啡 buprenorphine	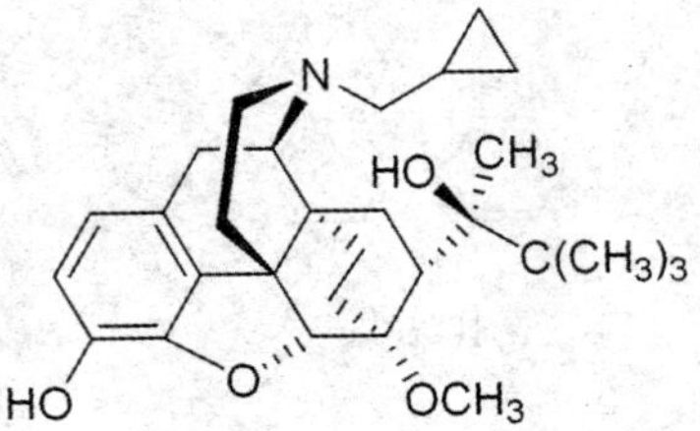	镇痛作用为吗啡的 30 倍，作用时间为吗啡的 2 倍，对呼吸的抑制作用产生较慢，为较理想的镇痛药，也可作为戒毒药

（续表）

药物名称	药物结构	作用特点
烯丙吗啡 nalorphine	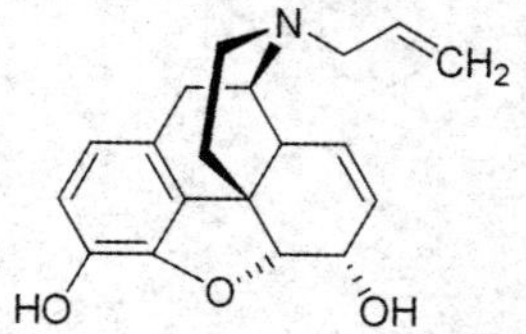	镇痛作用极弱，有较强的吗啡拮抗作用，几乎无成瘾性，为吗啡类镇痛药中毒时的解救药
纳洛酮 naloxone	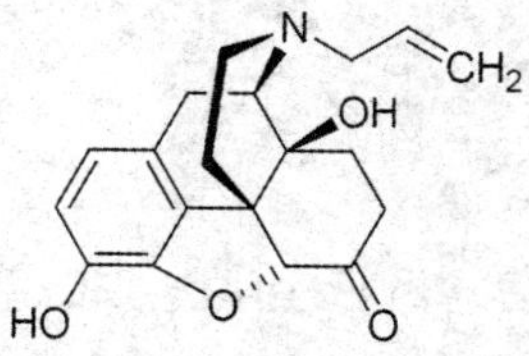	为阿片受体完全拮抗剂，是研究阿片受体的重要工具药，也可作为吗啡类镇痛药中毒时的解救药
纳曲酮 naltrexone	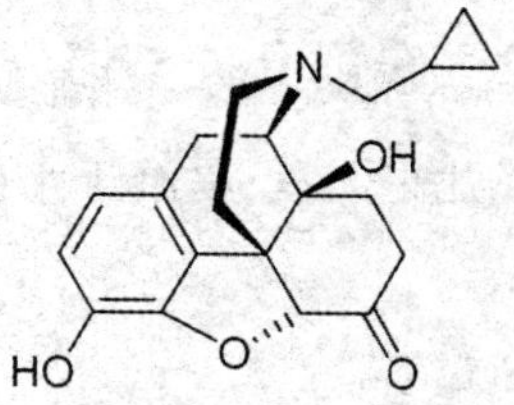	为阿片受体完全拮抗剂，为阿片类依赖者脱毒后预防复吸的辅助药

课堂活动

如何用化学方法区别吗啡和可待因？哪些药物可以用来解救吗啡类镇痛药的中毒？

二、合成镇痛药

合成镇痛药按化学结构可分为苯基哌啶类、氨基酮类、苯吗喃类及其他类。

（一）苯基哌啶类

保留吗啡的 A 环和 D 环构成苯基哌啶类，首先用于临床的是哌替啶（pethidine），镇痛作用约为吗啡的十分之一，但成瘾性也弱，不良反应较少。继而发现了芬太尼（fentanyl），镇痛作用机制与吗啡相似，为阿片受体激动剂，作用强度约为吗啡的 80 倍、哌替啶的 500 倍，常用其枸橼酸盐。其作用迅速，维持时间短，镇痛剂量对呼吸抑制作用轻，成瘾性较弱。临床用于外科手术中和手术后及癌症等的镇痛，还可与麻醉药合用作为辅助麻醉用药。

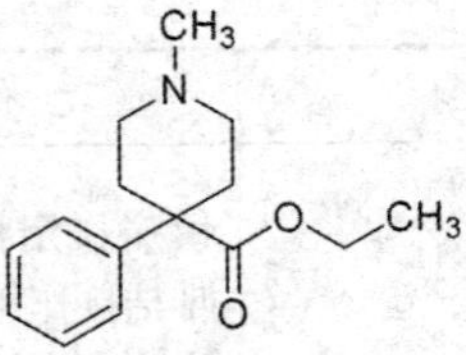
哌替啶

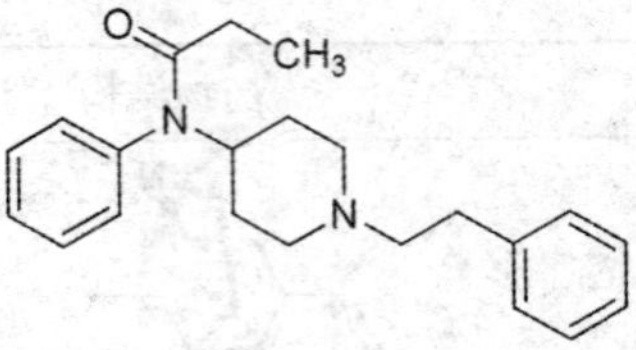
芬太尼

盐酸哌替啶　Pethidine Hydrochloride

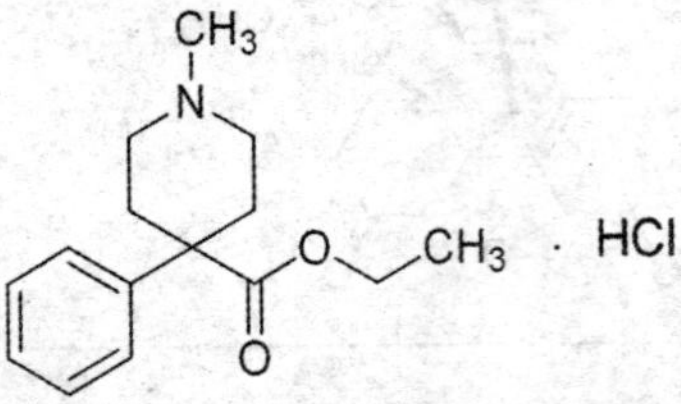

化学名为1－甲基－4－苯基－4－哌啶甲酸乙酯盐酸盐，又名杜冷丁。

本品为白色结晶性粉末；无臭或几乎无臭；易溶于水或乙醇，溶于三氯甲烷，几乎不溶于乙醚；熔点为186～190℃。

本品3%水溶液，pH为4.5～5.5。

本品与碳酸钠溶液作用，析出游离碱，为油滴状物。

本品具有酯的特性，在酸催化下易水解，在pH 4时最稳定，短时间煮沸不易水解。

本品的乙醇溶液与三硝基苯酚的乙醇溶液反应，生成黄色结晶性的沉淀，熔点为188～191℃。

本品与甲醛硫酸试液反应，显橙红色。

本品为强效镇痛药，起效快，作用时间短。主要用于创伤、术后及癌症晚期等各种剧烈疼痛。

（二）氨基酮类

在苯基哌啶类的基础上打开哌啶环得到氨基酮类镇痛药，临床常用药物有美沙酮（methadone）、右丙氧酚等。

盐酸美沙酮　Methadone Hydrochloride

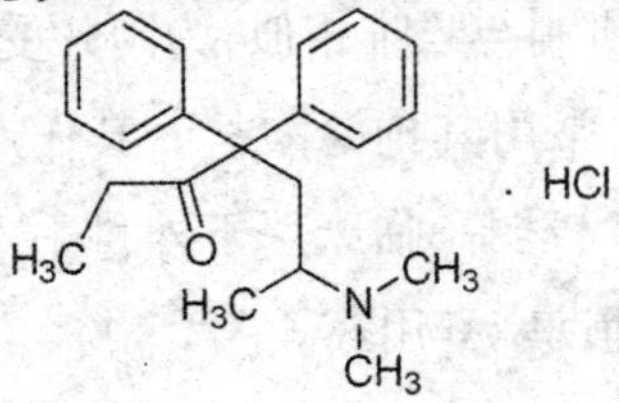

化学名为4,4－二苯基－6－二甲氨基－3－庚酮盐酸盐

本品为无色结晶或白色结晶性粉末;无臭;易溶于乙醇或三氯甲烷,溶于水,不溶于乙醚;熔点为230～234℃。

本品分子中含有一个手性碳原子,具有旋光性。其左旋体活性大于右旋体。临床上常用其外消旋体。

本品1%的水溶液,pH为4.5～6.5。

本品游离碱的有机溶液在30℃贮存时,形成美沙酮的N－氧化物。

本品的羰基位阻较大,羰基化学反应活性较低,不发生一般羰基的反应如生成缩氨脲或腙。

本品水溶液遇常见生物碱试剂,能生成沉淀,如与苦味酸产生沉淀;与甲基橙试液作用,生成黄色复盐沉淀;加入氢氧化钠试液呈碱性,析出游离碱,熔点为76℃。

本品起效慢,作用时效长,但毒性较大,有效剂量与中毒量比较接近,安全度小,但成瘾性较小。临床主要用于阿片、吗啡、海洛因成瘾者的脱毒治疗(脱瘾疗法)。

(三)苯吗喃类

苯吗喃类是三环化合物(相当于吗啡的A、B、D环),此类药物中喷他佐辛(pentazocine)是第一个用于临床的非成瘾性阿片类合成镇痛药。喷他佐辛结构中有三个手性碳原子,具有旋光性,其左旋体活性大于右旋体20倍,临床上用其外消旋体。镇痛效力为吗啡的1/3,哌替啶的3倍,副作用小,成瘾性小。

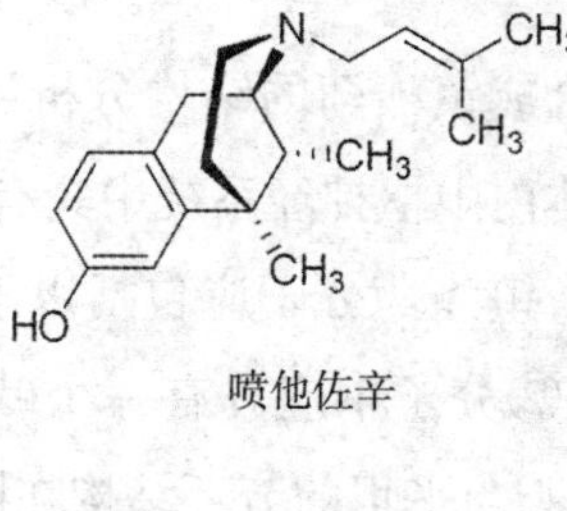

喷他佐辛

(四)其他类

曲马多(tramadol)为具有吗啡样作用的环已烷衍生物,也可看作是4－苯基哌啶类似物。通过对单胺重摄取的抑制作用,阻断疼痛脉冲的传导,用于中、重度急慢性疼痛。对呼吸抑制作用低,短时间应用时成瘾性小,可替代吗啡、哌替啶。

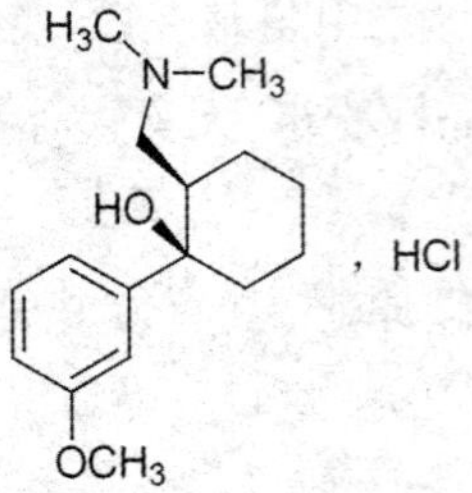

盐酸曲马多

案例分析

案例:某患者感冒后持续咳嗽,按照说明书服用止咳露(含磷酸可待因、麻黄碱),每日3次、每次15毫升,症状并未缓解,咳嗽依旧。自行加大剂量每日多次,每次1瓶,一段时间后,咳嗽症状全都消失,他却忍不住还想喝药,否则无精打采、浑身无力,伴有失眠和头痛,严重影响工作,不得不求医治疗。

分析:磷酸可待因为中枢性镇咳药,作用强,还有镇痛作用,并具有轻度成瘾性;麻黄碱,能松弛支气管平滑肌、收缩局部血管,起到平喘作用,但是有致幻作用。一般情况下,按说明书用药是安全有效的,但如果大剂量使用,其中所含的磷酸可待因和麻黄碱2种成分作用叠加,会产生致幻作用,对人体造成损害,甚至危及生命。此类药品在国际上并未对其实行特殊管理,我国药品零售企业要严格凭处方销售。

三、构效关系

对吗啡及其衍生物和全合成镇痛药的结构分析认识到,这类药物属于结构特异性药物,药物进入体内,与体内中枢神经系统中具有三维立体结构的阿片受体结合,才呈现出镇痛活性。因此,镇痛药分子应包括以下三个结构部分:①分子结构中具有一个平坦的芳环结构;②分子中应具有一个碱性中心,在生理 pH 条件下,大部分电离为阳离子,碱性中心与平坦的芳环结构在同一平面;③含有哌啶或类似哌啶的空间结构,而烃基部分在立体构型中应突出于平面的前方。

吗啡及其衍生物具有这一结构特点,结构简化后的全合成镇痛药如哌替啶、喷他佐辛等可通过键的旋转,也能全部或部分满足上述构象要求。美沙酮为开链化合物,通过羰基碳原子的部分正电荷与氮原子上的未共用电子对的亲核性,成类似哌啶的环状构象。

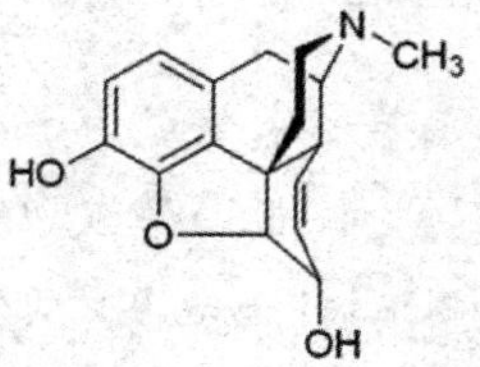

吗啡

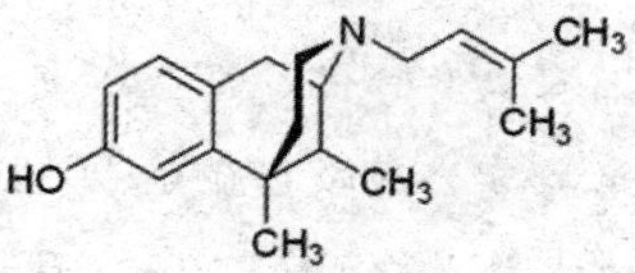

喷他佐辛

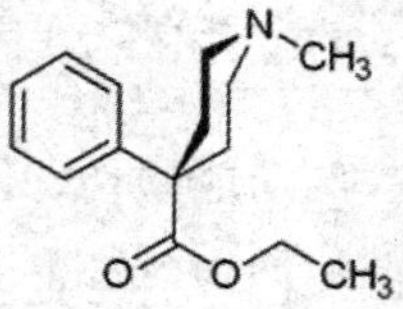

哌替啶

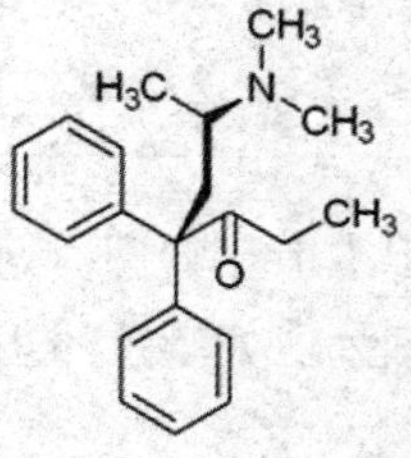

美沙酮

第五节 抗老年痴呆及改善脑代谢药

老年性痴呆是老年人发生痴呆之统称，其中最常见的是阿尔茨海默病，占70%以上，其次是血管性痴呆，此外还有额颞痴呆和路易体痴呆等。抗老年性痴呆药物的研究集中在抗阿尔茨海默病药物。主要有两类药物：①乙酰胆碱酯酶抑制剂(AChEI)，如多奈哌齐(donepezil)、加兰他敏(galantamine)、石衫碱甲(huperzine A)等。可以延缓突触间隙乙酰胆碱的降解，提高乙酰胆碱含量，主要用于改善轻中度阿尔茨海默病的认知损害症状。②N-甲基-D-天冬氨酸(NMDA)受体拮抗剂，如美金刚(meantime)等。可抑制钙超载，减少神经元死亡，用于治疗中、重度阿尔茨海默病。

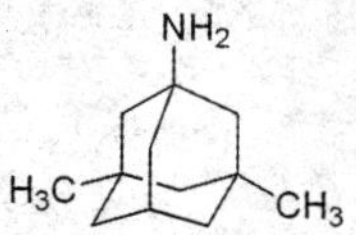

美金刚

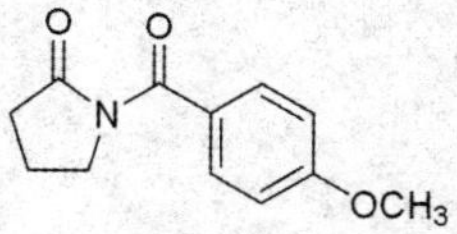

茴拉西坦

知识链接

老龄化社会与老年性痴呆

随着我国人口老龄化的日益严重，老年性痴呆越来越成为一个严重的社会问题。全国老龄委公布数据显示，截至2011年底，中国60岁及以上老年人口已达1.85亿人，占总人口的13.7%。预计到2013年底，中国老年人口总数将超过2亿，我国已进入老龄化社会。老年性痴呆是老年人中最常见的神经退行性疾病，起病隐袭，病程呈慢性进行性。主要表现为渐进性记忆障碍、认知功能障碍、人格改变及语言障碍等神经精神症状，严重影响社交、职业与生活功能。

脑代谢药主要用于治疗脑创伤、脑血管意外引起的功能损伤，其中一些药物也可用于治疗老年性痴呆。如吡拉西坦(piracetam)、茴拉西坦(aniracetam)等。

吡拉西坦　Piracetam

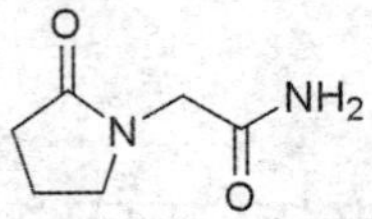

化学名为2-氧代-1-吡咯烷基乙酰胺，又名脑复康。

本品为白色或类白色结晶性粉末；无臭，味苦；易溶于水，略溶于乙醇，几乎不溶于乙醚；熔点为151~154℃。5%水溶液pH为5.0~7.0。

本品水溶液加高锰酸钾试液和氢氧化钠试液，溶液呈紫色，渐变成蓝色，最后呈绿色。

本品具有五元内酰胺类结构（吡咯烷酮），为γ-氨基丁酸(GABA)的衍生物。为中枢兴奋药，对中枢作用的选择性强，仅限于脑功能（记忆、意识等）的改善，精神兴奋的作用弱，无精神药物的副作用，无成瘾性。

本品可直接作用于大脑皮质，具有激活、保护和修复神经细胞的作用。临床用于老年精神衰退综合征、老年痴呆，也可用于脑外伤所致记忆障碍及弱智儿童等。

知识链接

咖啡因(Caffeine)

咖啡因为中枢兴奋药中大脑皮层兴奋药,又称精神兴奋药,多存在于植物(咖啡豆、茶叶)中,现采用化学合成法生产。

咖啡因略溶于水,临床上使用的注射液即安钠咖注射液是苯甲酸钠与咖啡因形成的复盐。

咖啡因为黄嘌呤类生物碱,具有紫脲酸铵反应,即与盐酸、氯酸钾置水浴上共热蒸干,所得残渣遇氨即显紫色;再加氢氧化钠试液数滴,紫色即消失。

咖啡因用于中枢性呼吸衰竭、循环衰竭、神经衰弱和精神抑制等。

表 5-7　其他药物

药物名称	药物结构	作用特点
盐酸多奈哌齐 Donepezil Hydrochloride	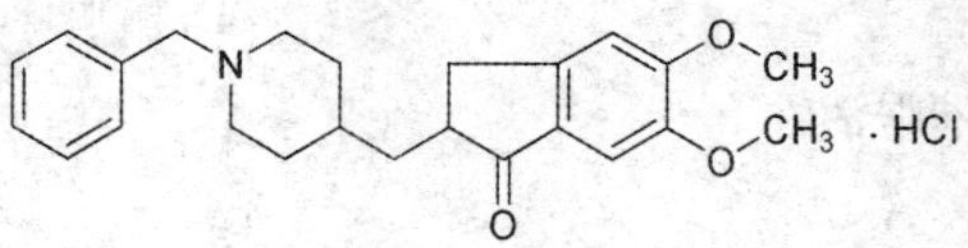	为强效可逆性非竞争性乙酰胆碱酯酶抑制剂,改善轻中度阿尔茨海默病症状
氢溴酸加兰他敏 Galantamine Hydrobromide	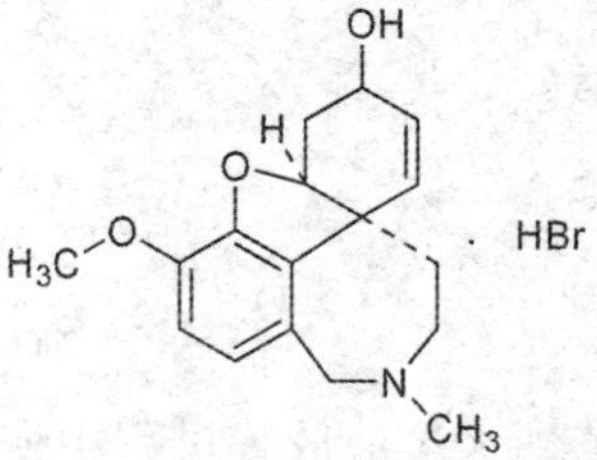	本品易透过血脑屏障,用于治疗轻、中度阿尔茨海默病,也用于治疗重症肌无力、脊髓灰质炎后遗症等
石杉碱甲 Huperzine A	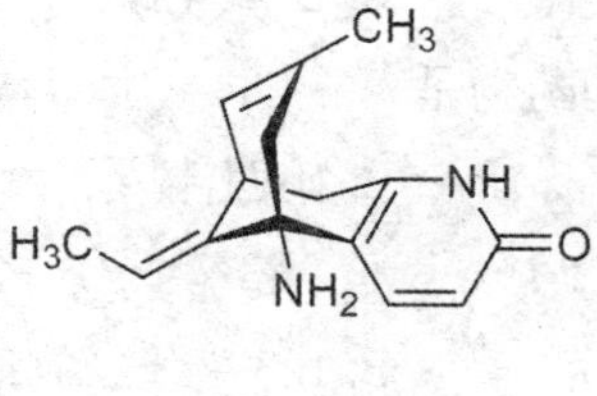	易通过血脑屏障,用于良性记忆障碍及各型痴呆、记忆认知功能及情绪行为障碍

目标检测

一、选择题

（一）单项选择题

1. 巴比妥类药物具有弱酸性，是因为分子中具有 （ ）
   A. 羰基 B. 酰脲（二酰亚胺基） C. 氨基 D. 嘧啶环
2. 巴比妥类药物作用时间持续长短与下列哪项有关 （ ）
   A. 与5,5取代基的碳原子数目有关 B. 与解离常数有关
   C. 与5,5取代基在体内代谢稳定性有关 D. 与脂水分配系数有关
3. 苯二氮䓬类镇静催眠药在酸、碱中可发生水解反应因为分子中具有 （ ）
   A. 羰基 B. 酯基
   C. 亚胺内酰胺环 D. 酰脲
4. 下列哪一个化合物有催眠活性 （ ）

A. 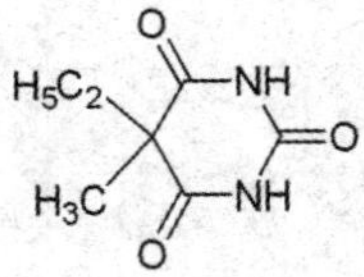

B. 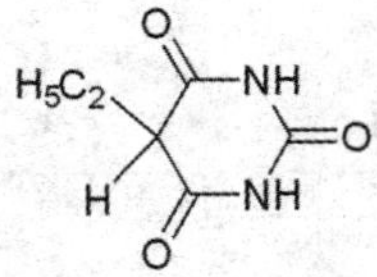

C. 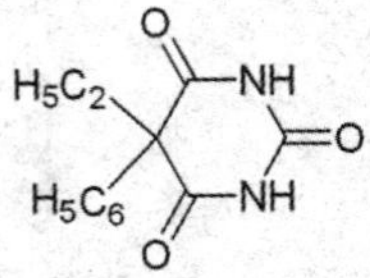

D. 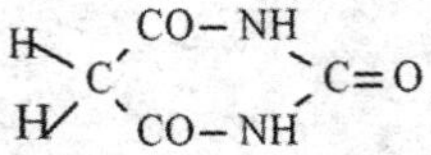

5. 巴比妥类药物的钠盐及苯妥英钠水溶液放置过程中变浑浊，是与空气中哪种气体接触引起的 （ ）
   A. 氮气 B. 氧气 C. 二氧化碳 D. 二氧化硫
6. 由地西泮代谢产物开发使用的药物是 （ ）
   A. 奥沙西泮 B. 三唑仑 C. 硝西泮 D. 艾司唑仑
7. 地西泮的母核是 （ ）
   A. 1,4－苯二氮䓬环 B. 1,3－苯二氮䓬环
   C. 2,3－苯二氮䓬环 D. 2,4－苯二氮䓬环

8. 下列哪项与艾司唑仑不相符 （ ）

A. 在酸溶液中,受热水解

B. 与吡啶 - 硫酸铜试液作用显紫色

C. 为苯二氮䓬环在 1,2 位并入杂环的衍生物

D. 结构具有三氮唑环

9. 与吡啶 - 硫酸铜试液作用显绿色的药物是 （ ）

A. 苯巴比妥　　B. 盐酸氯丙嗪

C. 苯妥英钠　　D. 硫喷妥钠

10. 临床用于治疗抑郁症的药物是 （ ）

A. 盐酸丙咪嗪　　B. 盐酸氯丙嗪

C. 丙戊酸钠　　D. 氟哌啶醇

11. 具有吩噻嗪环的药物是 （ ）

A. 硝西泮　　B. 氯丙嗪　　C. 苯巴比妥　　D. 苯妥英

12. 氯丙嗪在空气或日光中放置,逐渐变为红色,结构中易氧化的部分是 （ ）

A. 二甲基氨基　　B. 侧链部分

C. 酚羟基　　D. 吩噻嗪环

13. 下列镇痛药中成瘾性最小的是 （ ）

A. 枸橼酸芬太尼　　B. 盐酸哌替啶

C. 喷他佐辛　　D. 盐酸吗啡

14. 吗啡的化学结构为 （ ）

A.
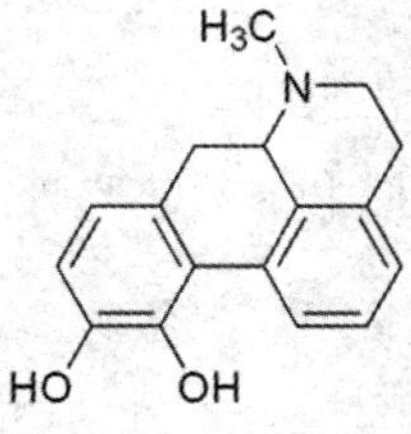

B.
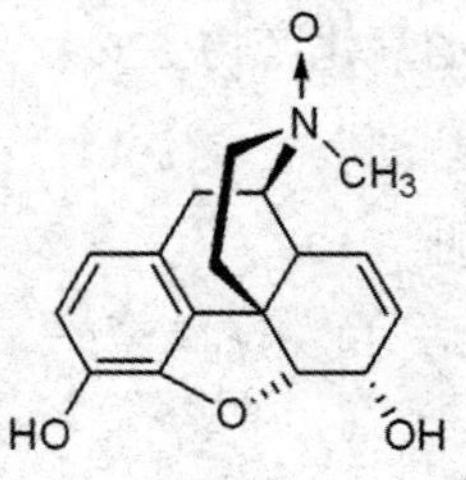

C.
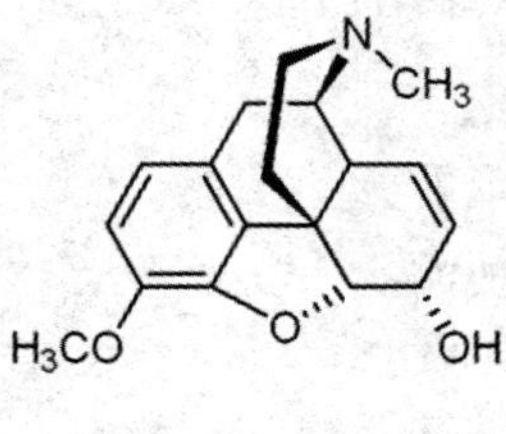

D.
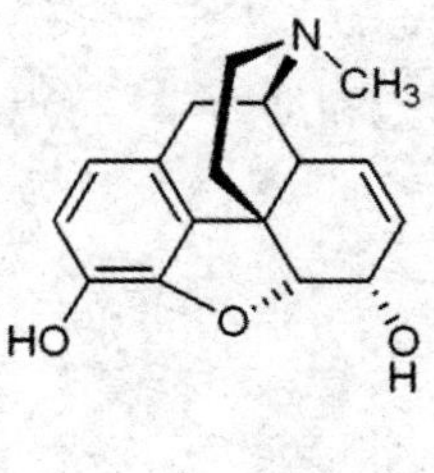

15. 吗啡易氧化变色是因为分子中具有 (　　)

A. 酚羟基
B. 醇羟基
C. 哌啶环
D. 醚键

16. 吗啡及合成镇痛药都具有镇痛作用，是因为 (　　)

A. 具有相同的基本结构
B. 具有相同的构型
C. 具有共同的构象
D. 化学结构具有很大相似性

17. 下列药物中哪个药物能改善脑功能 (　　)

A. 氯丙嗪
B. 吡拉西坦
C. 舒巴坦
D. 咖啡因

18. 用于治疗阿尔茨海默病的药物主要是 (　　)

A. 苯二氮䓬类药物
B. 乙酰胆碱酯酶抑制剂
C. 巴比妥类药物
D. 吩噻嗪类药物

19. 用于解救吗啡类镇痛药中毒的药物是 (　　)

A. 纳洛酮
B. 美沙酮
C. 哌替啶
D. 芬太尼

20. 苯巴比妥的基本结构是 (　　)

A. 酰胺
B. 丙二酰脲
C. 乙内酰脲
D. 吩噻嗪

21. 盐酸吗啡的氧化产物主要是 (　　)

A. 双吗啡
B. 氮氧化吗啡
C. 阿朴吗啡
D. 双吗啡和氮氧化吗啡

22. 具有链状结构的镇痛药为 (　　)

A. 芬太尼
B. 美沙酮
C. 哌替啶
D. 纳洛酮

23. 具有“代谢饱和动力学”特点的药物是 (　　)

A. 苯巴比妥
B. 苯妥英
C. 氯丙嗪
D. 地西泮

24. 三唑仑的结构是　　　　（　　）

A. 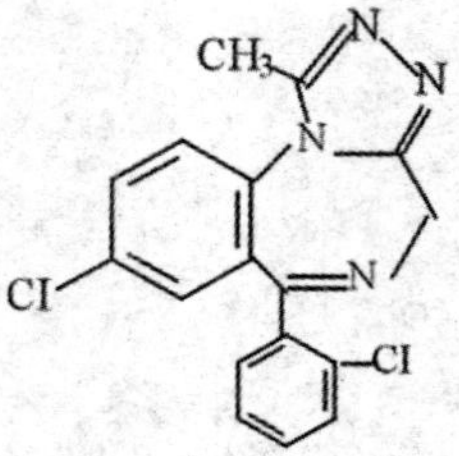

B. 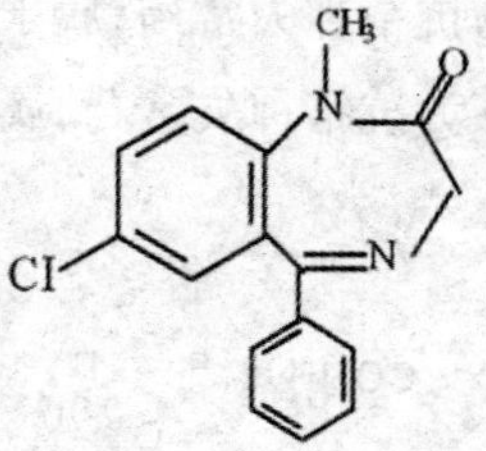

C. 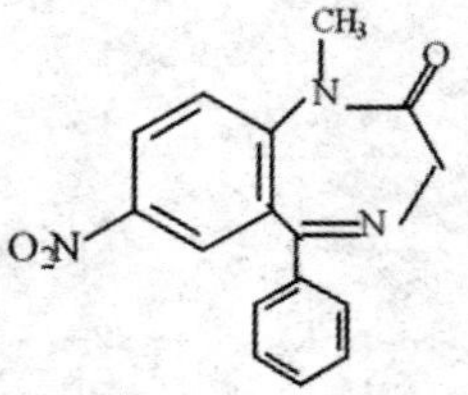

D. 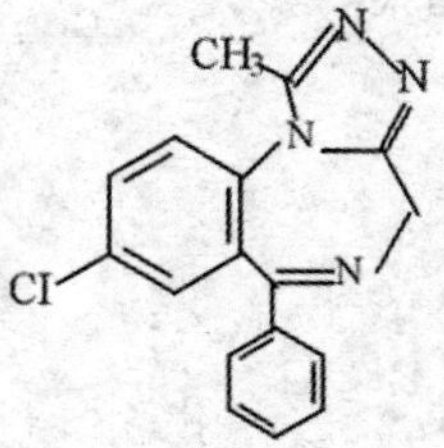

25. 奋乃静制成庚酸酯的目的是　　　　（　　）

A. 降低毒副作用　　B. 延长时间

C. 增强稳定性　　D. 改善溶解性

26. 哌替啶的结构是　　　　（　　）

A. 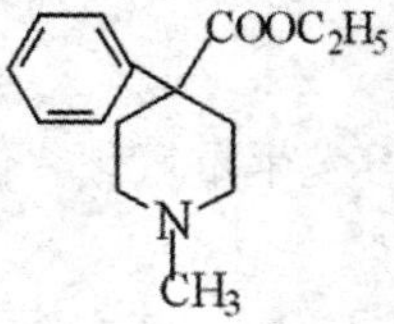

B. 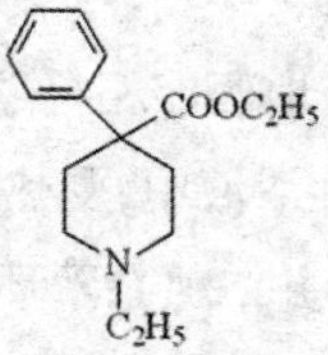

C. 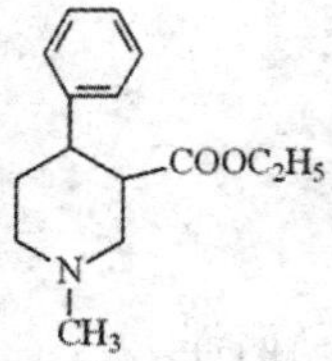

D. 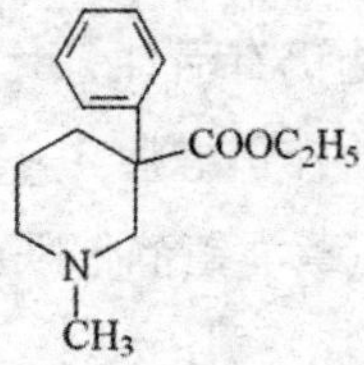

（二）配伍选择

（1～5题）

A. 苯并二氮杂䓬类　　B. 丁二酰亚胺类　　C. 乙内酰脲类

D. 吩噻嗪类　　E. 丁酰苯类

1. 乙琥胺为抗癫痫药，属于

2. 苯妥英钠为抗癫痫药，属于

3. 地西泮为抗焦虑药，属于
4. 氟哌啶醇为抗精神失常药，属于
5. 盐酸氯丙嗪为抗精神失常药，属于
(6～10 题)

A.
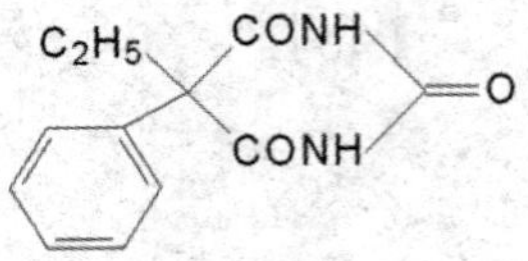

B.
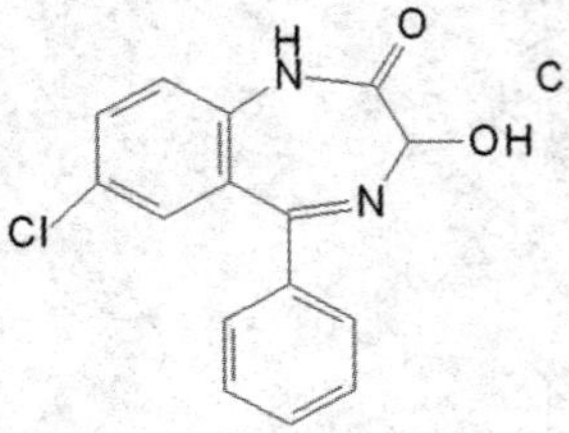

C.
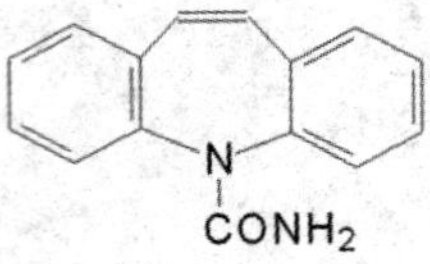

D.
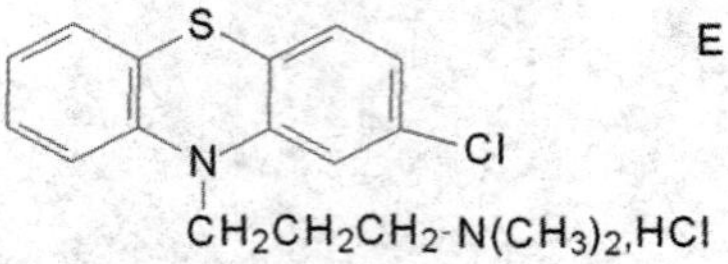

E.
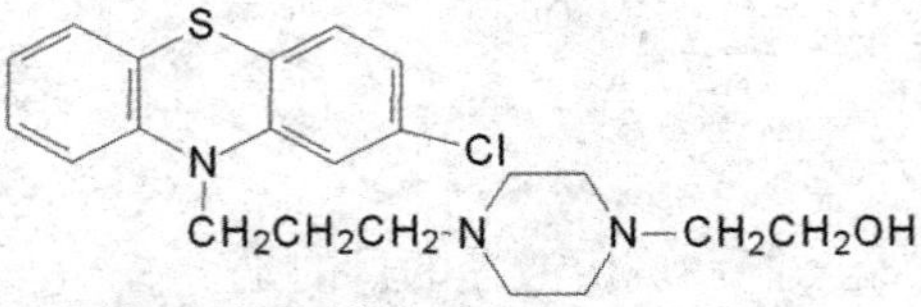

6. 奋乃静的结构为
7. 奥沙西泮的结构为
8. 盐酸氯丙嗪的结构为
9. 卡马西平的结构为
10. 苯巴比妥的结构为

(三) 多项选择题

1. 下列哪些项与地西泮相符 ( )
A. 在酸或碱性溶液中，受热易水解，水解产物可发生重氮化－偶合反应
B. 含 1,4－苯并二氮杂䓬环
C. 巴比妥类类镇静催眠药
D. 代谢产物仍有活性
E. 可用于治疗焦虑症

2. 属于苯二氮䓬类镇静催眠药的是 ( )
A. 三唑仑
B. 替马西泮
C. 异戊巴比妥
D. 地西泮
E. 艾司唑仑

3. 可用于抗癫痫的药物是 ( )
A. 苯妥英钠
B. 丙戊酸钠
C. 苯巴比妥
D. 地西泮
E. 卡马西平

4. 下列哪些项与苯妥英钠相符　(　　)

A. 水溶液在空气中放置,可析出白色沉淀

B. 与吡啶－硫酸铜试液作用显紫色

C. 具有乙内酰脲结构,可发生水解反应

D. 忌与酸性药物配伍使用

E. 具有抗癫痫和抗心律失常作用

5. 下列哪些项与盐酸氯丙嗪相符　(　　)

A. 属于吩噻嗪类抗精神病药

B. 2 位上氯原子用三氟甲基取代,抗精神病作用增强

C. 在空气或日光中放置,逐渐变为红色

D. 可与碱性药物配伍使用

E. 可用于人工冬眠

6. 用于治疗阿尔茨海默病的药物有　(　　)

A. 盐酸多奈哌齐　B. 加兰他敏

C. 石杉碱甲　D. 咖啡因

E. 吡拉西坦

7. 下列哪些项与盐酸哌替啶相符　(　　)

A. 具有酯键,可发生水解反应　B. 镇痛作用比吗啡强

C. 连续应用可成瘾　D. 可与三氯化铁显色

E. 可口服给药

8. 吗啡的化学结构中具有　(　　)

A. 五个环　B. 哌啶环

C. 手性碳原子　D. 氢化菲环

E. 1 个酚羟基

9. 下列哪些药物作用于阿片受体　(　　)

A. 阿司匹林　B. 美沙酮

C. 哌替啶　D. 喷他佐辛

E. 吲哚美辛

10. 巴比妥类药物的通性包括　(　　)

A. 弱酸性　B. 水解性

C. 还原性　　　　D. 与银盐反应

E. 与铜吡啶试液反应

11. 关于巴比妥类药物的构效关系的叙述正确的是　（　）

A. 巴比妥酸 C_5 上的两个活泼氢均被取代时才有镇静催眠作用

B. C_5 上的两个取代基的总碳原子数须在 4 ~ 8 之间

C. C_5 上的取代基为烯烃时作用时间长

D. 酰亚胺两个氮原子上的氢都被取代时起效快,作用时间短

E. 用硫代替 C_2 位羰基中的氧起效快、作用时间短

12. 下列药物的水溶液遇 CO_2 可析出游离体沉淀的是　（　）

A. 苯巴比妥钠　　　　B. 地西泮

C. 水合氯醛　　　　D. 盐酸氯丙嗪

E. 苯妥英钠

二、简答题

1. 为什么注射用苯巴比妥钠盐需制成粉针剂？能否与维生素 C 配伍使用？为什么？

2. 苯二氮䓬类药物的水解是否影响其生物利用度？为避免水解失效如何进行结构改造？

3. 试分析吗啡注射液放置过久颜色变深的原因？为避免或减缓此现象产生,在配制吗啡注射液时可采取哪些措施？

三、实例解析

1. 由结构分析硝西泮与地西泮的作用强度。

2. 有一严重车祸患者已连续应用哌替啶数日,因担心继续使用会产生依赖性,若向你咨询更换镇痛药,你认为应选择可待因、曲马多、美沙酮和喷他佐辛中的哪个药物？

（李淑清）

第六章　外周神经系统药物

目前临床使用的外周神经系统药物（peripheral nervous system drugs）大部分作用于传出神经系统，产生拟似或拮抗作用。按照药理作用的不同，将影响传出神经系统的药物分为影响胆碱能神经系统药物和影响肾上腺素能神经系统药物。同时讨论作用于外周组织和外周神经系统的化学递质——组胺受体药物，临床常用的抗变态反应药（抗过敏药）—H_1 受体拮抗剂。

局部麻醉药（local anesthetics）是一类重要的外周神经系统药物，能可逆性地阻断神经冲动的发生和传导，在意识清醒的条件下使局部痛觉消失，以便进行外科手术。

第一节　影响胆碱能神经系统药物

机体中的胆碱能神经兴奋时，其末梢释放神经递质乙酰胆碱（acetylcholine，Ach），它与胆碱受体结合，产生一系列生理反应。

表 6－1　乙酰胆碱受体分类、分布、效应及其临床应用

亚型		分布	受体激动效应	临床应用	
				激动剂	拮抗剂
M	M_1	大脑皮层、胃壁细胞	胃酸分泌、平滑肌收缩、神经兴奋	治疗阿尔茨海默症	消化道溃疡
	M_2	心肌、平滑肌	抑制心脏	冠心病、心动过速	心动过缓
	M_3	腺体、平滑肌	平滑肌松弛、腺体分泌	痉挛性血管病、腹胀气、尿潴留	慢性阻塞性呼吸道疾病、尿失禁等
N	N_1	神经节	释放乙酰胆碱	治疗阿尔茨海默症药物的开发	降血压
	N_2	神经骨骼肌接头			松弛骨骼肌

影响胆碱能神经系统的药物，包括拟胆碱药和抗胆碱药。

一、拟胆碱药

拟胆碱药(cholinergic drugs)是一类与乙酰胆碱作用相似的药物。根据作用机制不同，临床使用的拟胆碱药可分为直接作用于胆碱受体的胆碱受体激动剂和通过抑制内源性乙酰胆碱的水解反应而发挥间接作用的乙酰胆碱酯酶抑制剂。

(一)胆碱受体激动剂

胆碱受体激动剂分为M受体激动剂和N受体激动剂。对乙酰胆碱的结构进行必要的改造以增加其稳定性，提高其选择性，并能与胆碱受体结合产生生理效应的药物。如卡巴胆碱(carbachol)、氯贝胆碱(bethanechol chloride)等。

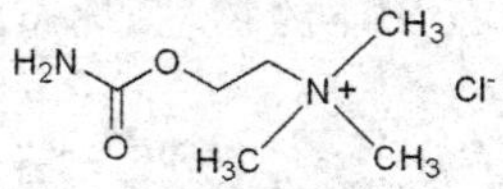

卡巴胆碱

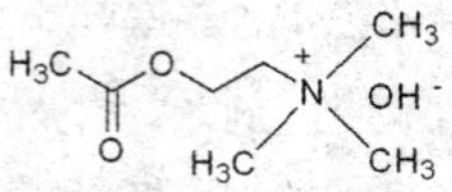

乙酰胆碱

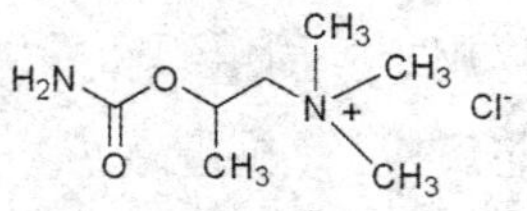

氯贝胆碱

课堂活动

为什么乙酰胆碱不稳定?

从植物中提取分离得到的一些生物碱，如毛果芸香碱(pilocarpine)、毒蕈碱(muscarine)等，它们的结构虽与乙酰胆碱有较大差别，但都具有拟胆碱作用，均为M受体激动剂，无N样作用。

硝酸毛果芸香碱 Pilocarpine Nitrate

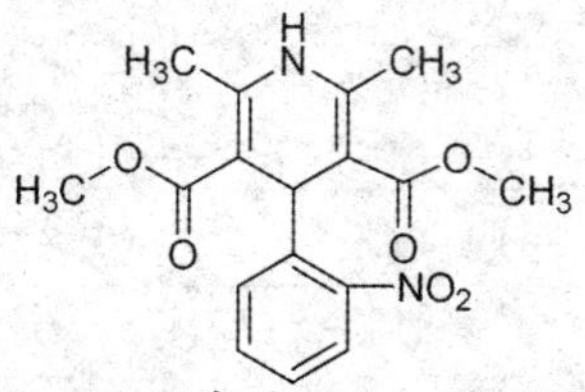

化学名为4-[(1-甲基-1H-咪唑-5-基)甲基]-3-乙基二氢-2(3H)-呋喃酮硝酸盐，又名匹鲁卡品。

本品为无色结晶或白色结晶性粉末；无臭；遇光易变质，应避光密封保存；易溶于水,微溶于乙醇,不溶于三氯甲烷或乙醚。熔点为 174 ~ 178 ℃,熔融时同时分解。比旋度$[\alpha]_D^{20}$为 +80° ~ +83°。

毛果芸香碱含有咪唑环,具有碱性,N_3 – 和 N_1 – 的 pKa 值分别为 7.15 和 12.57。

本品为顺式结构,受热或碱性条件下 C_3 – 位可发生差向异构化,生成较稳定的异毛果芸香碱。后者的生理活性仅为毛果芸香碱的 1/20 ~ 1/6。

本品分子中具有羧酸内酯环,在碱性条件下,易水解生成无活性毛果芸香酸钠而溶解,pH 为 4.0 ~ 5.5 时较稳定。

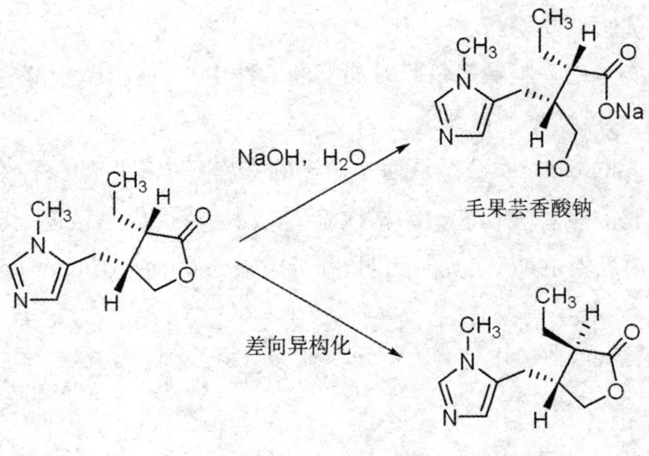

异毛果芸香碱

本品具有硝酸盐的特征反应。

本品具有缩瞳、降低眼内压、兴奋汗腺和唾腺分泌的作用。临床主要用于治疗原发性青光眼。

氯贝胆碱　Bethanechol Chloride

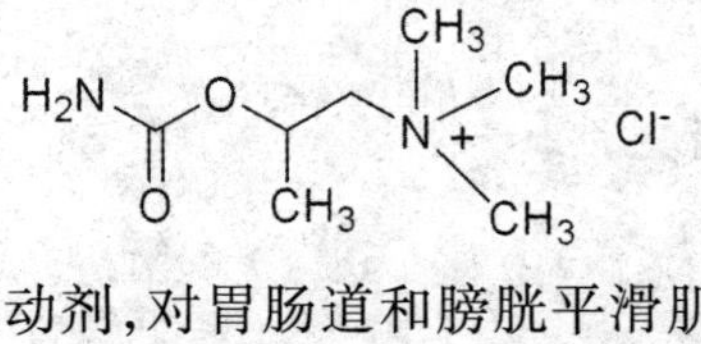

本品为 M 胆碱受体激动剂,对胃肠道和膀胱平滑肌的选择性较高,对心血管系统的作用几无影响。作用时间较长。临床主要用于手术后腹气胀、尿潴留以及其他原因所致的胃肠道或膀胱功能异常。

课堂活动

比较氯贝胆碱与乙酰胆碱的结构,分析为什么氯贝胆碱的作用强、时间长?

(二)乙酰胆碱酯酶抑制剂及胆碱酯酶复活剂

乙酰胆碱酯酶抑制剂,又称为抗胆碱酯酶药,能抑制乙酰胆碱酯酶(acetylcholinesterase,AChE)的活性,使胆碱能神经末梢释放的乙酰胆碱不致被AChE水解。抗胆碱酯酶药按其与胆碱酯酶结合程度不同,分为可逆性抗胆碱酯酶药和不可逆性抗胆碱酯酶药。

1.可逆性抗胆碱酯酶药

此类药物能与乙酰胆碱竞争胆碱酯酶的活性中心,使胆碱酯酶暂时失活,一段时间后,胆碱酯酶可恢复活性。

毒扁豆碱(physostigmine)是从西非出产的毒扁豆中提取的一种生物碱,因毒性大不再用于眼病治疗。对其进行结构改造,叔胺基替换成季铵基,作用增强,开发一系列药物如溴新斯的明、溴吡斯的明、和苄吡溴铵(benzpyrinium bromide)等抗胆碱酯酶药。

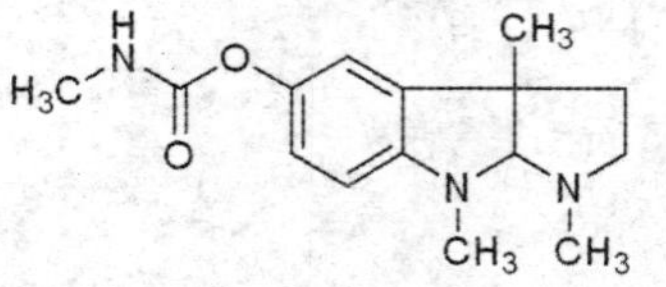

毒扁豆碱

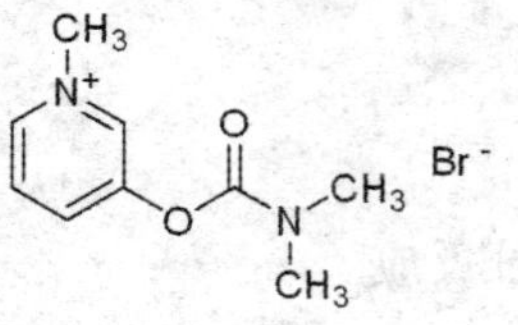

溴吡斯的明

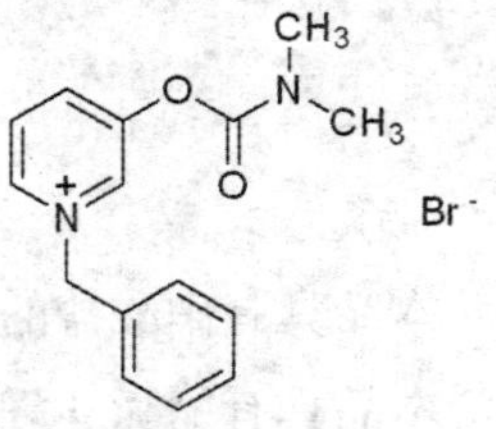

苄吡溴铵

溴新斯的明 Neostigmine Bromide

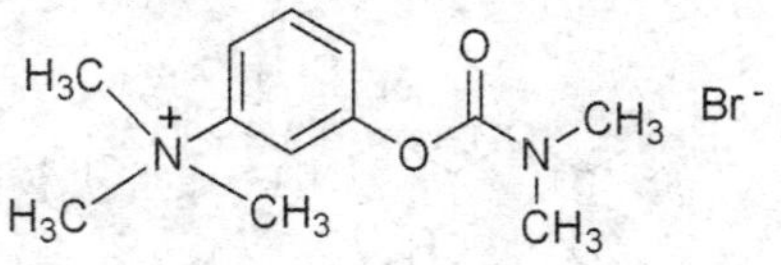

化学名为溴化-N,N,N-三甲基-3-[(二甲氨基)甲酰氧基]苯铵。

本品为白色结晶性粉末;无臭,味苦;极易溶于水,易溶于乙醇或三氯甲烷,几乎不溶于乙醚。熔点为171~176 ℃,熔融时同时分解。

本品属于季铵碱,碱性较强,与一元酸可形成稳定的盐。

本品具有氨基甲酸酯结构,与氢氧化钠水溶液共热时,酯键可水解生成间二甲氨基苯酚钠。前者与重氮苯磺酸试液发生偶合反应，生成红色偶氮化合物，后者可进一步水解为具有氨臭的二甲胺，并可使湿润的红色石蕊试纸变蓝。

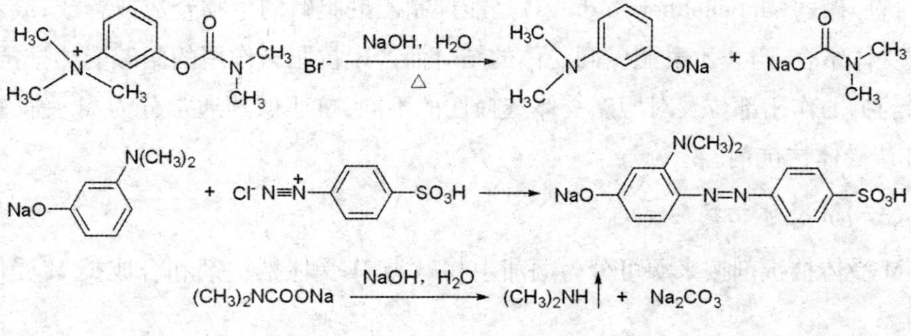

本品为溴化物，与硝酸银试液反应，可生成淡黄色凝乳状沉淀；此沉淀微溶于氨试液，而不溶于硝酸。

本品具有兴奋平滑肌、骨骼肌的作用。由于是季铵类化合物，不易透过血脑屏障，临床常用溴新斯的明供口服，甲硫酸新斯的明供注射用，用于重症肌无力、术后腹气胀及尿潴留等的治疗。大剂量时可引起恶心、呕吐、腹泻、流泪、流涎等，可用阿托品对抗。

2. 不可逆性抗胆碱酯酶药及胆碱酯酶复活剂

不可逆性抗胆碱酯酶药通过共价键与胆碱酯酶（羟基酶）活性中心结合，形成的复合物难以水解，使体内乙酰胆碱堆积，产生一系列中毒症状，在临床上无使用价值。如有机磷酸酯类农药敌敌畏、倍硫磷等。

胆碱酯酶复活剂能水解磷酸酯键，使中毒的胆碱酯酶恢复活性，可用于有机磷农药中毒的解救。如碘解磷定（pralidoxime iodide）等。

碘解磷定　Pralidoxime Iodide

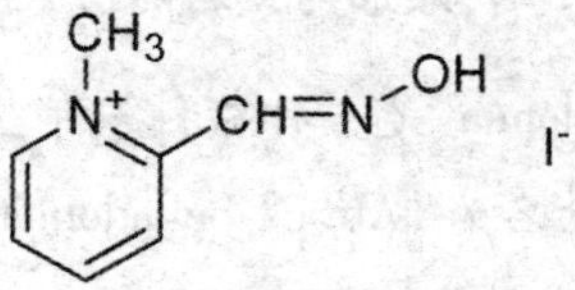

又名解磷毒、派姆（PAM）。为有机磷农药解毒剂，能与有机磷酸酯类直接作用，结合成无毒的化合物排出体外。但仅对形成不久的磷酰化胆碱酯酶有复活作用，对已经老化的胆碱酯酶复活效果差。易溶于水，可肌肉注射给药，毒性较低。难通过血脑屏障，对中枢神经系统的解毒效果差。

二、抗胆碱药

抗胆碱药(anticholinergic drugs)是能抑制乙酰胆碱的生物合成或释放,或者与胆碱受体结合,阻止乙酰胆碱同受体的结合而产生抗胆碱作用的胆碱受体拮抗剂。按照药物的作用部位及对胆碱受体选择性的不同,抗胆碱药通常分为M受体拮抗剂和N受体拮抗剂。

(一)M受体拮抗剂

M受体拮抗剂按来源可分为颠茄生物碱类M受体拮抗剂和合成类M受体拮抗剂。

1. 颠茄生物碱类

颠茄生物碱是一类从茄科植物颠茄、曼陀罗、莨菪、东莨菪和唐古特莨菪等植物中提取的生物碱,在临床上常用的主要有阿托品(atropine)、山莨菪碱(anisodamine)、东莨菪碱(scopolamine)和樟柳碱(anisodine)等。

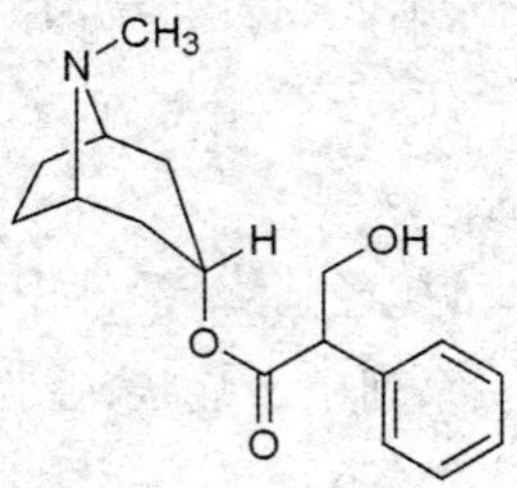

阿托品

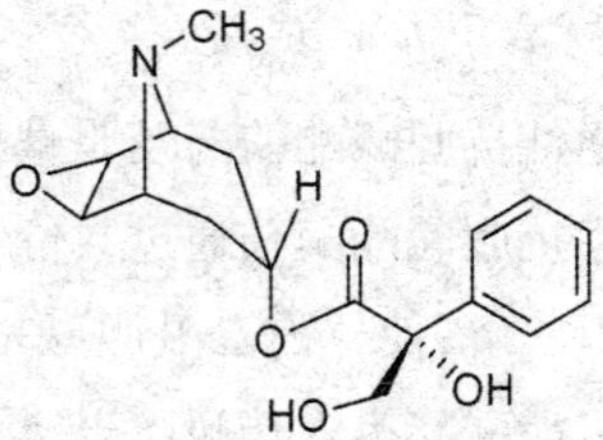

樟柳碱

知识链接

颠茄与莨菪碱

颠茄,学名Atropa belladonna,是一种茄科多年生草本植物。植物分类学家林奈氏根据它的毒性将其命名为“Atropa belladonna”。Atropa是希腊主管人生死的命运三女神之一,其毒性很大。据说古代意大利姑娘爱用颠茄植物的提取液滴眼,引起瞳孔放大而显得漂亮,因此而得到belladonna这个俗称,意为“漂亮女人”。颠茄中毒症状表现为瞳孔放大、对光敏感、视力模糊、头痛、神志不清和抽搐。19世纪,欧洲科学家从颠茄根中提取分离出莨菪碱等生物碱,具有镇静、麻醉、止痛、解痉、减少腺体分泌及扩大瞳孔等抗胆碱作用。

硫酸阿托品　Atropine Sulfate

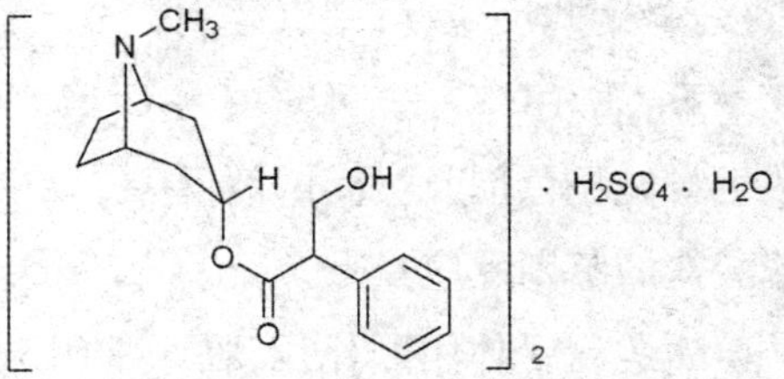

化学名为α-(羟甲基)苯乙酸-8-甲基-8-氮杂双环[3.2.1]-3-辛酯硫酸盐一水合物。

本品为无色结晶或白色结晶性粉末;含一分子结晶水,无臭,味苦;极易溶于水,易溶于乙醇,难溶于三氯甲烷、丙酮和乙醚。熔点为190~194 ℃,熔融时同时分解。

本品是生物碱左旋莨菪碱的外消旋体,现已采用人工合成制备。

阿托品碱性较强,pK_b4.35,在水溶液中能使酚酞呈红色,可与硫酸形成稳定的中性盐,其水溶液呈中性。遇碱性药物(如硼砂)引起分解。

本品结构中含有酯键,在弱酸性、近中性条件下较稳定,pH3.5~4.0最稳定,在碱性溶液中易水解,生成莨菪醇和消旋莨菪酸(亦称托品酸)。因此,在制备注射液时,应注意调整溶液的pH,加入适量氯化钠作稳定剂,采用中性硬质玻璃安瓿,注意灭菌温度。

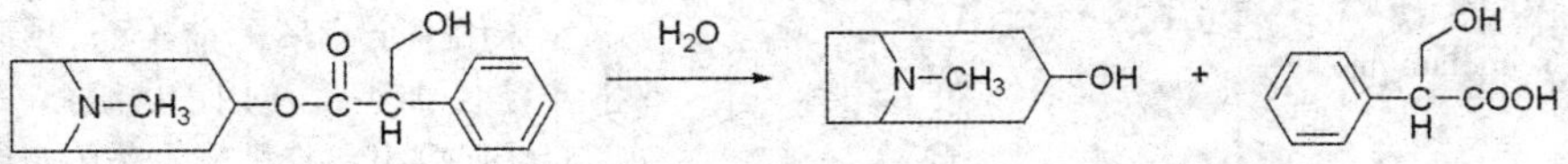

课堂活动

根据阿托品的稳定性,分析制备硫酸阿托品注射液时应采取哪些措施防止其水解?

阿托品与发烟硝酸共热,生成的莨菪酸发生硝基化反应,生成三硝基衍生物;再加入氢氧化钾的醇溶液和一小粒固体氢氧化钾,分子内双键重排,初显紫堇色,继变为暗红色,最后颜色消失。此反应称维他立(Vitali)反应,为莨菪酸的专属反应。

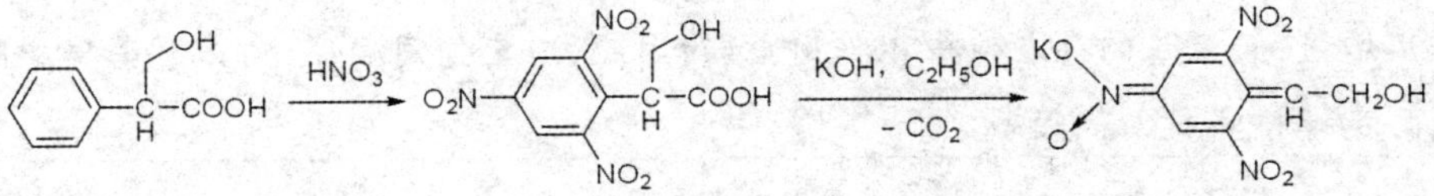

本品游离体因碱性较强，与氯化汞作用，可析出黄色氧化汞沉淀，加热后转变成白色，而碱性弱的东莨菪碱无此反应，可用以区别。

$$C_{17}H_{23}NO_3 + HgCl_2 + H_2O \longrightarrow HgO\downarrow + C_{17}H_{23}NO_3 + HCl$$

阿托品亦能与多数生物碱显色剂及沉淀试剂反应。

本品的水溶液显硫酸盐的鉴别反应。

本品具有外周及中枢 M 胆碱受体阻断作用，临床常用于胃肠痉挛引起的绞痛、眼科诊疗、抗心律失常、抗休克，也可用于有机磷中毒的解救和手术前麻醉给药等。

表 6－2　其他药物

药物名称	药物结构	作用特点
山莨宕碱 (anisodamine)	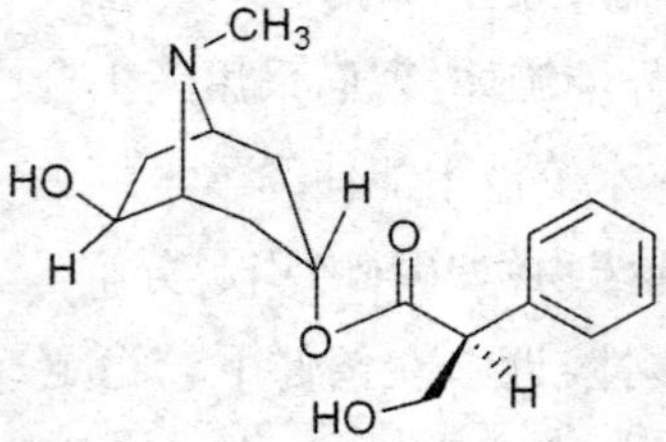	天然品为左旋体，称为 654－1，合成品为外消旋体，称 654－2，不良反应较多。为 M 胆碱受体阻断剂，作用与阿托品相似。临床用于抢救感染中毒性休克，治疗血栓及各种神经痛等
东莨宕碱 (scopolamine)	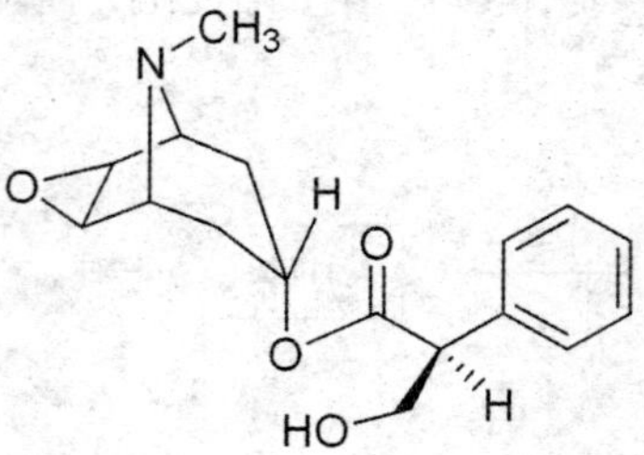	口服易从胃肠道吸收，可以透过血脑屏障和胎盘，为 M 胆碱受体阻断剂，作用与阿托品相似。临床用于全身麻醉前给药，预防和控制晕动症，还用于内脏痉挛、睫状肌麻痹和有机磷农药中毒解救等

案例分析

试比较阿托品、东莨菪碱、山莨菪碱、樟柳碱化学结构的异同点，并分析它们的亲脂性、极性、中枢作用。

分析：药物分子结构中的 6、7 位之间的氧桥及 6 位或莨菪酸 α 位羟基的存在与否，对药物的中枢作用有很大影响，氧桥的存在增加分子的亲脂性，使中枢作用增强，而羟基的存在使中枢作用减弱，因此，中枢作用顺序为：东莨菪碱＞阿托品＞樟柳碱＞山莨菪碱

2. 合成类

对阿托品进行结构改造,合成了多种叔胺类和季铵类抗胆碱药。

叔胺类 M 受体拮抗剂的解痉作用较明显,同时也具有抑制胃酸分泌作用。常见的药物如贝那替嗪(benactyzine)、苯海索(benzhexol)、丙环定(procyclidine)、哌仑西平(pirenzepine)等。苯海索、丙环定属于双环苯丙醇胺类,没有酯的结构。因其亲脂性大,更易进入中枢,抑制中枢内乙酰胆碱的作用,临床用于治疗帕金森病。哌仑西平为含内酰胺的三环化合物,对胃及十二指肠溃疡疗效显著。

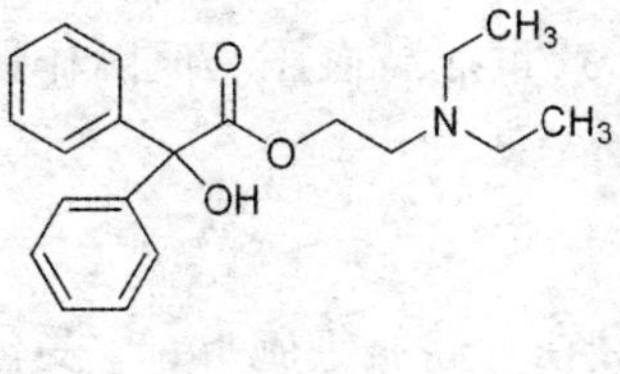

贝那替嗪

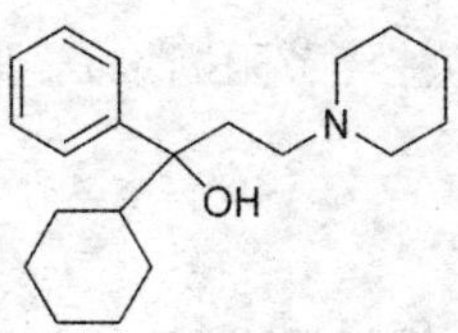

苯海索

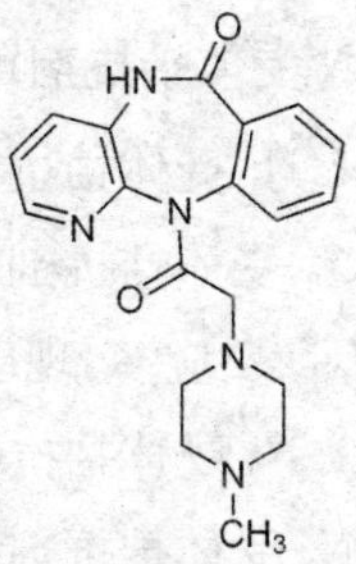

哌仑西平

季铵类药物不易通过血脑屏障,对中枢副作用减少。该类药物对胃肠道平滑肌的解痉作用较强,并具有不同程度的神经节阻断作用,临床主要用于胃及十二指肠溃疡、胃炎等。如溴丙胺太林(propantheline bromide)等。

溴丙胺太林　Propantheline Bromide

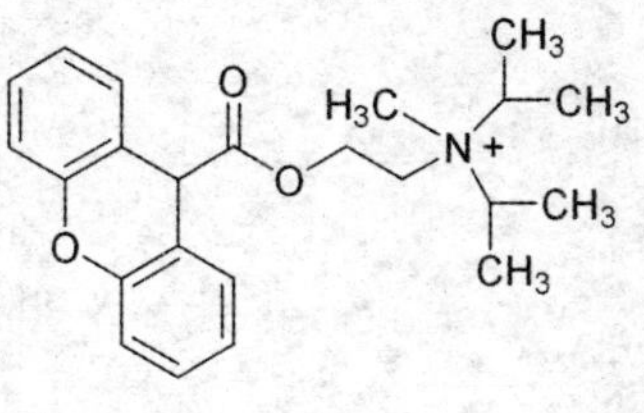

又名普鲁本辛。

本品为白色或类白色结晶性粉末;无臭,味极苦;微有引湿性;易溶于水、乙醇或三氯甲烷,不溶于乙醚。熔点为 157 ~ 164 ℃,熔融时同时分解。

本品分子中含有酯键,与氢氧化钠试液煮沸则水解生成呫吨酸钠,用稀盐酸中和,析出呫吨酸固体,经稀乙醇重结晶,熔点为 213 ~ 219 ℃。呫吨酸遇硫酸呈亮黄色或橙黄色,并微显绿色荧光。

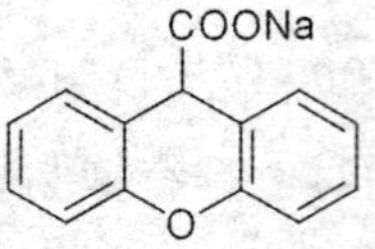

呫吨酸钠

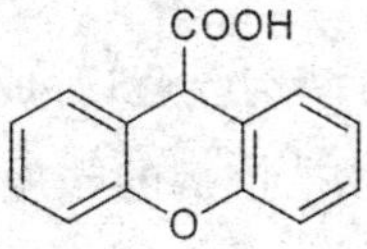

呫吨酸

本品为季铵类抗胆碱药，具有较强的外周抗胆碱药作用，主要用于胃肠道痉挛、胃及十二指肠溃疡、胃炎、胰腺炎等疾病的治疗。

（二）N 受体拮抗剂

N 受体拮抗剂可分为 N_1 受体拮抗剂和 N_2 受体拮抗剂。

1. N_1 受体拮抗剂

N_1 受体拮抗剂又称为神经节阻断剂，早期用于治疗重症高血压。但因作用广泛，不良反应多，现已少用。

2. N_2 受体拮抗剂

N_2 受体拮抗剂又称为神经肌肉阻断剂，N_2 受体存在骨骼肌细胞上，N_2 受体拮抗剂可使骨骼肌松弛，临床作为肌松药用于辅助麻醉。该类药物按照作用机制可分为非去极化型和去极化型两大类。

非去极化型药物按来源又可分为生物碱类和合成类。主要药物有氯化筒箭毒碱（tubocurarine chloride）、泮库溴铵（pancuronium bromide）等。氯化筒箭毒碱，是从南美洲产防已科植物中提取出的最早应用于临床的骨骼肌松弛药，广泛用于骨骼肌松弛及辅助麻醉。泮库溴铵为甾类合成肌松药。

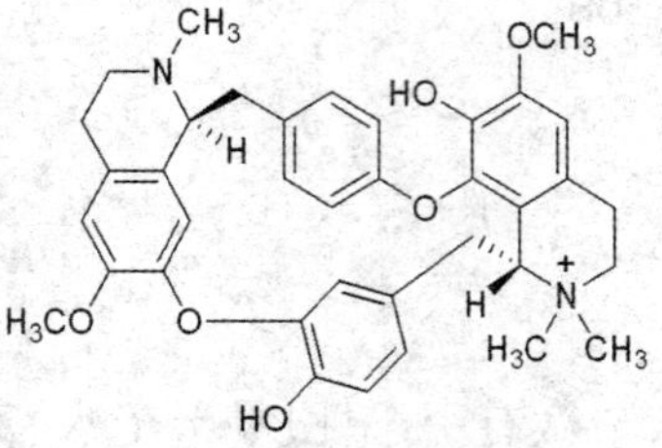

氯化筒箭毒碱

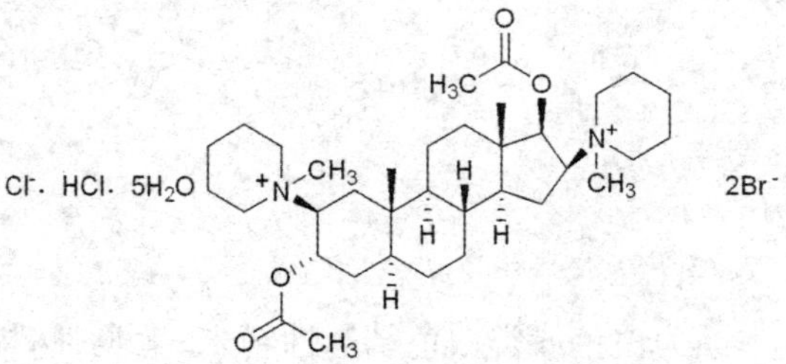

泮库溴铵

去极化型肌松药是通过对氯化筒箭毒碱的构效关系的研究而设计的一系列结构较简单的双季铵化合物，称为烃铵盐类，如氯化琥珀胆碱（suxamethonium chloride）。

知识链接

软　药

软药是指本身具有治疗作用，在体内发挥作用后，经预期和可控制的途径迅速代谢失活为无活性或无毒性的代谢物的药物。软药的设计可以减少药物蓄积的副作用，提高治疗指数。氯化琥珀胆碱用原子数相同的酯替代肌肉松弛药十烃季铵中的烷基得到的软药。

临床上使用的肌松药除 N_2 受体拮抗剂（外周肌松药）外，还有中枢性肌松药，其代表药物有氯唑沙宗（chlorzoxazone），主要用于治疗骨骼肌疾病和肌肉痉挛疼痛。

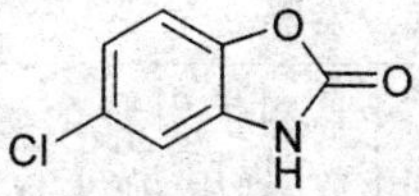

氯唑沙宗

氯化琥珀胆碱　Suxamethonium Chloride

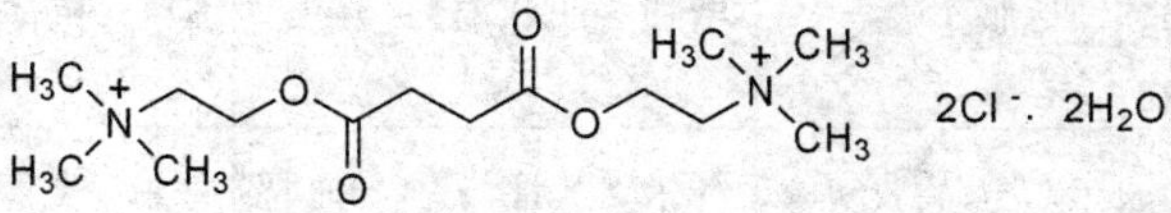

又名司可林。

本品为白色或几乎白色的结晶性粉末；无臭，味咸，有引湿性；极易溶于水，微溶于乙醇或三氯甲烷，不溶于乙醚；熔点为 157 ~ 163 ℃。

本品水溶液呈酸性，pH 约为 4。

本品分子中有酯键，水溶液不稳定，易发生水解反应，pH 和温度是主要影响因素。pH3 ~5 时较稳定，pH7.4 时缓慢水解，碱性条件下很快被水解。此外，温度升高，水解也加快。水解产物为一分子的琥珀酸和两分子的氯化胆碱。

本品为去极化型骨骼肌松弛药，在血液中迅速被胆碱酯酶水解，给药后仅有少量到达神经肌肉接头处，起效快，持续时间短，易于控制，副作用小。临床作为全身麻醉的辅助药，但大剂量时可引起呼吸肌麻痹，而且不能用抗胆碱酯酶药对抗。

第二节　影响肾上腺素能神经系统药物

肾上腺素能药物作用于人体内的肾上腺素受体而产生生理效应，主要包括拟肾上腺素药和肾上腺素受体拮抗剂。肾上腺素能受体分为α和β两大类，肾上腺素能受体在体内各组织分布广泛，对心血管、呼吸及内分泌系统等具有广泛的生理功能和调节作用。

表6-3　肾上腺素能受体的分布、生理效应和临床应用

受体亚型		主要分布	受体激动效应	临床应用	
				激动剂	拮抗剂
α	α_1	血管平滑肌、扩瞳肌、毛发运动平滑肌、心肌效应细胞	收缩平滑肌，增加心肌收缩力，升压，缩瞳，毛发竖立	升压，抗休克	降压
	α_2	突出前膜和后膜、血小板、血管平滑肌、脂肪细胞	抑制去甲肾上腺素释放，降压，血小板凝聚，抑制脂肪分解	降压	升压
β	β_1	心脏、肝脏、脑干	增强心肌收缩力，升压	强心，抗休克	抗心绞痛、抗心律失常、抗高血压
	β_2	子宫肌、气管、胃肠道、血管壁、骨骼肌、肝脏	舒张支气管、子宫和血管平滑肌，加强糖原分解	平喘，改善微循环	
	β_3	脂肪组织	分解脂肪，增加氧耗	肥胖症和糖尿病	

一、拟肾上腺素药

肾上腺素(adrenaline)是由肾上腺髓质分泌的主要激素，具有明显的升高血压作用。人体内还广泛存在去甲肾上腺素(norepinephrine)和多巴胺(dopamine)两种与之作用相似的化合物。麻黄碱(ephedrine)在20世纪30年代应用于临床。可乐定(clonidine)是20世纪60年代发现的中枢降压药，直接激动脑内的α_2受体，具有降压作用。

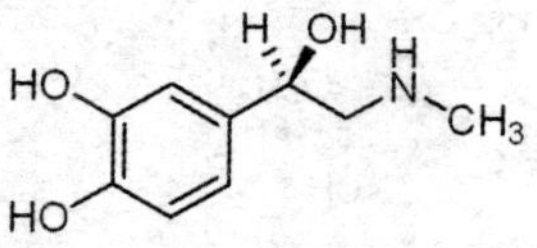

肾上腺素

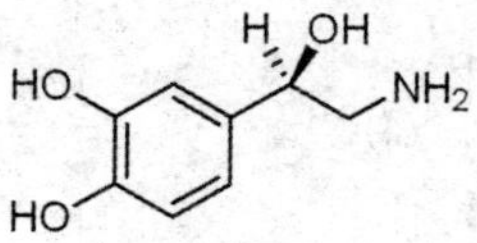

去甲肾上腺素

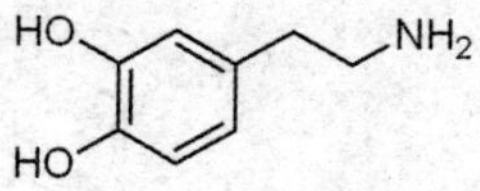

多巴胺

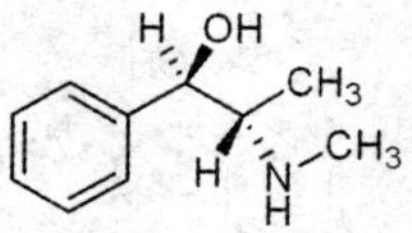

麻黄碱

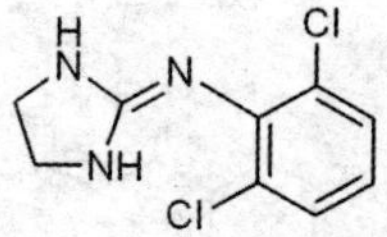

可乐定

知识链接

肾上腺素与急中生智

人在遇到紧急情况时,体内高度自动化应激机制就会分泌大量肾上腺素,能使人呼吸加快提供大量氧气,心跳与血液流动加速,血压升高,血糖量升高,从而增加大脑、心脏和骨骼肌的血液供应量,改善大脑的营养供应,使人的注意力集中,思维、理解、反应能力与判断能力立即提高。即大家所说的急中生智。

拟肾上腺素药(adrenergic drugs)又称肾上腺素受体激动剂,是一类直接与肾上腺素受体结合或促进肾上腺素能神经末梢释放递质,增加受体周围去甲肾上腺素的浓度,产生与交感神经兴奋时相似效应的药物。在化学结构上均为胺类,部分药物又有儿茶酚结构(邻苯二酚结构),故亦称拟交感胺或儿茶酚胺。

1. 结构类型

根据药物作用受体与机制不同,拟肾上腺素药分为α肾上腺素受体激动剂、β肾上腺素受体激动剂和α、β肾上腺素受体激动剂。

按药物化学结构,拟肾上腺素药可分为苯乙胺类和苯异丙胺类。苯乙胺类主要有肾上腺素、去甲肾上腺素、去氧肾上腺素(phenylephrine)、异丙肾上腺素(isoprenaline)、多巴胺、沙丁胺醇(salbutamol)、克仑特罗(clenbuterol)、氯丙那林(clorprenaline)等;苯异丙胺类主要有麻黄碱、甲氧明(methoxamine)、间羟胺(metaraminol)等。

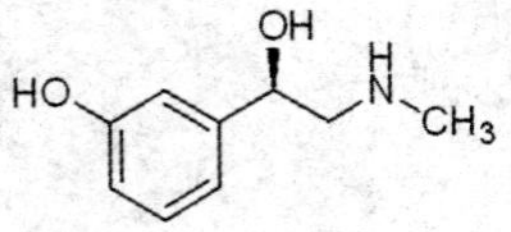
去氧肾上腺素

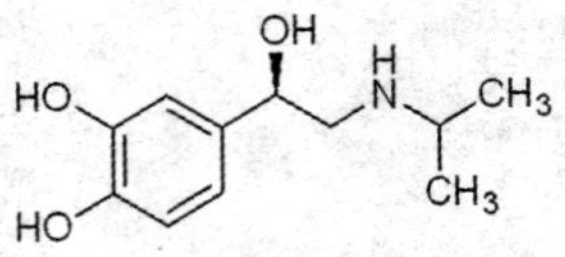
异丙肾上腺素

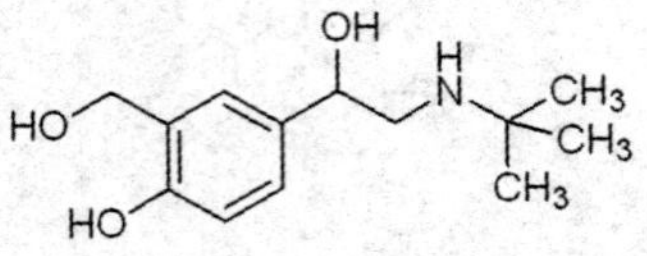
沙丁胺醇

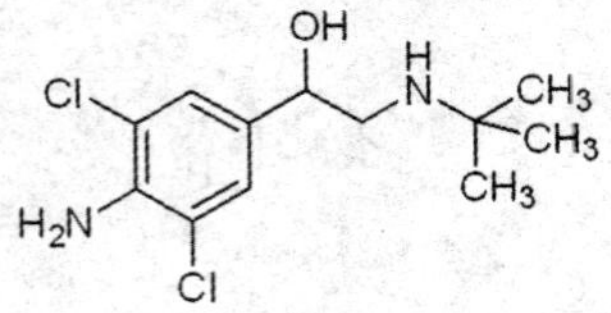
克仑特罗

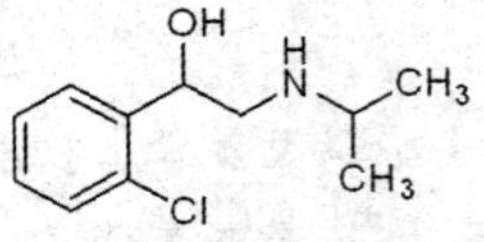
氯丙那林

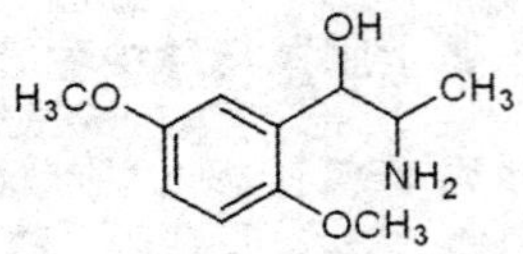
甲氧明

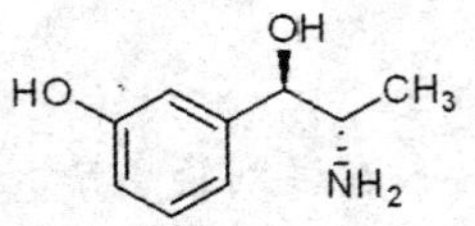
间羟胺

由上述药物总结，β－乙胺是苯乙胺类肾上腺素能受体激动剂的基本结构，多数药物在侧链上含有一个手性碳原子，苯环上有羟基，其中3，4位上有羟基，称为儿茶酚胺。

临床上使用的肾上腺素类药物多达上百种，主要药物列表于6－4。

表6－4　拟肾上腺素类药物的受体选择性、药理作用及临床应用

典型药物	受体	主要药理作用	临床用途
去甲肾上腺素 肾上腺素 麻黄碱	α、β	拟肾上腺素作用	抗休克，治疗哮喘
去氧肾上腺素 甲氧明 间羟胺	α_1	局部血管收缩	减除鼻粘膜充血
甲基多巴 可乐定 力美尼定	α_2	兴奋突触后 α_2 受体，使心律、心输出量和外周阻力降低	抗高血压
异丙肾上腺素	β	支气管舒张	治疗心力衰竭，治疗哮喘

（续表）

典型药物	受体	主要药理作用	临床用途
多巴酚丁胺 普瑞特罗	β_1	正性肌力和心搏增加	治疗周围血管疾病
沙丁胺醇 特布他林 克伦特罗 马布特罗 福莫特罗	β_2	支气管平滑肌舒张	治疗哮喘和支气管痉挛

2. 体内代谢

属于苯乙胺类肾上腺素能受体激动剂的儿茶酚胺类药物的代谢，主要由单胺氧化酶（MAO）催化氧化脱氨反应，儿茶酚—O—甲基转移酶（COMT）催化3位酚羟基的甲基化。而属于苯异丙胺类肾上腺素能受体激动剂的麻黄碱不具备儿茶酚结构，不被COMT所催化代谢，其结构中氨基α位引入甲基，增加空间位阻，亦不受MAO催化，所以麻黄碱较稳定，不易代谢转化。

3. 拟肾上腺素药的构效关系

常用拟肾上腺素药的基本结构如下：

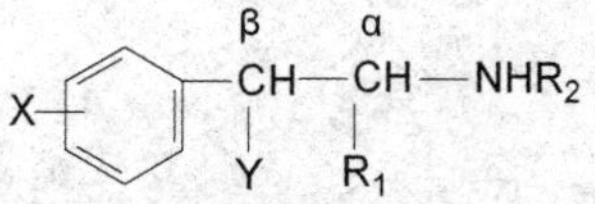

（1）苯环与侧链氨基之间隔两个碳原子时作用最强，碳链延长或缩短，作用强度下降。

（2）R_1 为甲基时，则为苯异丙胺类如麻黄碱等。甲基的空间位阻使该类药物不易受酶的破坏而使稳定性增加，时效延长，但强度减弱，毒性增加。

（3）X多为一个或两个酚羟基，羟基的存在可使作用增强，但羟基易受体内酶的影响而使作用时间缩短，口服后迅速代谢失活，因此不能口服。如果去掉X，稳定性增加，作用时间延长，药物的中枢作用增强，外周作用减弱，如麻黄碱。

（4）Y多为仲醇基，不同光学异构体的活性有显著差异。通常左旋体（绝对构型为R构型）活性远大于右旋体。

（5）R_2 的大小可显著影响α和β受体效应。随着烃基的增大，α受体效应逐渐减弱，β受体效应逐渐增强。如无烃基取代的去甲肾上腺素，主要表现为α受体效应;N－甲基取代的肾上腺素,同时兼有 α 和 β 受体效应;N－异丙基取代的异丙肾上腺素,则主要表现为 β 受体效应,N－叔丁基取代的克伦特罗,表现为 β_2 受体效应。

4. 典型药物

肾上腺素　Adrenaline

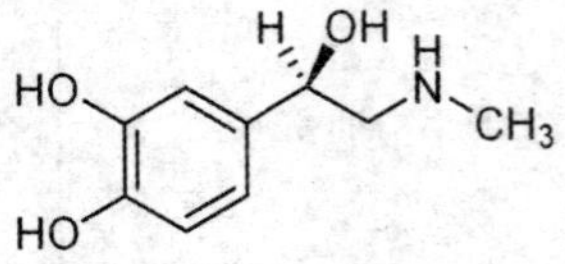

化学名为(R)－4－[2－(甲氨基)－1－羟基乙基]－1,2－苯二酚,又名副肾碱。

本品为白色或类白色结晶性粉末;无臭,味苦;极微溶于水,不溶于乙醇、乙醚、三氯甲烷、脂肪油或挥发油,易溶于无机酸或氢氧化钠溶液,不溶于氨溶液或碳酸氢钠溶液。熔点为 206 ~ 212 ℃,熔融时同时分解。比旋度 $[\alpha]_D^{20}$ 为 －50°至 －53.5°[2% 的盐酸溶液(9→200)]。

本品的合成是以儿茶酚为原料,在氧氯化磷作用下用氯乙酸进行氯乙酰化反应,生成 α－氯－3,4－二羟基苯乙酮,再经胺化,氢化还原,最后用酒石酸拆分得本品。

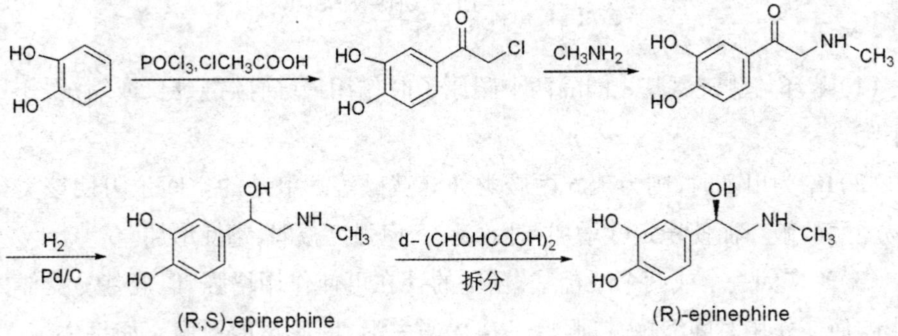

本品呈酸碱两性。分子中的酚羟基显弱酸性,可与氢氧化钠成盐而溶解;侧链的脂肪族仲胺结构显弱碱性,可与强酸成盐而溶于水,临床上使用其盐酸盐。

本品水溶液加热或室温放置可发生消旋化,即部分左旋体转变为右旋体,致使药物活性降低。消旋化的速度与溶液 pH 值有关,在 pH <4 时消旋化速度较快。

本品含有邻苯二酚结构,具有较强的还原性。在酸性介质中相对较稳定,在中性或碱性溶液中不稳定，容易被氧化变质。某些弱氧化剂（二氧化锰、升汞、过氧化氢、碘等）或空气中的氧，均能使其氧化，生成肾上腺素红呈红色，并可进一步聚合生成棕色多聚物。

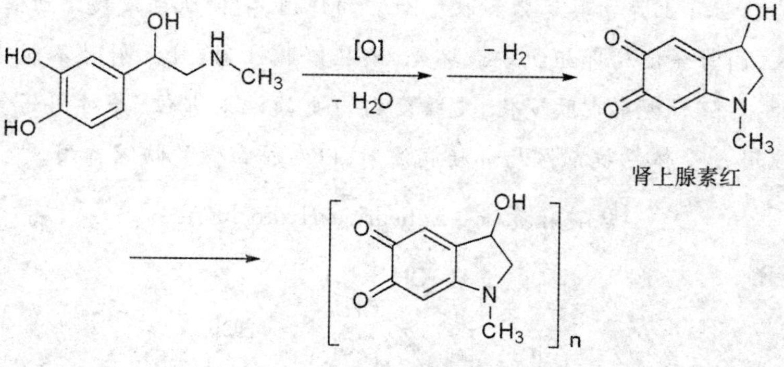

多聚物

pH 升高、光照、温度升高、微量金属离子、空气、氧化剂等因素均能促进氧化变质。为了延缓本品氧化变质，药典规定本品注射液 pH2.5～5.0；加金属离子配合剂乙二胺四醋酸二钠（EDTA－2Na）；加抗氧剂焦亚硫酸钠；注射用水经惰性气体二氧化碳或氮气饱和，安瓿内同时充入上述气体；100 ℃流通蒸气灭菌 15 分钟；并且遮光，减压严封，置阴凉处存放。

课堂活动

1. 盐酸肾上腺素注射剂放置一段时间后变为淡粉色，为什么？

2. 结合儿茶酚胺类药物的结构特点，分析归纳影响所有氧化反应速度的因素有哪些？制备其注射剂时应采取哪些措施防止氧化？

本品的稀盐酸溶液加过氧化氢试液，煮沸，即显血红色；遇三氯化铁试液即显翠绿色，加氨试液，即变紫色，最后变为紫红色。

本品对 α 和 β 受体都有较强的激动作用。在体内易受单胺氧化酶（MAO）、儿茶酚氧位甲基转移酶（COMT）等酶的作用而失去活性，也容易被消化道破坏，故口服无效，临床上以盐的形式供注射使用。

本品主要用于心跳骤停的急救、过敏性休克、支气管哮喘、局部鼻黏膜充血和齿龈出血等。

知识链接

盐酸肾上腺素注射剂的应用问题

因为盐酸肾上腺素具有强烈收缩血管的作用，能使肌肉或皮下血管收缩，不利于吸收，同时会使局部组织缺血坏死，故应静脉注射，且注射时不能将药液漏出血管外，要随时观察皮肤变化，皮肤变白应更换注射部位，并对用药部位进行热敷或应用α受体拮抗剂做局部浸润注射，以对抗血管的收缩作用。

盐酸麻黄碱　Ephedrine Hydrochloride

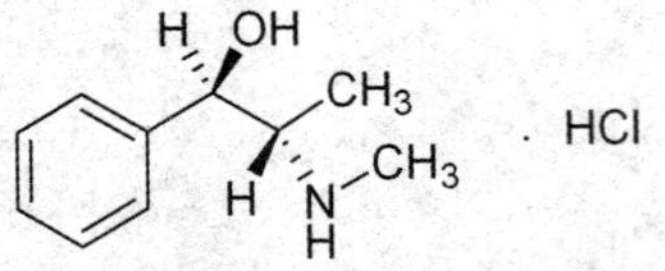

化学名为(1R,2S)-2-甲氨基-苯丙烷-1-醇盐酸盐，又名麻黄素。

麻黄碱分子中有两个手性碳原子，故有四个光学异构体，其中仅(-)(1R,2S)麻黄碱活性最强，(+)(1S,2S)伪麻黄碱的作用比麻黄碱弱，有间接的拟肾上腺素作用，中枢不良反应小，常用于复方感冒药中，用于减轻鼻黏膜充血。

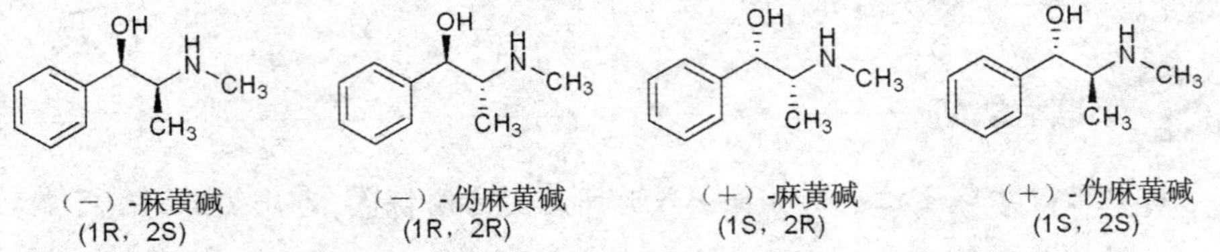

课外活动

查阅资料，总结哪些复方感冒药含有伪麻黄碱?

本品为白色针状结晶或结晶性粉末；无臭，味苦；易溶于水，溶于乙醇，不溶于乙醚、三氯甲烷。熔点为217~220℃。比旋度$[\alpha]_D^{20}$为-33°~-35.5°(5%水溶液)。

本品较稳定，遇光、空气、热不易被破坏。

本品的水溶液与碱性硫酸铜试液作用，仲胺基与铜离子形成蓝紫色配合物；加乙醚振摇后，放置，乙醚层即显紫红色，水层变成蓝色。

本品具有α-羟基-β-氨基结构，可被高锰酸钾、铁氰化钾等氧化生成苯甲醛和甲胺,后者可使红色的石蕊试纸变蓝。

课外活动

分析比较麻黄碱与肾上腺素的结构、化学性质和作用特点有什么不同?

本品的水溶液显氯化物的鉴别反应。

本品的作用与肾上腺素相似,对 α 和 β 受体都有激动作用,与肾上腺素比较,性质较稳定、口服有效、作用缓慢而温和、持续时间较长。主要用于治疗支气管哮喘、过敏性反应、鼻黏膜肿胀及低血压等。

知识链接

兴奋剂麻黄碱

麻黄素是《联合国禁止非法贩运麻醉药品和精神药物公约》附表管制品种。它是一种兴奋剂,也是"冰毒"(甲基苯丙胺)的生产原料。1988 年汉城奥运会上,美国著名田径运动员卡尔·刘易斯被查出服用了麻黄碱;1994 年世界杯足球赛上,球王马拉多纳也是因为服用麻黄碱而被禁赛。此后,仍有数位世界著名运动员在重大比赛中因服用麻黄碱而被禁赛或取消奖牌。

苯丙胺类毒品吸食或注射后,会对中枢神经产生很强的兴奋作用,如含有甲基苯丙胺衍生物等成分的"摇头丸",除具有兴奋作用外,还有致幻和"共鸣"(不能自控地易受外界诱导的过激行为)作用。因此,对麻黄素的生产、经营和使用必须按《易制毒化学品管理条例》执行。

各药店对含伪麻黄碱成分的新康泰克、百服宁、白加黑等数十种复方感冒制剂、止咳平喘药限量销售,凭身份证、每人每次购买量不得超过 5 个最小零售包装。

重酒石酸去甲肾上腺素　Noradrenaline Bitartrate

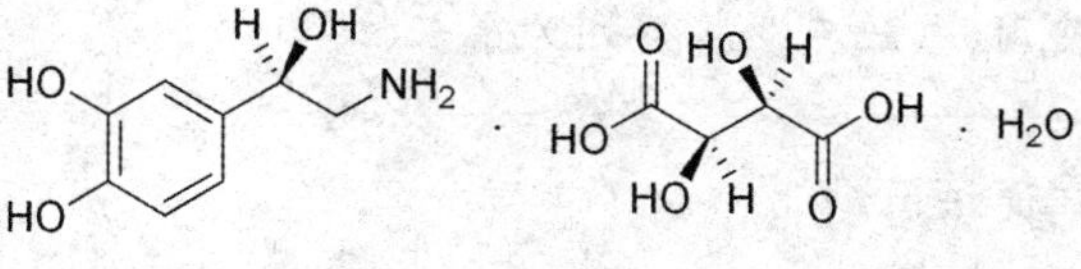

又名重酒石酸正肾上腺素。

本品兴奋 α 受体,具有很强的血管收缩作用。静滴用于治疗各种休克,口服用于治疗消化道出血。

沙丁胺醇　Salbutamol

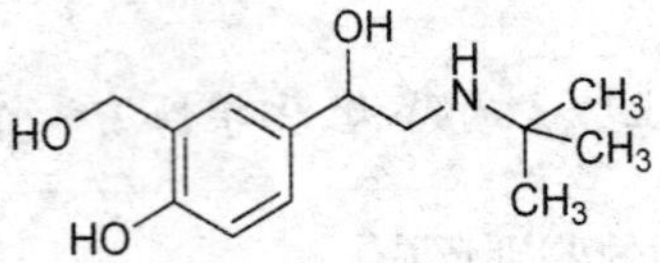

化学名为1－(4－羟基－3－羟甲基苯基)－2－(叔丁氨基)乙醇，又名舒喘灵。

本品为白色结晶性粉末；无臭，几乎无味；溶于乙醇，略溶于水，不溶于乙醚。熔点为154～158℃，熔融时同时分解。

本品具有酚羟基，其水溶液加三氯化铁试液，振摇，溶液显紫色，加碳酸氢钠试液后，溶液转为橙红色。

本品在弱碱性溶液被铁氰化钾氧化，再加入4－氨基安替比林生成橙红色缩合物，加三氯甲烷振摇，放置使分层，三氯甲烷层显橙红色。

本品能选择性兴奋平滑肌 β_2 受体，有较强的支气管扩张作用，不易被代谢失活，因而口服有效，作用时间长。主要用于支气管哮喘、喘息型支气管炎等伴有支气管痉挛的呼吸道疾病。

知识链接

瘦肉精——克伦特罗

盐酸克仑特罗为强效选择性 β_2 受体激动剂，临床上用于防治支气管哮喘、哮喘型支气管炎、肺气肿等呼吸系统疾病所致的支气管痉挛。20世纪80年代初，美国Cyanamid公司意外发现其有明显的促进生长、提高瘦肉率及减少脂肪的效果，于是其被畜牧业作为瘦肉精使用。但由于其代谢慢，动物体内残留量很大，健康人摄入大量残留盐酸克仑特罗的猪肉可导致中毒，表现为心慌、肌肉震颤、头痛以及脸部潮红等。我国自1997年起严禁肾上腺素受体激动剂药物在饲料和畜牧生产中使用，盐酸克仑特罗列为第一位。

二、肾上腺素受体拮抗剂

肾上腺素受体拮抗剂(adrenoceptor antagonists)能通过阻断肾上腺素能神经递质或外源性肾上腺素受体激动剂与肾上腺素受体的相互作用，产生与肾上腺素能神经递质作用相反的生物活性。根据肾上腺素受体拮抗剂对 α、β 受体选择性的不同，可分为 α 受体拮抗剂（又称 α 受体阻断剂）和 β 受体拮抗剂（又称 β 受体阻断剂）。

（一）α 受体拮抗剂

本类药物能抵消儿茶酚胺的收缩血管作用，从而降低血压。根据对受体的选择性，本类药物又可分为两类：选择性拮抗剂和非选择性拮抗剂。

1. 非选择性 α 受体拮抗剂

非选择性 α 受体拮抗剂可同时拮抗 α_1 和 α_2 受体，主要药物有酚妥拉明（phentolamine）和妥拉唑林（tolazoline）等。这类药物在临床上主要用于改善微循环，治疗外周血管痉挛性疾病及血栓闭塞性脉管炎等。

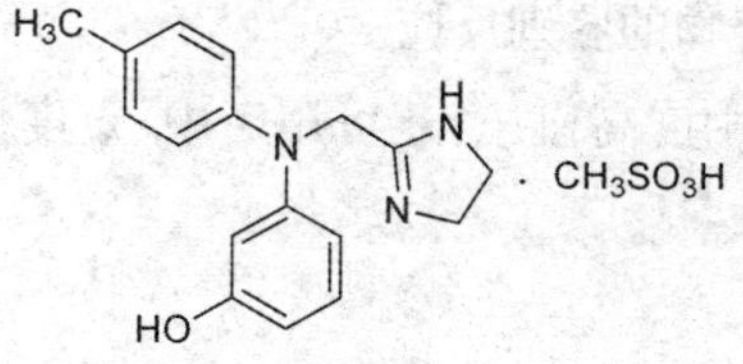

甲磺酸酚妥拉明

2. 选择性 α_1 受体拮抗剂

选择性 α_1 受体拮抗剂通过扩张血管降低外周血管阻力，使血压下降并较少引起心动过速的不良反应，具有良好的降压效果，且能口服。可作为首选抗高血压药。

哌唑嗪（prazosin）是第一个被发现的选择性 α_1 受体拮抗剂，其结构属于喹唑啉类，能通过扩张血管而降低血压。还有多种喹唑啉类药物，如特拉唑嗪（terazosin）、多沙唑嗪（doxazosin）。

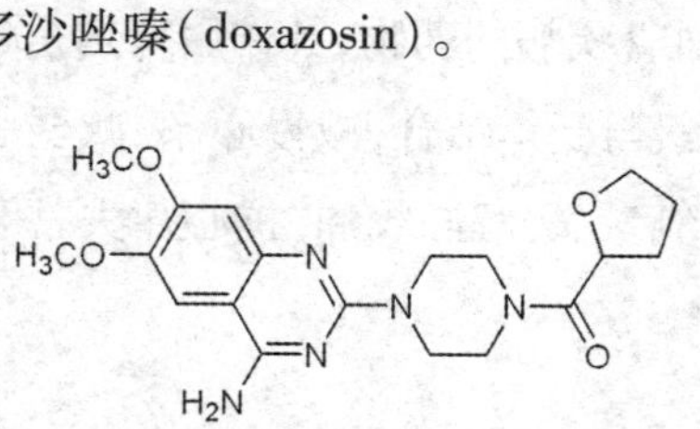

特拉唑嗪

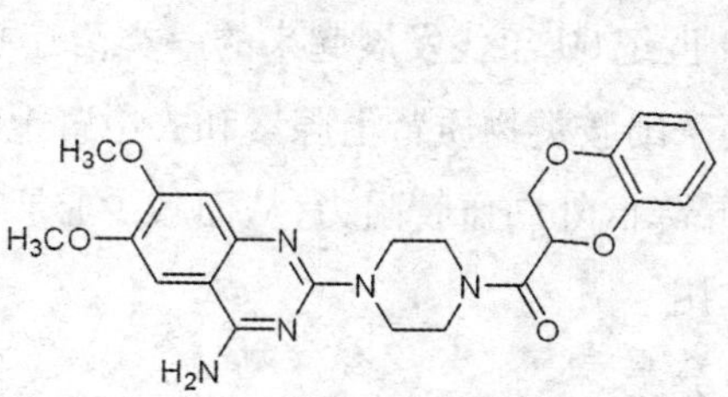

多沙唑嗪

坦洛新（tamsulosin）和吲哚拉明（indoramine）是非喹唑啉类的 α_1 受体拮抗剂，前者用于治疗良性前列腺增生，后者用于治疗原发性高血压、肾性高血压等症。

盐酸哌唑嗪　Prazosin Hydrochloride

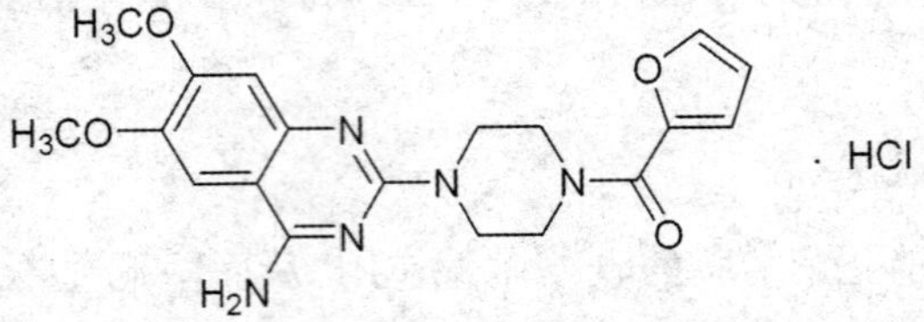

化学名为1－(4－氨基－6,7－二甲氧基－2－喹唑啉基)－4－(2－呋喃甲酰)哌嗪盐酸盐。

本品为白色或类白色结晶性粉末;无臭,无味;微溶于乙醇,几乎不溶于水。

本品结构中具有氨基,能与1,2－萘醌－4－磺酸钠反应,生成紫堇色的对醌型缩合物。

本品的水溶液显氯化物的鉴别反应。

本品适用于治疗轻、中度高血压,还可用于中、重度慢性充血性心力衰竭及心肌梗死后心力衰竭的治疗。

知识链接

哌唑嗪的"首剂现象"

部分患者首次使用哌唑嗪后会发生较为严重的体位性低血压、晕厥和心悸等,即首剂现象。尤其在饥饿、直立体位或低盐时更易发生。这可能与受体的敏感度有关。为防止首剂现象,可采用以下措施:①首次减少剂量;②睡前服用;③若已用利尿剂降压药者,给药前一天停用利尿剂。

(二)β受体拮抗剂

20世纪60年代发展起来的一类治疗心血管疾病的药物,其作用特点是阻止内源性儿茶酚胺类物质肾上腺素和去甲肾上腺素与受体结合,减慢心率,减弱心肌收缩力,并降低外周血管阻力,从而减少心肌耗氧量,缓解心绞痛,抗心律失常和抗高血压作用。

1.分类

目前临床上使用的β－受体拮抗剂有30多种。

(1)按受体选择性分为三种类型:①非选择性β受体拮抗剂,如普萘洛尔(propranolol),噻吗洛尔(timolol);②选择性β_1受体拮抗剂,如阿替洛尔(atenolol)、美托洛尔(metoprolol)、倍他洛尔(betaxolol)、醋丁洛尔(acebutolol)等;③非典型的 β 受体拮抗剂,兼有 α_1 和 β 受体拮抗作用,如拉贝洛尔(labetalol)、阿罗洛尔(arotinolol)、赛利洛尔(celiprolol)等。

(2)按化学结构 β 受体拮抗剂分为芳基乙醇胺类和芳氧丙醇胺类。大多数 β 受体拮抗剂为芳氧丙醇胺类。

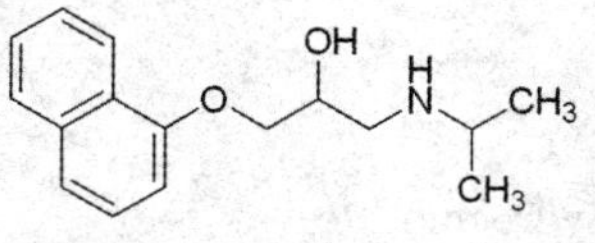

普萘洛尔

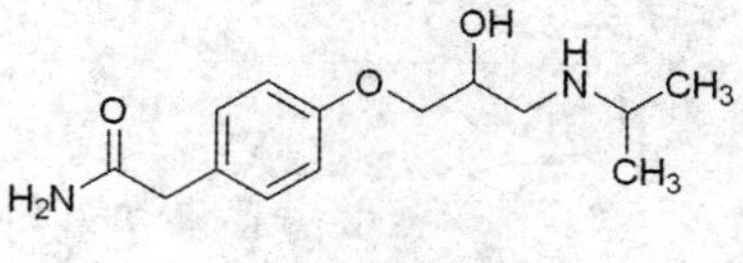

阿替洛尔

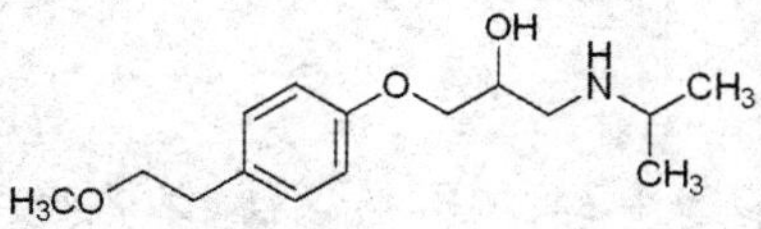

美托洛尔

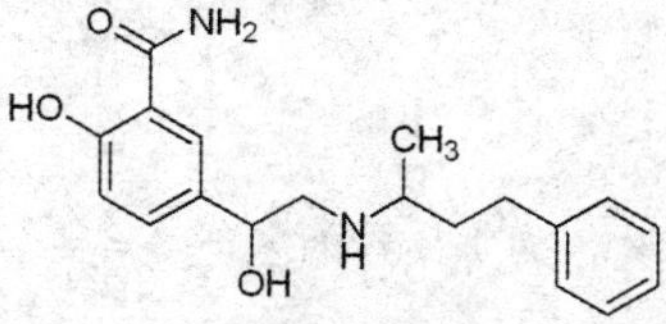

拉贝洛尔

2. 构效关系

(1)芳环:在 β 受体拮抗剂基本结构苯乙醇胺类或芳氧丙醇胺类分子中,对芳环部分要求不严格,苯、萘、芳杂环和稠环均可。在芳氧丙醇胺类中,苯环的对位引入取代基,对 β_1 受体有较高的选择性,如阿替洛尔、美托洛尔等。

(2)侧链取代基:侧链 α 位一般无取代基,引入甲基,可增加对 β_2 受体的选择性。

(3)N－取代基:侧链氨基上取代基对 β 受体阻断活性的影响基本上与 β 激动剂平行。N 原子上没有任何取代基的伯胺化合物活性较小,异丙基和叔丁基取代的活性最高。

(4)手性碳的立体化学:β 受体阻断剂的侧链部分在受体上的结合部位与 β－受体激动剂相同,其立体选择性一致。在苯乙醇胺类中,与醇羟基相连的 β－碳原子 R－构型具有较强的 β 受体阻断作用。而芳氧丙醇胺类中,S－构型的立体结构与苯乙醇胺类 R－构型相当。

知识链接

普萘洛尔与诺贝尔奖

英国的 James Whyte Black 博士及其研究小组开发了心血管系统药物普萘洛尔。由于对药物研究作出的巨大贡献，1988 年与美国的两位科学家共同获得诺贝尔医学奖。

3. 典型药物

盐酸普萘洛尔　Propranolol hydrochloride

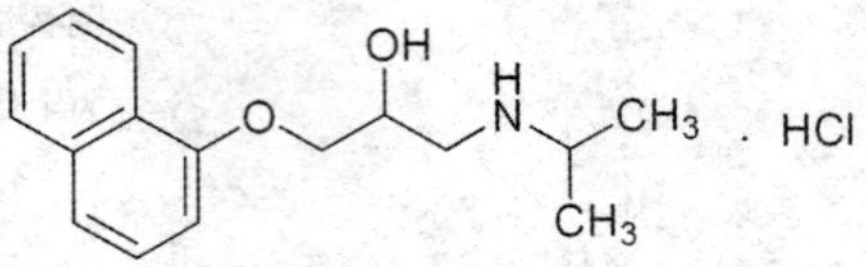

化学名为 1－异丙氨基－3－（1－萘氧基）－2－丙醇盐酸盐，又名心得安、萘心安。

本品为白色或类白色的结晶性粉末；无臭，味微甜后苦。熔点为 162～165 ℃。溶于水，微溶于三氯甲烷。

本品侧链含一个手性碳原子，S 构型左旋体活性强，R 构型的活性仅为左旋体的 1/100～1/50，为避免分离光学异构体或进行不对称合成，药用品为其外消旋体。

本品在碱性条件下较稳定，在稀酸中易分解，遇光易变质。

本品溶液与硅钨酸试液作用生成淡红色沉淀。

本品水溶液显氯化物的反应。

本品主要用于心绞痛、窦性心动过速、心房扑动及颤动等室上性心动过速，也可用于早搏和高血压的治疗等。

课堂活动

试总结 β 受体拮抗剂的结构特征。

第三节　组胺 H_1 受体拮抗剂

组胺是广泛存在于人体组织细胞中的一种自身活性物质，与组胺受体作用产生病理生理效应。组胺作用于 H_1 受体，引起肠道、子宫、支气管等器官的平滑肌收缩，严重时引起支气管平滑肌痉挛而呼吸困难。还可引起毛细血管舒张，导致血管通透性增加，产生水肿和痒感，出现过敏反应的症状。组胺作用于 H_2 受体，引起胃酸分泌增加，导致消化性溃疡。

知识链接

组胺 H_3、H_4 受体

组胺 H_3 受体主要分布在中枢神经系统，调节心功能、胃酸分泌、过敏反应、睡眠和觉醒、认知和记忆、惊厥抽搐等，现已发现了一批有着潜在止咳、治疗心肌缺血、止泻或减少胃酸分泌作用的 H_3 受体激动剂类药物和治疗癫痫等中枢神经系统疾病的 H_3 受体拮抗剂类药物。H_4 受体首先在小肠内发现，与调节免疫功能有关，目前正处于研究阶段。

H_1 受体拮抗剂阻断 H_1 受体在体内的作用，具有抗变态反应的药理活性，临床上主要用于抗过敏、抗帕金森病、防治呕吐和眩晕、镇咳等。H_2 受体拮抗剂临床用作抗溃疡药（见第八章消化系统药物）。本节介绍组胺 H_1 受体拮抗剂。

组胺 H_1 受体拮抗剂按化学结构分类可分为乙二胺类、氨基醚类、丙胺类、三环类、哌嗪类、哌啶类等。除乙二胺类外，其他 5 种结构类型均开发出了非镇静性 H_1 受体拮抗剂。

H_1 受体拮抗剂的基本结构可用如下通式表示：

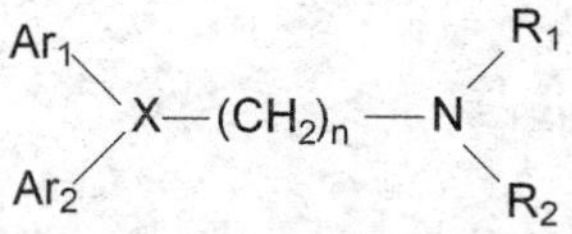

1. Ar_1 和 Ar_2 为芳环、芳杂环、取代芳环或连成三环；X 是 N（乙二胺类）、CHO（氨基醚类）或 CH（丙胺类）等；n = 2 ~ 3，一般为 2，叔胺与芳环中心之间以 0.5 ~ 0.6nm 为保持活性的较好距离；—NR_1R_2 一般为叔胺，也可以是环，如四氢吡咯。

2. 两个芳环（或杂环）Ar_1 和 Ar_2 不处于一个平面时才能保持最大的抗组胺活性，否则活性降低。苯海拉明的两个苯环、氯苯那敏的对氯苯基和吡啶基都不处在同一平面上，异丙嗪分子中噻嗪环呈船式构象，因此均具有较高的抗组胺活性。

3. H_1 受体拮抗剂的几何异构体有立体选择性，显示不同的拮抗活性。光学异构体也显示不同的活性,如氯苯那敏的右旋体活性比左旋体高。

一、乙二胺类

芬苯扎胺(phenbezamine)为乙二胺类第一个临床应用的抗组胺药,活性高,毒性较低。随后用吡啶对苯环进行生物电子等排体交换得到了活性更大和副作用更小的抗过敏药,如曲吡那敏(tripelennamine)。将乙二胺的两个氮原子分别构成杂环,仍为有效的抗组胺药,如安他唑啉(antazoline)。

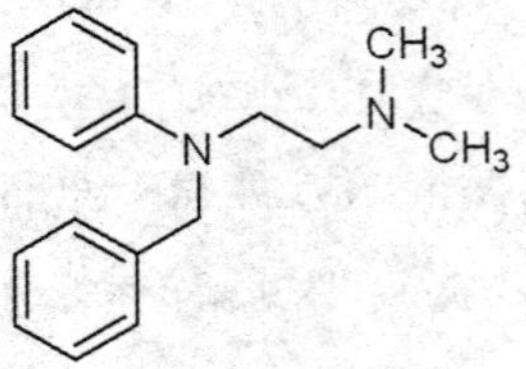

芬苯扎胺

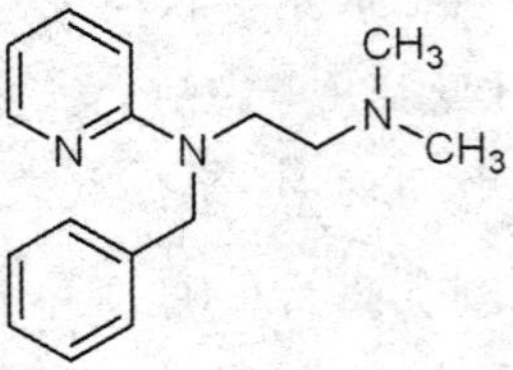

曲吡那敏

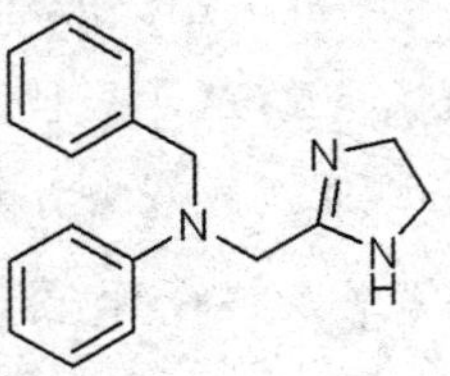

安他唑啉

二、氨基醚类

将乙二胺的 $ArCH_2(Ar')N$—置换成 $Ar(Ar')CHO$—得氨基醚类药物,如苯海拉明(diphenhydramine)为临床常用的 H_1 受体拮抗剂,除用作抗过敏药外,也用于抗晕动病。

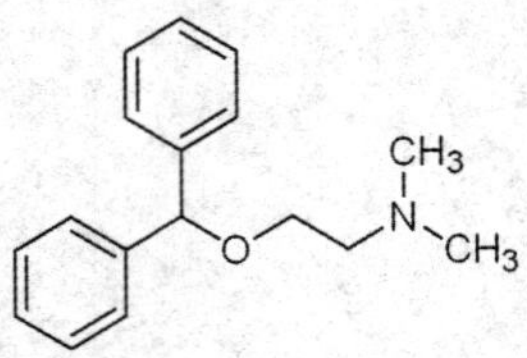

苯海拉明

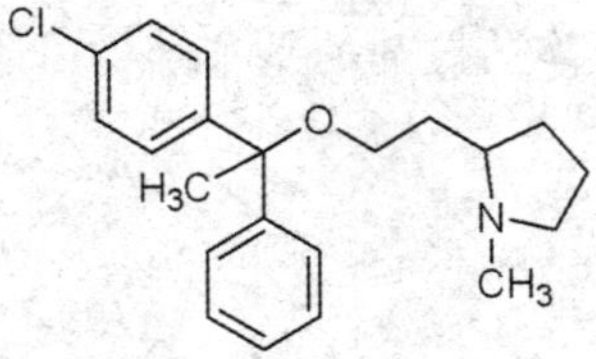

氯马斯汀

经进一步结构改造,得到作用更强的氨基醚类抗组胺药如氯马斯汀(clemastine)等。氯马斯汀是氨基醚类第一个非镇静性抗组胺药,临床用其富马酸盐治疗过敏性鼻炎、荨麻疹、湿疹及其他过敏性皮肤病,也可用于支气管哮喘。

盐酸苯海拉明 Diphenhydramine Hydrochloride

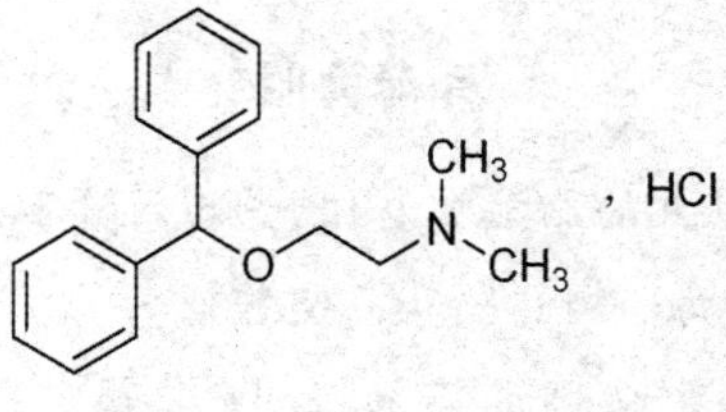

化学名为N,N－二甲基－2－(二苯基甲氧基)乙胺盐酸盐,又名苯那君。

本品为白色结晶性粉末;无臭,味苦,随后有麻痹感;极易溶于水,易溶于乙醇或三氯甲烷,略溶于丙酮,极微溶于乙醚和苯。熔点为167～171 ℃。

本品为醚类化合物,化学性质不活泼,纯品对光稳定。当含有杂质二苯甲醇时,在日光下渐变色。二苯甲醇等杂质可从合成过程带入,也可能因贮存时分解产生。

本品虽为醚类化合物,但由于自身结构特点,分子中有两个苯环与同一个α－碳原子存在共轭效应,比一般的醚更易受酸的催化而分解,生成二苯甲醇和二甲氨基乙醇,二苯甲醇水溶性很小,分散在水层,呈白色乳浊,如加热煮沸,则聚集成油状物,放冷,凝固成白色蜡状固体,紫外光也催化这一分解反应。本品在碱性溶液中稳定。

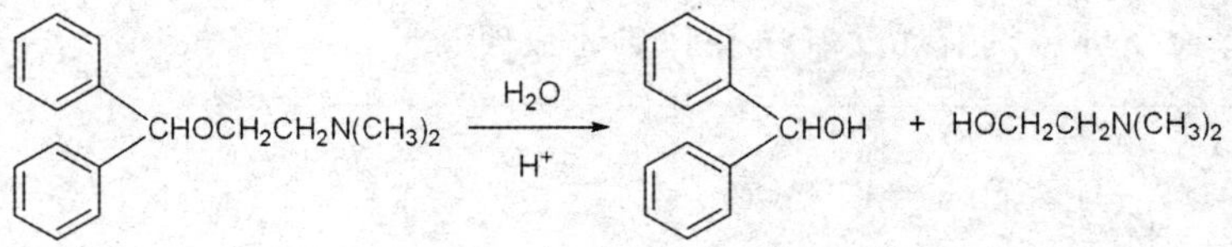

课堂活动

盐酸苯海拉明注射剂放置一段时间后,变浑浊或变色,分析其原因。

本品能被过氧化氢、酸性重铬酸钾或碱性高锰酸钾溶液氧化,均生成二苯甲酮。

本品遇硫酸初显黄色,继变橙红色,加水稀释后,呈白色乳浊液。

本品的水溶液,滴加硝酸银试液,即生成白色凝乳状沉淀。

本品具有叔胺的结构,有类似生物碱的颜色反应和沉淀反应。

本品具有镇静、止吐、防晕作用。主要用于治疗过敏性疾病,也常用于乘车、船引起的恶心、呕吐、头晕等。

知识链接

茶苯海明

苯海拉明结构中有较大的脂溶性基团，易透过血脑屏障产生中枢抑制作用，服用该药后容易困倦，影响车辆驾驶和高空作业。为了克服这一缺点，与具有中枢兴奋作用的8－氯茶碱配伍制成茶苯海明(乘晕宁)，临床用于防治因乘车、船、飞机等引起的恶心、呕吐、眩晕。

三、丙胺类

运用生物电子等排原理，将乙二胺的$ArCH_2(Ar')N$—置换$Ar(Ar')CH$—，得到丙胺类H_1受体拮抗剂。如氯苯那敏(chlorphenamine)，其抗组胺作用强而持久。对该类药物的结构改造中，发现在丙胺链中引入不饱和双键，同样有很好的抗组胺活性，如曲普利啶(triprolidine)。在E型曲普利啶的吡啶环上增加一个亲水的丙烯酸基团，即为阿伐斯汀(acrivastine)，阿伐斯汀不易通过血脑屏障，减少了中枢副作用，是非镇静性H_1受体拮抗剂。

课堂活动

由结构分析阿伐斯汀没有镇静作用的原因？

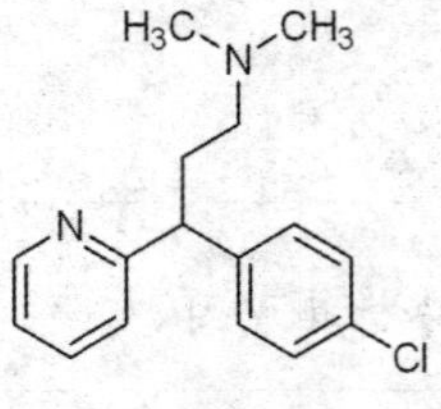

氯苯那敏

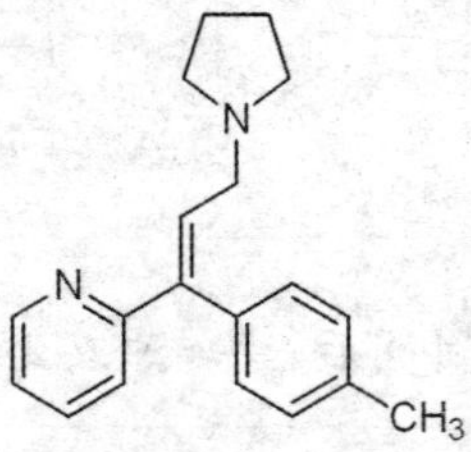

曲普利啶

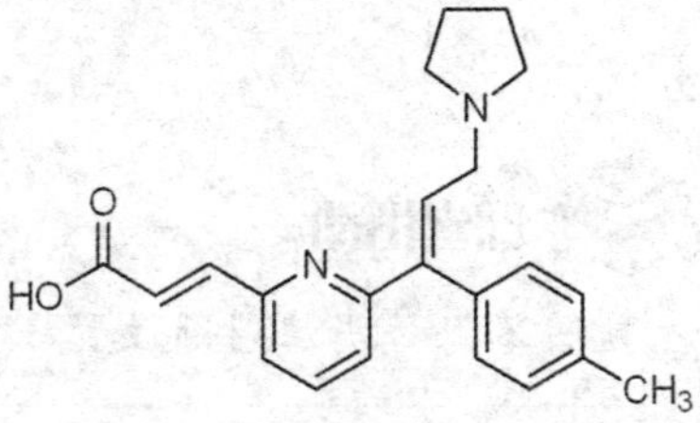

阿伐斯汀

马来酸氯苯那敏 Chlorphenamine Maleate

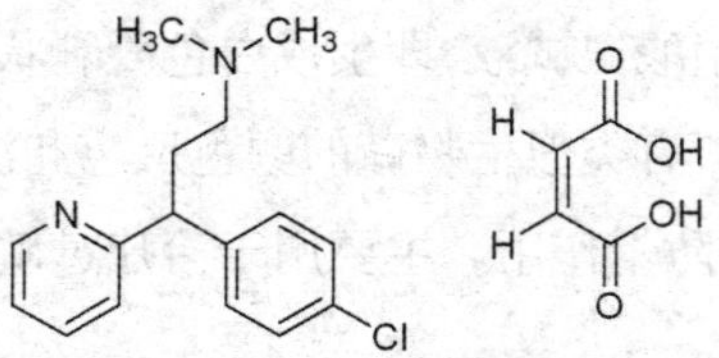

化学名为2-[对-氯-α-[2-(二甲氨基)乙基]苯基]吡啶马来酸盐，又名扑尔敏。

本品为白色结晶性粉末；无臭，味苦，易溶于水、乙醇、三氯甲烷，微溶于乙醚。熔点为131.5~135 ℃。

本品具有升华性，升华物为特殊晶形，可与其他 H_1 受体拮抗剂区别。

本品分子中的马来酸是较强的酸，故其水溶液呈酸性。

本品结构中有一个手性碳原子，存在一对光学异构体，右旋体（S 构型）的活性强于左旋体（R 构型），药用为其外消旋体。

本品的马来酸结构中有不饱和双键，加稀硫酸及高锰酸钾试液，红色褪去。

本品具有叔胺结构，与枸橼酸醋酐试液在水浴上加热，呈红紫色。

本品用量小，副作用小，适合小儿使用。主要用于过敏性鼻炎、荨麻疹、各种过敏性皮肤病等。

课堂活动

服用过抗过敏药扑尔敏的司机为什么暂时不能驾驶车辆？如果司机要驾驶车辆，服用哪种药物比较合适？

四、三环类

将上述的乙二胺类、氨基醚类、丙胺类药物的两个芳（杂）环通过一个或两个原子连接得到三环类 H_1 受体拮抗剂，如异丙嗪（promethazine）和赛庚啶（cyproheptadine）等。氯雷他定（loratadine）、酮替芬（ketotifen）是赛庚啶的结构类似物；酮替芬抗过敏作用很强，是一种可以口服的过敏介质释放抑制剂，多用于过敏性哮喘。氯雷他定对外周 H_1 受体有很高的亲和力，不易通过血脑屏障进入中枢神经系统，对中枢受体的作用很低，该药为三环类非镇静性抗组胺药。酮替芬具有 H_1 受体拮抗作用，还是过敏介质释放抑制剂，具有较强的中枢抑制不良反应。

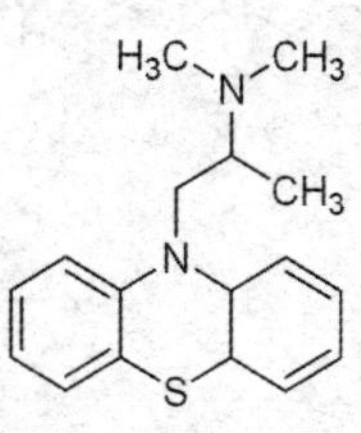

异丙嗪

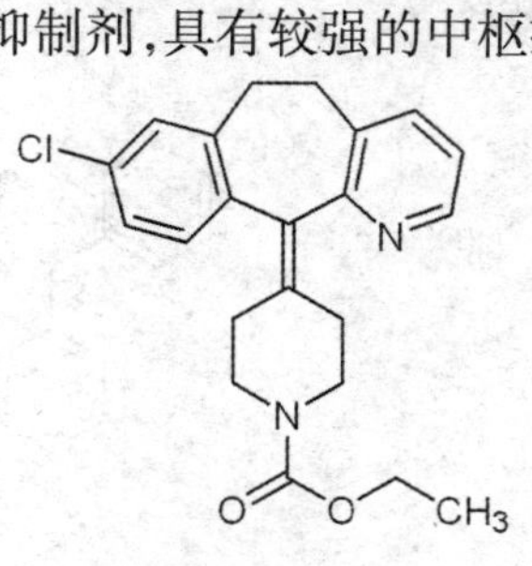

氯雷他定

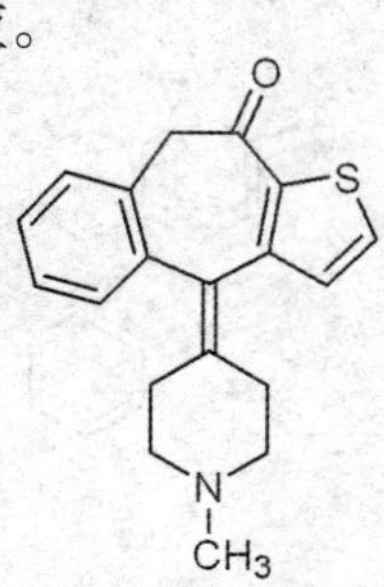

酮替芬

盐酸赛庚啶　Cyproheptadine Hydrochloride

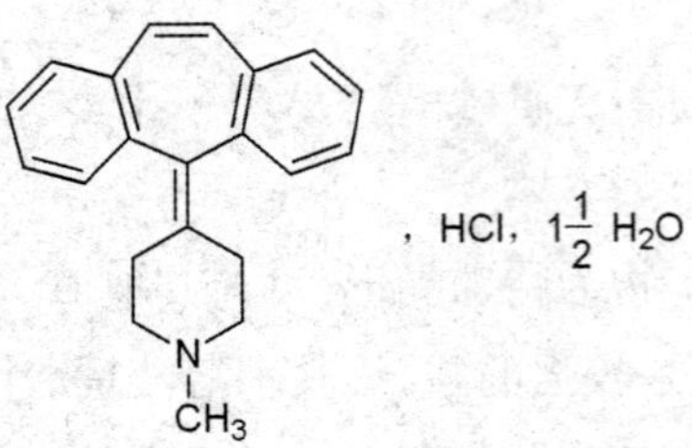

化学名为1-甲基-4-(5H-二苯并[a,d]环庚三烯-5-亚基)哌啶盐酸盐倍半水合物。

本品为白色至微黄色的结晶性粉末;几乎无臭,味微苦;易溶于甲醇,溶于三氯甲烷,略溶于乙醇,微溶于水,几乎不溶于乙醚。其水溶液显酸性。熔点为252~253 ℃。

本品中含1.5分子结晶水,在溶解过程中溶液有乳化现象。

本品结构中含有不饱和双键,对光敏感,应遮光,密封保存。

本品具有叔胺结构,与甲醛硫酸试液作用,显灰绿色。

本品的饱和水溶液显氯化物的鉴别反应。

本品临床用于荨麻疹、血管性水肿、过敏性鼻炎、过敏性结膜炎、其他过敏性瘙痒性皮肤病。

五、哌嗪类

将乙二胺的两个N原子环化成哌嗪环,同样具有很好的抗组胺活性,且作用时间长,如布克利嗪(buclizine)。为了减少中枢副作用,分子中引入亲水性基团羧甲氧烷基,得西替利嗪(cetirizine),H_1受体选择性好,不易通过血脑屏障,中枢镇静作用少,该药为哌嗪类非镇静性抗组胺药。

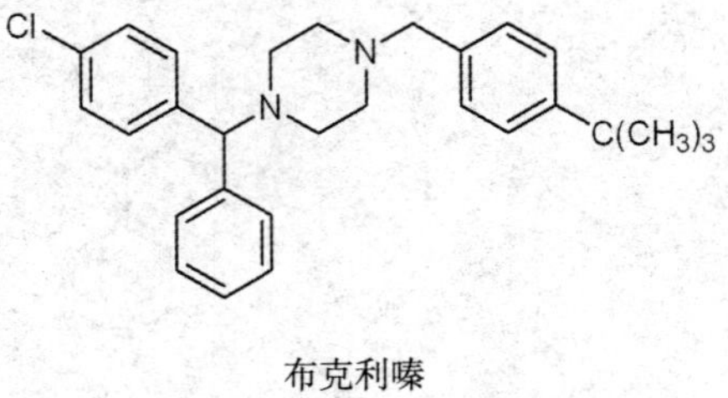

布克利嗪

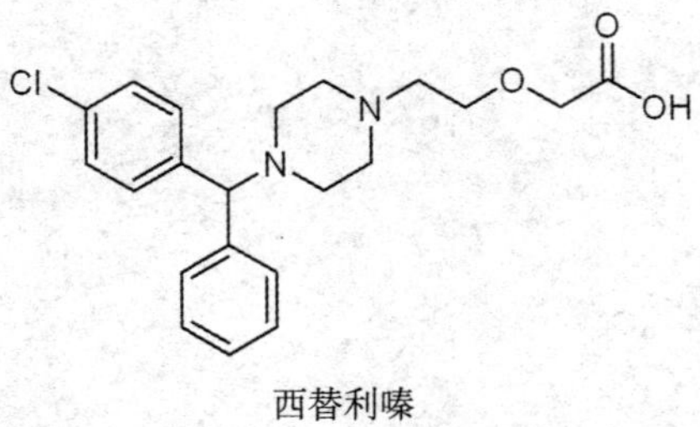

西替利嗪

课堂活动

由结构分析西替利嗪属于非镇静类 H_1 受体拮抗剂的原因。

总结本节学过的非镇静性 H_1 受体拮抗剂，并分析它们的结构特点。

总结哪些组胺 H_1 受体拮抗剂有镇静催眠作用？应用时应注意哪些问题？

六、哌啶类

哌啶类是非镇静性 H_1 受体拮抗剂的主要类型。如阿司咪唑（astemizole）、左卡巴斯汀（levocabastine）等。阿司咪唑抗组胺作用强，选择性阻断 H_1 受体，无中枢镇静及抗胆碱作用，临床上用于治疗季节性过敏性鼻炎和荨麻疹等，但服用过量可引起心律失常。左卡巴斯汀是卡巴斯汀的左旋体，是一种局部应用的强效、速效、具有高度选择性的 H_1 受体拮抗剂。

知识链接

其他抗过敏药物

①过敏介质释放抑制剂，如色甘酸钠、曲尼司特、奈多罗米特。

②过敏介质拮抗剂，白三烯、扎鲁司特、普鲁司特。

③组胺脱敏药，如倍他司汀。

④抑制抗原抗体反应药，如肾上腺皮质激素类药、免疫抑制药等。

⑤改善或控制变态反应症状药，如平滑肌解痉药异丙肾上腺素、沙丁胺醇等；减轻过敏所致水肿药，如氯化钙、葡萄糖酸钙等钙制剂。

第四节　局部麻醉药

局部麻醉药（简称局麻药）作用于神经末梢及神经干，是一种能暂时、完全和可逆性地阻滞神经冲动传导功能，使局部的感觉（主要是痛觉）丧失，而不影响人的意识。局麻药一般用于小手术，较全身麻醉药安全。

知识链接

全身麻醉药

全身麻醉药是一类作用于中枢神经系统，使其受到可逆性抑制，从而导致人的意识、感觉和反射暂时消失，特别是痛觉消失的药物。全身麻醉药根据给药途径又分为两类：一类是吸入麻醉药，如麻醉乙醚、氟烷等；一类是静脉麻醉药，如氯胺酮、羟丁酸钠及硫喷妥钠等。

从南美洲古柯树叶中提取的可卡因（cocaine，古柯碱），为最早使用的局麻药，但是有水溶液不稳定、成瘾性、毒性较强、致变态反应、组织刺激性等缺点，因此对其结构进行改造，1904 年开发出了普鲁卡因（procaine），其作用优良，无可卡因的不良反应，其盐酸盐水溶性较大，可制成注射剂，至今仍为临床广泛使用的局部麻醉药。

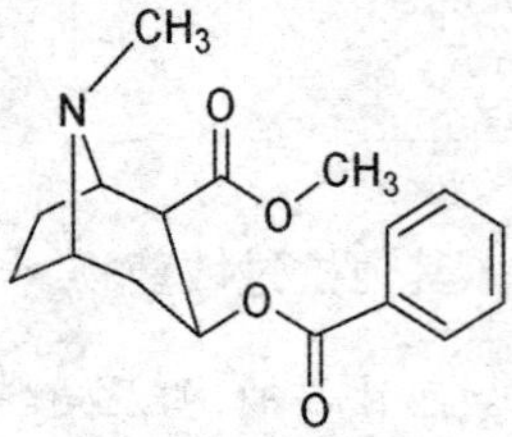

可卡因

普鲁卡因的发现，使人们认识到苯甲酸酯的重要性，进一步发展了其他类局部麻醉药。局部麻醉药按化学结构类型可分为芳酸酯类、酰胺类、氨基醚类、氨基酮类、氨基甲酸酯类等。

知识链接

可卡因的滥用及危害

滥用可卡因的由来和发展已有 100 多年的历史。大约在 1880 年，在美国和欧洲，可卡因被推荐作为一种全身强壮剂和医治枯草热病的药物，亦曾被用来作为治疗吗啡毒瘾的药物，但不久即发现其医疗作用（主要是中枢兴奋作用）比原来的毒瘾还可怕而停止使用。尽管如此，除某些公开上市药品中含有可卡因以外，糖、酒、饮料及滋补品类中亦掺有提纯的可卡因，在市场上大量倾售，从而使可卡因的滥用更加无度。直到 1914 年，可卡因才与吗啡、海洛因一道受到管制。据测试，约 70 毫克纯可卡因可使 70 公斤的成年人当即毙命，其毒性作用不愧为“毒品之王”的称呼。

一、芳酸酯类

从普鲁卡因的发现和应用到现在已有一百多年历史，由于该药物没有像可卡因那样严重的局部和全身毒性，至今一直是临床应用最为经典的局部麻醉药物。

盐酸普鲁卡因　Procaine Hydrochloride

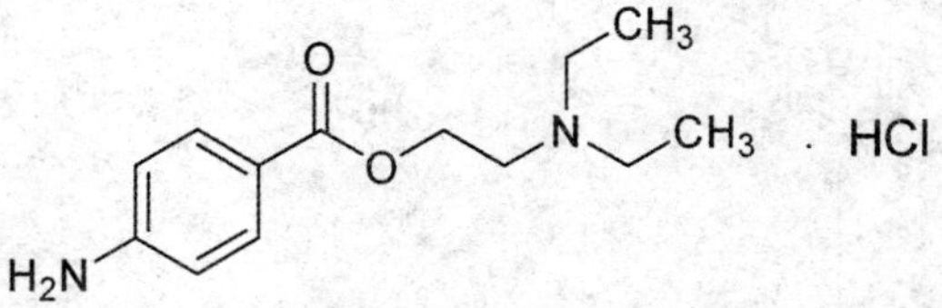

化学名为4－氨基苯甲酸－2－(二乙氨基)乙酯盐酸盐，又名盐酸奴佛卡因。

本品的合成方法：以对硝基甲苯为原料，经重铬酸氧化生成对硝基苯甲酸，再与二乙氨基乙醇酯化，用二甲苯共沸脱水得硝基卡因(对硝基苯甲酸－2－二乙氨基乙酯)，然后用稀盐酸、铁粉还原为普鲁卡因，与浓盐酸成盐后即得。

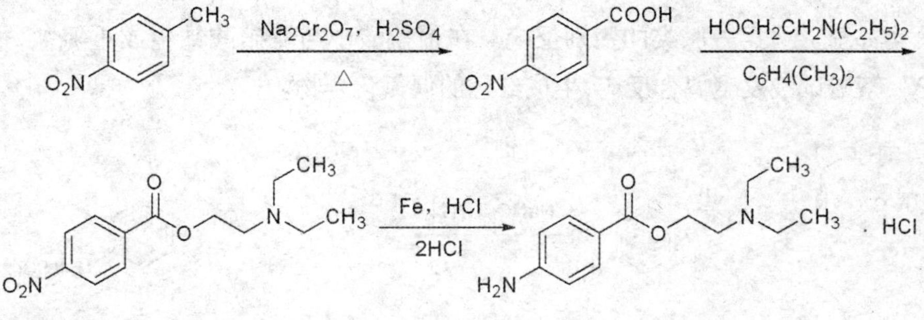

课堂活动

为什么对硝基甲苯先氧化后还原？为什么先将对硝基苯甲酸成酯后再还原？

本品为白色结晶或结晶性粉末；无臭，味微苦，随后有麻痹感，本品易溶于水，略溶于乙醇，微溶于三氯甲烷，几乎不溶于乙醚。熔点为154～157 ℃。

本品为盐酸盐，其水溶液加氢氧化钠溶液后游离，析出普鲁卡因白色沉淀，加热酯水解，产生二乙氨基乙醇(蒸气使湿润的红色石蕊试纸变蓝)和对氨基苯甲酸钠，放冷，加盐酸酸化，即析出对氨基苯甲酸白色沉淀，此沉淀能在过量的盐酸中溶解。

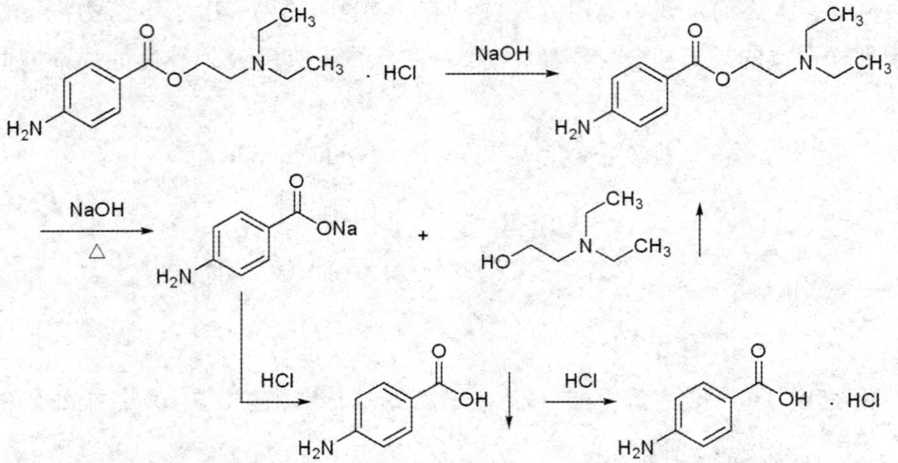

本品的结构中含有芳香第一胺，具有还原性，光照下容易氧化变色，宜遮光、密封保存。另外，pH 及温度升高、紫外线、氧、重金属离子等均可加速其氧化，故配制盐酸普鲁卡因注射液时，应调节 pH 为 3.5～5.5 之间，并严格控制灭菌温度和时间。

本品显芳香第一胺类的鉴别反应。在稀盐酸中与亚硝酸钠生成重氮盐，加碱性 β－萘酚试液发生偶合反应，生成红色的偶氮化合物。

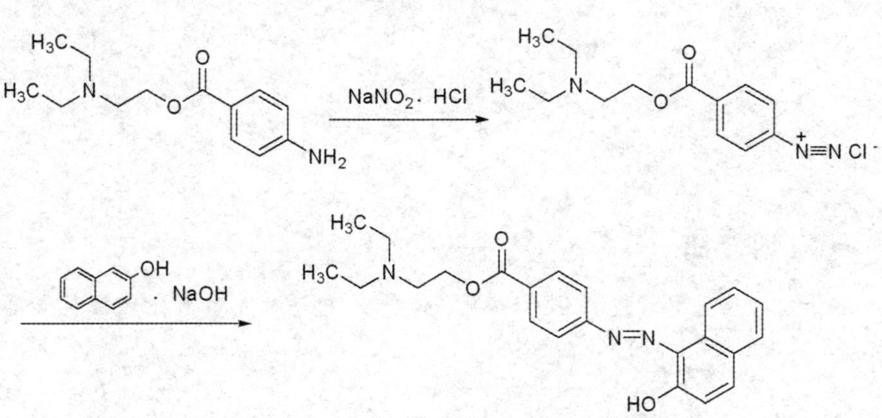

课堂活动

总结芳香第一胺的化学性质及其应用。

本品化学结构中含有酯键，酸、碱和体内酯酶均能促使其水解。药典规定本品的注射液必须检查对氨基苯甲酸的存在，利用对氨基苯甲酸可与对二甲氨基苯甲醛生成有颜色的缩合物，与对照品溶液比较来判断对氨基苯甲酸的存在。

本品具有叔胺的结构，其水溶液能与一些生物碱沉淀试剂反应，如与氯化金试液、碘化铋钾试液、碘试液、碘化汞钾试液和三硝基苯酚试液等反应生成沉淀。

本品显氯化物的鉴别反应。

本品在体内的代谢过程主要为血浆假性胆碱酯酶催化水解生成对氨基苯甲酸和二乙氨基乙醇。前者是普鲁卡因引起过敏反应的主要原因，80%可随尿排出，或形成结合物后排出。后者有微弱的麻醉作用，30%随尿排出，其余可在肝脏继续脱氨、脱羟和氧化后排出。

本品局部麻醉作用强，毒性低且无成瘾性。但其穿透力弱，不能作表面麻醉用。临床上用于浸润麻醉、阻滞麻醉、腰麻、硬膜外麻醉和局部封闭疗法。

案例分析

案例：有位患者系支气管哮喘伴有神经官能症，医生开具下列处方：

氨茶碱注射液　0.125 g

地塞米松注射液　5 ml

盐酸普鲁卡因注射液　0.45 g

10%葡萄糖注射液　250 ml

以上处方是否合理？

分析：盐酸普鲁卡因注射液为酸性药物，氨茶碱注射液为碱性药物，两者合用后析出普鲁卡因使注射液呈现浑浊，普鲁卡因在碱性条件下发生水解而失效。氨茶碱在pH8以下易变色降效。地塞米松与盐酸普鲁卡因混合可使后者分解，产生具有毒性的苯胺。

普鲁卡因易水解失效，麻醉持续时间短。为了克服这些缺点，提高稳定性，以普鲁卡因作为先导物，对苯环、氨基侧链、碳链、羧酸酯进行变化，获得了一系列其他芳酸酯类局麻药见表6－5。

表 6－5　临床常见的其他芳酸酯类药物

药物名称	药物结构	作用特点及用途
氯普鲁卡因 chloroprocaine	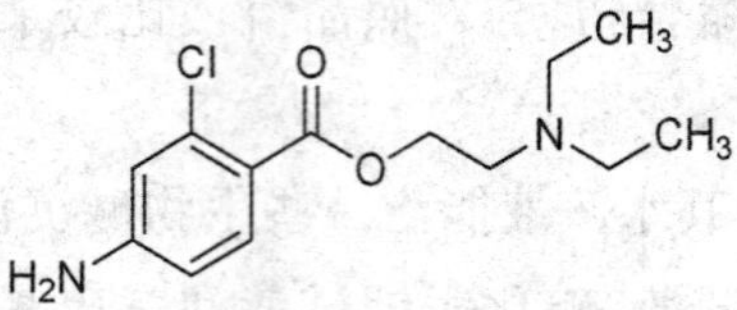	局部麻醉作用比普鲁卡因强 2 倍，毒性小，作用迅速持久，临床上用于各种手术麻醉
丁卡因 tetracaine	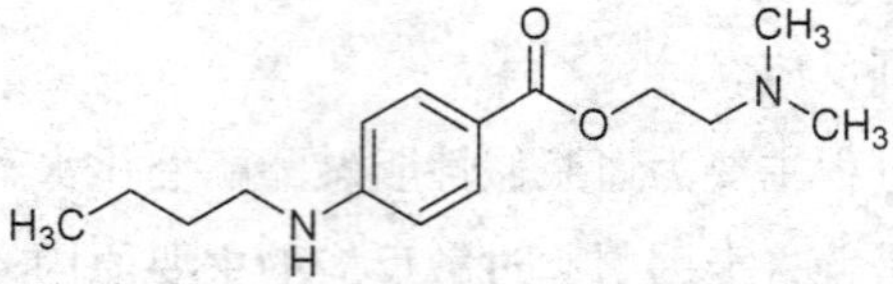	局麻作用比普鲁卡因强 5～10 倍，穿透力强，但毒性也大，作用迅速。临床主要用于黏膜麻醉
布他卡因 butacaine	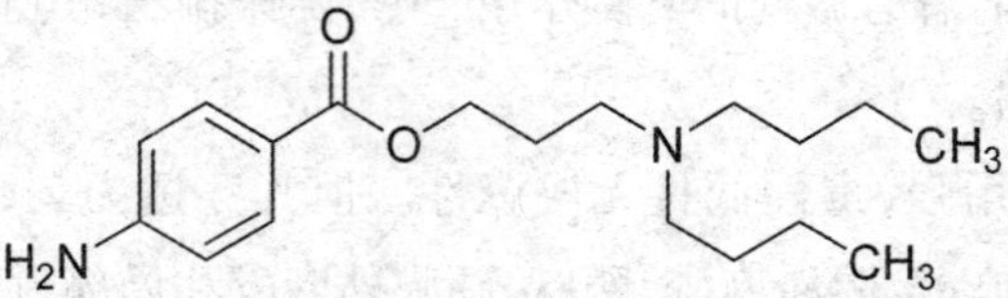	麻醉作用比普鲁卡因强 3 倍，可用于浸润麻醉和表面麻醉
二甲卡因 dimethocaine	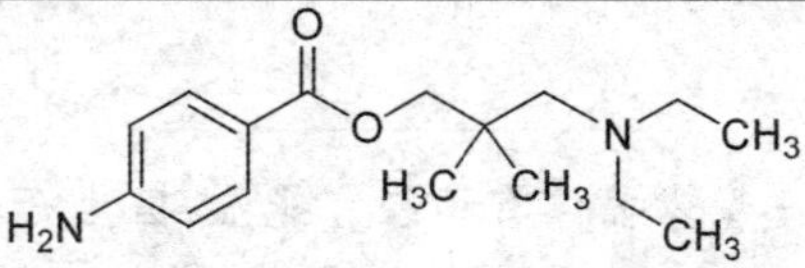	麻醉作用比普鲁卡因强，作用时间长
硫卡因 thiocaine	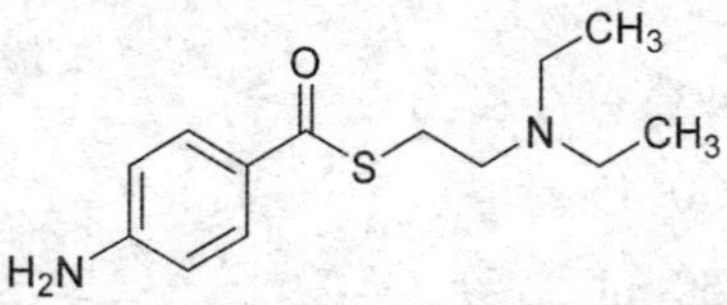	局麻作用较普鲁卡因强，毒性也比普鲁卡因大，可用于浸润麻醉及表面麻醉

难点释疑

麻醉药品与麻醉药

麻醉药品(narcotic drug)是指列入麻醉药品目录的药品或其他物质，连续使用后易产生身体依赖性和精神依赖性，能成瘾癖的药品。其使用和储存应严格管理。麻醉药(anesthetic)是指可以使患者暂时、可逆性失去知觉及痛觉的药物，在药理上虽具有麻醉作用，但一般不易产生依赖性、成瘾性。

麻醉药品的专有标识——“麻”字白底蓝字。

二、酰胺类

1936 年全合成异芦竹碱(isogramine)时,发现其开环前具有局麻作用。于是人们合成了五十多个类似物,从中筛选出了利多卡因(lidocaine)。

盐酸利多卡因　Lidocaine Hydrochloride

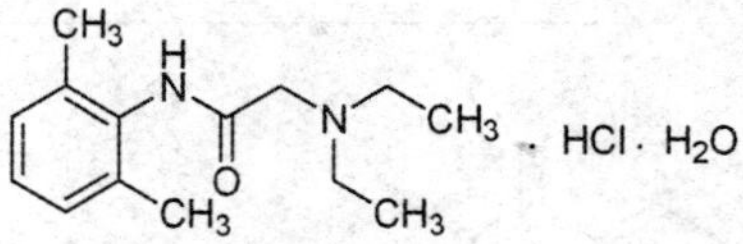

化学名为 N-(2,6-二甲苯基)-2-(二乙氨基)乙酰胺盐酸盐一水合物,又名盐酸赛洛卡因。

本品为白色结晶性粉末;无臭,味苦,继有麻木感;易溶于水或乙醇,溶解于三氯甲烷,不溶于乙醚;熔点为 75~79 ℃;密封保存。

本品在空气中稳定,对酸、碱均较稳定,不易水解。

本品具叔胺结构,其水溶液加三硝基苯酚试液,即产生复盐沉淀,熔点为 288~232 ℃,熔融时同时分解。

本品酰胺键上的氮能与金属离子生成有色的配位化合物。其水溶液加硫酸铜和碳酸钠试液,即显蓝紫色,加三氯甲烷振摇后放置,三氯甲烷显黄色;其乙醇溶液与氯化钴试液显绿色,放置后,生成蓝绿色沉淀。

本品局部麻醉作用为普鲁卡因的 2~9 倍,因其性质稳定,起效快,维持时间较长,具有穿透性、弥散性强、刺激性小的特点,被认为是较理想的局部麻醉药。主要用于表面麻醉、硬膜外阻滞或神经阻滞、室性心律失常。

课堂活动

分析利多卡因的结构,说明为什么作用比普鲁卡因强、持久?

改造利多卡因的结构,获得其他酰胺类药物(见表 6-6)。

表 6－6　临床常见的其他酰胺类药物

药物名称	药物结构	作用特点及用途
丙胺卡因 prilocaine	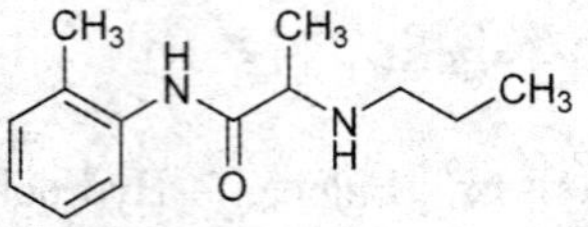	局部麻醉作用与利多卡因相仿，但作用时间延长较长，毒性较小。用于硬膜外麻醉、阻滞麻醉及浸润麻醉
布比卡因 bupivacaine	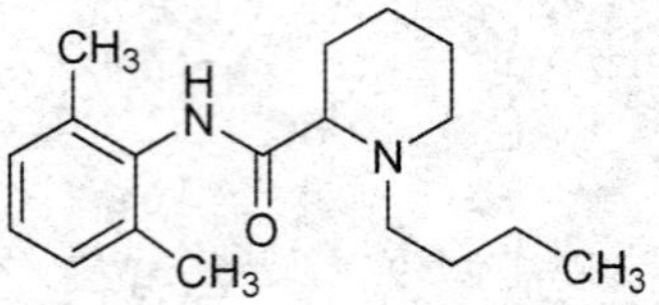	为长效局麻药，局麻作用比利多卡因强 4～5 倍，作用持续时间长，较安全。临床用于局部浸润麻醉、外周神经阻滞麻醉及椎管内阻滞麻醉
依替卡因 etidocaine	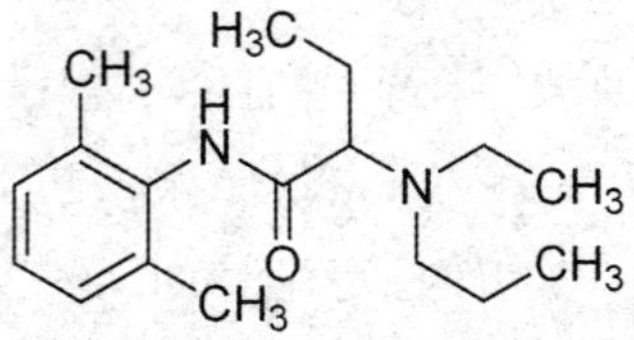	局麻作用与布比卡因相似，起效迅速，持续时间长，主要用于浸润麻醉、神经阻滞麻醉及硬膜外麻醉

三、氨基酮类、氨基醚类及氨基甲酸酯类

氨基酮类是用电子等排体—CH_2—代替酯键中的—O—，作用时间延长。此类药物中的达克罗宁(dyclonine)对黏膜穿透力强，作用迅速，具有很强的表面麻醉作用。对皮肤有止痛、止痒及杀菌作用，可用于火伤、擦伤、痒疹、虫咬伤、痔瘘、溃疡、褥疮以及喉镜、气管镜、膀胱镜检查前的准备。

氨基醚类是用醚键代替前两类局麻药中的酯键或酰胺键，稳定性增加，麻醉作用强而持久。如普莫卡因(pramocaine)，用作表面麻醉。

具有氨基甲酸酯结构的药物有卡比佐卡因(carbizocaine)等，有很强的局部麻醉作用，临床曾作为表面麻醉剂。

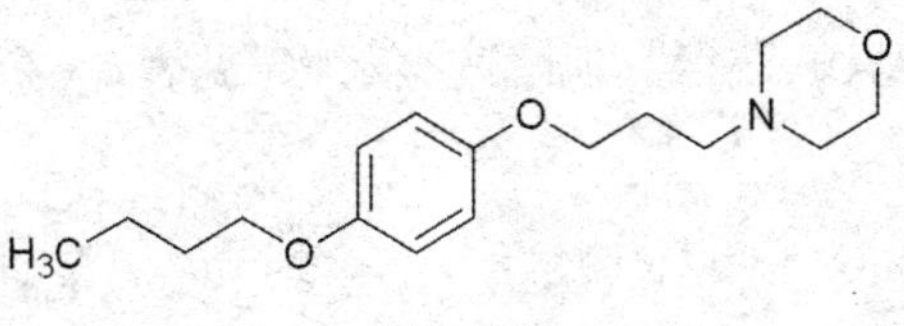

普莫卡因

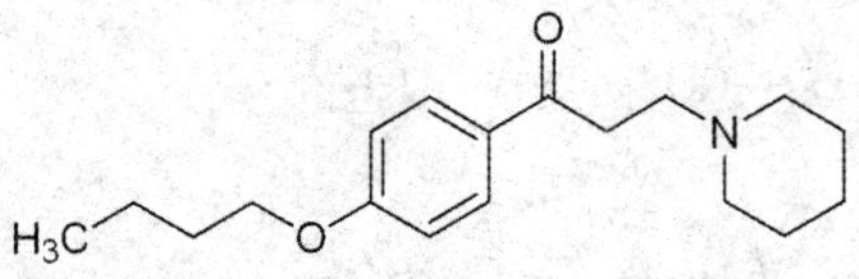

达克罗宁

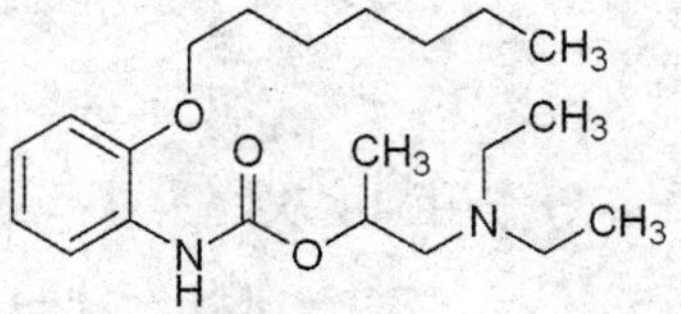

卡比佐卡因

四、构效关系

局部麻醉药的化学结构可概括为三部分,即亲脂部分、中间链和亲水部分。

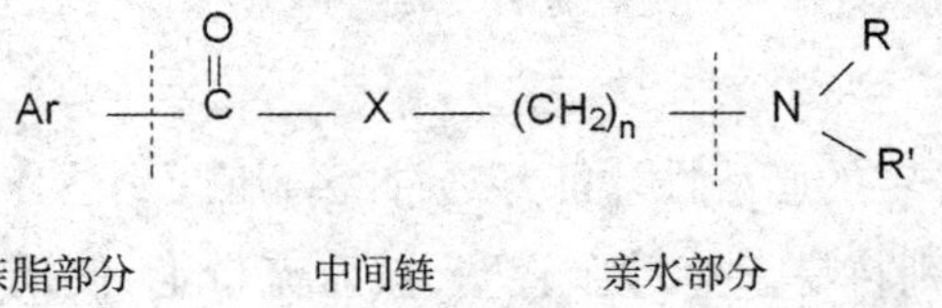

1. 亲脂部分　可为芳烃及芳杂环,其中苯环的作用较强。其作用强度顺序为:

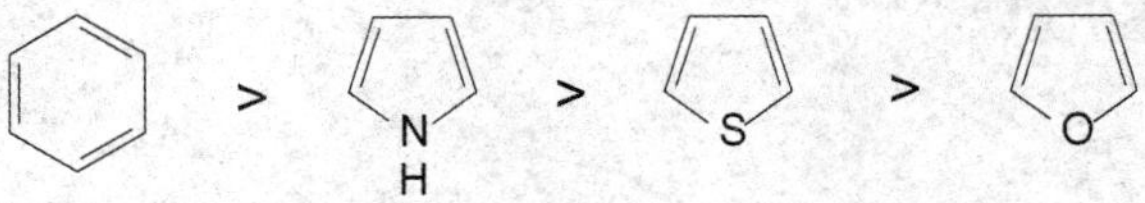

苯环的邻、对位由给电子基—OH、—OR、—NH_2 等取代时作用增强。若苯环的邻位再引入其他取代基,如—Cl、—OH、—OR 等,由于位阻作用延缓了酯的水解,活性增强,作用时间延长,如氯普鲁卡因。当氨基苯甲酸酯类药物氨基上氢以烷基取代时,增加了氨基的供电子能力使活性增强,但毒性也增加,如丁卡因。

难点释疑

—OH、—OR、—NH_2 与局麻作用

—OH、—OR、—NH_2 等基团的引入,使局麻作用增强。

—OH、—OR、—NH_2 与苯环相连,形成 P—π 共轭效应,电子云密度趋向于平均化,表现为供电子基,促进羰基的极化,使羰基的极性增加,增强药物与受体的亲和力,局麻作用增强。

2. 中间链

中间链与局部麻醉药作用持续时间有关,并决定药物的稳定性。当 X 分别为

O、S、NH 和 CH_2 时，则根据水解的难易程度，其麻醉持续时间为：

$$—COCH_2—>—CONH—>—COS—>—COO—$$

麻醉作用强度次序为：

$$—COS—>—COO—>—COCH_2—>—CONH—$$

中间链中的 n 以 2～3 为好，碳链增长，如在酯基的 α 位引入支链，由于位阻作用使酯键不易水解，局麻作用增强，作用时间延长，但毒性增大。

3. 亲水部分

亲水部分多为叔胺或脂环胺（如吡咯、哌啶等）。伯胺、仲胺刺激性较大，季铵有箭毒样作用而不被采用。叔胺上的两个烷基一般相同，烷基以 3～4 个碳原子时作用最强。

局麻药必须有一定的脂溶性才能穿透神经细胞膜到达作用部位。而药物的脂溶性又不能太大，否则将易于穿透血管壁，被血流带走，使局部浓度很快降低而达不到应有效果。因此，局部麻醉药的亲脂性部分和亲水性部分必须保持适当的平衡，即有合适的脂水分配系数。

目标检测

一、选择题

（一）单项选择题

1. 关于硫酸阿托品，下列说法不正确的是　（　　）

A. 遇碱性药物引起分解　　B. 水溶液呈中性

C. 在碱性溶液较稳定　　D. 可用 Vitali 反应鉴别

2. 局麻作用最强的是　（　　）

A. 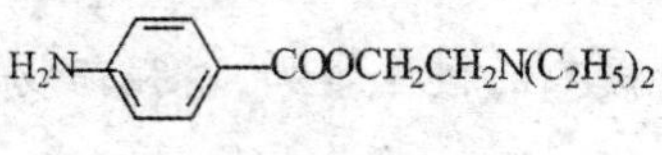

B. 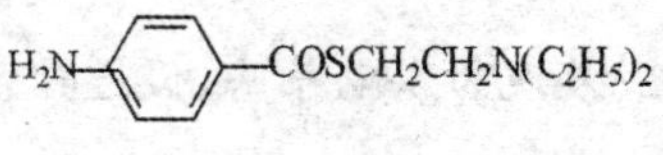

C. 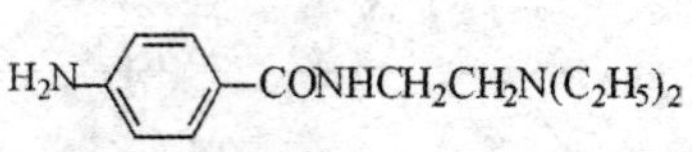

D. 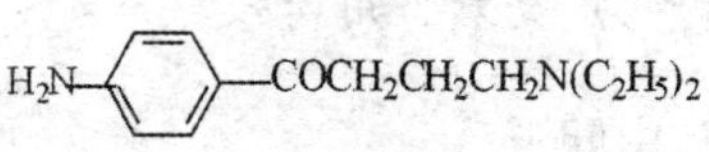

3. 具有莨菪酸结构的特征定性鉴别反应是　（　　）

A. 重氮化－偶合反应　　B. $FeCl_3$ 试液显色反应

C. 坂口反应　　D. Vitali 反应

4. 属于芳酸酯类局麻药的是　（　）

A. 盐酸普鲁卡因　　B. 盐酸利多卡因

C. 达克罗宁　　D. 盐酸普鲁卡因胺

6. 属于丙胺类 H_1 受体拮抗剂的药物是　（　）

A. 苯海拉明　　B. 氯苯那敏

C. 西替利嗪　　D. 酮替芬

7. 属于氨基醚类 H_1 受体拮抗剂的药物是　（　）

A. 赛庚啶　　B. 氯雷那定

C. 苯海拉明　　D. 氯苯那敏

8. 属于非镇静 H_1 受体拮抗剂的药物是　（　）

A. 氯苯那敏　　B. 酮替芬

C. 氯雷他定　　D. 苯海拉明

9. 茶苯海拉明属于组胺 H_1 受体拮抗剂的哪种结构类型　（　）

A. 乙二胺类　　B. 哌嗪类

C. 丙胺类　　D. 氨基醚类

10. 用于抗过敏的药物是　（　）

A. 西咪替丁　　B. 哌替啶

C. 盐酸苯海拉明　　D. 普萘洛尔

11. α_1 受体拮抗剂是，　（　）

A. 盐酸哌唑嗪　　B. 去甲肾上腺素

C. 麻黄碱　　D. 普萘洛尔

12. 该结构的药物是 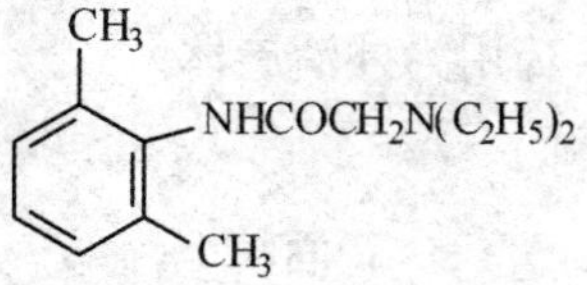　（　）

A. 利多卡因　　B. 布比卡因

C. 普鲁卡因　　D. 丁卡因

13. 苯海拉明见光易变色，说明含有杂质　（　）

A. 二苯甲酮　　B. 二苯甲醇

C. 二氨基乙醇　　D. 二苯乙醇

14. 苯异丙胺类药物 (　　)

A. 沙丁胺醇　　B. 肾上腺素

C. 去甲肾上腺素　　D. 麻黄碱

15. “瘦肉精”的主要成分是 (　　)

A. 肾上腺素　　B. 麻黄碱

C. 普萘洛尔　　D. 克伦特罗(或沙丁胺醇)

16. β-受体拮抗剂是 (　　)

A. 盐酸哌唑嗪　　B. 去甲肾上腺素

C. 麻黄碱　　D. 阿替洛尔

17. 下列的说法与肾上腺素不符的是 (　　)

A. 含有邻苯二酚结构　　B. 对α和β受体都有较强的激动作用

C. 药用为R构型,具有右旋光性　　D. 呈酸碱两性

18. 选择性作用于β受体的药物是 (　　)

A. 肾上腺素　　B. 可乐定

C. 去甲肾上腺素　　D. 异丙肾上腺素

19. 沙丁胺醇氨基上的取代基为 (　　)

A. 甲基　　B. 异丙基

C. 叔丁基　　D. 乙基

20. 关于马来酸氯苯那敏叙述不正确的是 (　　)

A. 氨基醚类 H_1 受体拮抗剂

B. 加稀硫酸及高锰酸钾试液颜色褪去

C. 具有酸性

D. 分子结构中有一个手性碳原子,药用为外消旋体

21. 盐酸普鲁卡因易溶于下列哪种试剂 (　　)

A. 水　　B. 酒精

C. 三氯甲烷　　D. 乙醚

22. 盐酸普鲁卡因与 $NaNO_2$-HCl 液反应后,再与碱性β-萘酚偶合成红色化合物,其依据为 (　　)

A. 生成 NaCl　　B. 叔胺氧化

C. 酯基水解　　D. 芳香第一胺

23. 结构中无酚羟基的药物是　　（　　）

A. 肾上腺素　　B. 麻黄碱

C. 异丙肾上腺素　　D. 去甲肾上腺素

24. 利多卡因的作用时间比普鲁卡因长的原因是　　（　　）

A. 酰胺比酯键稳定,同时还有邻位 2 个甲基的位阻作用

B. 酰胺比酯键不稳定

C. 氨基酮的结构不易水解

D. 碳链的支链的位阻作用

25. 盐酸西替利嗪属于下列哪类抗过敏药　　（　　）

A. 乙二胺类　　B. 哌嗪类

C. 丙胺类　　D. 氨基醚类

26. 下列哪个药物属于 β 受体拮抗剂　　（　　）

A. 哌唑嗪　　B. 硫酸阿托品

C. 阿替洛尔　　D. 肾上腺素

(二)配伍选择题

(1 ~ 5 题)　A. 氯苯那敏　B. 肾上腺素　C. 麻黄碱　D. 苯海拉明　E. 普鲁卡因

1. 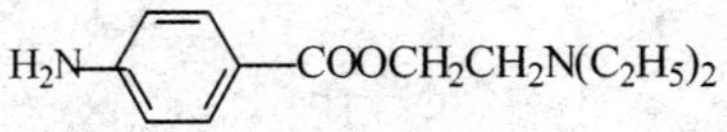

2. 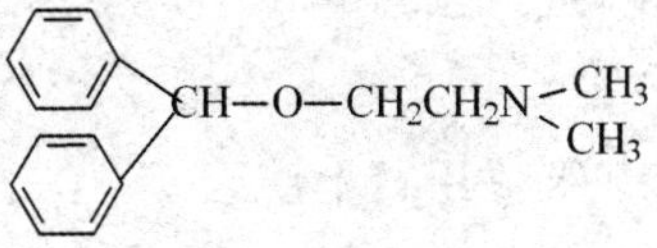

3. 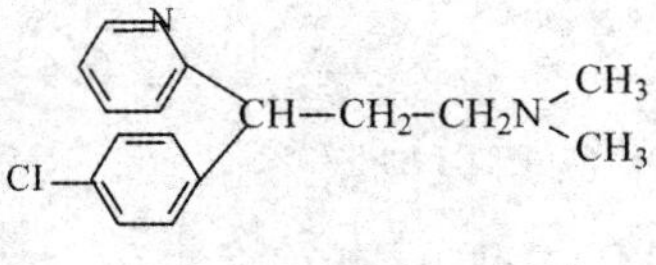

4. 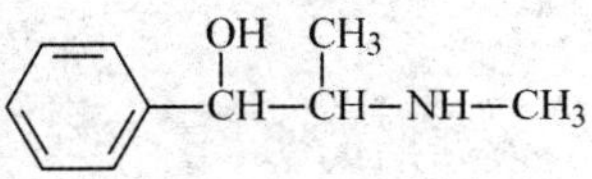

5. 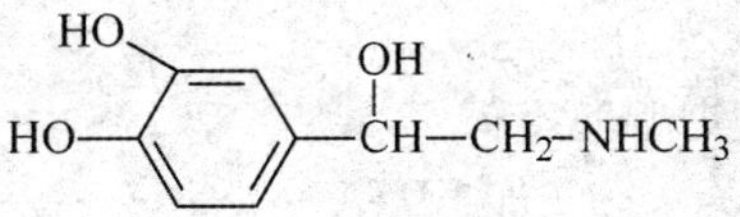

（6～10 题） A. 特拉唑嗪　B. 阿替洛尔　C. 肾上腺素　D. 氯苯那敏　E. 阿托品

6. M 受体拮抗剂

7. α、β 受体激动剂

8. β 受体拮抗剂

9. α 受体拮抗剂

10. 组胺 H_1 受体拮抗剂

(三) 多项选择题

1. 下列哪些结构类型属于 H_1 受体拮抗剂　(　　)

A. 乙二胺类　B. 氨基醚类　C. 氨基酮类

D. 丙胺类　E. 哌嗪类

2. 下列属于非镇静性 H_1 受体拮抗剂的药物是　(　　)

A. 苯海拉明　B. 氯苯那敏　C. 赛庚啶

D. 西替利嗪　E. 氯雷他定

3. 苯甲酸酯类局部麻醉药的基本结构的主要组成部分是　(　　)

A. 亲脂部分　B. 中间连接部分　C. 亲水部分

D. 6 元杂环部分　E. 阴离子部分

4. 关于普鲁卡因叙述正确的是　(　　)

A. 芳酸酯类局麻药　B. 酰胺类局麻药　C. 具全麻作用

D. 能发生重氮化偶合反应　E. 能与 $AuCl_3$ 反应生成沉淀

5. 属于苯乙胺类的拟肾上腺素药物是　(　　)

A. 甲氧明　B. 麻黄碱　C. 去甲肾上腺素

D. 异丙肾上腺素　E. 沙丁胺醇

6. 下列说法与肾上腺素相符的是　(　　)

A. 含有邻苯二酚结构　B. 呈酸碱两性　C. 可以口服

D. 对 α 和 β 受体都有较强的激动作用　E. 药用 R 构型，具有右旋性

7. 能发生维他利反应的药物　(　　)

A. 溴丙胺太林　B. 氢溴酸山莨宕碱　C. 溴新斯的明

D. 硫酸阿托品　E. 碘解磷定

8. 配制盐酸肾上腺素注射液为防止氧化应采取的措施有　(　　)

A. 充惰性气体　B. 加焦亚硫酸钠　C. 加 EDTA－2Na

D. 控制 pH 为 2.5 ~ 5.0　E. 100 ℃流通蒸汽灭菌 15 分钟

9. 局麻药的结构类型有　（　）

A. 芳酸酯类　B. 酰胺类　C. 氨基醚类

D. 巴比妥类　E. 氨基酮类

10. 含有邻苯二酚结构的药物有　（　）

A. 沙丁胺醇　B. 肾上腺素　C. 去甲肾上腺素

D. 麻黄碱　E. 哌唑嗪

二、问答题

1. 硫酸阿托品水溶液不稳定易被水解失效，配制注射液应采取哪些措施防止水解？
2. 分析肾上腺素与麻黄碱结构，比较二者的稳定性及作用特点。
3. 经典的 H_1 受体拮抗剂为什么具有中枢抑制的副作用？通过怎样的结构修饰来克服？
4. 简述局麻药的构效关系。
5. 由二乙胺、对硝基甲苯、环氧乙醇等原料合成盐酸普鲁卡因，并由结构分析其化学稳定性。

三、实例分析

1. 王某，40 岁，是一位卡车司机，由于花粉过敏来药店买药。为了不影响他的工作，作为药剂师的你给他推荐下列哪种药，并说明你的理由。

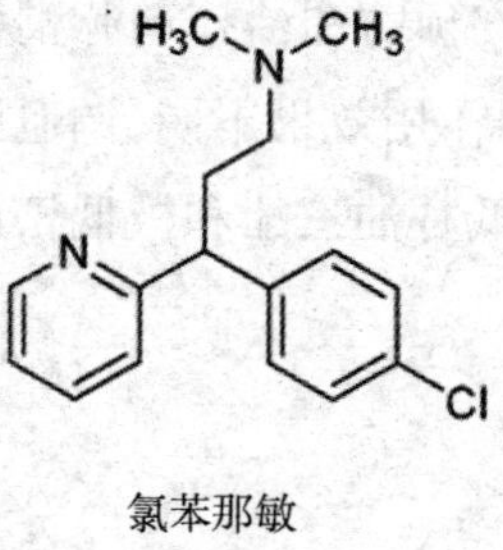

氯苯那敏

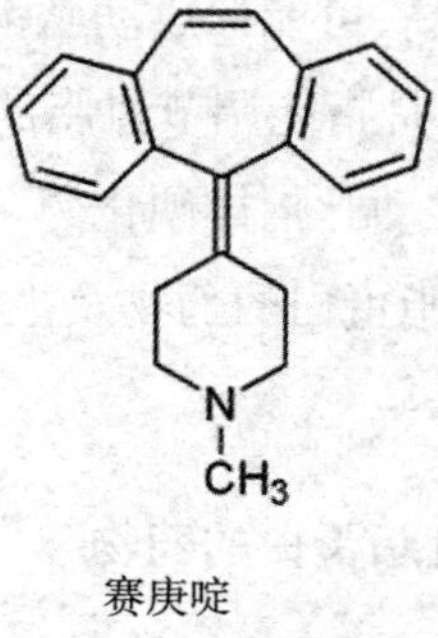

赛庚啶

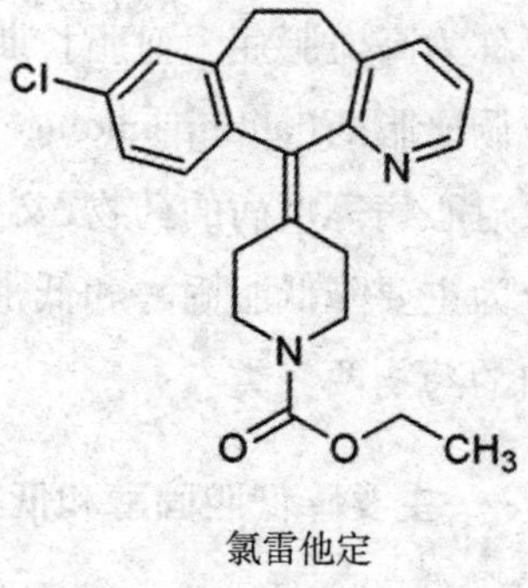

氯雷他定

2. 试从化学结构上分析利多卡因比普鲁卡因作用时间长、作用强的原因。

（李淑敏）

第七章　心血管系统药物

心血管系统疾病是近年来导致死亡的四大病因之一，严重危害人类健康。心血管系统药物主要作用于心脏或血管系统，改进心脏功能，调节心脏血液的总输出量，或改变循环系统各部分的血液分配。根据药物的临床用途，心血管系统药物分为调血脂药、抗心绞痛药、抗高血压药、抗心律失常药、抗血栓药和抗心力衰竭药。

第一节　调血脂药

血脂是指血浆或血清中的脂质，包括游离胆固醇（CH）、胆固醇酯（CE）、甘油三酯（TG）、磷脂等。体内通常与载脂蛋白结合，以乳糜微粒（CM）及极低密度脂蛋白（VLDL）、中等密度脂蛋白（IDL）、低密度脂蛋白（LDL）和高密度脂蛋白（HDL）的形式存在，当血浆中胆固醇高于230mg/100 mL，甘油三酯高于140mg/100 mL，即可称为高血脂症。血脂长期升高，可能形成动脉粥样硬化。

调血脂药（antilipemic agents）是指能调节血脂的含量，预防和治疗动脉粥样硬化及冠心病等疾病的药物，又称抗动脉粥样硬化药。根据作用效果不同，调血脂药可分为主要降低胆固醇和低密度脂蛋白的药物及主要降低甘油三酯和极低密度脂蛋白的药物两大类。

一、主要降低胆固醇和低密度脂蛋白的药物

1. HMG－CoA 还原酶抑制剂

HMG－CoA 还原酶是肝脏中胆固醇合成的限速酶，通过竞争性抑制该酶活性，可有效降低内源性胆固醇。该类药物选择性高，疗效确切，代表药物分两类：天然药物包括洛伐他汀（lovastatin）、辛伐他汀（simvastatin）及普伐他汀（pravastatin）等，人工合成药物包括氟伐他汀（fluvastatin）、阿托伐他汀（atorvastatin）及西立伐他汀

(cerivastatin)等。

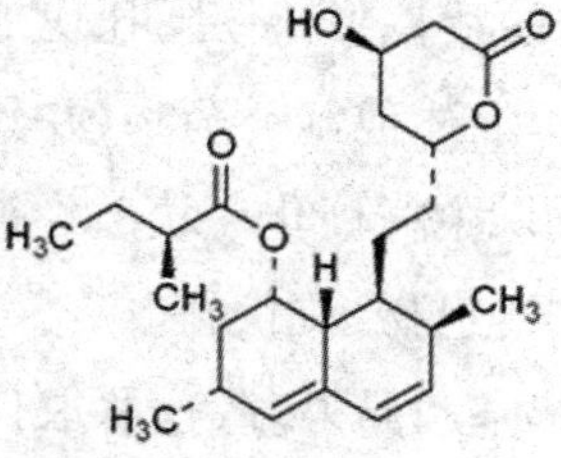

洛伐他汀

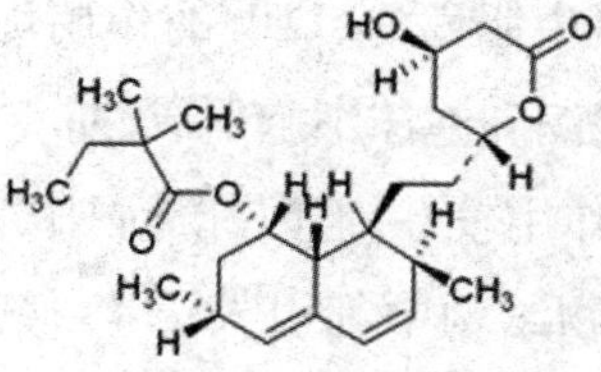

辛伐他汀

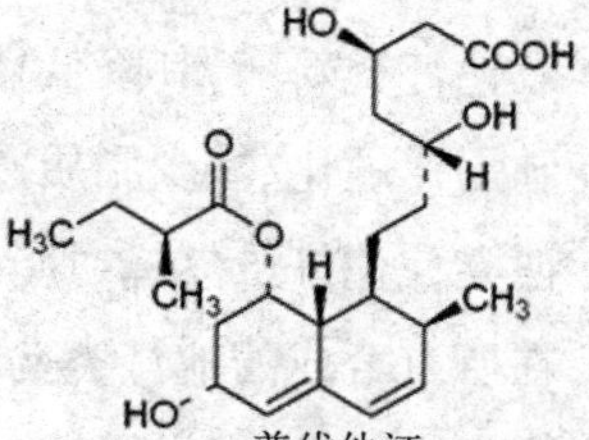

普伐他汀

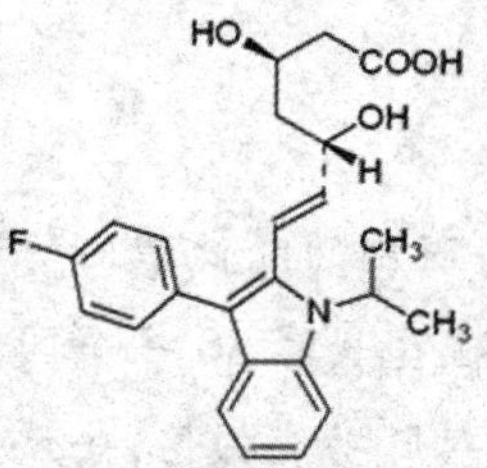

氟伐他汀

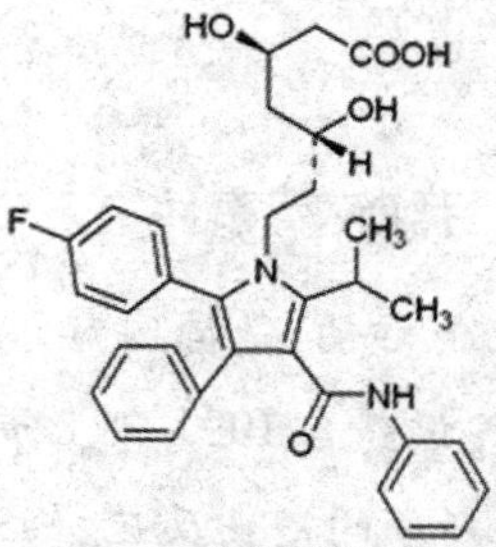

阿托伐他汀

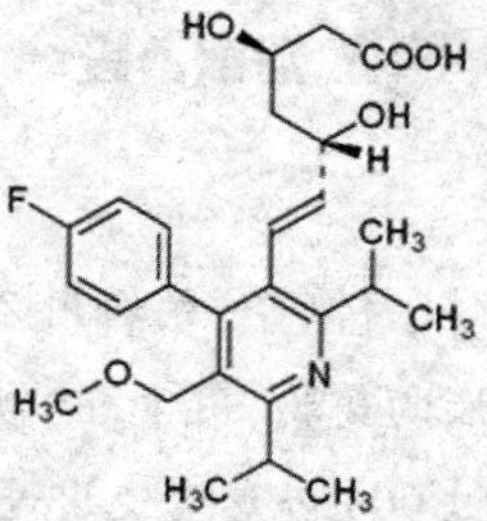

西立伐他汀

洛伐他汀　Lovastatin

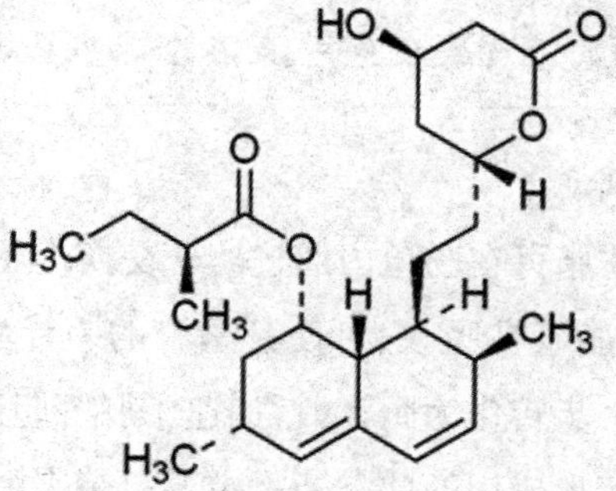

本品为白色或类白色结晶,或结晶性粉末;无臭、无味,略有引湿性。易溶于三氯甲烷,溶于丙酮,略溶于乙腈、乙醇、乙酸乙酯,不溶于水,熔点为 174.5 ℃,比旋度为 +325° ~ +340°(乙腈)。

本品在水溶液中内酯环可被水解生成羟基酸衍生物。

本品放置过程中可发生氧化反应,生成二酮吡喃衍生物。

本品为无活性前药,进入体内后内酯环水解生成开链的 β - 羟基酸衍生物而发挥作用,可有效抑制 HMG - CoA 还原酶的活性。

本品主要用于原发性高胆固醇血症和冠心病的治疗,也可用于预防冠状动脉粥样硬化。

而普伐他汀、氟伐他汀结构本身就含有 β－羟基酸的活性形式。阿托伐他汀是强效他汀类新药，其降低血中胆固醇、LDL 的作用优于上述他汀类药物，并具有抗动脉粥样硬化、减少脂质浸润和泡沫细胞形成、防止动脉粥样硬化斑块破裂等作用。西立伐他汀虽然降血脂作用较好，但因其毒副作用，现已撤出市场。

在所有合成的他汀类药物结构中都引入了 4－氟苯基和异丙基，这些取代基都有助于产生较好的活性。

知识链接

"拜斯亭"事件

"拜斯亭"的通用名即西立伐他汀钠，是德国拜尔公司研制的降低胆固醇和血脂的药物，用于冠心病的治疗。该药自 1997 年上市以来，全世界 80 多个国家超过 600 万患者使用过该药。拜斯亭的不良反应，轻者如对肝功能损伤，导致转氨酶超出正常值 3 倍，或肌肉酸痛。若其与主要降低甘油三酯的吉非贝齐合用，则严重者可导致横纹肌溶解、急性肾衰竭而死亡。2003 年因欧美等国陆续发现 52 人死亡可能与拜斯亭的不良反应有关，而在全球市场撤回。

2. 胆固醇吸收抑制剂

某些强碱性阳离子树脂可在肠道内通过离子交换作用，与胆汁酸结合，阻止胆汁酸的肝肠循环，由于树脂不被吸收，可使其螯合的胆汁酸排出量增加 3～15 倍。从而促进肝内胆固醇进一步转化为胆汁酸，加速了肝脏胆固醇的代谢，从而降低了血中胆固醇的水平。临床上应用的此类药物主要有考来酰胺（cholestyramine）和考来替泊（cholestipol）等，它们不溶于水，不易被消化酶破坏，口服不吸收，但用量较大时，会出现恶心、腹胀等副作用。

二、主要降低甘油三酯和极低密度脂蛋白的药物

1. 苯氧乙酸类

胆固醇在体内的生物合成是以乙酸为起始原料进行的，因此，可利用乙酸衍生物干扰胆固醇的合成以达到降低胆固醇的目的。20 世纪 60 年代开发了苯氧乙酸类调血脂药，目前有氯贝丁酯（clofibrate）、非诺贝特（fenofibrate）吉非罗齐（Jifeiluoqi）和利贝特（lifibrate）等30余种药物。

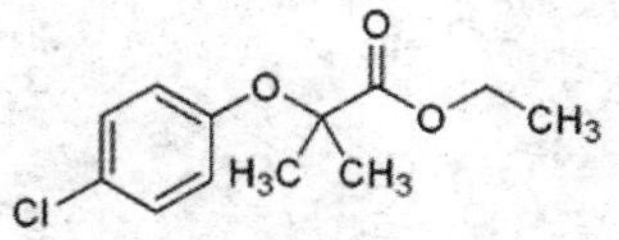

氯贝丁酯

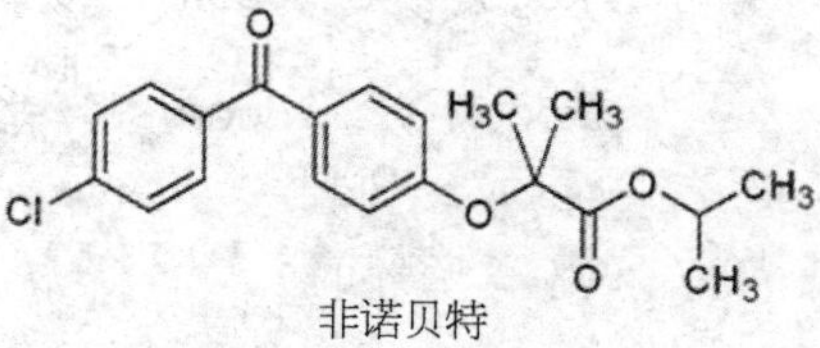

非诺贝特

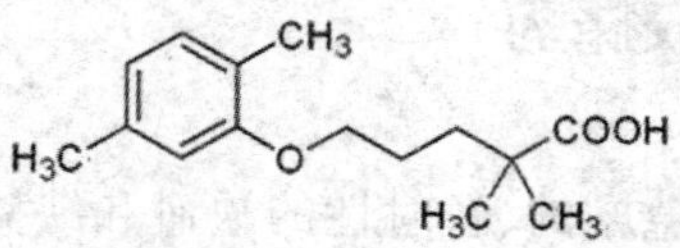

吉非罗齐

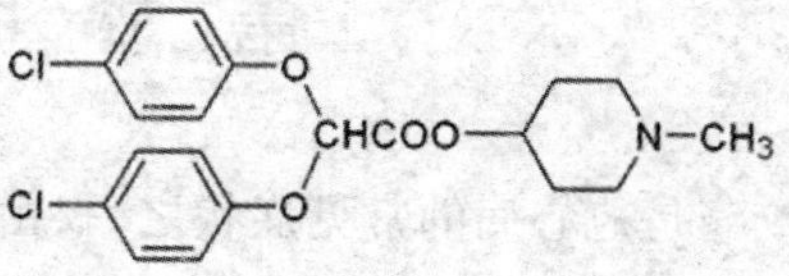

利贝特

吉非罗齐　Jifeiluoqi

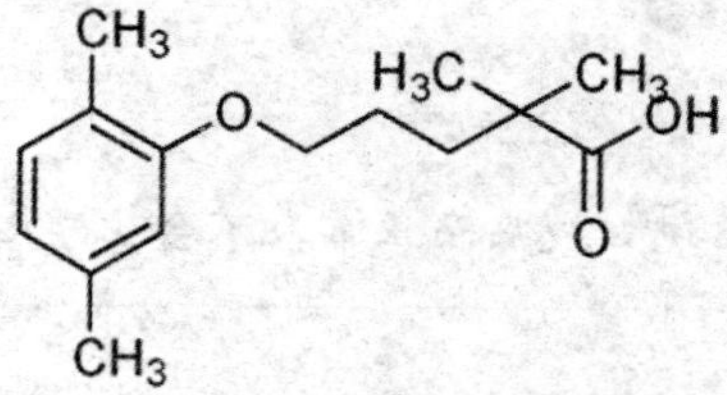

化学名为2,2－二甲基－5－(2,5－二甲苯基氧基)－戊酸。

本品为白色结晶性粉末；无臭，无味。几乎不溶于水和酸性溶液，易溶于氢氧化钠溶液、甲醇、乙醇、丙酮等，极易溶于三氯甲烷。熔点为58～61 ℃。

本品可降低血中总胆固醇和甘油三酯的水平，减少冠心病发病率，适用于VLDL－胆固醇、LDL－胆固醇及甘油三酯水平升高的高血脂症患者和糖尿病引起的高血脂症。毒性较小。

本品口服吸收快而完全，服药后1～2小时血药浓度可达峰值，半衰期为8.5～35小时。主要通过氧化代谢，代谢反应均发生在苯环上，产物包括酚类、苄醇、苯甲酸衍生物，以及吉非贝齐与葡萄糖醛酸的结合物，并随尿排出。

2. 烟酸类

20世纪50年代发现B族维生素烟酸，高剂量可降低人体中总胆固醇、甘油三酯水平，但烟酸具有扩血管作用，常伴有潮红、皮肤瘙痒及胃肠道不适等副作用，为此合成了一系列烟酸的衍生物，如烟酸脂类的前药烟酸肌醇酯（inositol nicotinate），烟酸的类似物阿西莫司（acipimox）等。

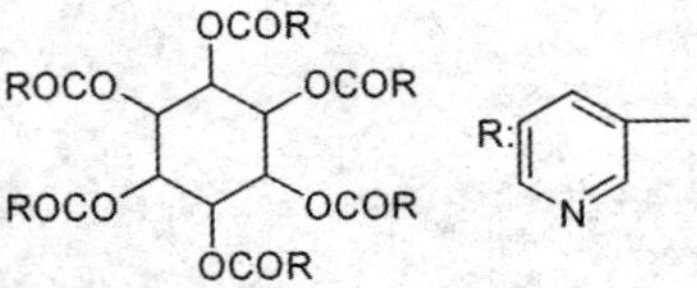

烟酸肌醇酯

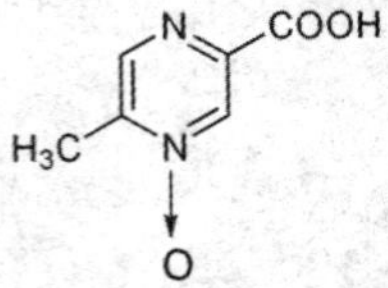

阿西莫司

第二节　抗心绞痛药

心绞痛是冠心病的常见症状之一，由心肌急剧的、暂时性的缺血和缺氧所致。缓解和治疗心绞痛的合理途径是扩张冠状动脉，增加心肌供氧量，以及减轻心脏工作量，降低心肌耗氧量。根据作用机制，抗心绞痛药可分为：硝酸酯类和亚硝酸酯类、钙拮抗剂、β 受体拮抗剂及其他类。

课堂活动

为什么冠心病人会出现心绞痛而正常人不会出现心绞痛？

一、硝酸酯和亚硝酸酯类

最早用于临床的抗心绞痛药物是硝酸酯和亚硝酸酯类化合物，迄今已有 150 多年的历史，常用药物有硝酸甘油（nitroglycerin）、硝酸异山梨酯（isosorbide dinitrate）、丁四硝酯（erythrityl tetranitrate）等。

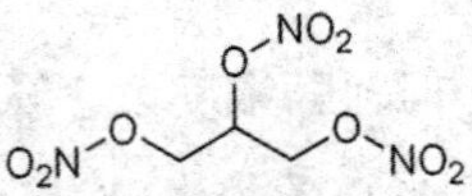

硝酸甘油

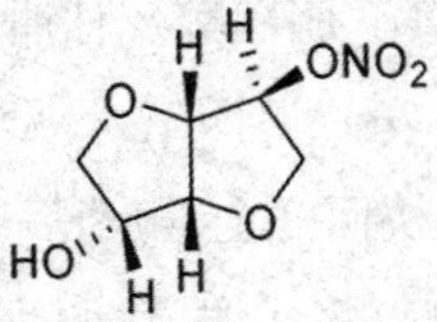

单硝酸异山梨酯

硝酸酯类药物是一类血管扩张剂，进入人体内先与细胞中的巯基形成不稳定的 S－亚硝基中间体，分解出 NO 分子，NO 可激活鸟苷酸环化酶，升高细胞中的 cGMP 水平，激活 cGMP 依赖型蛋白激酶，进而影响多种蛋白的磷酸化状态，松弛血管平滑肌，使血管舒张，增加心内膜血流；而且还可扩张外周血管，减轻心脏负荷，减少心肌耗氧量。

知识链接

血管内皮舒张因子 NO

1992 年,血管内皮舒张因子 NO 被美国 Science 杂志选为当年的明星分子(Molecule of the Year)。1998 年美国药理学家 Furchgott R. F.,Ignarro L. J. 和 Murad F. 因为发现 NO 是心血管系统的信使分子而荣获诺贝尔生理医学奖。

NO 的特点及研究意义如下:①NO 作用具有广泛性,在心血管、免疫、神经等系统都具有重要的生理功能;②NO 是体内发现的第一个气体信使分子,对以后其他信使的发现具有重大的启示作用;③NO 调控剂在新药研发方面具有潜在价值。

硝酸异山梨酯 Lsosrbide dinitrate

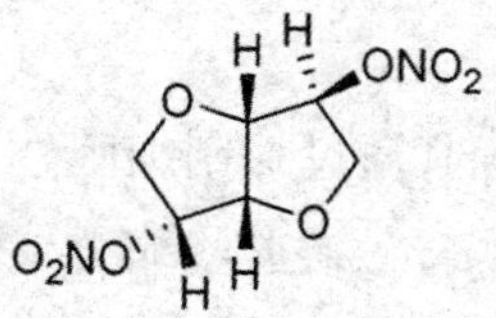

化学名为 1,4:3,6-二脱水-D-山梨醇二硝酸酯,又名消心痛。

本品为白色结晶性粉末;无臭。易溶于三氯甲烷、丙酮,略溶于乙醇,微溶于水。熔点为 68~72 ℃。比旋度为 +135°至 +140°(无水乙醇)。

本品干燥时较稳定,但在酸、碱性溶液中易水解,生成脱水山梨醇及亚硝酸。

本品与适量的水和硫酸混合后可水解生成硝酸,沿管壁缓缓加入硫酸亚铁,在两液层接界面呈棕色环。

本品经硫酸水解后,生成的亚硝酸,可与儿茶酚溶液作用生成对-亚硝基儿茶酚,再加入硫酸,溶液显暗绿色。

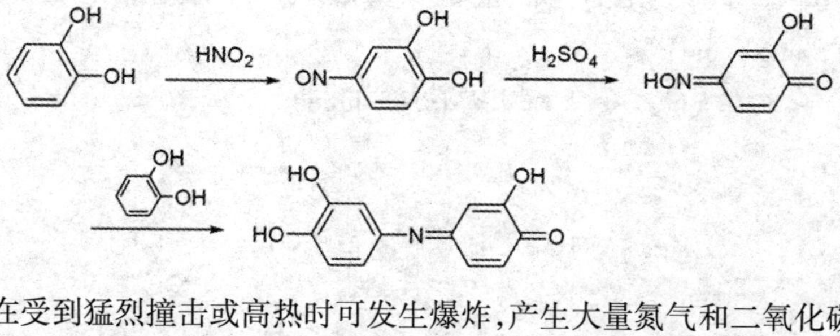

本品在受到猛烈撞击或高热时可发生爆炸,产生大量氮气和二氧化碳等气体,为增加安全性,可将其溶解在乙醇中运输和贮存。

本品可扩张冠状动脉，作用持续时间长，为有效的长效抗心绞痛药。临床主要用于缓解和预防心绞痛、心肌梗死和冠状循环功能不全等疾病。

课堂活动

硝酸酯类药物在应用和贮存时应注意哪些问题？

值得注意的是，硝酸酯类药物与平滑肌细胞的“硝酸酯受体”结合，并被“硝酸酯受体”中的巯基还原成 NO 或 -SNO（亚硝巯基）发挥作用，所以这类药物在连续使用后，体内“硝酸酯受体”中的巯基被耗竭，易产生耐受性。因此，在应用硝酸酯类药物时，如同时能给予保护体内巯醇基的化合物如 1,4-二巯基-3,3-丁二醇，就可避免耐受性的产生。

二、钙通道阻滞剂

钙通道阻滞剂又称钙拮抗剂，通过抑制细胞外 Ca^{2+} 内流，使心肌和血管平滑肌细胞内缺乏足够的 Ca^{2+}，结果导致心肌收缩力减弱，心率减慢，同时血管平滑肌松弛，血管扩张，血压下降，从而减少心肌耗氧量。主要用于治疗高血压、心绞痛、心律失常、脑血管痉挛、心肌缺血等心脑血管疾病。

钙通道阻滞剂按化学结构可分为二氢吡啶类、芳烷基胺类、苯并硫氮杂䓬类及二苯基哌嗪类。

1. 二氢吡啶类

二氢吡啶类药物是临床应用最广泛、作用最强的一类钙通道阻滞剂，目前上市的药物超过 30 种。其中硝苯地平（nifedipine）为第一代药物的代表，具有较强的血管扩张作用，主要用于心绞痛、高血压的治疗。第二代药物尼卡地平（nicardipine）、尼群地平（nitrendipine）、尼莫地平（nimodipine），第三代药物非洛地平（felodipine）、氨氯地平（a mlodipine）等。

硝苯地平 Nifedipine

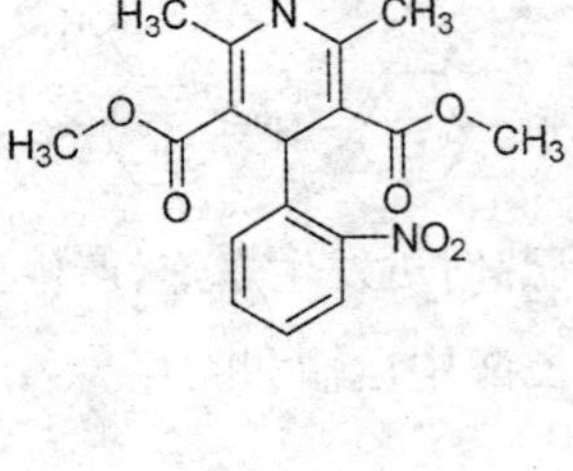

化学名为2,6-二甲基-4-(2-硝基苯基)-1,4-二氢-3,5-吡啶二甲酸二甲酯,又名硝苯吡啶、心痛定。

本品为黄色结晶性粉末;无臭,无味。易溶于三氯甲烷或丙酮,略溶于乙醇,几乎不溶于水。熔点为171~175 ℃。

本品加三氯甲烷溶解后,加无水乙醇制成每1 mL含15μg的溶液,在237nm波长处有最大吸收,在320~355nm波长处有较大的宽幅吸收。

本品的丙酮溶液,加20%的氢氧化钠溶液振摇后,溶液显橙红色。

本品的二氢吡啶母核脱氢氧化成吡啶环,则无活性。本品遇光和氧化剂存在时不稳定,分子内部发生光催化歧化反应,生成硝基苯吡啶的衍生物和亚硝基苯吡啶衍生物,后者对人体有害,故在生产和贮存中要注意遮光、密封贮存。

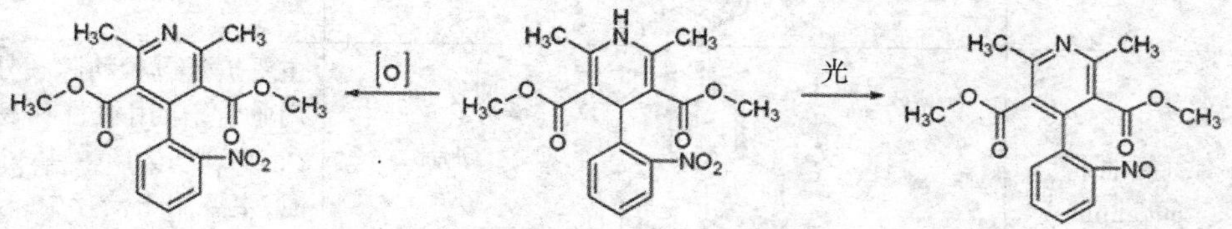

本品口服吸收良好,有一定的首过效应,生物利用度为45%~65%。在肝脏中代谢失活,80%经肾脏排泄。具有强烈的扩血管作用,适用于冠脉痉挛所致的心绞痛,也可用于高血压等疾病的防治,可与β受体阻断剂等药物合用。

表7-1　其他常用药物

药物名称	药物结构	作用特点
尼卡地平(nicardipine)	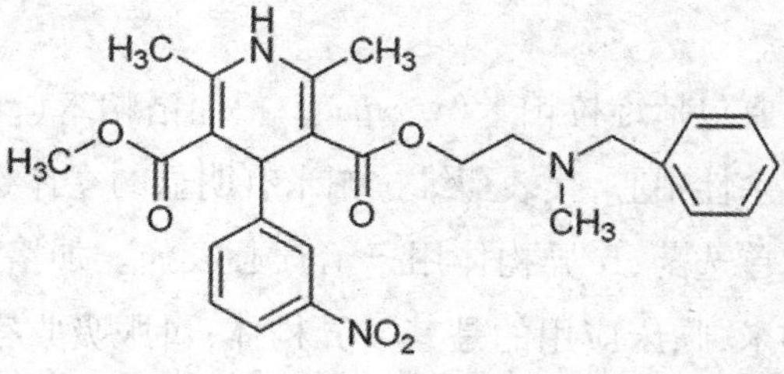	扩张血管的作用较硝苯地平强,对脑血管和脑组织具有选择作用,用于轻、中度高血压、心绞痛及脑血管疾病的治疗
尼群地平(nitrendipine)	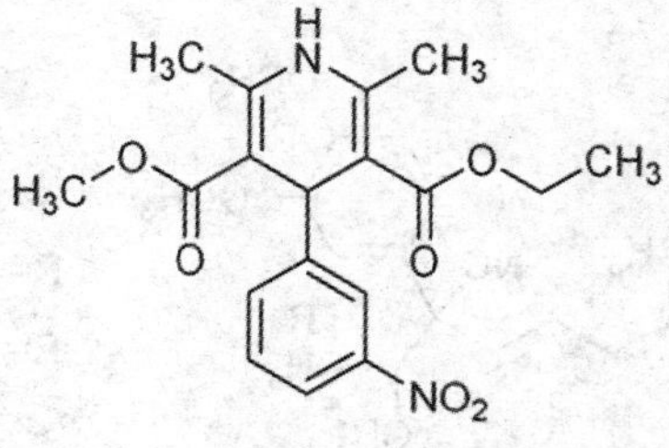	抑制血管平滑肌及心肌的跨膜钙离子内流,主要作用于血管,降低舒张压为主。主要用于高血压的治疗,为一线用药

（续表）

药物名称	药物结构	作用特点
尼莫地平 （nimodipine）	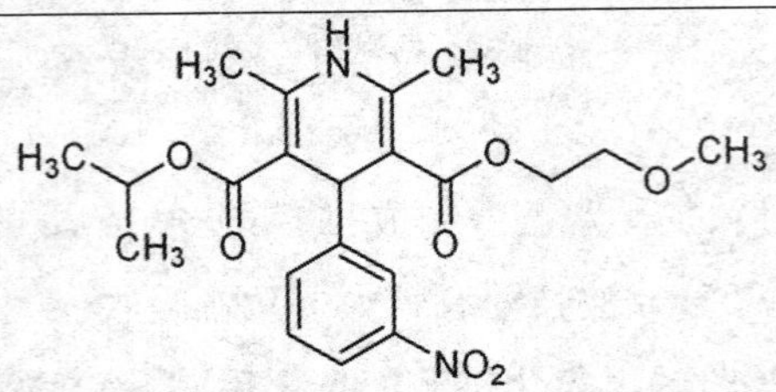	选择性扩张脑血管，增加脑血流，是脑血管扩张药，用于治疗老年性脑功能障碍，防治偏头痛
非洛地平 （felodipine）	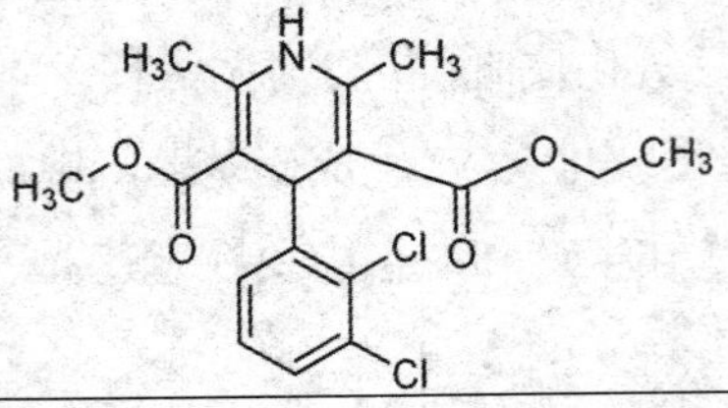	对原发性高血压和充血性心力衰竭有效，也可用于心绞痛的治疗
氨氯地平 （a mlodipine）	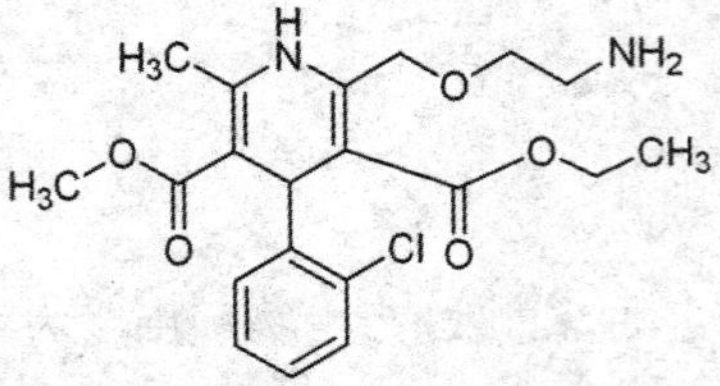	主要扩张冠状动脉和外周血管，作用缓慢而持久，半衰期为 35 ~ 45 小时，主要用于治疗中、轻度原发性高血压，也可用于心绞痛

课堂活动

分析以上药物化学结构，归纳总结二氢吡啶类药物共同点与不同点、稳定性。

2. 芳烷基胺类

芳烷基胺类药物主要包括维拉帕米（verapamil）、加洛帕米（gallopamil）等。本类药物分子结构中都有手性中心，代表药维拉帕米有明显的立体选择性，其 S 异构体是室上性心动过速的首选药，R 异构体用于治疗心绞痛。加洛帕米对心肌和平滑肌的作用强于维拉帕米，临床应用的是其 S 异构体；口服吸收完全，但存在首过效应，半衰期为 6 ~ 8 小时。

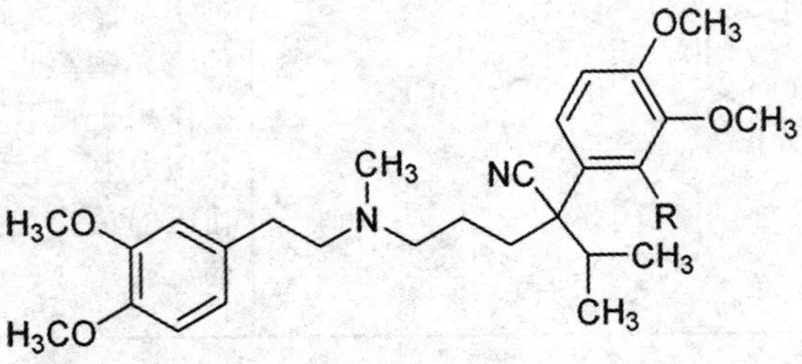

R= -H　　维拉帕米

R= $-OCH_3$　加洛帕米

3. 苯并硫氮杂䓬类

20 世纪 70 年代初，在研究抗抑郁、安定和冠状动脉扩张的苯并硫氮杂䓬类衍生物时，发现了一类具有高选择性的钙通道阻滞剂，其代表药为地尔硫䓬(diltiazem)。

盐酸地尔硫䓬 Diltiazem Hydrochloride

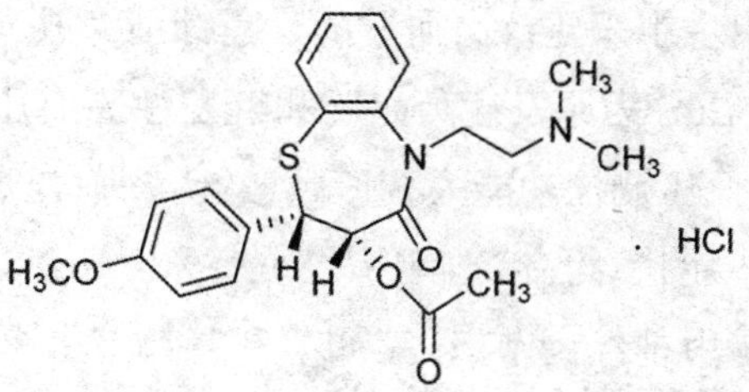

本品分子结构中有 2 个手性碳原子，有 4 个立体异构体，其中(2S,3S)异构体冠脉扩张作用较强，故临床仅用(2S,3S)异构体。

本品口服吸收快而完全，有首过效应，生物利用度仅为 20% ~40%，几乎全部(95%)在肝脏中氧化失活，经肾排泄，半衰期为 4~5 小时。

本品主要用于心绞痛的防治，尤其是变异型心绞痛、冠脉痉挛所致的心绞痛，以及室上性心律失常的预防。对原发性高血压有中等程度的疗效，作用缓和、平稳，适合于老年性高血压患者。

4. 二苯基哌嗪类

二苯基哌嗪类药物是对血管平滑肌钙通道有选择性抑制作用的钙通道阻滞剂，包括桂利嗪(cinnarizine)、氟桂利嗪(flunarizine)等，临床主要用于脑细胞和脑血管疾病，对缺血性脑缺氧引起的脑损伤和代谢异常、脑水肿等有效。

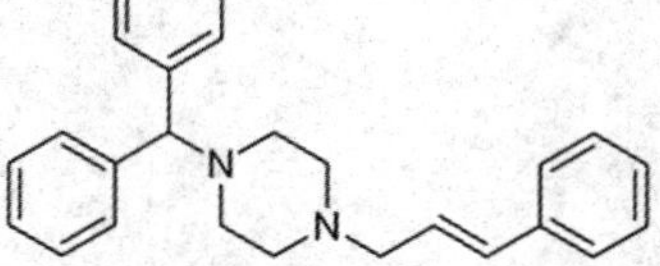

桂利嗪

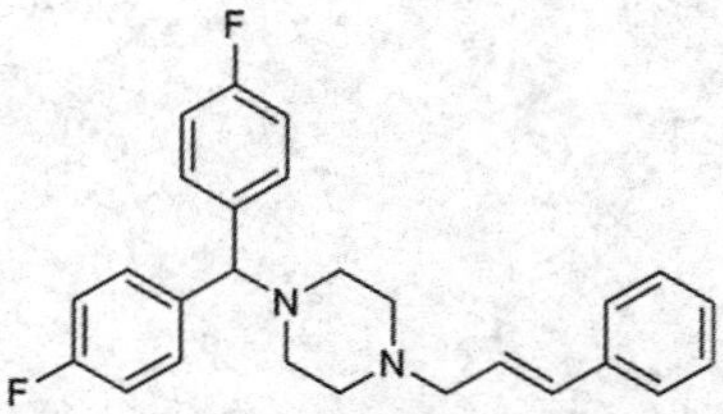

氟桂利嗪

三、β 受体拮抗剂

β 受体拮抗剂通过减慢心率、减弱心肌收缩力而减少心肌耗氧，缓解心绞痛。

主要有普萘洛尔、阿替洛尔等。

第三节 抗高血压药

高血压是一种以体循环动脉血压持续高于正常水平为主要特征的、最为常见的心血管疾病。世界卫生组织建议高血压的诊断标准为成人血压≥18.7/12.0KPa(140/90mmHg)。高血压分为原发性高血压和继发性高血压两种。原发性高血压是在各种因素影响下，血压调控功能失调所致，约占高血压患者的90%；继发性高血压是某些疾病的一些症状，约占高血压病人的5%～10%。

血压的生理调节是由神经调节、体液调节和肾调节等多种机制共同参与完成的。根据作用机制，抗高血压药分为：①作用于自主神经系统的药物；②影响肾素－血管紧张素－醛固酮系统(renin－angiotensin－aldosterone system，RAS 或 RAAS)的药物；③作用于离子通道的药物；④利尿药及其他药物。

一、作用于自主神经系统的药物

1. 中枢性降压药

可乐定(clonidine)通过激动中枢 α_2 受体，负反馈减少外周交感神经末梢释放去甲肾上腺素而导致血压下降。莫索尼定(moxonidine)通过选择性激动脑内咪唑啉受体而产生降压作用，疗效与可乐定相当；甲基多巴(methyldopa)在脑内经脱羧酶代谢为甲基多巴胺，再经酪氨酸羟化酶转化为 α－甲基－N－去甲肾上腺素，后者为 α_2 受体激动剂。

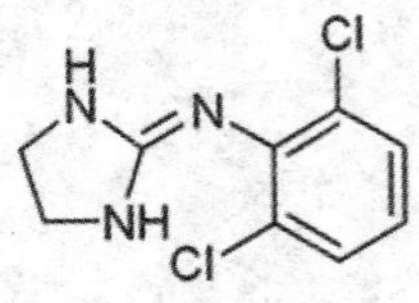

可乐定

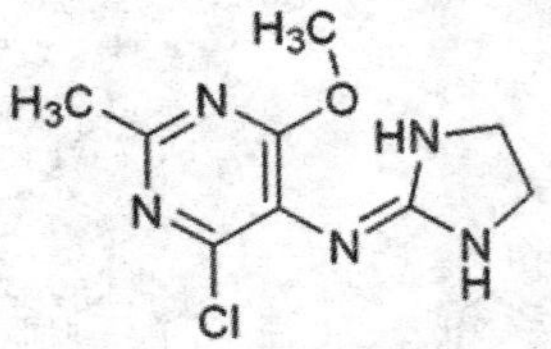

莫索尼定

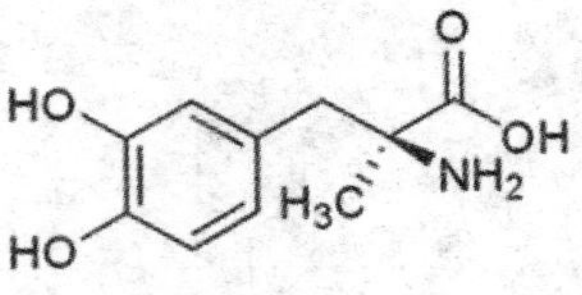

甲基多巴

2. 神经节阻断药

神经节阻断药为早期应用的降压药，如美加明(mecamylamine)等。此类药物作用强而可靠，但易产生耐受性且副作用较多，现已较少应用。

3. 作用于神经末梢的药物

可使交感神经末梢囊泡内的交感介质释放增加，并阻止其再摄入囊泡而使囊泡内的神经递质逐渐减少甚至耗竭，导致交感神经冲动传导受阻，产生降压作用。利血平(reserpine，利舍平)是从印度萝芙木的根部得到的降压药，也是第一个用于临床的天然抗高血压药，作用缓慢、温和而持久。降压灵(verticill)为国产萝芙木提取的总生物碱，含有利血平等多种降压成分，作用较利血平温和，副作用小，适用于轻度高血压患者。

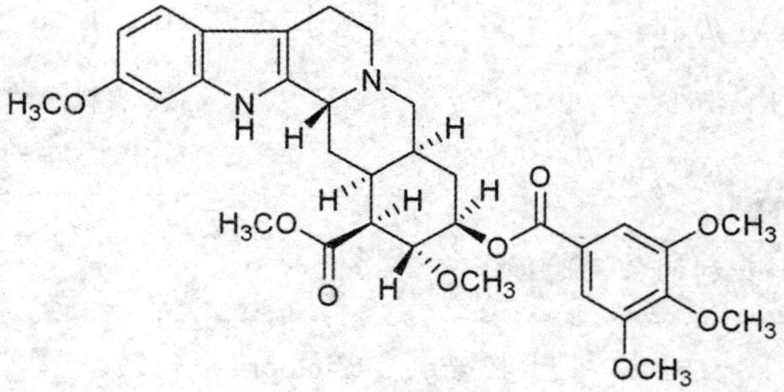

利血平

4. 肾上腺素受体拮抗剂

(1) α_1 受体拮抗剂　包括哌唑嗪、特拉唑嗪、多沙唑嗪等，这类药物口服有效，降压的同时不会反射性引起心动过速，副作用小。

(2) β 受体拮抗剂　常用于降压的 β 受体拮抗剂包括普萘洛尔、阿替洛尔和美托洛尔等，对中、轻度高血压有效，适用于伴有心绞痛的高血压患者。其中选择性 β_1 受体拮抗剂美托洛尔、阿替洛尔的作用优于普萘洛尔，且副作用小。

二、影响肾素－血管紧张素－醛固酮系统(RAS 或 RAAS)的药物

肾素血管紧张素系统(renin angotensin system，RAS)是心血管生理功能的重要体液调节系统。在肾素和血管紧张素转化酶(angiotensin converting enzyme，ACE)的作用下，能将肝脏产生的血管紧张素原转化为血管紧张素Ⅱ(AngⅡ)，AngⅡ具有收缩血管和促进醛固酮释放的作用，引起血压升高。

近年来影响 RAS 的药物发展迅速，其中最主要的是血管紧张素转换酶抑制剂和血管紧张素Ⅱ受体拮抗剂等。

1. 血管紧张素转换酶抑制剂

血管紧张素转换酶抑制剂(ACEI)抑制血管紧张素Ⅱ的生成，达到降低血压的目的。首先设计合成了非肽类 ACEI 卡托普利(captopril)，研究发现卡托普利分子

中的巯基,可引起味觉异常、皮疹等副作用,为了克服这些缺点,随后设计合成了一系列不含巯基的 ACEI 类药物,已上市 20 多种,如依那普利(enalapril)、赖诺普利(lisinopril)等,主要用于高血压及充血性心力衰竭的治疗,具有疗效好、作用持久等特点。

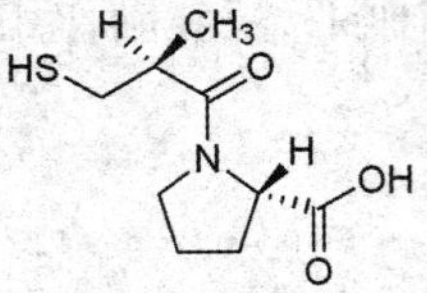

卡托普利

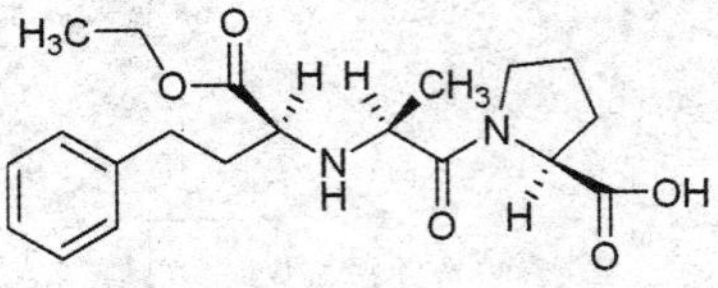

依那普利

课堂活动

为什么依那普利的作用时间长?

卡托普利 Captopril

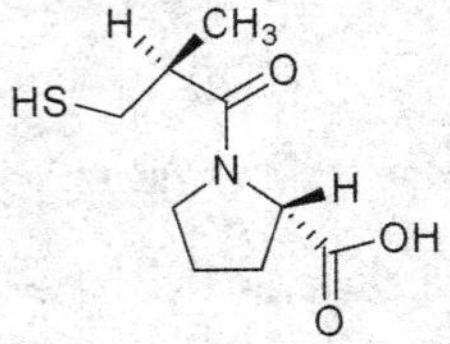

化学名为 1 - [(2S) - 2 - 甲基 - 3 - 巯基 - 1 - 氧代丙基] - L - 脯氨酸,又名巯甲丙脯酸。

本品为白色或类白色结晶性粉末;有类似蒜的特臭,味咸。易溶于甲醇、乙醇或三氯甲烷,溶解于水中。熔点为 104 ~ 110 ℃。比旋度为 - 126° ~ - 132°。

本品分子中含有两个手性碳原子,SS 异构体的活性是 RS 异构体的 100 倍以上,临床应用 SS - 异构体。分子具有两个酸性基团(羧基和巯基),pKa 分别为 3.7 和 9.8。

本品的合成是以硫代乙酸与甲基丙烯酸加成得 α - 甲基 - β - 乙酰硫代丙酸,以氯化亚砜将其转化为酰氯后,在氢氧化钠存在下与 L - 脯氨酸缩合得到 S,S - 和 R,S - 两种异构体,再与二环己胺成盐后分离得到 S,S - 体,最后以氨 - 甲醇溶液脱去乙酰基即得本品。

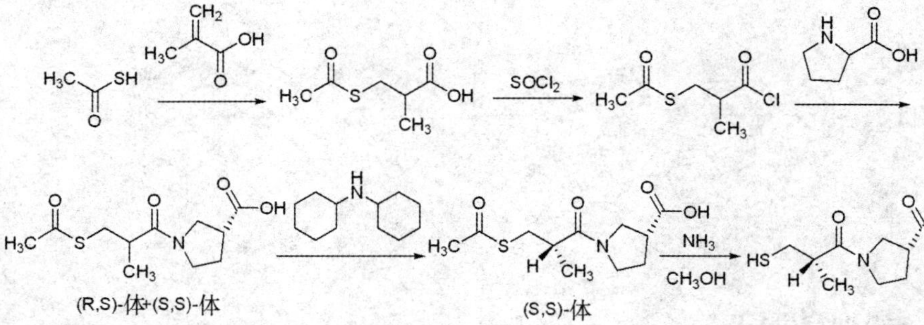

本品结构中含有—SH，具有还原性，其在水溶液中或见光时，能发生自动氧化或二聚反应生成二硫化合物。本品亦可被氧化剂氧化。

本品适量加乙醇溶解后，加亚硝酸钠结晶和稀硫酸，振摇后，溶液显红色。

本品作为第一个可以口服的 ACEI 类药物，可用于各型高血压，尤其适用于合并糖尿病、左心室肥厚、心力衰竭、急性心梗的患者，为目前高血压治疗的一线药物之一。

2. 血管紧张素Ⅱ受体拮抗剂

由于 ACEI 在减少血管紧张素Ⅱ生成，血管紧张素Ⅱ(AngⅡ、AⅡ)与 AngⅡ受体(AT 受体)结合产生药理作用，升高血压。AT 受体主要有 AT_1 和 AT_2 两种亚型，AⅡ受体拮抗剂通过阻止 AⅡ与 AT_1 受体结合，在受体水平阻断 AⅡ的生理效应。

氯沙坦(losartan)作为第一个 AT_1 受体拮抗剂类药物，具有可以口服、高效、选择性好等特点；坎地沙坦酯(candesartan)为苯并咪唑酯类前药，比氯沙坦活性强，作用时间长；伊贝沙坦(Irbesartan)为 4 位具有螺环的咪唑酮类化合物，以羰基代替氯沙坦的羟甲基作为氢键受体，活性与氯沙坦相当，但起效更快，是欧盟首次批准用于高血压、2 型糖尿病、肾病患者的主要降压用药；缬沙坦(valsartan)是用非环状酰化氨基酸代替氯沙坦咪唑环的衍生物，作用时间可持续 24h。

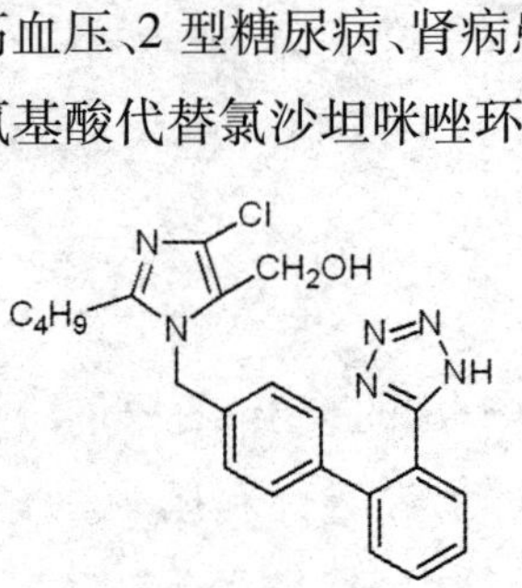

氯沙坦

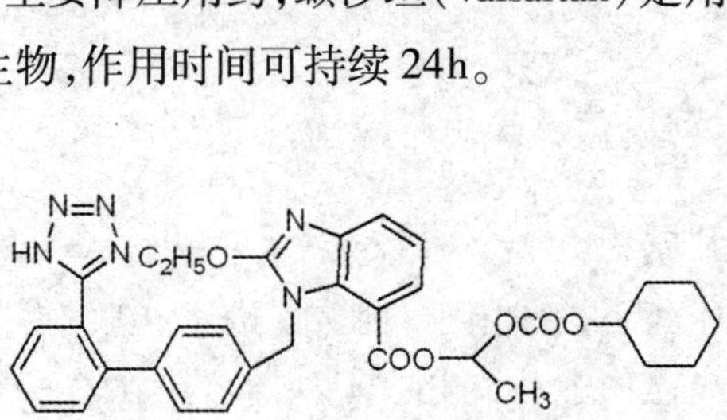

坎地沙坦酯

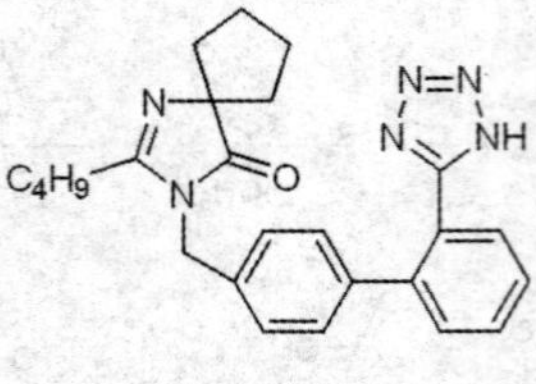
伊贝沙坦

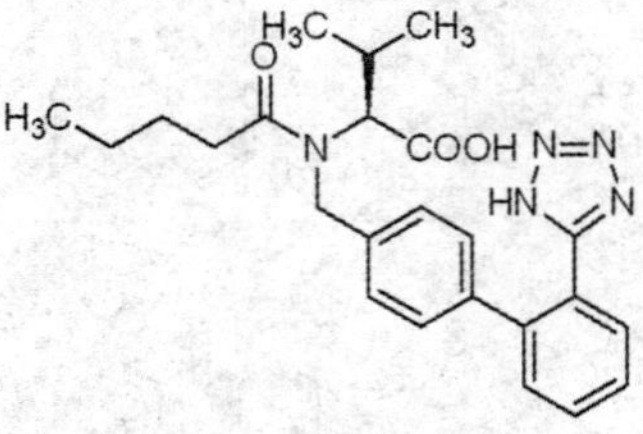
缬沙坦

课堂活动

分析以上血管紧张素Ⅱ受体拮抗剂，归纳总结其结构特点。

三、作用于离子通道的药物

1. 钙通道阻滞剂

见抗心绞痛药物

2. 钾通道开放剂

选择性钾通道开放剂作用于 ATP 敏感的钾通道，使细胞膜发生超极化，导致细胞内钙离子浓度下降，血管扩张，血压降低。钾通道开放剂以舒张血管平滑肌作用为主，降压活性比钙通道阻滞剂强。代表药吡那地尔（pinacidil）、米诺地尔（minoxidi）等，临床用于高血压、心绞痛、心律失常、充血性心力衰竭等心血管疾病的治疗。

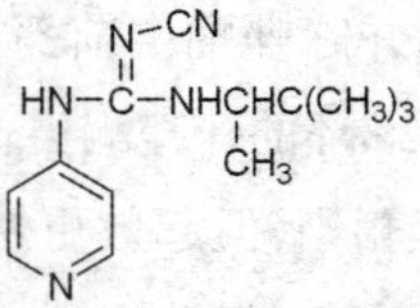
吡那地尔

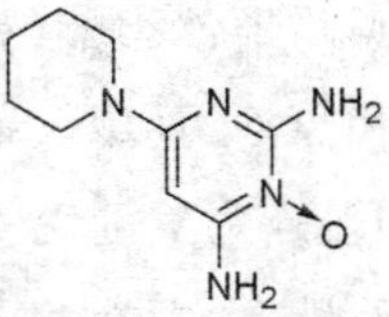
米诺地尔

四、利尿药及其他药物

1. 利尿药

利尿药直接作用于肾脏，促进水、电解质，特别是 Na^+ 的排出，使尿量增加。根据药物的作用部位和作用机制，利尿药分为四大类：①渗透性利尿药，如甘露醇（mannitol）；②碳酸酐酶抑制剂，抑制碳酸酐酶，肾小管内 H^+ 减少，使 Na^+、HCO_3^-

重吸收减少，增加尿量，如乙酰唑胺（acetazolamide）；③髓袢升支利尿药，氢氯噻嗪（hydrochlorothiazide）可减少 Na^+、Cl^- 重吸收，呋塞米（furosemide）抑制 Na^+、K^+、Cl^- 的重吸收，干扰肾的稀释和浓缩功能，故利尿作用强大；④保钾利尿药，通过抑制 Na^+-K^+ 交换而发挥利尿作用，主要包括螺内酯（spironolactone）、氨苯蝶啶（triamterene）等，也属低效能利尿药。

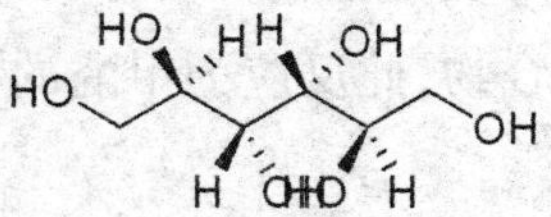

甘露醇

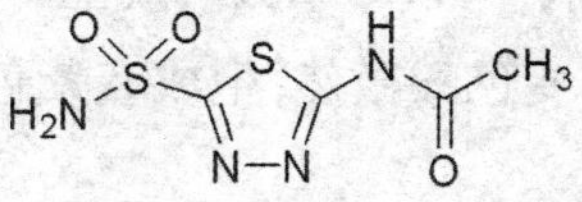

乙酰唑胺

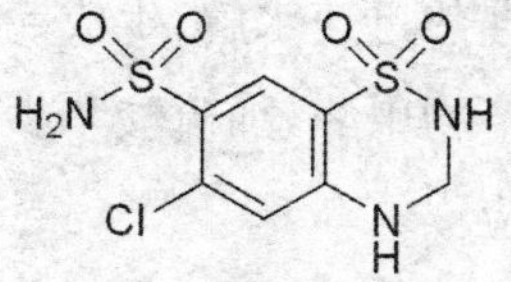

氢氯噻嗪

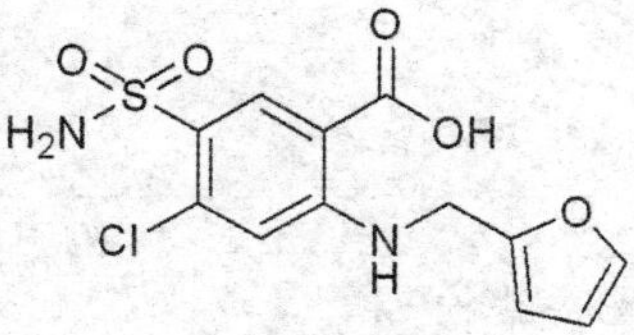

呋塞米

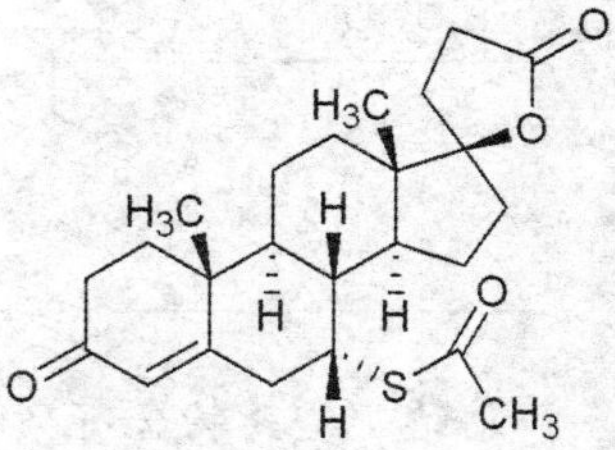

螺内酯

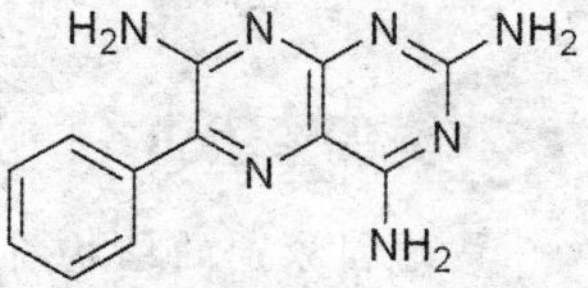

氨苯蝶啶

知识链接

利尿剂与耳毒性

利尿剂，如速尿、利尿酸、丁尿氨等，这些药物在大剂量时会引起听力的损伤多呈双侧对称性，常常伴有耳鸣。而速尿对听力的损伤较为隐匿，需注意提防，及时停药可能会恢复。

原则上各类利尿药都有降压作用，临床上多用氢氯噻嗪等中效能利尿药，为治疗高血压的基础药物，即可单独用于轻症患者，也可联合用药用于各类高血压。

氢氯噻嗪　Hydrochlorothiazide

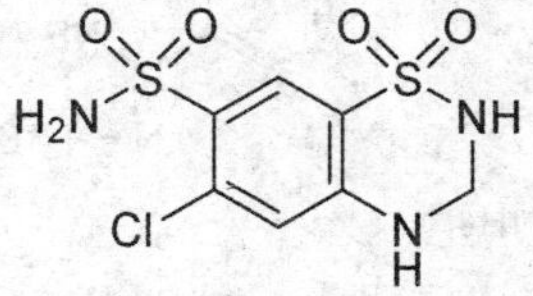

化学名:6 - 氯 - 3,4 - 二氢 - 2H - 1,2,4 - 苯并噻二嗪 - 7 - 磺酰胺 - 1,1 - 二氧化物。

本品为白色结晶性粉末;无臭,味微苦。溶于丙酮,微溶于乙醇,不溶于水。

本品分子结构中具有两个磺酰胺基,显酸性,其 pKa 分别为 7.9 和 9.2,可溶于三氯甲烷或乙醚;溶解于氢氧化钠试液,与碱作用生成盐而溶于水。环内磺酰胺基遇碱遇热迅速水解,生成 5 - 氯 - 2,4 - 二氨磺酰基苯胺,可发生重氮化偶合反应。水解产物甲醛,加硫酸和少许变色酸微热,生成蓝紫色化合物,此反应为甲醛的专属反应。

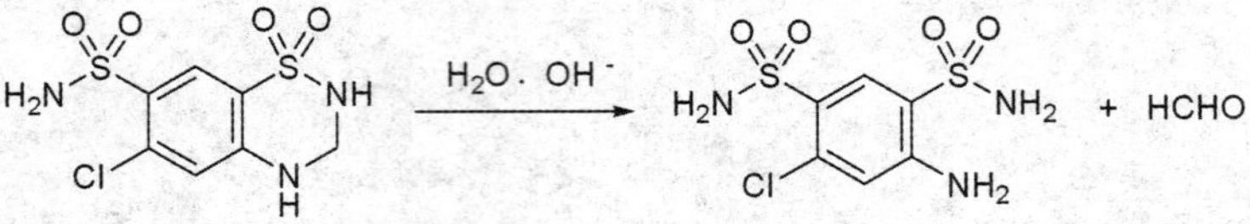

课堂活动

总结利尿剂的结构特点?总结哪些药物含有磺酰胺结构?

本品与无水碳酸钠混合炽灼后放冷,加水、加热、溶解、过滤,滤液显氯化物的鉴别反应。

本品口服吸收良好,2 小时起效,4 小时后作用最强,生物利用度 65%,在体内不经代谢,以原形排泄。临床用于治疗多种类型的水肿及高血压,常与其他降压药合用。大剂量或长期应用时应补钾。

2. 其他药物　血管扩张药直接作用于外周小动脉平滑肌,扩张血管,降低外周阻力,使血压下降。早期临床应用的肼屈嗪(hydralazine)降压作用强度中等,其舒张压下降较显著,并能增加血流量。类似物双肼屈嗪(dihydralazine)作用缓慢、持久,适用于肾功能不全的高血压患者。布屈嗪(budralazine)主要用于原发性高血压,与肼屈嗪相比,作用时间持久,对心脏的刺激作用较弱。

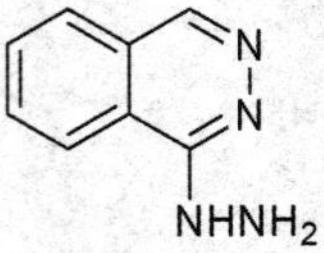

肼屈嗪

布屈嗪

第四节　抗心律失常药

心律失常是指心动规律和频率的异常，通常表现为心动过速、心动过缓和传导阻滞等类型。心动过缓型和传导阻滞型心律失常临床应用阿托品等药物治疗。通常抗心律失常药特指用于心动过速型心律失常治疗的药物。

按作用机制将抗心律失常药分为四类：Ⅰ类：钠通道阻滞剂；Ⅱ类：β 受体拮抗剂；Ⅲ类：延长动作电位时程的药物；Ⅳ类：钙通道阻滞剂。

一、钠通道阻滞剂

钠通道阻滞剂可抑制心肌细胞膜 Na^+ 内流，降低动作电位的最大除极速率，减慢传导，延长有效不应期，对心律失常有治疗作用。根据作用差异，钠通道阻滞剂又分为 I_A、I_B、I_C 三个亚类。

1. I_A 类钠通道阻滞剂

适度阻滞 Na^+ 通道，主要影响传导速率，包括奎尼丁（quinidine）、普鲁卡因胺（procainamide）等。奎尼丁是从金鸡纳树皮中提取的生物碱，常用其硫酸盐，具有右旋光性，与抗疟药（－）－奎宁是非对映异构体。

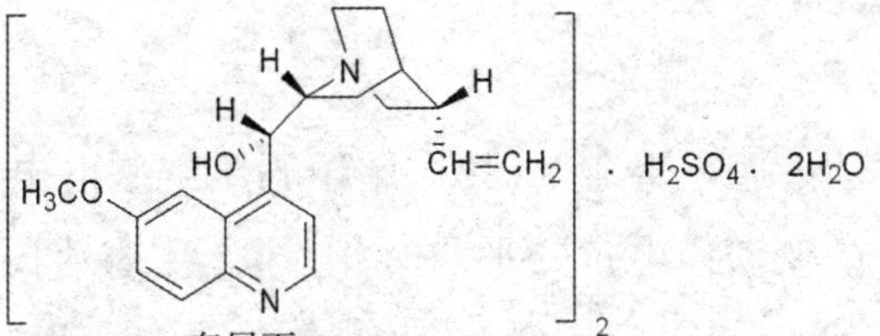

奎尼丁

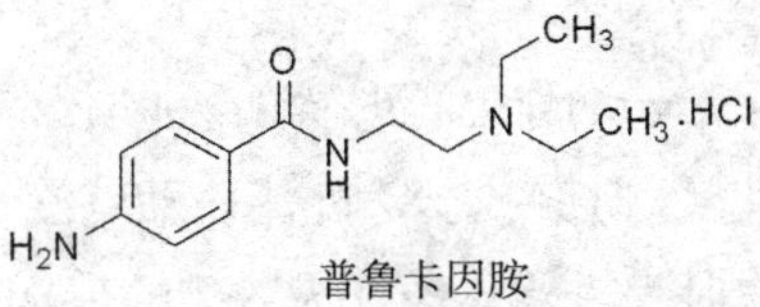

普鲁卡因胺

课堂活动

普鲁卡因胺和哪个药物结构相似？分析其稳定性？

2. I_B 类钠通道阻滞剂

I_B 类药物轻度而迅速地阻滞 Na^+ 通道，影响动作电位 4 相 Na^+ 内流而降低自律性。常用的药物有利多卡因、美西律（mexiletine）、妥卡尼（tocainide）等。美西律用于各种室性心律失常，如室性早搏、心室纤颤等特别适合于急性心梗和洋地黄引起的心律失常。

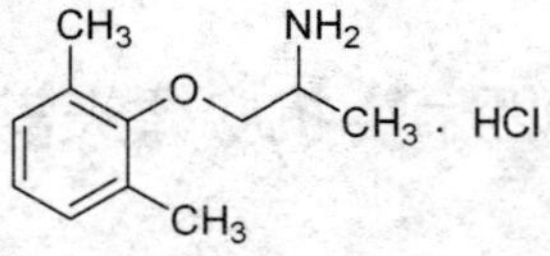

盐酸美西律

3. I_C 类钠通道阻滞剂

I_C 药物的特点是阻滞 Na^+ 通道作用明显，对心肌自律性和传导性有较强的抑制作用。代表药为普罗帕酮(propafenone)，对心肌传导细胞有局麻作用和膜稳定作用，还有一定程度的β受体拮抗作用，适用于室性和室上性心律失常。

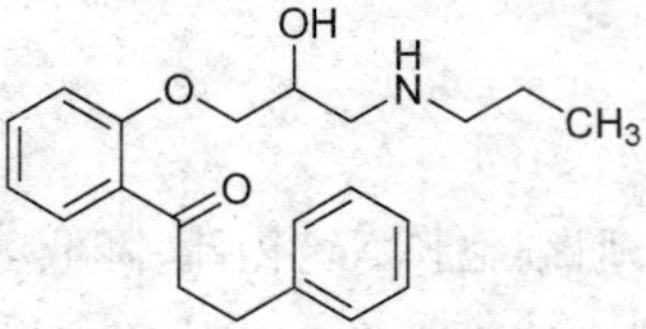

普罗帕酮

二、β 受体拮抗剂

β受体拮抗剂能拮抗内源性递质或β受体激动剂的效应，使心率减慢，心肌的收缩力减弱，延缓心房和房室结的传导。代表药普萘洛尔，适用于交感神经兴奋所致的各种心律失常。

三、延长动作电位时程的药物

延长动作电位时程的药物主要是钾通道阻滞剂，其作用于心肌细胞的电压敏感性 K^+ 通道，使 K^+ 外流速度减慢，改变动作电位的平段时相，选择性地延长动作电位时程。代表药物为胺碘酮(amiodarone)。口服吸收较慢，体内分布广泛，属长效抗心律失常药。临床适用于各种原因引起的室上性和室性心律失常，长期口服能防止室性心动过速和室颤的复发。

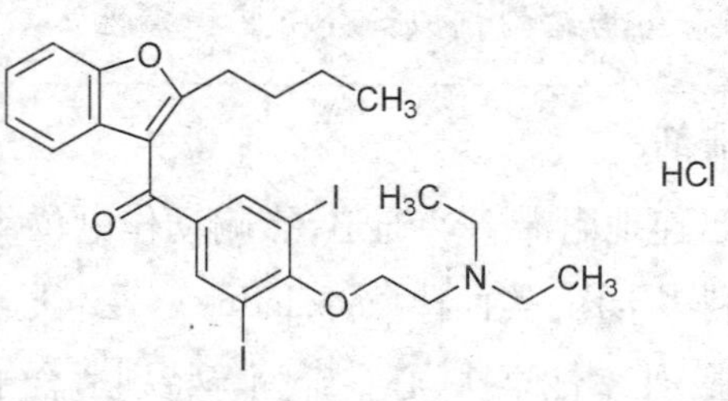

盐酸胺碘酮

四、钙通道阻滞剂

许多钙通道阻滞剂都具有较好的抗心律失常作用，临床常用的有维拉帕米、地尔硫䓬等。维拉帕米是治疗阵发性室上性心动过速的首选药，地尔硫䓬可用于阵发性室上性心动过速和心房颤动的治疗。

第五节　抗心力衰竭药

强心药是一类选择性增强心肌收缩力的药物，又称正性肌力药，临床主要用于治疗充血性心力衰竭（CHF）。强心药按化学结构分为强心苷类、磷酸二酯酶抑制剂和钙敏化药等。

一、强心苷类

强心苷类是含有甾体苷元的苷类化合物，通过抑制膜结合的 Na^+、K^+－ATP 酶使钠泵失灵，细胞内 Na^+浓度增高，兴奋 Na^+－Ca^{2+}交换系统，使 Na^+外流增加，Ca^{2+}内流增加，增加心肌收缩力而发挥作用。主要药物有地高辛（digoxin）、洋地黄

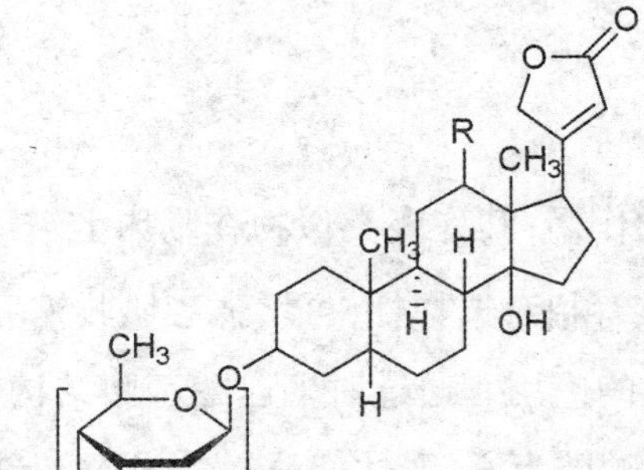

R=-H 洋地黄毒苷　R=-OH 地高辛

毒苷（digitoxin）等。但是有效剂量接近于中毒剂量，临床应用受到限制。

二、磷酸二酯酶抑制剂

本类药物通过选择性抑制心肌细胞膜上的磷酸二酯酶，阻碍心肌细胞内的 cAMP 降解，使 cAMP 水平增高，从而激活多种蛋白酶，使心肌膜上钙通道开放，Ca^{2+}内流，而增加心肌收缩力。本类药物曾经被希望能够替代强心苷类药物，但在

临床应用中出现了肝酶异常、血小板下降、心律失常及低血压等副作用,因此临床应用受到限制。

氨力农(amrinone)是第一个用于临床的磷酸二酯酶抑制剂,具有正性肌力作用和扩张周围血管的作用,因其副作用较多,现已少用。米力农(milrinone)是氨力农的结构类似物,药理作用较氨力农强 10~20 倍,口服有效,副作用较小,为氨力农的替代品。

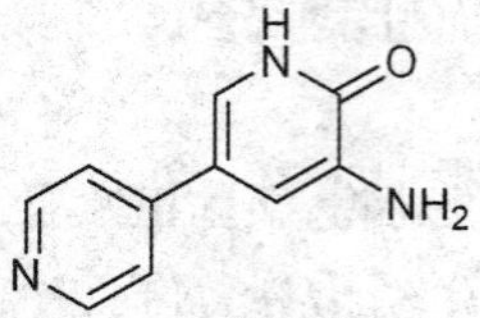
氨力农

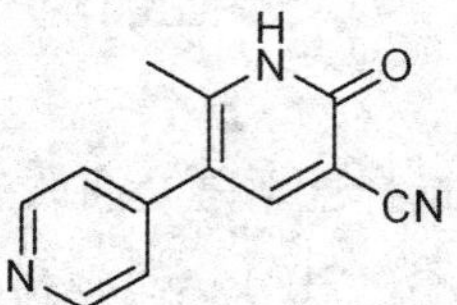
米力农

三、钙敏化剂

能够增加肌纤维对 Ca^{2+} 敏感性的药物称为钙敏化剂,他们可直接提高心肌收缩蛋白对 Ca^{2+} 的敏感性,在不增加细胞内 Ca^{2+} 浓度的情况下,提高心肌收缩力。苯并咪唑哒嗪酮类的匹莫苯(pimobendan)为这类药物的代表药,具有强而持久的强心作用。

四、其他药物

多巴胺有强心利尿的作用,其许多类似物在临床上被用作抗 CHF 药物,如多巴酚丁胺,对心肌 β_1 受体有相对选择性,可增强心肌收缩力,但其不能口服,只能静脉给药,限制了对 CHF 的应用。通过对多巴酚丁胺结构修饰,得到了异波帕胺(ibopamine)等药物,异波帕胺为 β_1 受体部分激动剂,治疗 CHF 能缓解症状,提高运动耐力,疗效与地高辛类似,且口服有效。

第六节　抗血栓药

动脉血栓形成是紧急梗死和脑卒中(中风)的主要原因。抗血栓药物用于血栓栓塞性疾病的预防和治疗,以预防为主。根据作用机制,抗血栓药分为抗血小板药、抗凝血药和溶血栓药等。

一、抗血小板药

血小板在凝血、血栓形成、动脉粥样硬化等过程中均起着重要作用。抗血小板药主要通过减少血栓素 A_2（TXA_2）的生成或直接对抗 TXA_2 的促凝作用、抑制花生四烯酸代谢、增加血小板内 cAMP 的浓度、阻断血小板膜糖蛋白受体、以及抑制血小板黏附、聚集及释放等功能而达到抗凝作用，主要用于防治心、脑血栓形成或其他血栓栓塞性疾病。这类药包括阿司匹林（aspirin）、帕米格雷（pamicogrel）、西洛他唑（cilostazol）、曲匹地尔（trapidil）、噻氯匹定（ticlopidine）、氯吡格雷（clopidogrel）等。

氯吡格雷　Clopidogrel

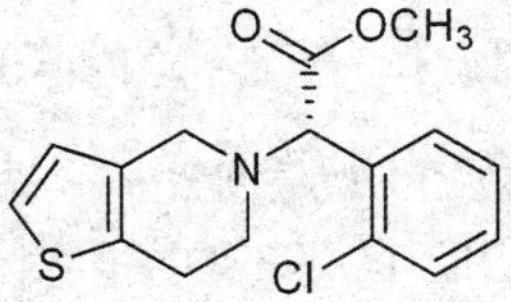

又名波立维。

本品为无色油状物，药用其硫酸盐，为白色结晶。

本品为噻吩并四氢吡啶衍生物，有一个手性碳原子，S－异构体活性强。

本品体外无活性，药物进入体内很快被吸收，并在肝脏中被代谢，噻吩环开环生成有活性的巯基衍生物

本品临床主要用于预防动脉粥样硬化患者发生心肌梗死、缺血性脑卒中或心脑血管性死亡等。

二、抗凝血药

血栓的形成是一系列凝血因子相继酶解激活的过程，最终在凝血酶的作用下，形成纤维蛋白凝块。因此，抗凝血药以凝血过程中的某些凝血因子或凝血酶为作用的靶标，抑制和破坏它们的活性，既能破坏凝血过程的某个环节，又能抑制血液凝固和血栓的形成。

（一）抑制凝血因子活性的药物

1. 香豆素类药物

维生素 K 在肝脏中参与凝血因子的合成，香豆素类药物结构与维生素 K 相似，为维生素 K 的拮抗剂，通过干扰凝血因子失去生物功能，从而达到抗凝、抑制血

栓形成的目的，如华法林（warfarin）。

华法林钠 Warfarin Sodium

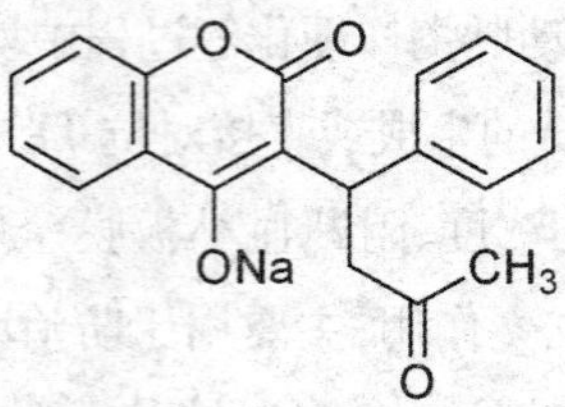

化学名为3－（α－丙酮基苄基）－4－羟基香豆素钠。

本品为白色结晶性粉末；无臭，味微苦。极易溶于水，易溶于乙醇，几乎不溶于三氯甲烷或乙醚。

本品具有手性，药用为其消旋体，但S－异构体的抗凝活性比R－异构体强。

本品可用于治疗急性心肌梗死、肺栓塞及人工心脏瓣膜手术等引起的血栓栓塞性疾病。由于其不是直接作用于已存在的凝血因子，故起效较慢。

同类药物醋硝香豆素、苯丙香豆素、双香豆素等都具有抗凝活性，多数不溶于水，由于4位羟基的存在使其显弱酸性，因此，相应的盐可增加其溶解性。

2. 肝素类抗凝药物

肝素（heparin）在体内、体外均有强大而迅速的抗凝作用，其可活化血浆中的抗凝血酶Ⅲ，中和凝血因子，抑制凝血过程，并能抑制纤维蛋白形成和血小板聚集，临床用于治疗血栓栓塞性疾病。如依诺肝素（enoxaparin）、替地肝素（tedelparin）等，临床替代肝素用于深部静脉血栓、急性心梗等，与肝素相比，生物利用度高，不良反应较少。

（二）抑制血液中凝血酶的药物

凝血酶是一种蛋白水解酶，通过对多种凝血因子的蛋白水解作用参与凝血过程，如果药物能直接抑制或破坏凝血酶的活性，则可高效、快速地抑制血栓形成。

水蛭素（hirudin）是凝血酶最强的特异性抑制剂，它结合在凝血酶非催化位点上使凝血酶失活，因其分子小，能进入血栓内，对动脉、静脉血栓均有效。

阿加曲班（argatroban）通过快速可逆地结合凝血酶而发挥抗凝作用，特异性强，不但可抑制血液中游离的凝血酶，而且还能抑制已经与纤维蛋白结合的凝血酶，对进展性和皮质性脑血栓疗效显著。

除上述药物外，血栓溶解药也可用于心肌梗死和脑梗死的治疗。这类药物的作用机制是直接或间接激活纤维蛋白溶酶原，使其转变为纤维蛋白溶酶（纤溶酶），后者可溶解血栓中的纤维蛋白，从而溶解血栓，如链激酶（streptase）、尿激酶（abbokinase）等。

三、溶血栓药

溶血栓药使纤溶酶原转化为纤溶酶，从而溶解血栓中已经形成的纤维蛋白。常用药物有尿激酶（UK）、链激酶（SK）等酶类药物。

目标检测

一、选择题

（一）单项选择题

1. 下列调血脂药中，哪一个不属于 HMG－CoA 还原酶抑制剂　（　　）
   A. 氟伐他汀　B. 辛伐他汀
   C. 洛伐他汀　D. 吉非罗齐
2. 洛伐他汀主要用于治疗　（　　）
   A. 高甘油三酯血症　B. 高胆固醇血症
   C. 心绞痛　D. 心律不齐
3. 下列药物中属于苯氧乙酸类的是　（　　）
   A. 氯贝丁酯　B. 普萘洛尔
   C. 卡托普利　D. 肾上腺素
4. 下列不属于抗心律失常的药物是　（　　）
   A. 美西律　B. 胺碘酮
   C. 普鲁卡因胺　D. 地高辛
5. 下列药物中受撞击或高热有爆炸危险的是　（　　）
   A. 胺碘酮　B. 硝苯地平
   C. 硝酸甘油　D. 普萘洛尔
6. 下列与硝苯地平叙述不符的是　（　　）
   A. 又名心痛定　B. 常用于预防和治疗冠心病、心绞痛

C. 遇光易发生歧化作用　　D. 极易溶解于水

7. 卡托普利属于下列哪种作用类型的药物　　(　　)

A. 血管紧张素转化酶抑制剂　　B. 磷酸二酯酶抑制剂

C. 钙通道阻滞剂　　D. 肾上腺素 α_1 受体阻滞剂

8. 非诺贝特为　　(　　)

A. 调血脂药　　B. 抗心绞痛药

C. 高血压药　　D. 抗心律失常药

9. 具有下列化学结构的药物是　　(　　)

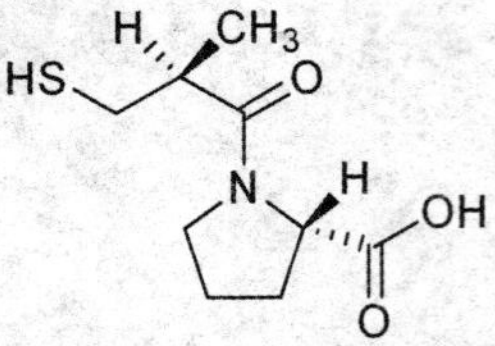

A. 硝苯地平　　B. 氢氯噻嗪

C. 卡托普利　　D. 氯沙坦

10. 盐酸哌唑嗪可用于治疗　　(　　)

A. 心率失常　　B. 高胆固醇血症

C. 心绞痛　　D. 高血压

11. 下列关于卡托普利的叙述错误的是　　(　　)

A. 又名巯甲丙脯酸

B. 有类似蒜的特臭

C. 能与亚硝酸作用生成亚硝酰硫醇酯显红色

D. 具氧化性

12. 在光的作用下可发生歧化反应的药物是　　(　　)

A. 非诺贝特　　B. 卡托普利

C. 利血平　　D. 硝苯地平

13. 结构为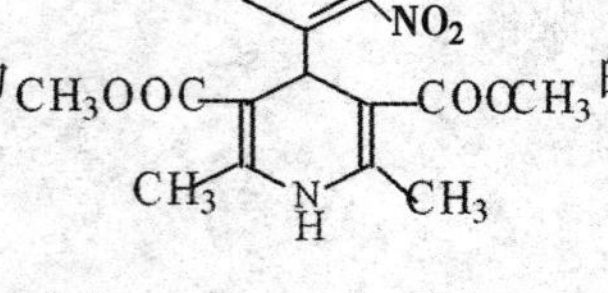的药物是　　(　　)

A. 普萘洛尔　　B. 氯贝丁酯

C. 卡托普利　　D. 硝苯地平

14. 下列哪一药物属于血管紧张素转化酶抑制剂　（　）

A. 硝苯地平　　B. 依那普利

C. 非诺贝特　　D. 利血平

15. 辛伐他汀属于　（　）

A. ACE 抑制剂　　B. 钙拮抗剂

C. HMG－CoA 还原酶抑制剂　　D. β 受体阻滞剂

16. 硝苯地平属于　（　）

A. 二苯哌嗪类　　B. 苯烷基胺类

C. 苯噻氮䓬类　　D. 二氢吡啶类

17. 不具有降压作用的是　（　）

A. 甲基多巴　　B. 氢氯噻嗪

C. 氨力农　　D. 维拉帕米

18. 属于二氢吡啶类钙拮抗剂的是　（　）

A. 氨氯地平　B. 洛伐他汀　C. 哌唑嗪　D. 普萘洛尔

19. 下列化学结构属于哪种药物 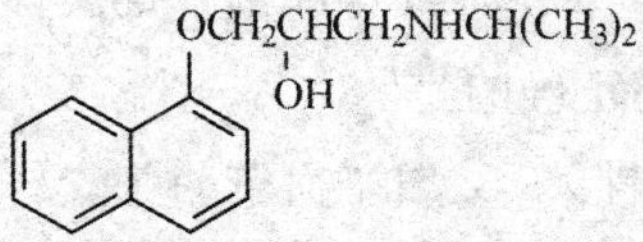　（　）

A. 普萘洛尔　B. 吉非罗齐　C. 洛伐他汀　D. 利血平

（二）配伍选择

（1～7 题）　A. HMG－CoA 还原酶抑制剂　B. β 受体阻断药　C. α 受体阻断药　D. 钙通道阻滞药　E. 磷酸二酯酶抑制剂　F. ACE 抑制剂　G. 血管紧张素Ⅱ受体拮抗剂

1. 普萘洛尔
2. 卡托普利
3. 洛伐他汀
4. 哌唑嗪
5. 氨力农
6. 硝苯地平
7. 氯沙坦

（8～12 题）A. 硝酸异山梨酯　B. 氯沙坦　C. 地高辛　D. 非诺贝特　E. 美西律

8. 强心药

9. 调血脂药

10. 抗心绞痛药

11. 抗高血压药

12. 抗心律失常药

（三）多项选择题

1. 具有抗高血压作用的药物（　　）

A. 氢氯噻嗪　B. 哌唑嗪　C. 硝酸甘油

D. 赖诺普利　E. 甲基多巴

2. 属于钙通道阻滞剂（　　）

A. 维拉帕米　B. 尼莫地平　C. 地尔硫䓬

D. 桂利嗪　E. 阿替洛尔

3. 关于普萘洛尔的叙述正确的是（　　）

A. 属于 β 受体阻断药　B. 属于 α 受体阻断药　C. S 构型左旋体活性强

D. 抗凝血作用　E. 药用品为外消旋体

4. 关于卡托普利的叙述正确的是（　　）

A. 含有巯基，具还原性　B. 属于血管紧张素转化酶抑制剂

C. 有类似蒜的特臭　D. 属于 HMG－CoA 还原酶抑制剂

E. 用于抗高血压

5. 属于血管紧张素转化酶抑制剂的降压药是（　　）

A. 利血平　B. 硝苯地平　C. 卡托普利

D. 依那普利　E. 氢氯噻嗪

二、问答题

1. 心血管系统药物包括哪几类？并列举出常用药物。

2. 抗高血压药按作用机制可分为哪些类型？并列举出典型药物。

3. 根据卡托普利的化学结构，确定其鉴别方法？

4. 分析硝苯地平的性质，确定其贮存方法？

（崔成红）

第八章　消化系统药物

消化系统疾病是临床常见多发病，疾病种类多，用药繁杂。消化系统药物（digestive system agents）根据治疗目的可分为抗溃疡药、促动力药、止吐药和催吐药、助消化药、泻药和止泻药、肝胆病辅助用药等几大类。本章主要介绍抗溃疡药、促动力药和止吐药。

第一节　抗溃疡药

课堂活动

消化性溃疡是一种常见病、多发病，根据其临床症状，试推荐常用的抗溃疡药？

临床上使用的抗溃疡药主要是通过抑制损伤因子（胃酸、胃蛋白酶和幽门螺杆菌）和增强保护因子（胃分泌的粘液、HCO_3^- 和前列腺素）来发挥作用的。抑制损伤因子的药物主要有抗酸剂、胃酸分泌抑制剂、抗幽门螺旋杆菌感染药，增强保护因子的药物主要有胃黏膜保护剂。

抗酸药是一类能中和胃酸的弱碱性无机化合物，如碳酸氢钠、氧化镁和氢氧化铝等。幽门螺旋杆菌感染是导致消化性溃疡的另一个主要原因，也是该病反复发作、难以治愈的主要原因，杀灭幽门螺杆菌的抗菌药物如甲硝唑、替硝唑、阿莫西林等，使抗溃疡药物日趋完善。胃黏膜保护剂具有增强黏膜抗损伤能力和加速溃疡愈合的作用，目前常用的胃黏膜保护剂有枸橼酸铋钾、米索前列醇及硫糖铝等。

本节只介绍目前最常用的 H_2 受体拮抗剂（H_2 receptor antagonists）和质子泵抑制剂（proton pump inhibitor，PPI）。

一、组胺 H_2 受体拮抗剂

以组胺为基础进行结构改造，西咪替丁(cimetidine)是第一个高活性的 H_2 受体拮抗剂，相继开发了一系列药物。按化学结构分为：咪唑类、呋喃类、噻唑类、哌啶类。H_2 受体拮抗剂的临床常用药物见表 8-1。

表 8-1　临床常用 H_2 受体拮抗剂

结构类型	药物名称	药物结构	作用特点
咪唑类	西咪替丁 cimetidine	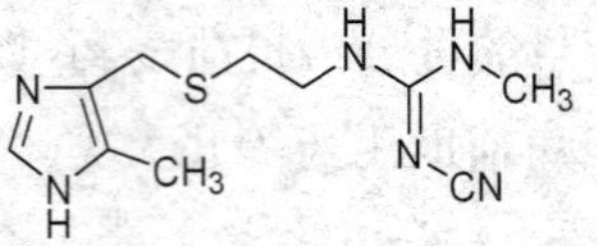	用于治疗十二指肠溃疡、胃溃疡、上消化道出血
呋喃类	雷尼替丁 ranitidine	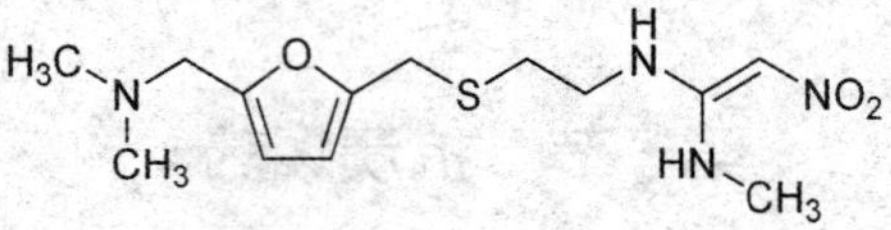	作用比西咪替丁强 5~8 倍，不良反应少，具有长效、速效的特点
噻唑类	法莫替丁 famotidine	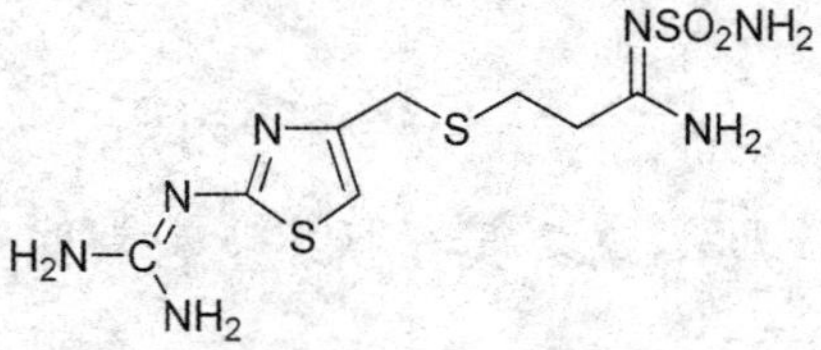	作用比雷尼替丁强 6~10 倍
	尼扎替丁 nizatidine	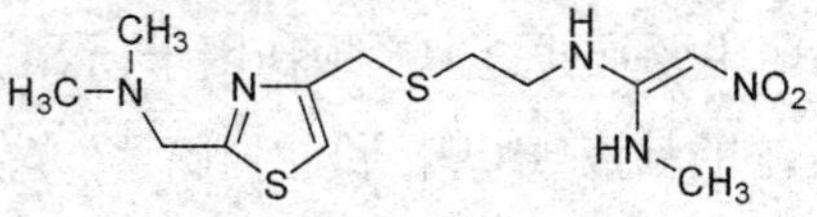	作用与雷尼替丁相似，口服生物利用度大于 90%，超过雷尼替丁和法莫替丁
哌啶类	罗沙替丁 roxatidine	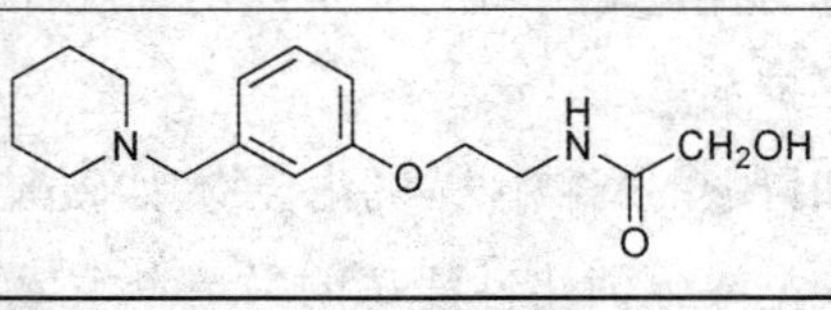	本品及其醋酸酯为选择性 H_2 受体拮抗剂，生物利用度高

从上面看出，经典的 H_2 受体拮抗剂的化学结构一般由三部分组成：碱性或碱性基团取代的芳杂环通过一条易曲挠的含硫四原子链与含氮的平面极性基团相连接。

盐酸雷尼替丁　Ranitidine Hydrochloride

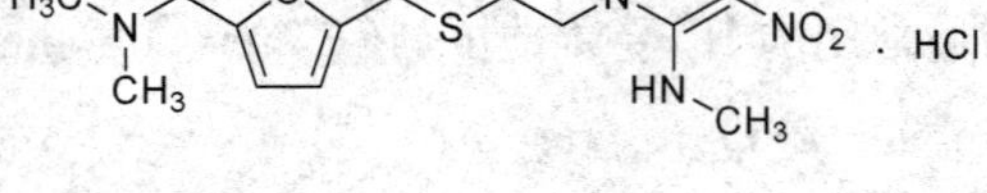

又名呋喃硝胺，甲硝呋胍。

本品为类白色或淡黄色结晶性粉末，有异臭，味微苦带涩，极易潮解，吸潮后颜色变深，应遮光、密封，在凉暗干燥处保存。本品为反式体，顺式体无活性。

本品易溶于水或甲醇，略溶于乙醇，几乎不溶于丙酮。熔点为 137 ~ 143℃，熔融时同时分解。本品在注射用含氨基酸的营养液中，置室温下 24 小时内可保持稳定，溶液的颜色、pH 值、药物的含量等均无明显变化。

本品用小火缓缓加热，产生硫化氢气体，能使湿润的醋酸铅试纸显黑色。

本品作用比西咪替丁强 5 ~ 8 倍，具有高效、速效和长效的特点，无抗雄激素作用，不抑制 CYP - 450 氧化酶，与其他药物的相互作用较小，不良反应较少。主用于治疗十二指肠溃疡、良性胃溃疡、术后溃疡、返流性食管炎等。

二、质子泵抑制剂

质子泵即 H^+/K^+ - ATP 酶，分布于胃壁细胞表层，具有排出氢离子和氯离子，重吸收钾离子的作用。质子泵仅存在于胃壁细胞表面，H_2 受体不但存在胃壁细胞，还存在于其他组织。质子泵抑制剂能够抑制各种因素引起的胃酸分泌，具有作用专一、选择性高、副作用较小等优点。

奥美拉唑（omeprazole）是第一个上市的质子泵抑制剂，对各种原因引起的胃酸分泌过多有强而持久的抑制作用。其上市后，一系列的 me - too 药物出现，它们结构都十分相似，只是在苯并咪唑环和吡啶环上的取代基有所不同，如兰索拉唑（lansoprazole）、泮托拉唑（pantoprazole）和雷贝拉唑（rabeprazole）等。

知识链接

模仿药物（me - too drug）

西咪替丁之后，发现的雷尼替丁和法莫替丁等的开发都是按照西咪替丁的研究过程亦步亦趋地进行的，在药品开发中把这类药物称为模仿药物（me - too drug），而首创的药物相应称为原创药物或母体药物（parent drug）。me - too 药只要疗效好于原创药物，或在某方面上有优点，在市场上同样能够成功，而且往往后来居上。me - too 药的研制是药物研究中的普遍行为。

临床常用主要药物结构、作用特点见表 8 - 2。

表 8－2　临床常用质子泵抑制剂

药物名称	药物结构	作用特点
奥美拉唑 omeprazole	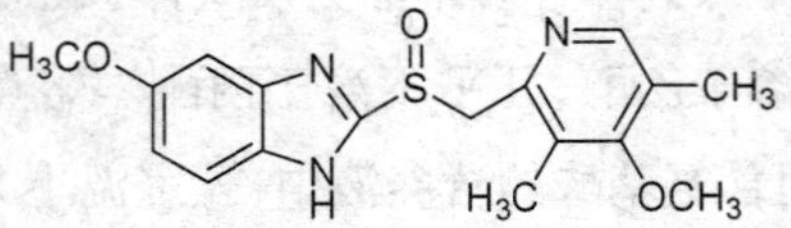	对胃酸分泌抑制作用强而持久，对十二指肠溃疡治愈率高
兰索拉唑 lansoprazole	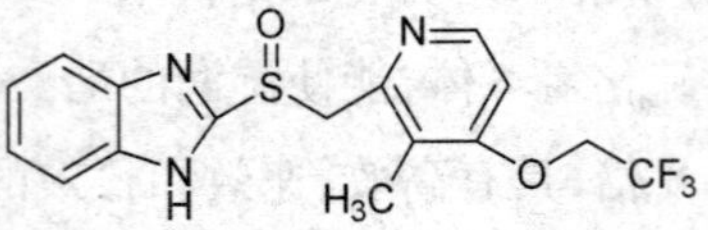	含氟化合物，抑酸作用比奥美拉唑强，口服可快速吸收，生物利用度超过 80%
泮托拉唑 pantoprazole	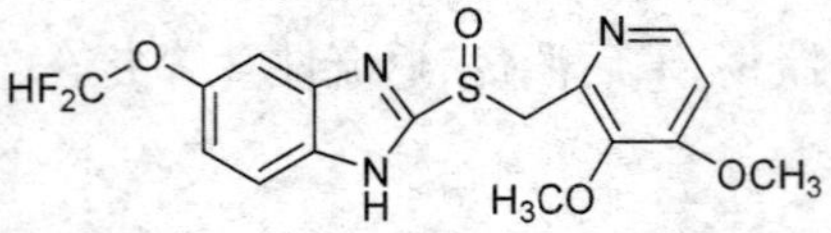	与奥美拉唑相比，与质子泵的结合选择性更高，稳定性更强，具有一定的抗幽门螺杆菌作用
雷贝拉唑 rabeprazole	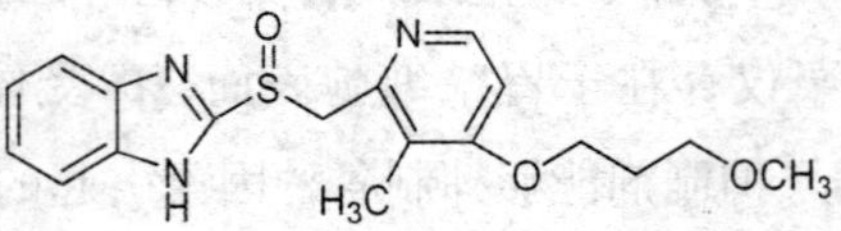	本品具有很强的胃酸分泌抑制作用和较强的抗幽门螺杆菌作用。因药效学和药动学的突出优点，被誉为“质子泵抑制剂的新突破”
埃索美拉唑 esomeprazole	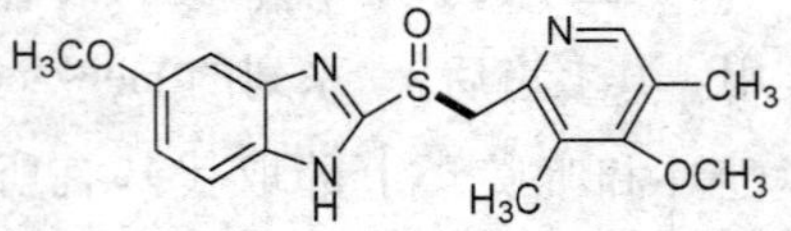	为奥美拉唑的 S－(－)型异构体，但与奥美拉唑相比，生物利用度更大，代谢速率更慢，代谢的个体差异更小

奥美拉唑　Omeprazole

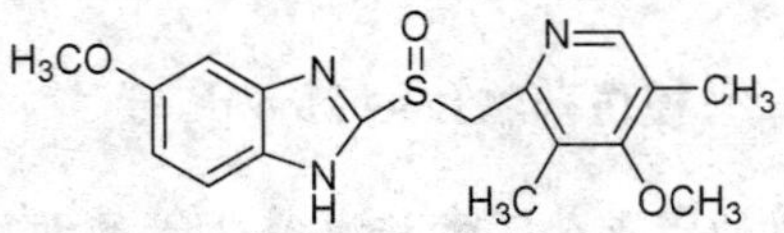

化学名为 5－甲氧基－2[[(4－甲氧基－3,5－二甲基－2－吡啶基)甲基]亚磺酰基]－1H－苯并咪唑，又名洛赛克、奥克。

本品为白色或类白色结晶性粉末，无臭，遇光易变色，略溶于甲醇或乙醇，微溶于丙酮，不溶于水。

本品的化学结构由苯并咪唑环、吡啶环和连接两个环系的甲基亚磺酰基三部分构成。因亚砜基上的硫原子有手性而具光学活性，药用其外消旋体，其 S－异构体埃索美拉唑现已用于临床。

本品为酸碱两性化合物，可溶于碱液，在强酸性水溶液中不稳定，很快分解。

奥美拉唑为前药，体外无活性。由于其为脂溶性弱碱性药物，口服后在十二指肠吸收，选择性地聚集在胃壁细胞的酸性环境中，经氢离子催化重排为活性代谢产物次磺酰胺，与 H^+/K^+ - ATP 酶上的巯基通过二硫键共价结合，形成酶 - 抑制剂复合物，抑制 H^+/K^+ - ATP 酶。

本品主要用于治疗十二指肠溃疡和卓 - 艾综合征（胃泌素瘤），也可用于胃溃疡和反流性食管炎。本品与阿莫西林和克拉霉素或与甲硝唑、克拉霉素合用，可有效地杀灭幽门螺旋杆菌。

长期使用奥美拉唑等不可逆性质子泵抑制剂易引起胃酸缺乏，会诱发胃窦反馈机制而导致高胃泌素血症；还有可能在胃体内引起内分泌细胞的增生，形成类癌，故在临床上不宜长期连续使用。

第二节　促胃肠动力药和止吐药

一、促胃肠动力药

促胃肠动力药（prokinetics）是能增加胃肠推进性蠕动，促使胃肠道内容物向前移动的的一类药物。目前临床上常用的药物为甲氧氯普胺（metoclopramide）、多潘立酮（domperidone）、西沙必利（cisapride）、莫沙必利（mosapride）、伊托必利（itopride）等。

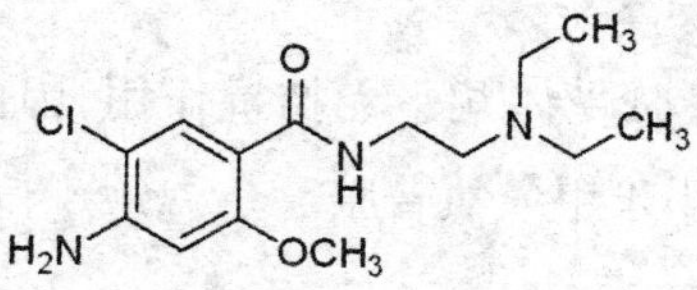

甲氧氯普胺

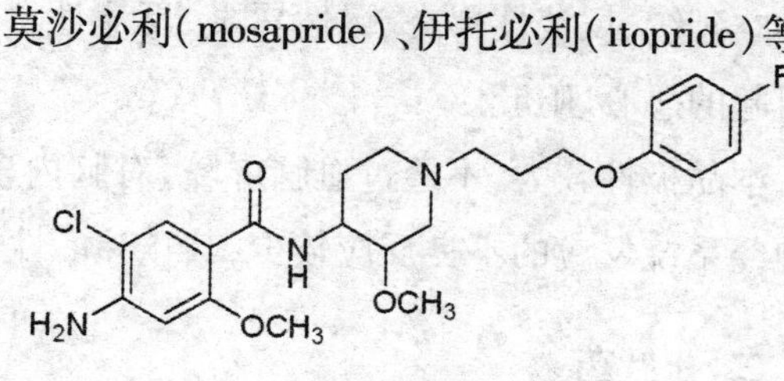

西沙必利

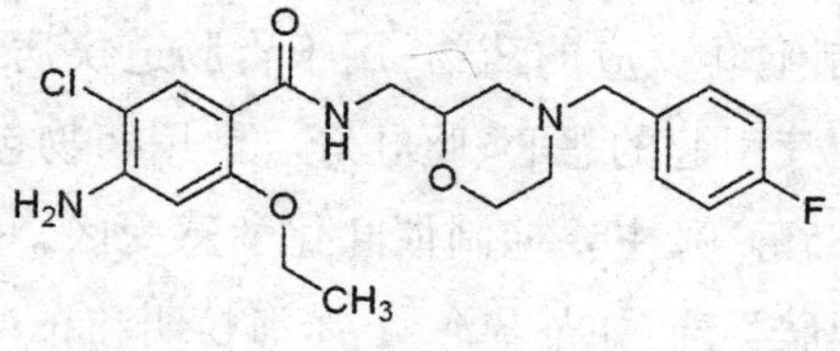

莫沙必利

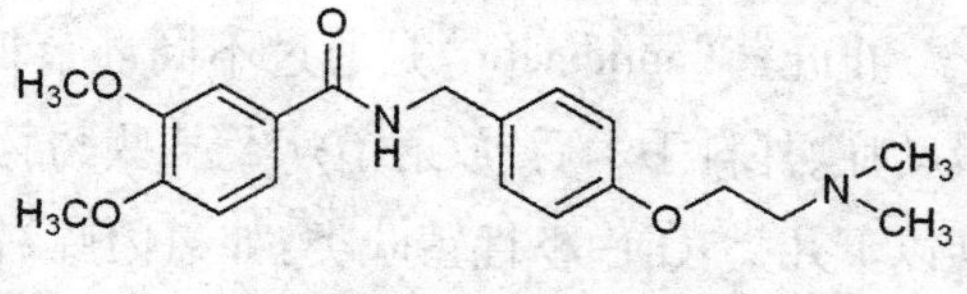

伊托必利

知识链接

红霉素的老药新用

红霉素是从红色链丝菌中提取的一种大环内酯类抗生素，主要作用于革兰氏阳性球菌，对支原体、衣原体和军团菌也有良好的抑制作用。自1952年应用于临床以来，其胃肠道反应如恶心、呕吐、肠痉挛、上腹痛及腹泻等较为常见，后来研究发现红霉素可以促进胃肠道运动，在低于抗感染剂量时可诱发胃肠道平滑肌收缩。目前，红霉素已作为一种供选择的促胃肠动力药物应用于临床。

多潘立酮　Domperidone

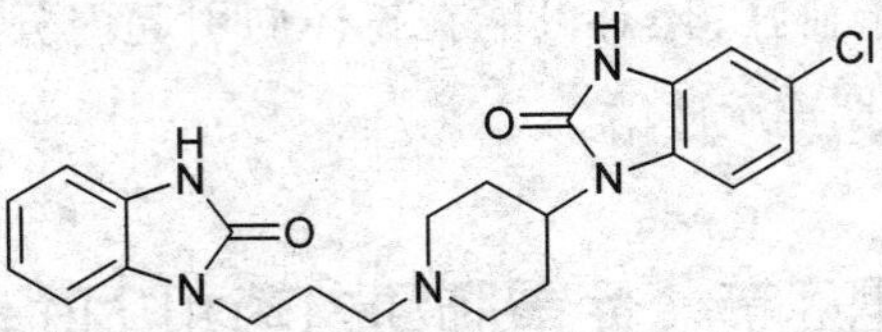

又名吗丁啉。

本品为白色或类白色粉末，几乎不溶于水，溶于二甲基甲酰胺，微溶于乙醇和甲醇。

本品为苯并咪唑衍生物，为作用较强的外周多巴胺受体拮抗剂，有促进胃动力及止吐作用，使胃排空速率加快，并抑制各种原因所致的恶心、呕吐。临床用于由胃排空延缓、反流性胃炎、慢性胃炎、反流性食管炎引起的消化不良症状及各种原因引起的恶心、呕吐。

本品极性较大，不透过血脑屏障，对脑内多巴胺受体几乎无拮抗作用，因此中枢神经系统反应的不良反应较少，其止吐活性也小于甲氧氯普胺。

二、止吐药

止吐药(antiemetic)是通过不同环节抑制呕吐反应的药物，用于胃肠道疾病、晕动症、外科手术后、放射治疗及某些药物治疗引起的恶心、呕吐等。常用药物包括以下几类：①中枢性镇吐类：如氯丙嗪、奋乃静等，主要抑制催吐化学感受区，对各种呕吐(除晕动病呕吐外)均有效。②抗组胺类药：如茶苯海明、苯海拉明和布克利嗪等，常用于晕动病呕吐。③多巴胺或5－羟色胺受体拮抗剂：如甲氧氯普胺、多潘立酮、莫沙必利、昂丹司琼等。④其他：东莨菪碱、维生素 B_6 等。

5－HT_3 受体是5－羟色胺（5－HT）受体的一个亚型，主要分布在肠道。癌症化疗药物及放射治疗作用于胃肠道的黏膜组织，使胃肠道的类嗜铬细胞释放多巴胺及5－羟色胺（5－HT），5－HT 与5－HT_3 受体结合，通过神经反射作用于呕吐中枢而引起恶心、呕吐。昂丹司琼（ondansetron）是第一个用于治疗放、化疗呕吐的5－HT_3 受体拮抗剂，于1990年上市，解决了众多癌症患者进行放、化疗时最令人头痛的副作用。由于其疗效确实，不良反应少，各种新的5－HT_3 受体拮抗剂陆续推出，如格拉司琼（granisetron）、托烷司琼（tropisetron）等。

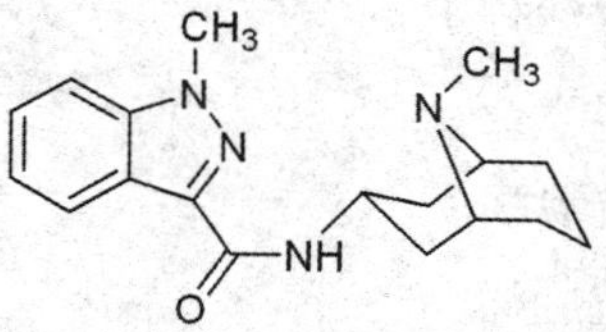

格拉司琼

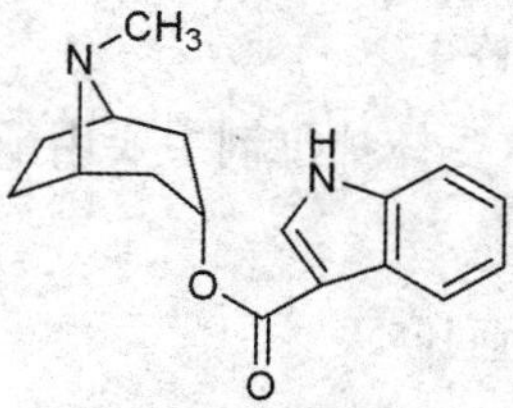

托烷司琼

盐酸昂丹司琼　Ondansetron Hydrochloride

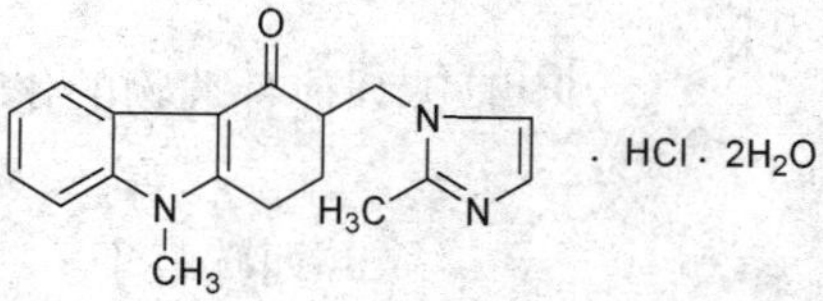

又名奥丹西隆、枢复宁。

本品为白色或类白色结晶性粉末，无臭、味苦。本品在甲醇中易溶，在水中略溶，在丙酮中微溶。

本品咔唑酮（吲哚并环已酮）环上的3位碳原子具有手性，其中R－异构体的活性较大，临床上使用外消旋体。

本品为高强度、高选择性的5－HT_3 受体拮抗剂。适用于治疗由化疗和放疗引起的恶心、呕吐，也可用于预防和治疗手术后引起的恶心、呕吐。

本品不引起锥体外系反应，毒副作用极小，不良反应较轻。

目 标 检 测

一、选择题

(一)单项选择题

1. 属于呋喃类抗溃疡药物的是 ( )

A. 西咪替丁 B. 雷尼替丁

C. 法莫替丁 D. 罗沙替丁

2. 组胺 H_2 受体拮抗剂主要用于 ( )

A. 抗过敏 B. 抗溃疡

C. 抗高血压 D. 抗肿瘤

3. 下列属于质子泵抑制剂的是 ( )

A. 盐酸昂丹司琼 B. 法莫替丁

C. 奥美拉唑 D. 多潘立酮

4. 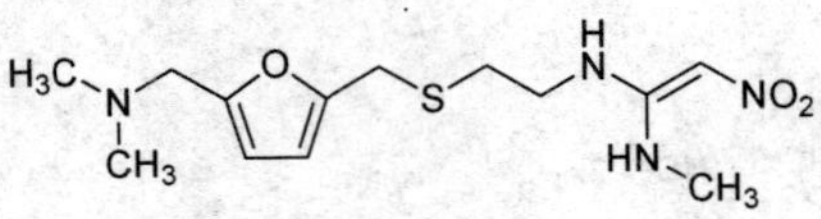

是下列何种药物的化学结构 ( )

A. 雷尼替丁 B. 西咪替丁

C. 奥美拉唑 D. 多潘立酮

5. 下列属于前药的是 ( )

A. 雷尼替丁 B. 甲氧氯普胺

C. 奥美拉唑 D. 多潘立酮

6. 经灼烧后,遇醋酸铅试纸可生成黑色硫化铅沉淀的药物是 ( )

A. 奥美拉唑 B. 甲氧氯普胺

C. 多潘立酮 D. 雷尼替丁

7. 属于 5 - HT_3 受体拮抗剂类止吐药的是 ( )

A. 昂丹司琼 B. 甲氧氯普胺

C. 氯丙嗪 D. 多潘立酮

8. H_2 受体拮抗剂是 （ ）

A. 氯苯那敏

B. 泮托拉唑

C. 多潘立酮

D. 法莫替丁

9. 以噻唑为母环的药物是 （ ）

A. 西咪替丁

B. 雷尼替丁

C. 苯噻啶

D. 法莫替丁

10. 组胺 H_2 受体拮抗剂主要用于 （ ）

A. 抗溃疡

B. 抗过敏

C. 抗高血压

D. 抗心绞痛

（二）配伍选择题

A. 结构中含有亚磺酰基

B. 结构中含有咪唑环

C. 结构中含有噻唑环

D. 结构中含有呋喃环

1. 雷尼替丁

2. 法莫替丁

3. 奥美拉唑

4. 西咪替丁

（三）多项选择题

1. 能抑制胃酸分泌的抗溃疡药物有 （ ）

A. 雷尼替丁

B. 法莫替丁

C. 奥美拉唑

D. 兰索拉唑

E. 氢氧化铝

2. H_2 受体拮抗剂的结构类型有 （ ）

A. 咪唑类

B. 磺胺类

C. 噻唑类

D. 哌啶类

E. 呋喃类

3. 奥美拉唑具有以下哪些性质 （ ）

A. 具有弱碱性和弱酸性

B. 含有吡啶环和亚砜结构

C. 属于前体药物

D. 具有旋光性，目前药用外消旋体

E. H^+/K^+ –ATP 酶抑制剂

（隋新安）

第九章 抗肿瘤药物

肿瘤通常分为良性肿瘤和恶性肿瘤。恶性肿瘤(俗称癌症)是直接危及人类生命健康的一种疾病。目前的治疗方法主要包括手术治疗、放射治疗和化学治疗,近年来的生物学治疗如基因治疗、免疫治疗等也有一定的发展。

抗肿瘤药物(antineoplastic agents)是指用于治疗恶性肿瘤的药物,又称抗癌药。自20世纪40年代氮芥用于治疗恶性淋巴瘤及白血病以来,肿瘤的化学治疗已取得了巨大的进展,明显地延长患者的生存时间,甚至对不少癌症能达到完全治愈的效果。按照作用原理和来源,抗肿瘤药物又可以分为:①烷化剂;②抗代谢药物;③抗肿瘤抗生素;④抗肿瘤植物药有效成分及其衍生物等。

抗肿瘤药物的研究开发从传统的细胞毒药物转向针对肿瘤发生发展过程中的多环节多靶点的新型抗肿瘤药物。中国抗肿瘤药物的研究工作近年来发展很快,研究内容主要涉及天然抗肿瘤活性物质的开发、寻找新的药物作用靶点、运用新技术及新方法深入探讨抗肿瘤药物的分子作用机制等。

知识链接

抗肿瘤药物的不良反应

多数抗肿瘤药物在抑制或杀伤肿瘤细胞的同时,会对机体的某些正常细胞、组织和器官造成损害,抗肿瘤药物不良反应主要有以下几个方面:①消化系统:如恶心、呕吐、粘膜炎、腹泻和便秘等;②造血系统:如白细胞减少、血小板减少等;③呼吸系统:如间质性肺炎、肺水肿、肺纤维化、急性呼吸衰竭等;④泌尿系统:如肾实质损伤和泌尿道刺激反应等;⑤神经系统:如肢体麻木和感觉异常、可逆性末梢神经炎、短暂语言障碍、意识混乱、耳鸣、耳聋等;⑥肝脏毒性:如肝细胞功能障碍、静脉阻塞性肝病和慢性肝纤维化等;⑦心脏毒性:如窦性心动过速、心律失常、呼吸困难、心脏扩大等;⑧其他:如皮疹、脱发、栓塞性静脉炎等。

第一节　烷化剂

烷化剂(alkylating agents)又称生物烷化剂,化学性质很活泼,在体内能形成缺电子活泼中间体或其他具有活泼的亲电性基团的化合物,与脱氧核糖核酸(DNA)、核糖核酸(RNA)和某些酶类中的氨基、巯基、羧基及磷酸基等含有丰富电子的基团发生共价结合,使细胞的结构和生理功能发生变异,抑制细胞分裂,从而导致细胞死亡。

烷化剂大多选择性不高,属于细胞毒类药物,不仅可以抑制或破坏增生较快的肿瘤细胞,对增生活跃的正常细胞如毛发细胞、骨髓细胞、肠上皮细胞及生殖细胞等也同样产生抑制或影响作用,因而会产生很多严重的副作用,如恶心、呕吐、骨髓抑制及脱发等。

烷化剂结构类型较多,目前在临床使用的烷化剂类抗肿瘤药有氮芥类、亚乙基亚胺类、甲磺酸酯及多元醇类、亚硝基脲类和金属铂配合物等。其共同特点是,一般都能与代谢产物的多种基团直接作用,但主要是与脱氧核糖核酸(DNA)中的某些基团发生反应,以共价键进行键合。

知识链接

氮芥类药物的起源

氮芥类药物源于芥子气(硫芥,二氯二乙硫醚)。芥子气为无色或淡黄色油状液体,具有大蒜或芥末的气味,性质稳定。第一次世界大战期间芥子气被德国作为军用毒气使用,后来发现其对淋巴癌有治疗作用,但由于对人的毒性太大,不可能作为药物使用,后来对其结构进行改造得到了氮芥类抗肿瘤药物。

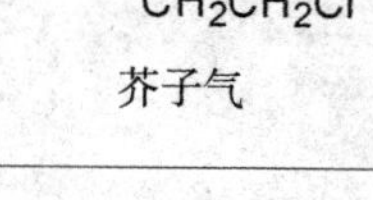

芥子气

一、氮芥类

氮芥类是最早用于临床的生物烷化剂，是β－氯乙胺类化合物的总称，常含有双－(β－氯乙基)氨基。一般通式为：

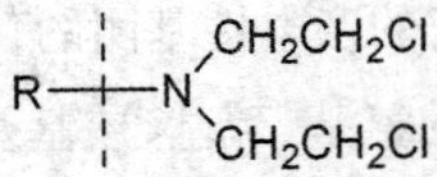

载体部分　烷基化部分

通式中双－(β－氯乙基)氨基为烷基化部分，又称氮芥基，是抗肿瘤作用的功能基团；R 为载体部分。根据载体的不同，氮芥类又可分为脂肪氮芥、芳香氮芥、氨基酸氮芥、杂环氮芥和甾体氮芥等。

1. 脂肪氮芥和芳香氮芥的作用机理　脂肪氮芥的氮原子碱性较强，在生理条件(pH7.4)和游离状态时，易形成活性非常强的亚乙基亚铵离子，为亲电性的强烷化剂，极易与肿瘤细胞的亲核中心(X^-，Y^-)发生烷化作用，毒害细胞，使其分裂停止。

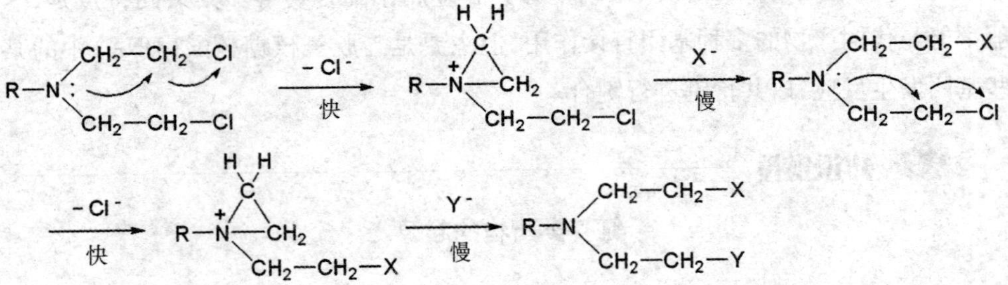

脂肪氮芥属于强烷化剂，对肿瘤细胞的杀伤力较大，抗瘤谱较广；其选择性比较差，毒性比较大。

在芳香氮芥类药物中氮原子碱性较弱，不能形成稳定的环状亚乙基亚铵离子，而是通过失去氯原子得到碳正离子的中间体，再与细胞成分中的亲核中心(X^-，Y^-)发生烷化作用。

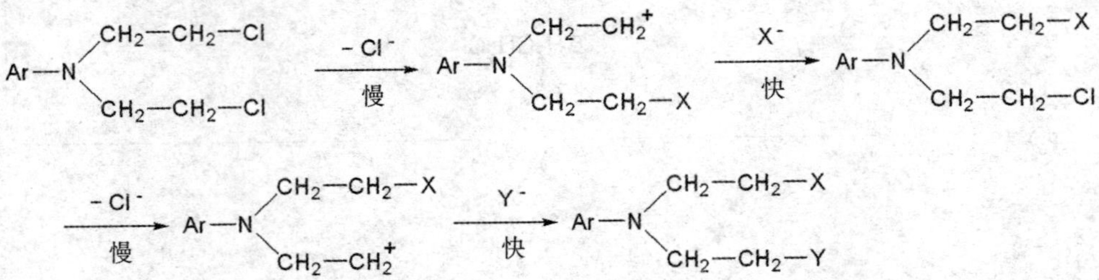

芳香氮芥的烷基化能力较弱，其毒性也比脂肪氮芥小。

从上述两种反应历程可以看出，氮芥类烷化剂的作用强弱与形成亚乙基亚胺离子或碳正离子的速率有关，其中载体 R 的化学性质起着关键作用。为提高生物烷化剂的选择性，降低毒性，引入芳香基团作载体，减小氮原子上电子云密度，降低其活性，降低毒性；或者应用氨基酸、嘧啶等杂环、甾体激素等作载体，开发了一系列药物。常见氮芥类抗肿瘤药物的类别、结构和主要用途见表 9－1。

表 9－1 氮芥类药物的类别、结构和主要用途

结构类型	药物名称	药物结构	主要用途
脂肪氮芥	盐酸氮芥 chlormethine hydrochloride	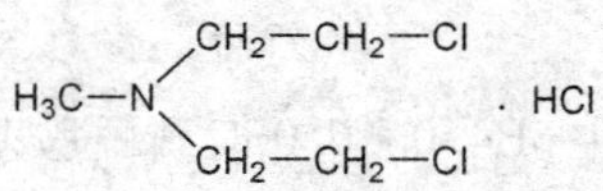	淋巴肉瘤、网状细胞肉瘤
芳香氮芥	苯丁酸氮芥 chlorambucil	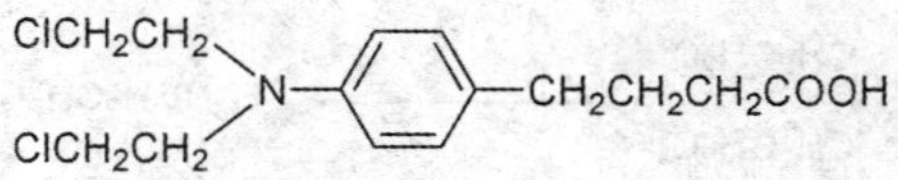	慢性淋巴细胞白血病
氨基酸氮芥	溶肉瘤素 melphalan	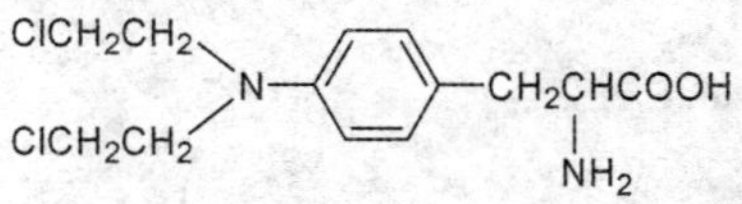	卵巢癌、乳腺癌、淋巴肉瘤
杂环氮芥	环磷酰胺 cyclophosphamide	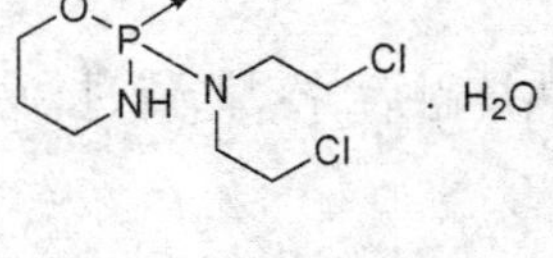	广谱抗癌药，如恶性淋巴瘤等
甾体氮芥	泼尼莫司汀 prednimustine	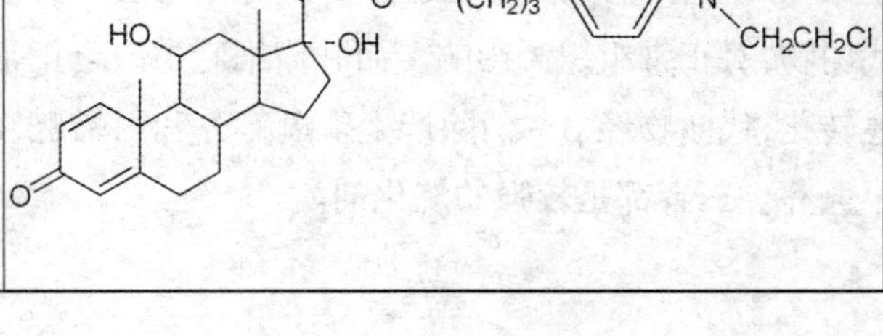	恶性淋巴瘤、慢性淋巴细胞白血病

2. 典型药物

环磷酰胺　Cyclophosphamide

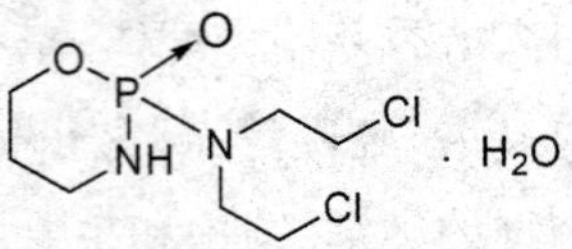

化学名为N,N－双－(β－氯乙基)－N′－(3－羟丙基)磷酰二胺内酯－水化合物,又名癌得星、环磷氮芥。

本品含一个结晶水时为白色结晶或结晶性粉末,失去结晶水即液化为油状液体。本品不经干燥,熔点为48.5～52.0℃。本品在乙醇中易溶,在水或丙酮中溶解。

本品水溶液不稳定,在pH4.0～6.0时磷酰胺基不稳定,遇热更易分解而失去生物烷化作用,故制成粉针剂,现用现配。

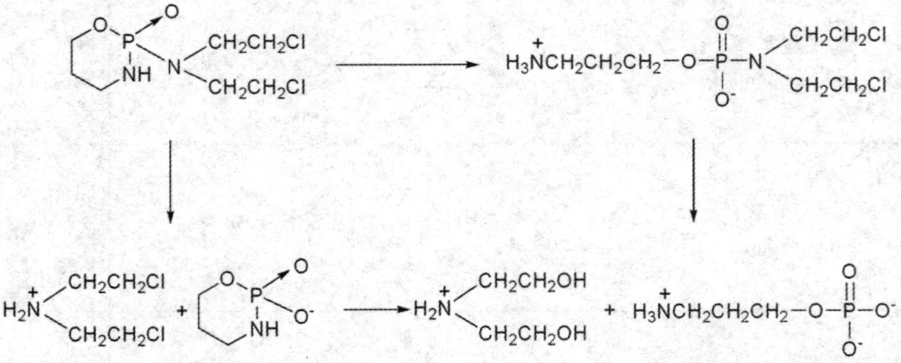

本品与无水碳酸钠加热熔融后,冷却,滤过,滤液加硝酸使成酸性后,显磷酸盐和氯化物的鉴别反应。

环磷酰胺是一个前体药物,由于氮芥部分上连有一个吸电子的环状磷酰基,降低了烷基化的能力,体外几乎无抗肿瘤活性,进入体内后在肝中被细胞色素P450氧化酶氧化生成4－羟基环磷酰胺,通过互变异构与醛型平衡存在,在正常组织中氧化为无毒代谢物,对正常组织无影响。而肿瘤细胞中缺乏正常组织所具有的酶,不能进行上述转化,代谢物经β－消除产生磷酰氮芥和丙烯醛,磷酰氮芥可以进一步转化为去甲氮芥。三者都是较强的烷化剂。

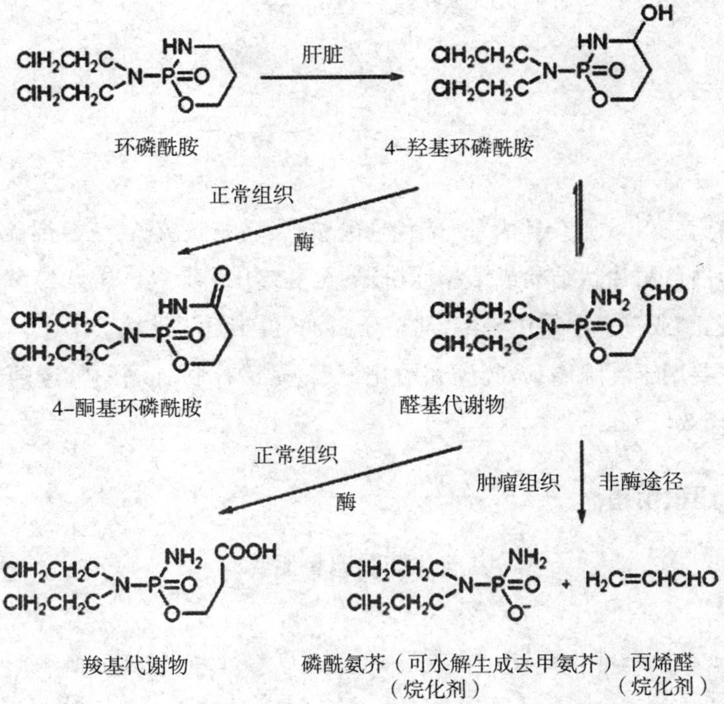

因此环磷酰胺对肿瘤细胞或组织有高度的选择性，对人体的毒性比其他氮芥类药物小。

环磷酰胺的抗肿瘤谱较广，临床上主要用于恶性淋巴瘤、急性淋巴细胞白血病、肺癌、神经细胞瘤、多发性骨髓瘤等，对卵巢癌、乳腺癌、鼻咽癌也有疗效。

课堂活动

环磷酰胺可否制备成水溶液注射剂？

二、亚乙基亚胺类

在研究氮芥类药物构效关系中发现，脂肪氮芥类须在体内经酶活化转变为亚乙基亚胺活性中间体而发挥烷基化作用，因此，合成了一系列亚乙基亚胺类药物。用于临床的主要有替派（tepa）和塞替派（thiotepa）。

塞替派 Thiotepa

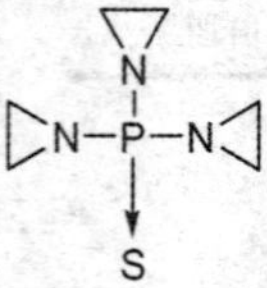

化学名为三(1－氮杂环丙基)硫代磷酰胺,又名三胺硫磷,三乙烯硫代磷酰胺。

本品为白色鳞片状结晶或结晶性粉末;无臭或几乎无臭。熔点为52℃～57℃。本品在水、乙醇或三氯甲烷中易溶,略溶于石油醚,难溶于己烷。

本品主要用于乳腺癌、膀胱癌和消化道癌,是治疗膀胱癌的首选药物,可直接注入膀胱,疗效较好。

知识链接

前体药物塞替派

塞替派由于含有体积较大的硫代磷酰基,脂溶性大,对酸不稳定,不能口服,在胃肠道吸收较差,须通过静脉注射。本品进入体内后,在肝脏代谢,被肝脏P450酶系代谢生成替派而发挥作用,因此,塞替派可认为是替派的前药。

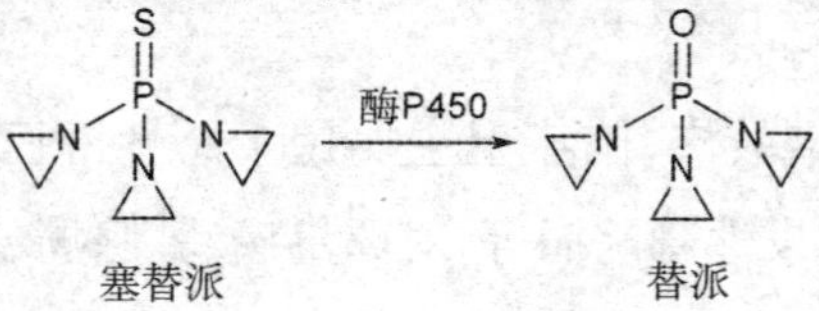

三、甲磺酸酯类及多元醇类

甲磺酸酯及多元醇的衍生物是一类非氮芥类的烷化剂,临床应用的多元醇类药物主要是卤代多元醇,如二溴甘露醇(dibromomannitol)和二溴卫矛醇(dibromodulcilol)等。前者主要用于慢性粒细胞白血病的治疗,后者对某些实体瘤,如肺癌、胃癌和乳腺癌有一定疗效。

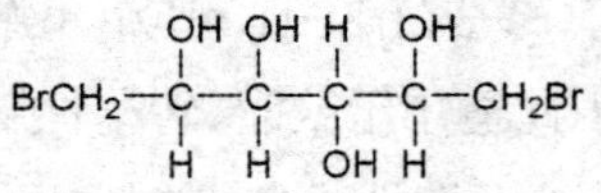

二溴甘露醇

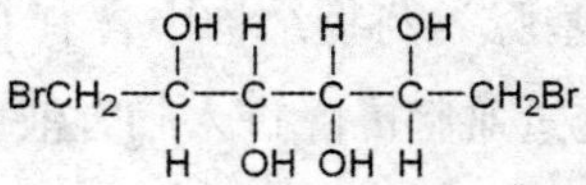

二溴卫矛醇

磺酸酯类药物具有较强的烷化作用，白消安(busulfan)的活性最强，甲磺酸酯是较好的离去基团，能生成碳正离子或与生物大分子发生亲核取代反应而发挥烷基化作用，是双功能烷化剂。

白消安　Busulfan

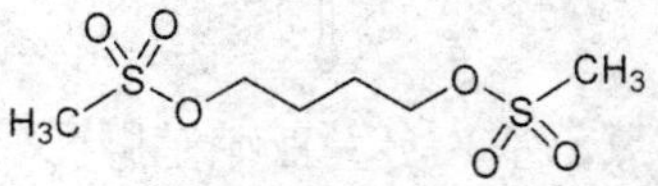

化学名为1,4－丁二醇二甲磺酸酯，又名马利兰。

本品为白色结晶性粉末；几乎无臭。熔点为114℃～118℃。本品在丙酮中溶解，在水或乙醇中微溶。

本品在碱性条件下不稳定，易水解失效，加热会加速水解。水解液遇氯化钡试液可产生白色沉淀。

本品在氢氧化钠的条件下可水解生成丁二醇，再经脱水生成具有特臭的四氢呋喃。

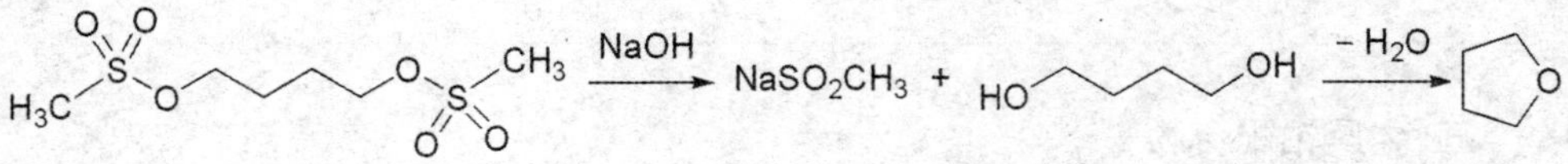

本品含有磺酸酯，口服吸收后迅速分布到各组织中。本品在体内发生水解代谢生成甲磺酸，自尿中缓慢排出，代谢速度较慢，24小时排出不足50%，反复用药可引起蓄积。临床上主要用于治疗慢性粒细胞白血病，其疗效优于放射治疗，主要不良反应为消化道反应和骨髓抑制。

四、亚硝基脲类

亚硝基脲类具有β－氯乙基亚硝基脲结构，是典型的烷化剂。

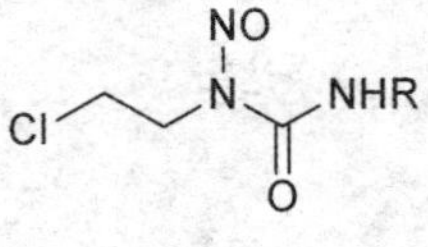

由于亚硝基脲类药物结构中含有β－氯乙基，在生理pH下不解离，具有较强的脂溶性，易透过血脑屏障进入脑脊液中，因此适用于脑瘤、转移性脑瘤、中枢神经系统肿瘤和恶性淋巴瘤的治疗，主要副作用为迟发性骨髓抑制。用于临床的主要有卡莫司汀（carmustine）、洛莫司汀（lomostine）、司莫司汀（semustine）和尼莫司汀（nimustine）等。

卡莫司汀　Carmustine

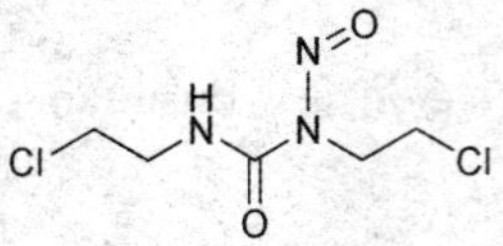

化学名为1,3－双(2－氯乙基)－1－亚硝基脲，又名卡氮芥、BCNU。

本品为无色或微黄或微黄绿色结晶或结晶性粉末；无臭。熔点为30℃～32℃，熔融同时分解。本品脂溶性高，在甲醇或乙醇中溶解，在水中不溶，其注射液用聚乙二醇的灭菌溶液。

临床上本品主要用于治疗脑瘤及转移性脑瘤、淋巴肉瘤、肺癌等，与其他抗肿瘤药物合用时可增强疗效。

课堂活动

根据结构分析卡莫司汀的稳定性。

五、金属铂配合物

顺铂是第一个用于临床的铂类抗肿瘤药物。顺铂水溶性差，且只能注射给药，缓解期短，并伴有严重的肾、胃肠道毒性、耳毒性及神经毒性，长期使用会产生耐药性。为了进一步增强抗肿瘤活性和降低毒副作用，后又相继开发了卡铂（carboplatin）、奈达铂（nedaplatin）以及奥沙利铂（oxaliplatin）等其他金属铂配合物。

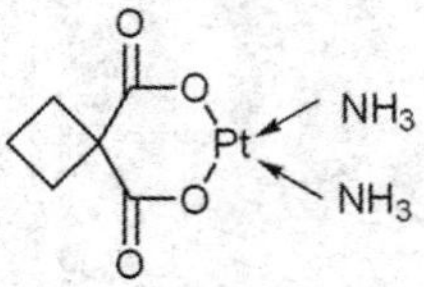

卡铂

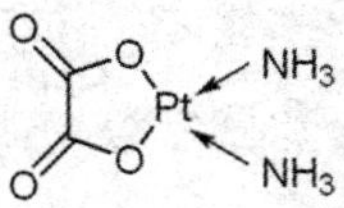

奈达铂

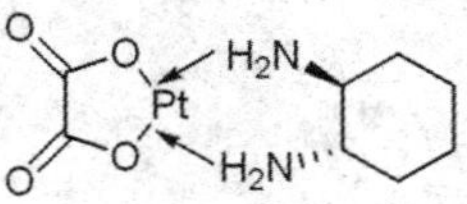

奥沙利铂

顺铂　Cisplatin

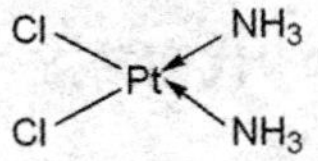

化学名为顺式-二氯二氨合铂，又名顺氯氨铂。

本品为亮黄色或橙黄色的结晶性粉末，无臭。易溶于二甲基亚砜，略溶于二甲基甲酰胺，微溶于水，不溶于乙醇。

本品加硫酸即显灰绿色。

本品水溶液加硫脲后加热显黄色。

本品水溶液不稳定，可逐渐水解和转化为无活性的反式异构体。

本品是最先用于临床的第一代铂络合物，属周期非特异性药物，进入细胞后水解成阳离子水化物，具有类似烷化的双功能基团的作用。

本品对睾丸癌、乳腺癌、肺癌、头颈部癌、卵巢癌、骨肉瘤及黑色素瘤等实体瘤都有效，是当前联合化疗中最常用的药物之一。

知识链接

几何异构对药效的影响

几何异构是由双键或环等刚性或半刚性系统导致分子内旋转受到限制而产生的。几何异构体的理化性质和生理活性都有较大的差异，其空间结构不同其与受体之间的互补性也不同。如己烯雌酚反式异构体有活性，而顺式异构体无活性。

第二节　抗代谢药物

抗代谢抗肿瘤药物是应用代谢拮抗原理设计的，将代谢物的结构应用生物电子等排原理作改变而得，常见的以—F 代替—H，以—S—代替—O—，以—NH_2 或—SH 代替—OH 等，化学结构一般与代谢物很相似。可作为伪代谢物掺入 DNA 或 RNA 中，干扰其合成，形成假的无功能的生物大分子，即致死性合成，抑制肿瘤细胞的生长。常用的抗代谢抗肿瘤药物有嘧啶类抗代谢物、嘌呤类抗代谢物及叶酸类抗代谢物。但选择性较差，对增殖较快的正常组织如骨髓、消化道粘膜也具有一定的毒性，目前临床上多用于治疗白血病、绒毛上皮癌，对某些实体肿瘤也有效。

知识链接

代谢拮抗

代谢拮抗是指设计与生物体内基本代谢物的结构有某种程度相似的化合物，使与基本代谢物竞争性或干扰基本代谢物的被利用，或掺入生物大分子的合成之中形成伪生物大分子、导致致死合成，从而影响细胞的生长。抗代谢物的设计多采用生物电子等排原理。代谢拮抗已广泛应用于抗菌、抗疟及抗癌药物等设计中。

一、嘧啶类抗代谢物

嘧啶类抗代谢物主要有尿嘧啶和胞嘧啶衍生物。由于尿嘧啶渗入肿瘤组织的速度比其他嘧啶快，根据生物电子等排原理，用卤原子代替氢原子合成了一系列的卤代尿嘧啶衍生物，如氟尿嘧啶（fluorouracil），其抗肿瘤活性最好，临床上可作为治疗实体肿瘤的首选药物，但毒性较大，对此进行结构改造合成了大量衍生物，如替加氟（tegafur）、双呋氟尿嘧啶（difuradin）、卡莫氟（carmofur）等。

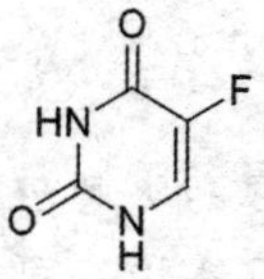

氟尿嘧啶

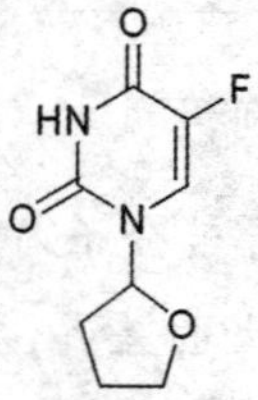

替加氟

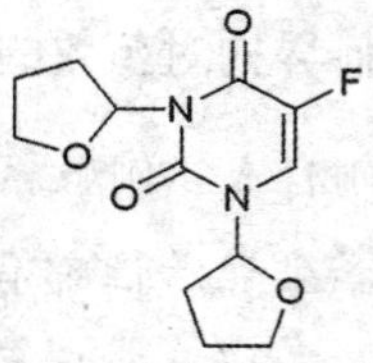

双呋氟尿嘧啶

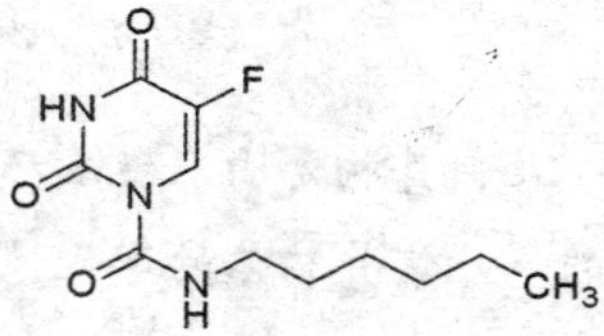

卡莫氟

经进一步的研究发现，将尿嘧啶 4 - 位上的氧用氨基取代后得到的胞嘧啶衍生物也具有较好的抗肿瘤作用。如盐酸阿糖胞苷（cytarabine hydrochloride），阿糖胞苷的前体药物环胞苷（cyclocytidine），常用于治疗各种类型的急性白血病，也可用于虹膜炎和单疱病毒性角膜炎的治疗。

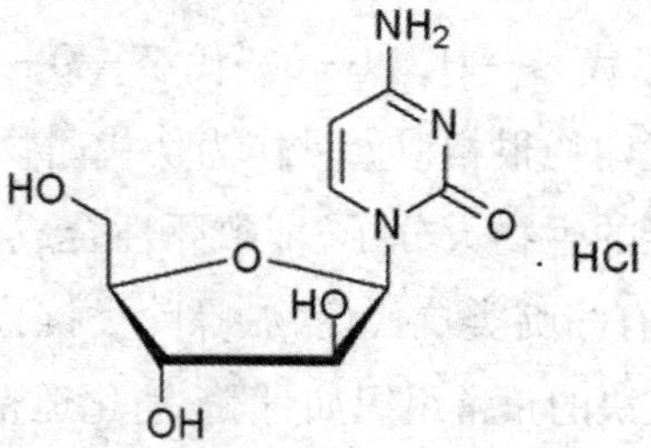

盐酸阿糖胞苷

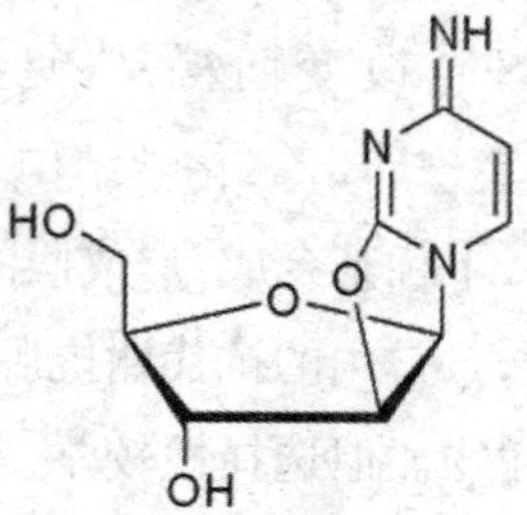

环胞苷

氟尿嘧啶 Fluorouracil

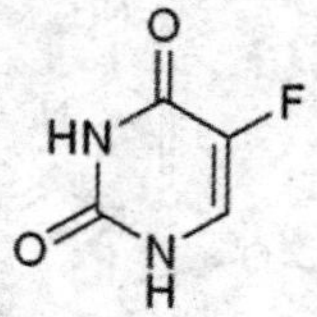

化学名为5－氟－2,4(1H,3H)－嘧啶二酮,简称5－FU。

本品为白色或类白色结晶或结晶性粉末。微溶于乙醇,几乎不溶于三氯甲烷,在常温水中溶解度仅1%,在沸水中溶解度较大,可溶解于稀盐酸或氢氧化钠溶液中。熔点为281～284℃,熔融时同时分解。

本品是应用生物电子等排原理,氟替代尿嘧啶分子中的5位氢而得,抗代谢物氟尿嘧啶分子的体积与代谢物尿嘧啶分子的体积几乎相等,而且碳氟键很稳定,在代谢过程中不易分解,因此抗代谢物能在分子水平代替正常代谢物。

本品的合成方法一般采用氯乙酸乙酯为起始原料,在乙酰胺与无水氟化钾作用下进行氟置换反应,生成的氟乙酸乙酯再以甲醇钠为缩合剂与甲酸乙酯缩合,得α－氟代甲酰乙酸乙酯烯醇型钠盐,再与甲基异脲缩合,得2－甲氧基－4－羟基－5－氟嘧啶,最后用稀盐酸去甲基即得本品。其合成的工艺路线如下:

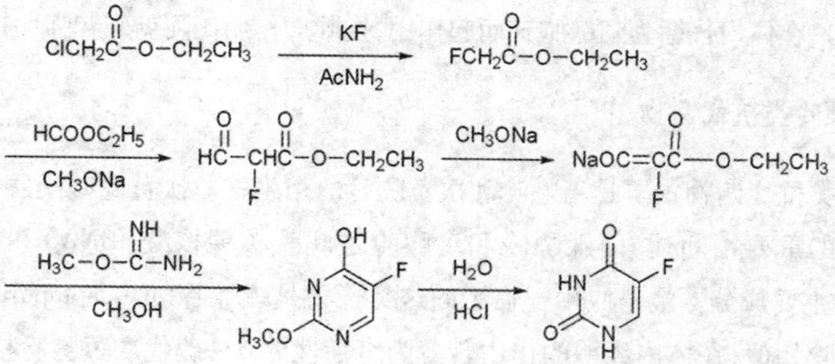

本品结构中有不饱和双键,遇溴试液可发生加成反应,使溴试液褪色。

本品与碱熔融破坏后的水溶液显氟化物的特殊反应。

本品在空气及水溶液中都非常稳定,在亚硫酸钠水溶液中较不稳定。在强碱溶液中,酰亚胺结构可水解开环。

本品抗瘤谱较广,对治疗绒毛膜上皮癌、恶性葡萄胎等疗效显著,是治疗实体肿瘤的首选药物。

盐酸阿糖胞苷　Cytarabine Hydrochloride

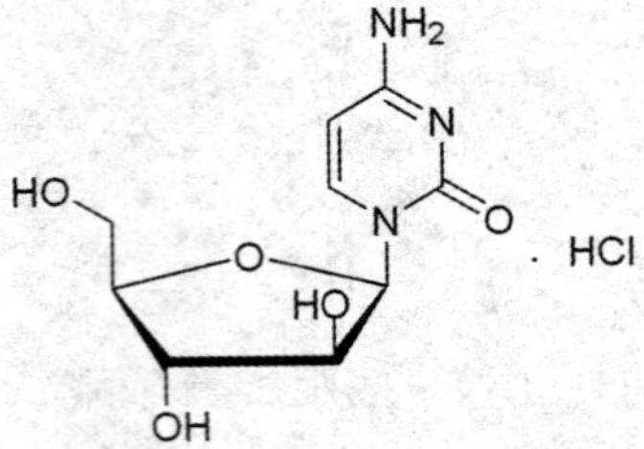

化学名为1β－D－阿拉伯呋喃糖基－4－氨基－2(1H)－嘧啶酮盐酸盐。

本品为白色细小针状结晶或结晶性粉末。在水中极易溶解，在乙醇中略溶，几乎不溶于三氯甲烷或乙醚。熔点为189～195℃，熔融时同时分解。比旋度为+127°～+133°。

本品水溶液显氯化物的鉴别反应。

本品在体内转化为具有抗肿瘤活性的三磷酸阿糖胞苷发挥作用。临床上主要用于治疗急性粒细胞白血病，与其他抗癌药合用可提高疗效。口服吸收较差，需注射给药。由于该药在体内迅速被肝脏的胞嘧啶脱氨酶作用脱氨，生成无活性的代谢物尿嘧啶阿糖胞苷，因此需要静脉连续滴注给药，才能得到较好效果。为了减少脱氨基失活，将氨基用长链脂肪酸酰化，如依诺他滨(enocitabin)和棕榈酰阿糖胞苷(N－palmitoyl－arac)，在体内代谢为阿糖胞苷而起作用，抗肿瘤作用比阿糖胞苷强而持久。

二、嘌呤类抗代谢物

嘌呤类抗代谢物主要是鸟嘌呤和次黄嘌呤的衍生物。次黄嘌呤是腺嘌呤和鸟嘌呤合成的重要中间体，而腺嘌呤和鸟嘌呤是脱氧核糖核酸(DNA)和核糖核酸(RNA)的主要成分。最早应用于临床的这类药物是巯嘌呤(mercaptopurine)，其结构与黄嘌呤相似，在体内经酶的作用转变为有活性的6－硫代次黄嘌呤核苷酸(硫代肌苷酸)，干扰嘌呤类核苷酸的生物合成，影响DNA和RNA的合成，从而对肿瘤细胞产生细胞毒作用。

巯嘌呤　Mercaptopurine

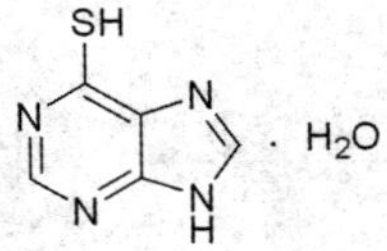

化学名为6－嘌呤巯醇一水化合物,又名乐疾宁,简称6－MP。

本品为黄色结晶性粉末,含一分子结晶水,无臭,味微甜。在乙醇、乙醚中几乎不溶,水中微溶解,热水中稍溶,易溶于碱性水溶液中,但不稳定,分子中含有巯基,应避光密闭保存。

本品的乙醇溶液与醋酸铅试液作用,生成巯嘌呤铅盐的黄色沉淀。

本品分子中的巯基可被硝酸氧化生成6－嘌呤亚磺酸,进一步被氧化为6－嘌呤磺酸,再与氢氧化钠试液反应生成黄棕色的磺酸钠盐。

本品还可与氨水反应生成铵盐而溶解,遇硝酸银试液生成不溶于热硝酸的白色巯嘌呤银沉淀。

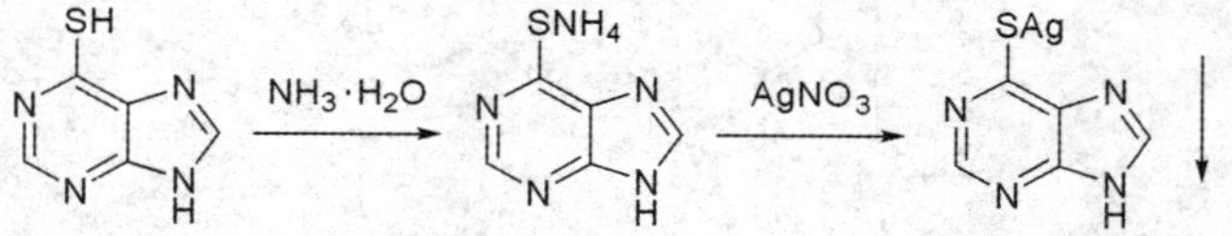

本品用于治疗各种类型的急性白血病、绒毛膜癌和恶性葡萄胎,对恶性淋巴瘤和多发性骨髓瘤也有效。

三、叶酸类抗代谢物

叶酸(folic acid)是核酸生物合成的代谢产物,也是红细胞发育的重要因子,临床上常用于抗贫血。当叶酸缺乏时,白细胞减少,因此叶酸的拮抗剂能有效地缓解急性白血病。现已合成多种叶酸拮抗剂,如甲氨蝶呤(methotrexate),三甲曲沙(trimetrexate)与甲氨蝶呤相似,为二氢叶酸还原酶抑制剂,该药物对甲氨蝶呤敏感性细胞系和耐甲氨蝶呤的细胞系使用该药都有效。

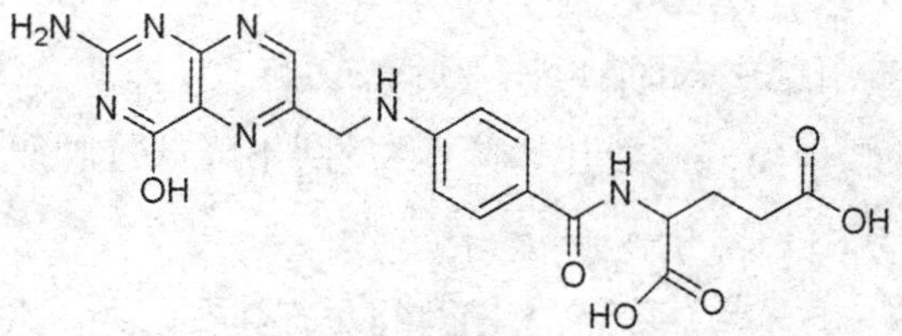

叶酸

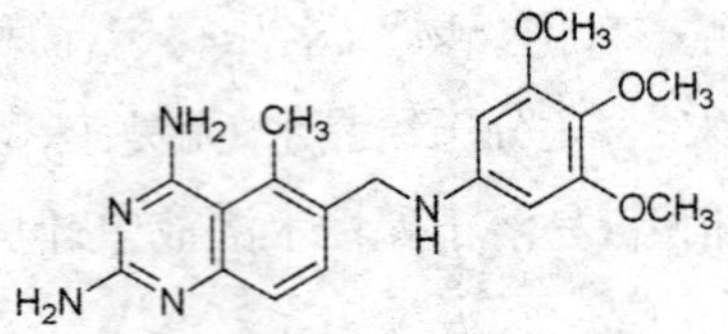

三甲曲沙

甲氨蝶呤　Methotrexate

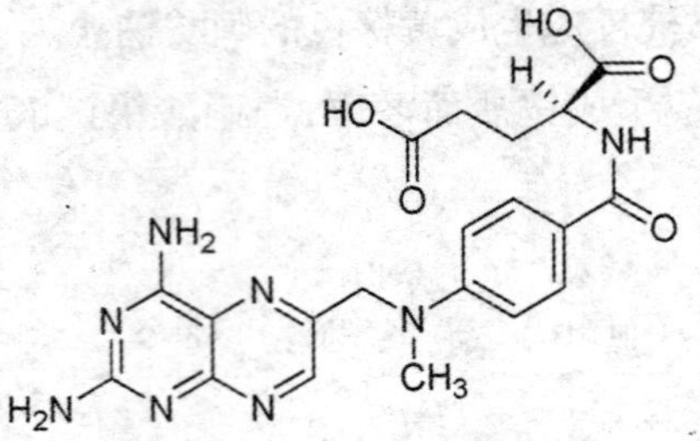

化学名为 L－(＋)－N－[4－[[(2,4－二氨基－6－蝶啶基)甲基]甲氨基]苯甲酰基]谷氨酸,简称 MTX。

本品为橙黄色结晶性粉末。几乎不溶于水、乙醇、乙醚或三氯甲烷。

课堂活动

由结构分析甲氨蝶呤的酸碱性与化学稳定性。

甲氨蝶呤与二氢叶酸还原酶结合,使二氢叶酸还原为四氢叶酸受阻,从而影响辅酶 F 的生成,干扰胸腺嘧啶脱氧核酸和嘌呤核苷酸的合成,因而抑制 DNA 和 RNA 的合成,阻碍肿瘤细胞的生长。临床主要用于治疗急性白血病、绒毛膜上皮癌、恶性葡萄胎等。为联合化疗方案中常用的周期特异性药物。

甲氨蝶呤大剂量引起中毒时,可用亚叶酸钙解救。亚叶酸钙即甲酰四氢叶酸钙,可提供四氢叶酸与甲氨蝶呤合用以降低毒性,不降低抗肿瘤活性。

第三节　抗肿瘤抗生素

抗肿瘤抗生素是由微生物产生的具有抗肿瘤活性的物质。目前已发现多种抗肿瘤抗生素。这些抗生素大多是直接作用于 DNA 或 RNA,干扰模板的功能,为细胞周期非特异性药物。

一、多肽类抗肿瘤抗生素

本类药物主要包括放线菌素 D、平阳霉素、博来霉素等。

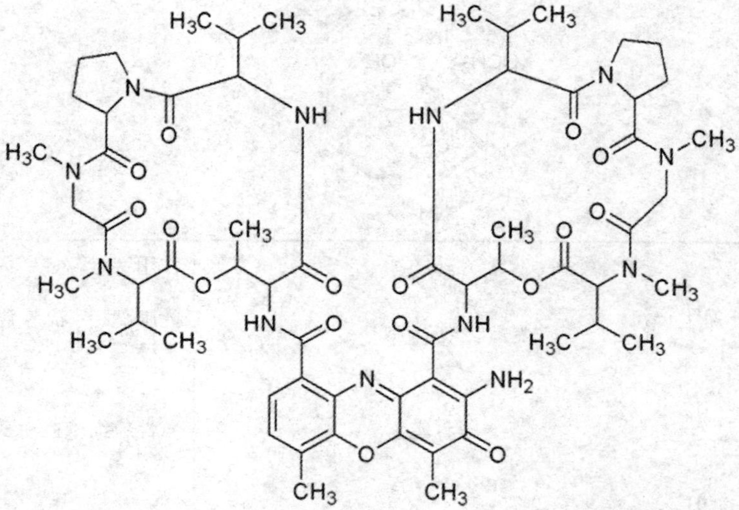

放线菌素D

放线菌素 D(dactinomycin D)又称更生霉素,能与 DNA 结合形成复合体,阻碍 RNA 多聚酶的功能,抑制 RNA 的合成,特别是 mRNA 的合成,从而阻碍蛋白质合成,抑制肿瘤生长。属于细胞周期非特异性药物。

放线菌素 D 抗瘤谱较窄,主要用于恶性淋巴瘤、霍奇金病、绒毛膜上皮癌、肾母细胞瘤、恶性葡萄胎等的治疗。有骨髓抑制,胃肠道反应较重,局部刺激性较大。

博来霉素(bleomycin)又称争光霉素,是一类天然存在的弱碱性糖肽类抗肿瘤抗生素,能直接作用于肿瘤细胞的 DNA,引起 DNA 单链断裂,抑制 DNA、RNA 及蛋白质合成,最终导致肿瘤细胞死亡。主要用于治疗鳞状上皮癌,包括皮肤癌、口腔鳞癌、头颈部鳞癌等的治疗,对恶性淋巴瘤、宫颈癌、神经胶质细胞瘤等也有效。

二、蒽醌类抗肿瘤抗生素

这类药物是 20 世纪 70 年代发展起来的一类抗肿瘤抗生素,主要有柔红霉素、多柔比星(阿霉素)、表柔比星等,它们均为苷类抗生素。

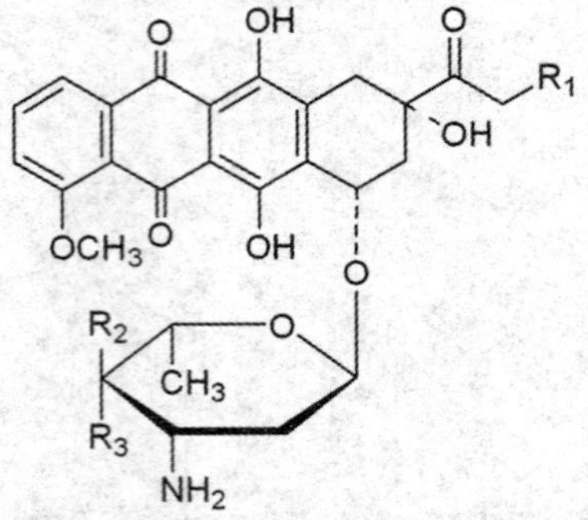

R	药物	作用特点
$R_1=R_3=—OH$ $R_2=—H$	多柔比星	乳腺癌、甲状腺癌、肺癌、卵巢癌等
$R_1=R_2=—H$ $R_3=—OH$	柔红霉素	急性粒细胞白血病
$R_1=R_2=—OH$ $R_3=—H$	表柔比星	白血病

米托蒽醌(mitoxantrone)是人工合成的蒽醌类衍生物,其抗癌活性为多柔比星的5倍,心脏毒性小,临床用于治疗晚期乳腺癌和成人急性非淋巴细胞白血病复发,可与很多抗肿瘤药物合用。

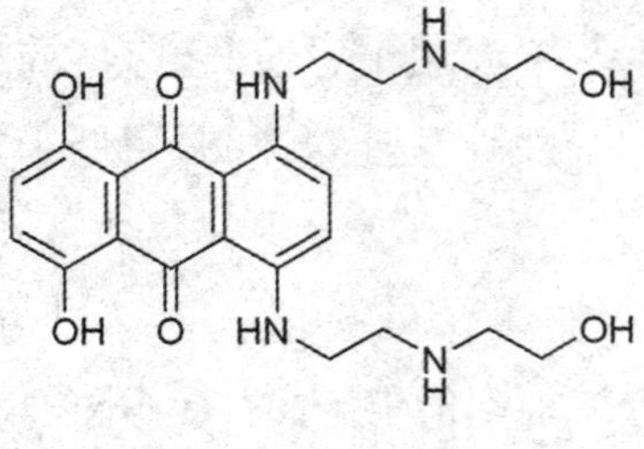

米托蒽醌

三、其他类抗肿瘤抗生素

丝裂霉素 C(mitomycin C),又称自力霉素,是从放线菌培养液中分离得到的一种抗生素,结构中含有苯醌、氨基甲酸酯基、环乙亚胺基三种有效基团,作用与烷化剂相似,能与 DNA 链形成交联,抑制 DNA 复制,对 RNA 也有抑制作用,属细胞周期非特异性药物。其对多种实体肿瘤有效,为目前常用的治疗消化道癌的药物之一。

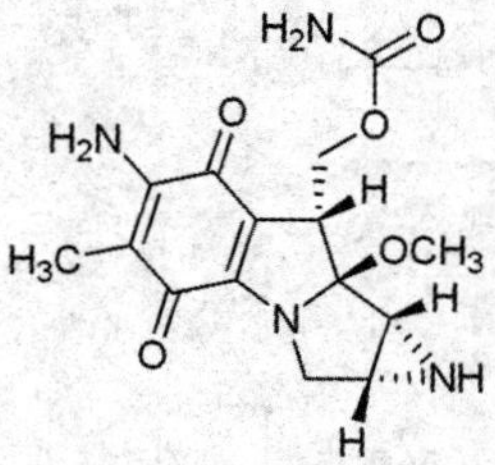

丝裂霉素C

第四节　抗肿瘤植物药有效成分及其衍生物

抗肿瘤植物药指来源于植物的具有抗肿瘤作用的药物，其有效成分以生物碱占多数，如作用于微管和微管蛋白的长春碱和紫杉类、作用于拓扑异构酶的喜树碱和鬼臼毒类、抑制肿瘤细胞 DNA 合成的三尖杉酯碱类等。本节主要介绍喜树碱类、长春碱类、鬼臼毒素类、紫杉烷类等有效成分及其衍生物。

一、喜树碱类

该类药物是从喜树中分离得到的一类抗肿瘤生物碱类，其基本母核结构为：

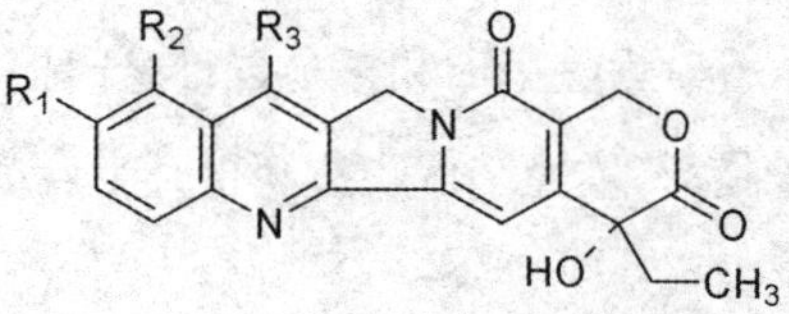

R_1	R_2	R_3	药物
—H	—H	—H	喜树碱
—OH	—H	—H	羟基喜树碱
—OH	$—CH_2N(CH_3)_2$	—H	拓扑替康

拓扑替康(topotecan)为喜树碱的半合成衍生物，水溶性较好。本类药物对消化系统肿瘤有效，如胃癌、结肠癌、直肠癌等。

二、长春花生物碱类

是从夹竹桃科植物长春花中分离出来的一类具有抗肿瘤活性的生物碱。主要有长春碱(vinblastine)和长春新碱(vincristine)及半合成衍生物长春地辛(vindesine)。

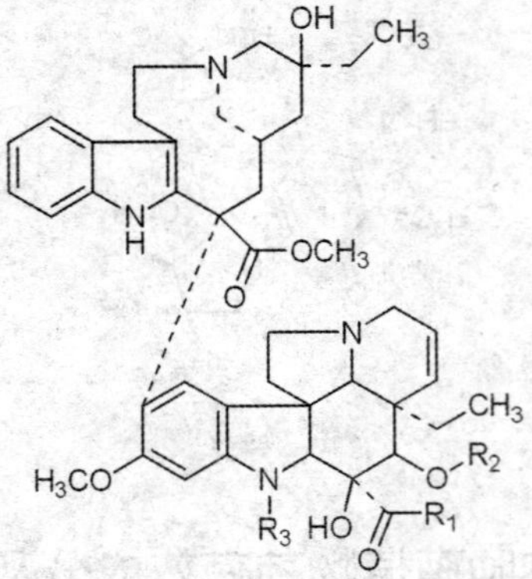

R_1	R_2	R_3	药物
$—OCH_3$	$—COCH_3$	$—CH_3$	长春碱
$—OCH_3$	$—COCH_3$	—CHO	长春新碱
$—NH_2$	—H	$—CH_3$	长春地辛

前两者对淋巴细胞白血病有较好的治疗作用;长春地辛主要适用于急性淋巴细胞白血病、绒毛膜上皮癌及恶性淋巴瘤等,具有毒性小的优点。

三、鬼臼毒素类

鬼臼毒素(podophyllotoxin)为美鬼臼和喜马拉雅鬼臼根茎中分离得到的生物碱,但因毒性较大,不能应用于临床,须经结构改造获得其半合成衍生物而用于临床。

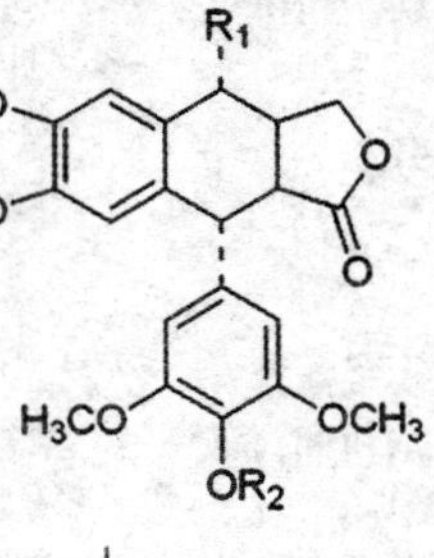

R_1	R_2	药物
—OH	$—CH_3$	鬼臼毒素
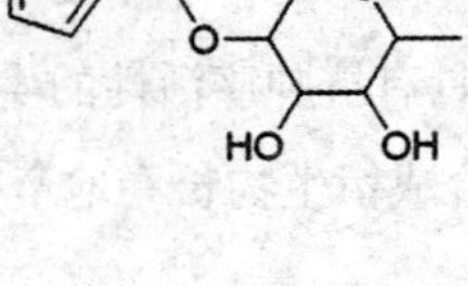	—H	替尼泊苷

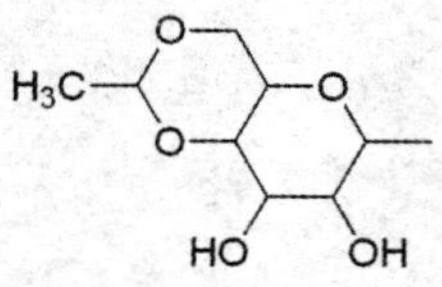	—H	依托泊苷

其中,依托泊苷(etoposide)对单核细胞白血病有效,特别是对小细胞肺癌有显著疗效,为小细胞肺癌化疗的首选药物;而替尼泊苷(teniposide)则具有较高的脂溶性,可透过血脑屏障,主要用于治疗小细胞肺癌、急性淋巴细胞白血病、神经母细胞瘤和淋巴瘤。

四、紫杉烷类

本类药物是从美国西海岸的短叶红豆杉的树皮中分离得到的具有紫杉烯环的二萜类化合物。其基本母核结构如下:

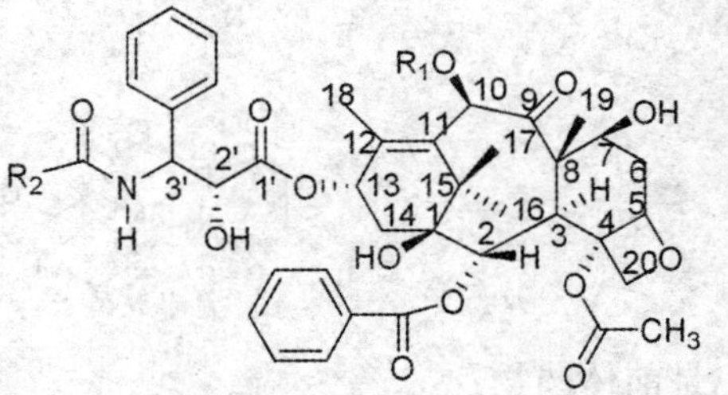

R_1	R_2	药物
$—COCH_3$	$—C_6H_5$	紫杉醇
—H	$—OC(CH_3)_3$	多西他赛

紫杉醇(paclitaxel)主要用于治疗乳腺癌、非小细胞肺癌及卵巢癌,由于在植物中的含量很低(最高约0.02%),且红豆杉生长缓慢,树皮剥去后不能再生,树木将死亡,因此其来源受到限制;多西他赛(docetaxel,又称紫杉特尔)为紫杉醇的半合成衍生物,是用10-去乙酰基浆果赤霉素Ⅲ为前体进行合成得到的,能加强微管蛋白聚合作用和抑制微管解聚作用,导致形成稳定的非功能性微管束,因而破坏肿瘤细胞的有丝分裂。

与紫杉醇比较,多西他赛具有水溶性好,抗瘤谱广等优点,主要用于晚期乳腺癌、卵巢癌、非小细胞肺癌等的治疗;对胃癌、胰腺癌、黑色素瘤等也有一定疗效。

目标检测

一、选择题

（一）单项选择题

1. 环磷酰胺的结构特点是 （　　）

A. 磷酰胺酯　B. 磺酸酯　C. 蒽醌　D. 多肽度

2. 环磷酰胺的化学结构为 （　　）

A. 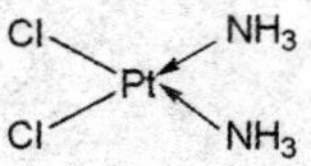

B. 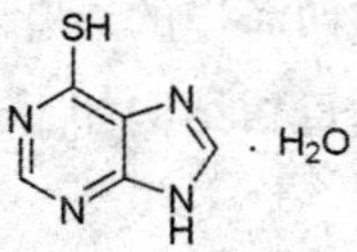

C. 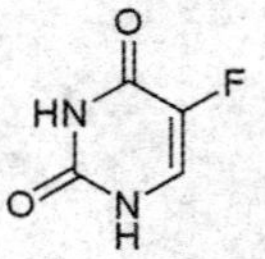

D. 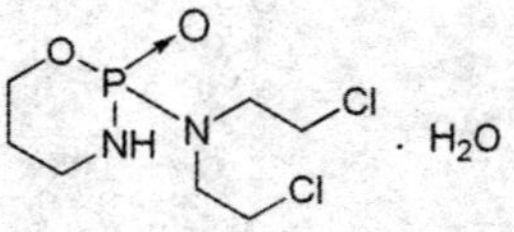

3. 下列药物中，哪个不是前体药物 （　　）

A. 紫杉醇　B. 贝诺酯　C. 环磷酰胺　D. 异环磷酰胺

4. 下列药物属于烷化剂的是 （　　）

A. 长春碱　B. 鬼臼毒素　C. 白消安　D. 紫杉醇

5. 塞替派属哪一类抗癌药 （　　）

A. 抗生素　B. 烷化剂　C. 金属络合物　D. 抗代谢类

6. 下列药物属于抗代谢抗肿瘤药物的是 （　　）

A. 塞替派　B. 环磷酰胺　C. 巯嘌呤　D. 氮甲

7. 环磷酰胺体外没有活性，在体内经代谢而活化。在肿瘤组织中所生成的具有烷化作用的代谢产物是 （　　）

A. 4－羟基环磷酰胺　B. 4－酮基环磷酰胺

C. 醛基磷酰胺　D. 磷酰氮芥、丙烯醛、去甲氮芥

8. 具有抗肿瘤作用的抗生素为 （　　）

A. 氯霉素　B. 青霉素钠　C. 红霉素　D. 博来霉素

9. 下列哪一种药物为金属抗肿瘤药物 ( )

A. 塞替派 B. 顺铂 C. 氟尿嘧啶 D. 巯嘌呤

10. 具有亚硝基脲结构的烷化剂药物是 ( )

A. 卡莫司汀 B. 白消安 C. 塞替派 D. 环磷酰胺

11. 环磷酰胺的毒性较小的原因是 ( )

A. 在正常组织中,经酶代谢生成无毒的代谢物

B. 烷化作用强,使用剂量小

C. 在体内的代谢速度很快

D. 在肿瘤组织中的代谢速度快

12. 治疗中枢神经系统肿瘤的首选药物是 ( )

A. 卡莫司汀 B. 氮芥 C. 氟尿嘧啶 D. 环磷酰胺

13. 环磷酰胺为哪一类抗肿瘤药物 ( )

A. 抗代谢类 B. 卤代多元醇类 C. 乙撑亚胺类 D. 氮芥类

14. 下列药物中不属于烷化剂类抗肿瘤药物的是 ( )

A. 环磷酰胺 B. 塞替派 C. 氟尿嘧啶 D. 白消安

15. 脂肪氮芥进入体内转化后发挥烷化作用的是 ( )

A. 碳正离子 B. 乙烯亚胺离子

C. 碳负离子 D. 丙烯亚胺离子

16. 抗代谢物类药物的结构是什么原理设计而成 ( )

A. 电子等排 B. 前药 C. 硬药 D. 软药

17. 金属络合物顺铂的用途 ( )

A. 抗炎 B. 抗病毒 C. 抗肿瘤 D. 抗真菌

18. 氟尿嘧啶是 ( )

A. 喹啉衍生物 B. 吲哚衍生物

C. 烟酸衍生物 D. 嘧啶衍生物

(二)配伍选择题

(1～5题)A. 白消安 B. 洛莫司汀 C. 环磷酰胺 D. 塞替派 E. 长春地辛

1. 乙撑亚胺类烷化剂 2. 磺酸酯类烷化剂

3. 亚硝基脲类烷化剂 4. 氮芥类烷化剂

5. 生物碱类抗肿瘤药

(6～10 题)A. 甲氨喋呤　B. 环磷酰胺　C. 塞替派　D. 卡莫司汀　E. 白消安

6. 结构中含有乙撑亚胺环

7. 结构中含有磷酰胺

8. 结构中含有亚硝基

9. 结构中含有喋啶环

10. 结构中含有磺酸酯基

(11～15 题)

A

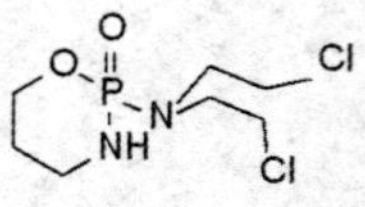

B

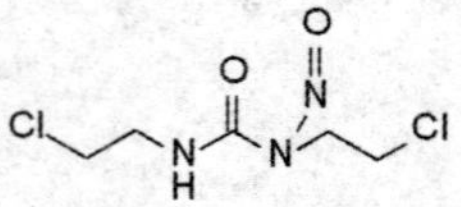

C

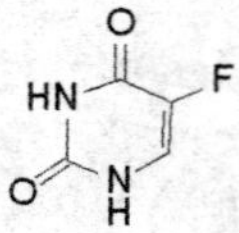

D

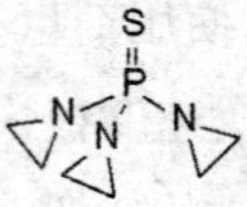

E

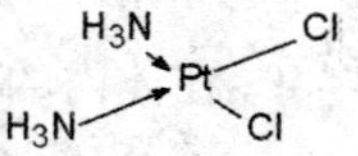

11. 氟尿嘧啶

12. 环磷酰胺

13. 塞替派

14. 卡莫司汀

15. 顺铂

(三)多项选择题

1. 下列描述与环磷酰胺性质不相符的是　(　　)

A. 淡黄色结晶或结晶性粉末　B. 失去结晶水即液化

C. 对热不稳定　D. 水溶液稳定

E. 水解产物显氯化物和磷酸盐的反应

2. 下列描述与巯嘌呤不相符的是　(　　)

A. 黄色结晶性粉末　B. 遇光稳定

C. 乙醇溶液遇醋酸铅生成白色沉淀　D. 烷化剂类抗肿瘤药物

E. 为含有硫元素的抗肿瘤药物

3. 下列药物中含有硫元素的有　(　　)

A. 环磷酰胺　B. 巯嘌呤

C. 塞替派　D. 氟尿嘧啶

E. 顺铂

4. 下列关于氟尿嘧啶叙述正确的是　(　　)

A. 抗代谢物类抗肿瘤药物

B. 稀盐酸或氢氧化钠溶液中不溶解

C. 结构中有烯键,可使溴试液的红色消退

D. 又称 5－FU

E. 分子中含有酰脲结构

5. 下列药物属于抗肿瘤植物药有效成分及其衍生物的是　(　　)

A. 多柔比星　B. 长春新碱

C. 紫杉醇　D. 羟喜树碱

E. 氟尿嘧啶

6. 属于烷化剂类　(　　)

A. 氮甲　B. 氮芥

C. 卡莫司汀　D. 环磷酰胺

E. 巯嘌呤

7. 属于抗代谢物类　(　　)

A. 氟尿嘧啶　B. 氮芥

C. 卡莫司汀　D. 甲氨蝶呤

E. 巯嘌呤

二、简答题

1. 氮芥类抗肿瘤药物是如何发展而来的？其结构由哪两部分组成？写出氮芥类药物的结构通式，并简述各部分的主要作用。

2. 写出环磷酰胺、氟尿嘧啶的化学结构，并说明它们分别属于哪一类型的抗肿瘤药物。

三、实例分析

根据下列药物的化学结构并通过查阅文献资料，试分析它属于哪一类抗肿瘤药物及临床应用情况，说明理由？

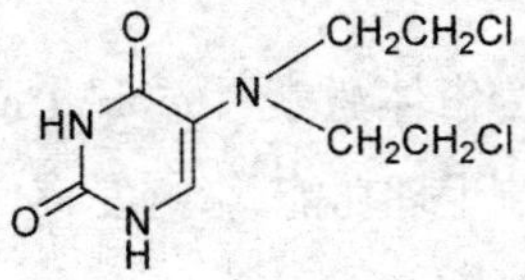

（刘命彩）

第十章　激素类药物

激素(hormone),又称为荷尔蒙,是由高分化的内分泌细胞产生并直接分泌入血的化学物质,对人类的繁殖、生长、发育、代谢和其他各种生理功能、行为变化以及适应内外环境等,都起着重要的调节作用。

课堂活动

激素对人体健康有很大的影响,缺乏或过多都会引发各种疾病。

1. 生长激素分泌过多、过少分别会引起什么疾病?

2. 胰岛素分泌不足会导致什么疾病?

激素的种类繁多,其中在临床应用较多的有前列腺素、肾上腺素、甾体激素、肽类激素等。本章主要介绍甾体激素和胰岛素。口服降糖药虽然属于非激素类药物,但由于其与胰岛素同属于降血糖药,故在本章一并介绍。

第一节　甾体激素

具有甾体结构的激素统称为甾体激素(steroidal hormones)。甾体激素具有极重要的医药价值,在维持生命、调节生理功能、影响发育、调节免疫等方面有重要作用。

一、结构、分类与命名

(一)结构与分类

甾体激素按药理作用分类,可分为性激素和肾上腺皮质激素。其中性激素又分为雌激素、雄激素和孕激素。

甾体激素的基本结构是环戊烷并多氢菲(甾烷),由四个环构成,其中 A、B、C

三个环均为六元环，D 环为五元环。根据结构特点将甾体激素分为雌甾烷类、雄甾烷类和孕甾烷类。

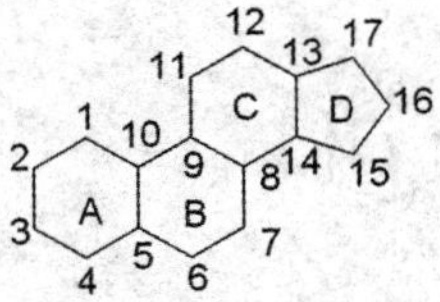

甾烷

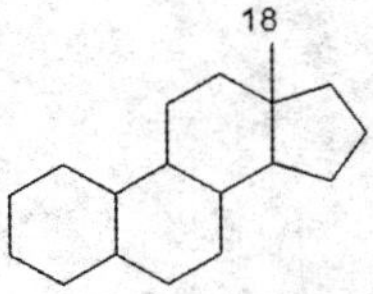

雌甾烷

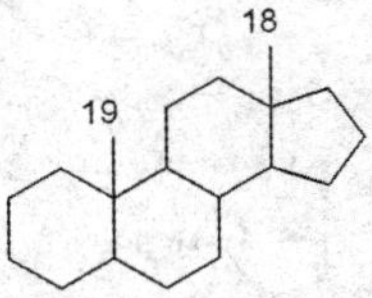

雄甾烷

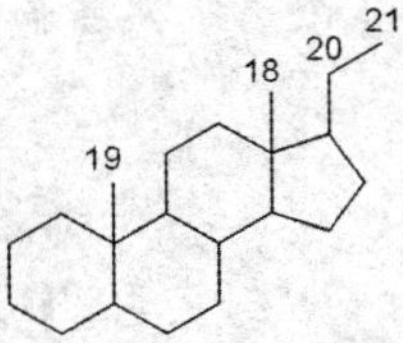

孕甾烷

课堂活动

“甾”字的字形与其基本结构有何内在联系？

（二）命名

甾体激素药物的命名方法有系统命名法、以类似化合物为母体进行命名两种方法。

1. 按系统命名法进行命名

（1）基本方法　首先选择一个甾体母核作为母体，取代基放在母体前（单键取代基）或母体后（烯或酮基），并在取代基前标明该取代基的位置和构型即可。

在命名时应遵循的规定有：①取代基位于甾环环平面上方，用实线相连，为 β 构型；位于甾环环平面下方，用虚线相连，为 α 构型。②环与原母体相比减少一个甲基或环缩小一个碳原子时，用“去甲基”或“降（nor）”来表示；环扩大比原母体多一个碳原子时，用“高（homo）”表示。③结构中有 1 个或 2 个羰基时分别用“酮”、“二酮”表示；有 1 个或 2 个双键时分别用“烯”、“二烯”或“△”表示，双键的两个位置是自然顺序时写出小的数字，非自然顺序时两个数字均需注明。

（2）举例

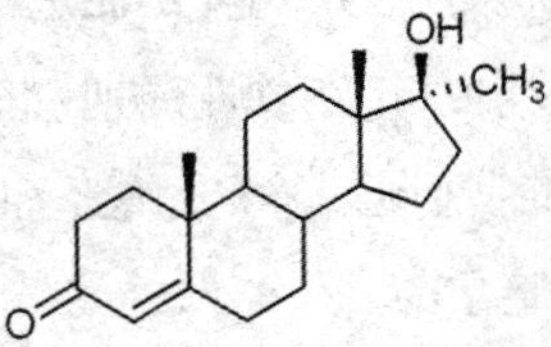

17α–甲基–17β羟基雄甾–4–烯–3–酮

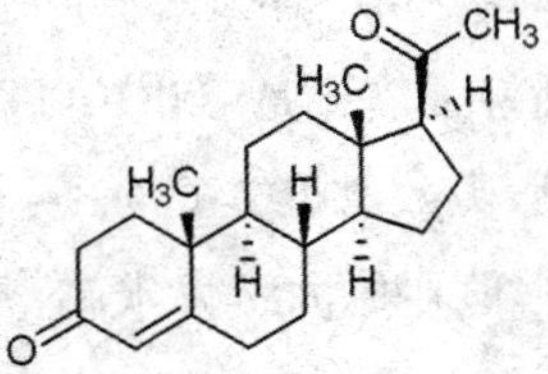

孕甾–4–烯–3，20—二酮

课堂活动

命名下列药物：

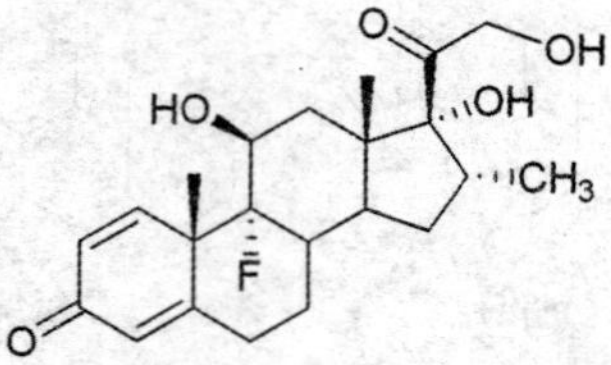

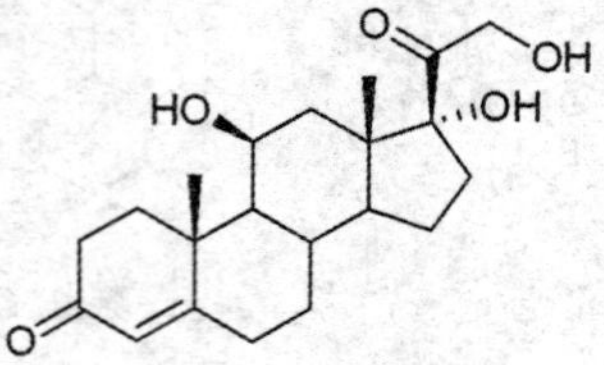

2. 以类似化合物为母体进行命名

即先选择一个和被命名药物结构类似的药物作为母体，而后将二者的差异采用以下规则标明即可。

氢化：表示增加两个氢原子　去氢：表示减少两个氢原子

失氧：表示少一个氧原子　Δ：表示双键

例如：

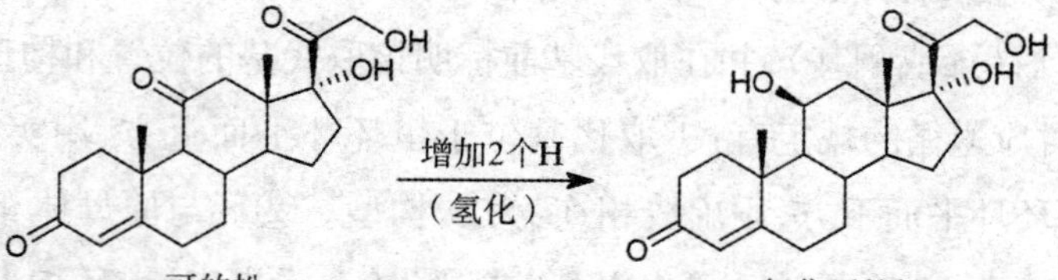

可的松　　氢化可的松

二、雌激素及抗雌激素

（一）雌激素

雌激素（estrogens）属雌甾烷类，由雌性动物卵巢分泌产生，是促进雌性动物性器官成熟及第二性征发育的物质。雌激素与孕激素一起完成性周期、妊娠、授乳等方面的作用。临床上主要用于治疗雌激素缺乏症、性周期障碍、绝经症状、骨质疏松及乳腺癌、前列腺癌等。常与孕激素组成复方避孕药。

天然雌激素有雌二醇（estradiol）、雌酮（estrone）和雌三醇（estriol）。其中雌二醇生物活性最高，雌二醇、雌酮及雌三醇的生物活性强度比是100:10:3。

雌二醇在胃肠道及肝脏中迅速失活，因此口服无效。雌二醇的3－位和17β－位的羟基与羧酸成酯（前药），虽然生物活性减弱，但在体内缓慢水解，释放出雌二醇,可以达到延长作用时间的目的。如苯甲酸雌二醇(estradiol benzoate)是3－位酯,戊酸雌二醇(estradiol valerate)是17β－位酯。

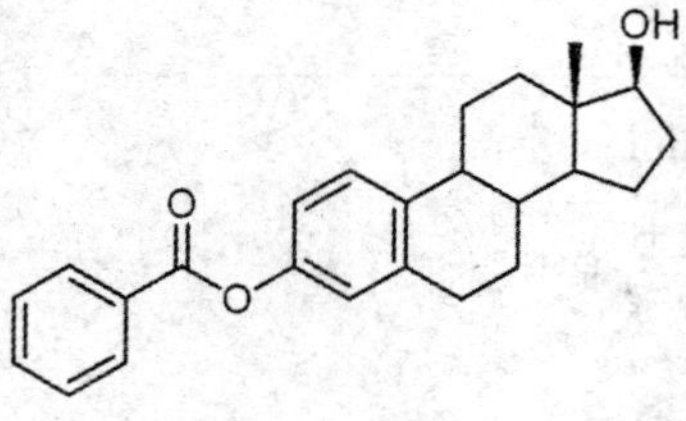

苯甲酸雌二醇

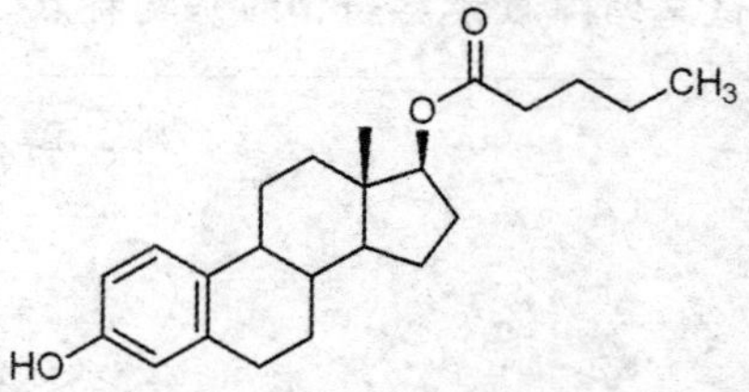

戊酸雌二醇

若在雌二醇17α－位引入乙炔基制成炔雌醇(ethinylestradiol),使空间位阻增加,从而阻碍肝脏中酶对药物的代谢破坏,并抵御胃肠道中微生物的降解作用,则可口服,且口服活性是雌二醇的10～20倍。若将炔雌醇3－羟基进一步醚化,如环戊醚化后得到炔雌醚(quinestrol),不但保留了口服活性,醚化后产物脂溶性增加,药物贮存在人体脂肪中缓慢释放,作用时间可达数日。

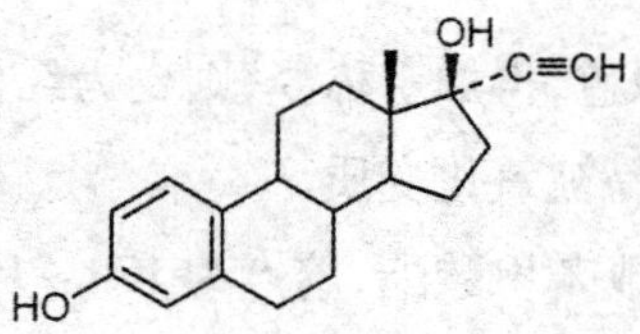

炔雌醇

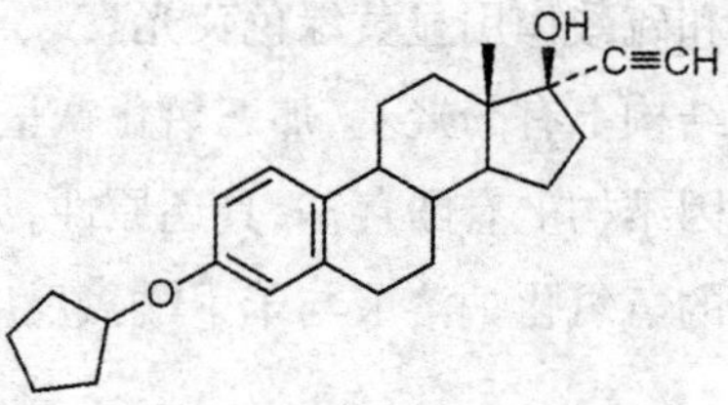

炔雌醚

通过对雌激素构效关系的研究发现,甾核对于雌激素的活性是非必需的,3－位和17－位的含氧功能基才是雌激素的药效结构。经过合成和筛选,得到的药物己烯雌酚(diethylstilbestrol),反式立体结构的两个官能团间的距离为0.855nm,与天然雌激素的相同。其作用与雌二醇相近,比甾体雌激素便宜,而且可以口服。

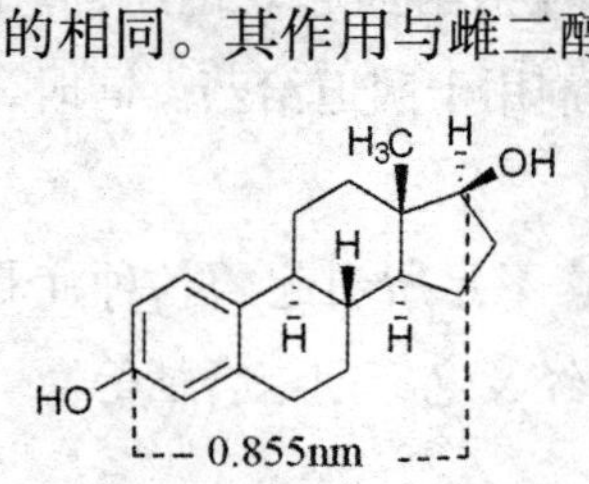

雌二醇

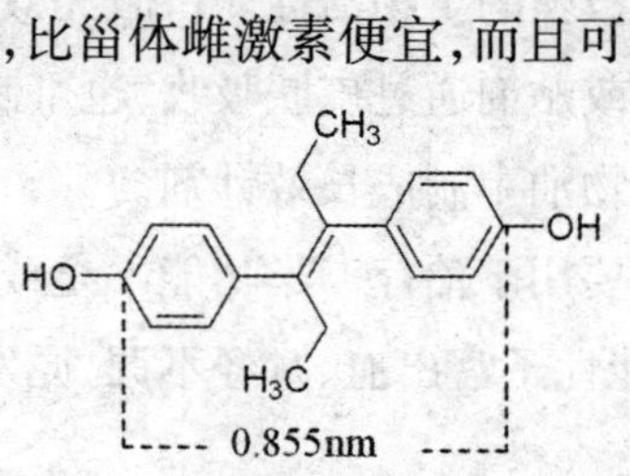

己烯雌酚

课堂活动

试总结雌激素类药物的结构特点。

雌二醇 Estradiol

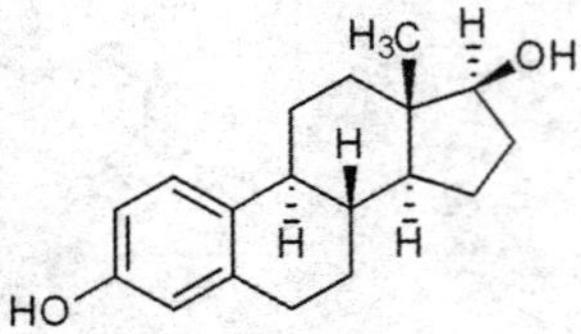

化学名为雌甾-1,3,5(10)-三烯-3,17β-二醇。

本品为白色或乳白色结晶性粉末,无臭,有引湿性,在水中不溶,在碱性水溶液中可溶解,略溶于乙醇,溶解于二氧六环或丙酮。本品熔点为175~180℃;比旋度为+75°~+82°(1%二氧六环溶液);在280nm的波长处有最大吸收。

本品和硫酸作用显黄绿色荧光。

本品结构上有酚羟基,加三氯化铁呈草绿色,再加水稀释,则变为红色。

本品因结构上有酚羟基,具还原性,见光易被氧化变质。

本品的氢氧化钠溶液与苯甲酰氯反应生成苯甲酸酯,熔点为170~196℃。

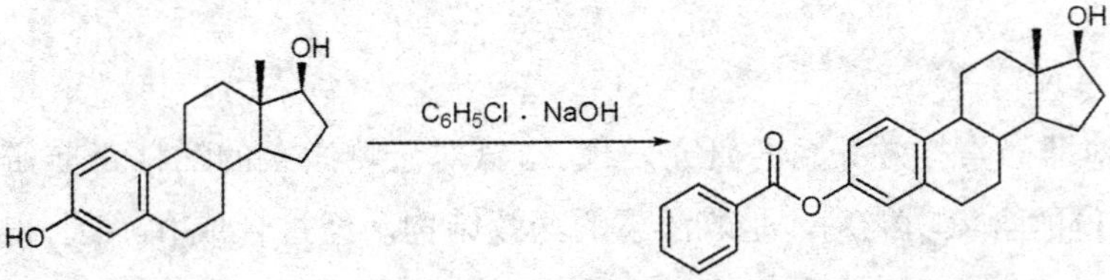

本品有极强的生物活性。口服无效,肌肉注射给药起效迅速,但作用时间短。常制成霜剂或贴剂通过皮肤吸收,也可制成栓剂用于阴道给药。同时,还可将雌二醇溶解在植物油中制成长效针剂。

本品主要用于治疗卵巢功能不全或雌激素不足所引起的各种症状,如子宫发育不全、功能性子宫出血、月经不调、原发性闭经及绝经期综合征等。

课堂活动

一患者拿着一瓶已烯雌酚片到医院药物咨询处询问药师：该药还在有效期内，能否使用？药师打开药瓶，取出药片发现该药已经变黄，遂告诉患者该药已经变质，不能再用。请问：

①药师凭什么判断药物已经变质？

②该药容易变质吗？为什么？应如何贮存？

③药物在效期内是否就一定可以继续使用

（二）抗雌激素

抗雌激素即雌激素拮抗剂，临床常用于治疗乳腺癌等疾病。

对已烯雌酚类雌激素进行结构改造中，发现了三苯乙烯类化合物氯米芬（clomifene），与雌激素受体有强而持久的结合力，但不产生雌激素效应，从而达到雌激素拮抗作用。进一步改造得到药物他莫昔芬（tamoxifen），因没有严重的不良反应而被广泛应用于不育症和乳腺癌的治疗中。

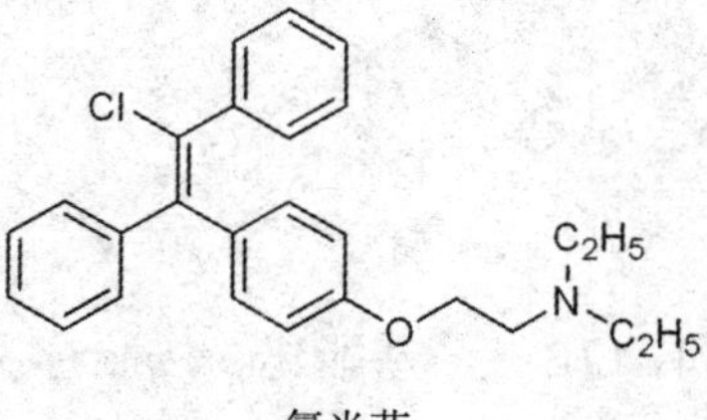

氯米芬

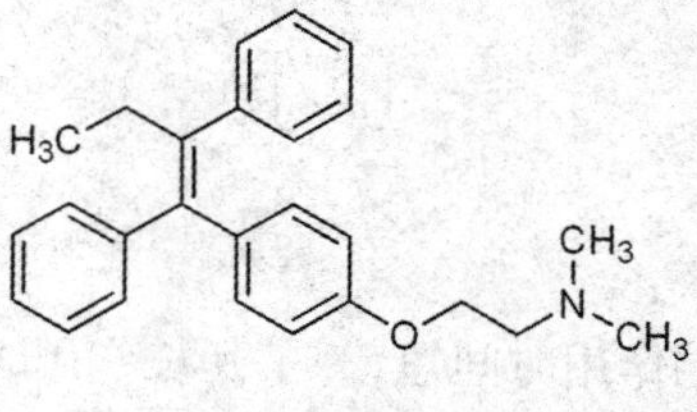

他莫昔芬

枸橼酸他莫昔芬　Tamoxifen Citrate

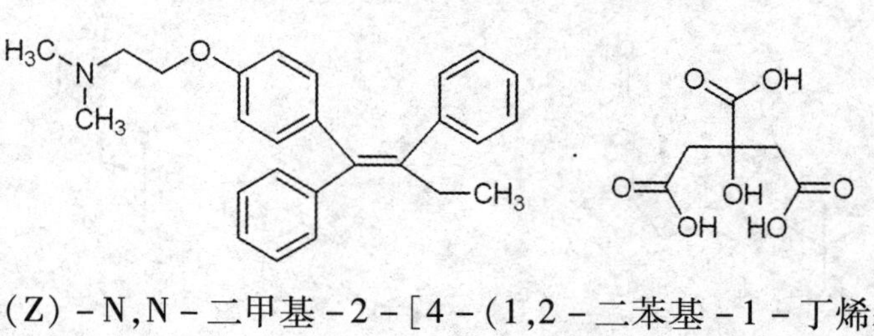

化学名为（Z）-N,N-二甲基-2-[4-(1,2-二苯基-1-丁烯基)苯氧基]-乙胺枸橼酸盐。又名三苯氧胺。

本品为白色或类白色结晶性粉末；无臭。在甲醇中溶解，在乙醇或丙酮中微溶,在三氯甲烷中极微溶,在水中几乎不溶,在冰醋酸中易溶。本品熔点为 142 ~ 148℃,熔融同时分解。

药用品为顺式几何异构体,反式体的活性小于顺式体。

本品与醋酐 - 吡啶(1: 5)混合,水浴加热,溶液颜色由黄色变为红色。

本品遇光不稳定,对紫外光敏感。

本品主要用于治疗晚期乳腺癌和卵巢癌。

三、雄激素及蛋白同化激素

(一)雄性激素

雄激素(androgens)是维持雄性生殖器官及第二性征发育的物质。同时具有蛋白同化活性,能促进蛋白质合成和骨质形成,使肌肉发达、骨骼粗壮。临床常用于内源性激素分泌不足的补充疗法。

1931 年,科学家从男性尿中提取到雄素酮(androsterone)。1935 年,从公牛睾丸中分离出睾酮(testosterone),活性为雄素酮的 6 ~ 10 倍。

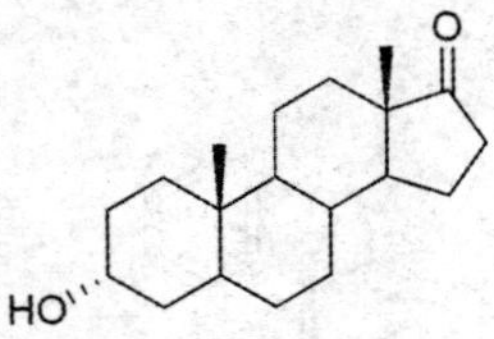

雄素酮

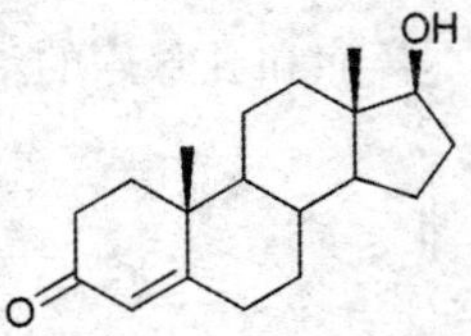

睾酮

睾酮作用时间短,为了延长作用时间,将其 17β - 羟基酯化。按照选用的酸不同,可以得到丙酸睾酮(testosterone Propionate),苯乙酸睾酮(testosteroni phenylacetate)等。

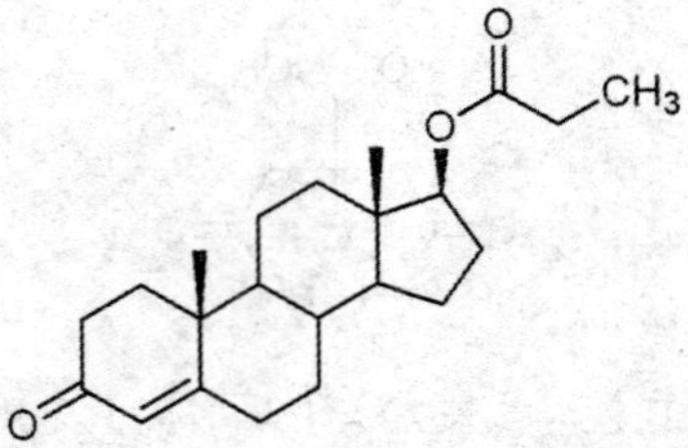

丙酸睾酮

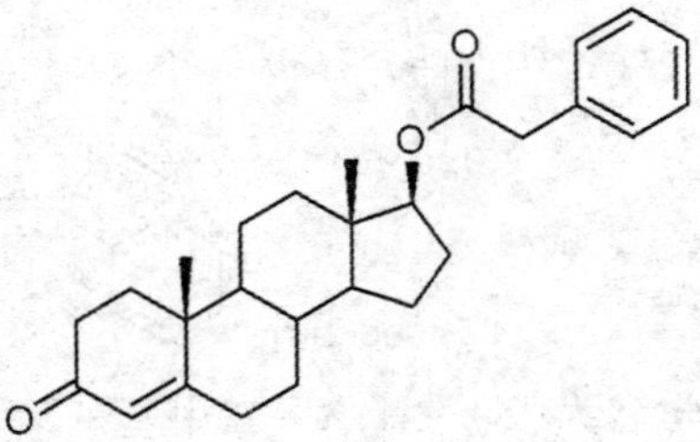

苯乙酸睾酮

睾酮易在消化道被破坏，因此口服无效。在17α－位引入甲基后得到甲睾酮（methyltestosterone），增加空间位阻，使17β－羟基较难被代谢，稳定性增加，可以口服使用。

课外活动

试总结雄激素类药物的结构特点。

甲睾酮　Methyltestosterone

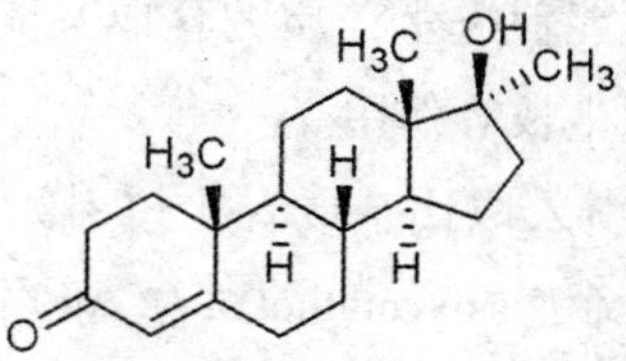

化学名为17α－甲基－17β－羟基雄甾－4－烯－3－酮。又名甲基睾丸素、甲基睾丸酮。

本品为白色或类白色结晶性粉末；无臭，无味；微有引湿性。易溶于乙醇、丙酮或三氯甲烷，略溶于乙醚，微溶于植物油，不溶于水。本品熔点为153～157℃；比旋度为＋79°～＋85°（1%的乙醇溶液）。

本品加硫酸－乙醇溶解，即显黄色并带有黄绿色荧光。

本品遇硫酸铁铵溶液，显橘红色，后变为樱红色。

课外活动

药品柜台上分别有1瓶外观相似的炔雌醇片与甲睾酮片。由于受潮，两瓶药的标签掉在了地上。

如果你是药师，你将如何用化学方法来区分出两瓶药物？依据是什么？

本品口服给药，能使体内雌激素水平下降，抑制异位子宫内膜组织生长，使其失活萎缩，为治疗子宫内膜异位症的首选药物，并能预防纤维性乳腺炎结节，可使肿块消失、软化。本品主要用于男性性腺功能减退症、无睾症、隐睾症及绝经妇女晚期乳腺癌。

(二)同化激素

同化激素(anabolic steroid)亦称蛋白同化激素,是一种能够促进细胞生长与分化,使肌肉扩增,骨骼及其强度增大的甾体激素。临床主要用于治疗病后虚弱、营养不良。

睾酮是天然的雄性激素,将雄性激素 10 - 位上的角甲基去掉,蛋白同化作用变化不大,但雄性激素活性大大降低,将 17β - 羟基再与苯丙酸酯化,得到苯丙酸诺龙(nandrolone phenylpropionate)。同化作用为丙酸睾酮的 12 倍而且作用时间持久,雄激素活性则较小,其既能促进蛋白质的合成又能抑制氨基酸分解成尿素,并有使钙磷沉积和促进骨组织生长等作用。

对 A 环进行改造,2 位引入取代基或者 4 位引入卤素,也可以得到一些较好的蛋白同化激素。如羟甲烯龙(oxymetholone),蛋白同化作用是甲睾酮的 3 倍多,而雄激素作用只有 1/2;司坦唑醇(stanozolol)蛋白同化作用是甲睾酮的 30 倍。

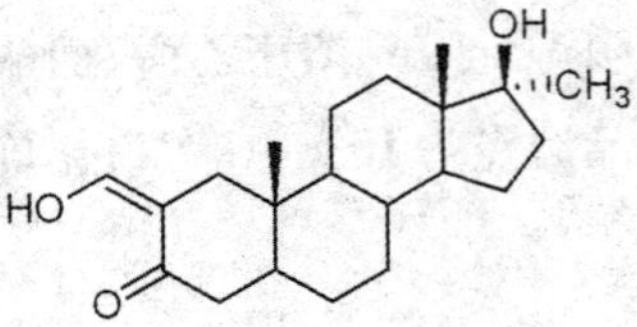

羟甲烯龙

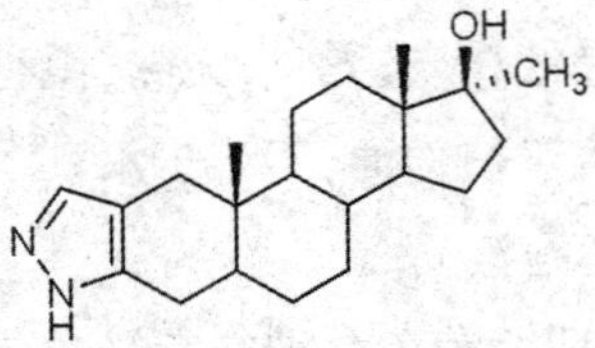

司坦唑醇

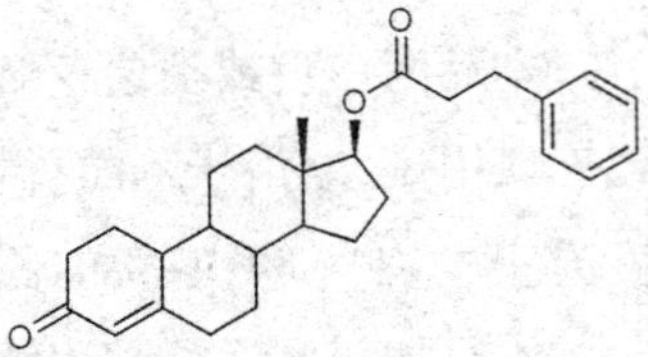

苯丙酸诺龙

如果想做到完全没有雄性活性是十分困难的。目前,雄性活性仍是蛋白同化激素的主要不良反应。

知识链接

蛋白同化激素与兴奋剂

蛋白同化制剂又称同化激素,俗称合成类固醇,是合成代谢类药物,具有促进蛋白质合成和减少氨基酸分解的特征,它的主要作用是可以促进肌肉增生,提高动作力度和增强男性的性特征。因为蛋白同化制剂、肽类激素滥用情况较为突出,危害也很大,所以全世界包括中国在内,把蛋白同化制剂、肽类激素都作为兴奋剂目录中的重点品种,加强管制。

苯丙酸诺龙　Nandrolone Phenylpropionate

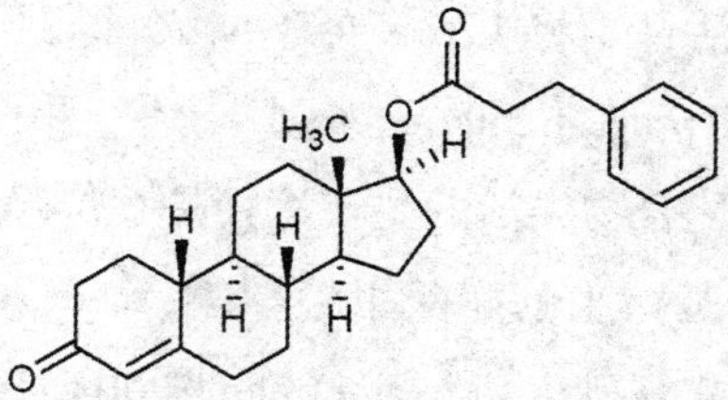

化学名为17β－羟基雌甾－4－烯－3－酮苯丙酸酯。

本品为白色或类白色结晶性粉末，有特臭。溶于乙醇，略溶于植物油，几乎不溶于水。熔点93～99℃；比旋度＋48°～＋51°（1%的二氧六环溶液）。

本品的甲醇溶液与盐酸氨基脲缩合，生成缩氨脲衍生物，熔点为182℃，熔融同时分解。

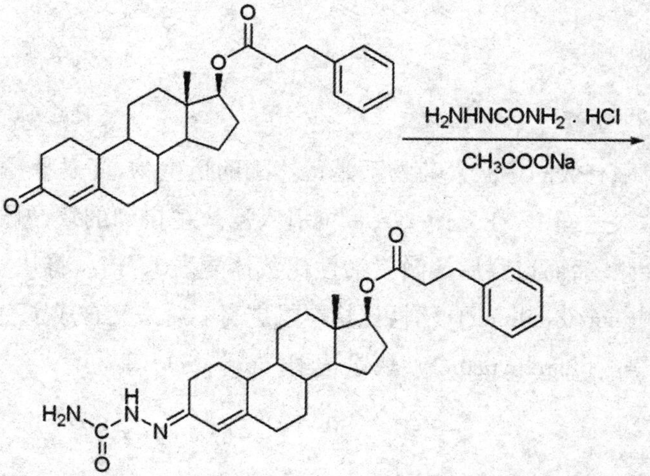

本品临床用于慢性消耗性疾病、严重灼伤、骨质疏松、骨折不易愈合、发育不良等。

四、孕激素及抗孕激素

（一）孕激素

孕激素（progestins），是由卵巢的黄体细胞分泌，以黄体酮（又称孕酮）为主的一类激素。可促进子宫内膜腺体增长，为接纳受精卵做好准备，又有保胎作用，与雌激素一起共同维持性周期及保持怀孕等。临床主要用于预防先兆性流产、治疗子宫内膜异位症等妇科疾病。

黄体酮口服易代谢失活,仅能注射给药。对其进行结构改造,发现 17α - 羟基黄体酮,几乎没有孕激素活性。将 17α - 羟基酯化,得到的化合物口服有活性,如已酸羟孕酮(17α - hydroxyprogesterone caproate),是一种长效避孕药。通过对黄体酮代谢研究发现,孕酮类化合物失活的主要途径是 6 位羟基化,因此结构修饰主要是在 C_6 位进行。6α - 甲基衍生物醋酸甲羟孕酮(medroxyprogesterone acetate),活性是黄体酮的 20 倍。在此基础上进一步修饰,得到醋酸甲地孕酮(megestrol acetate)和醋酸氯地孕酮(chlormadinone acetate),活性分别是黄体酮的 12 倍和 50 倍,都是常用的孕激素药物。

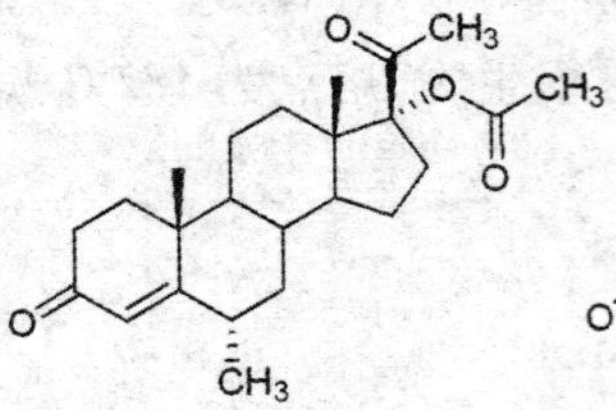

醋酸甲羟孕酮

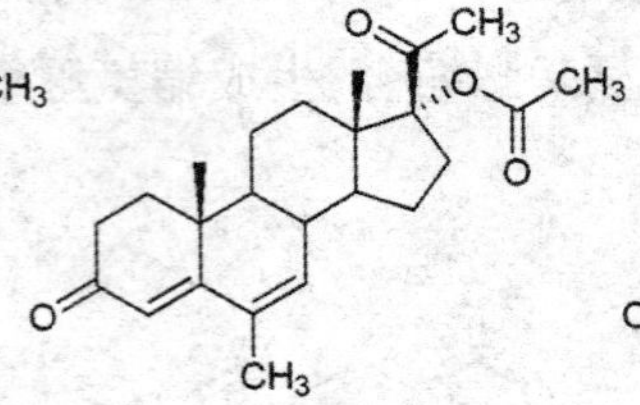

醋酸甲地孕酮

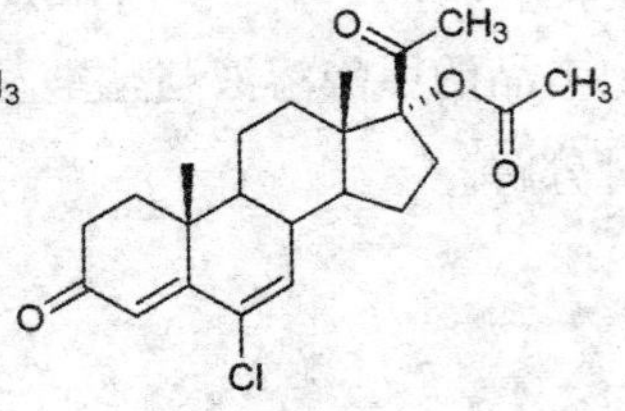

醋酸氯地孕酮

第一个口服有效的孕激素药物不是黄体酮的衍生物,而是睾酮的衍生物。在寻找口服雄激素过程中,在睾酮 17α - 位引入乙炔基得到的炔孕酮(ethisterone),雄性激素活性减弱,而口服后孕激素活性比黄体酮强 15 倍。将炔孕酮 C_{19} 甲基去掉得到炔诺酮(norethindrone),活性比炔孕酮更高。后来又合成了一系列睾酮类孕激素,如异炔诺酮(norethynodrel)、炔诺孕酮(norgestrel)等。

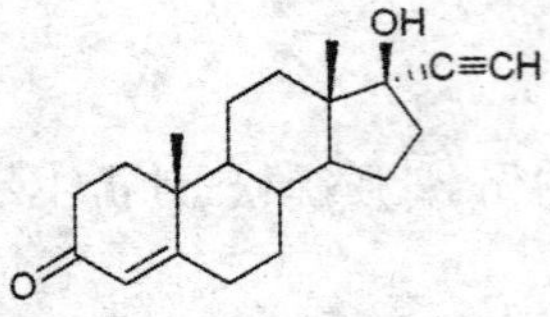

炔孕酮

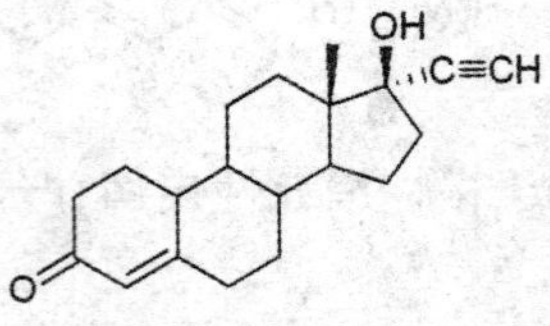

炔诺酮

黄体酮　Progesterone

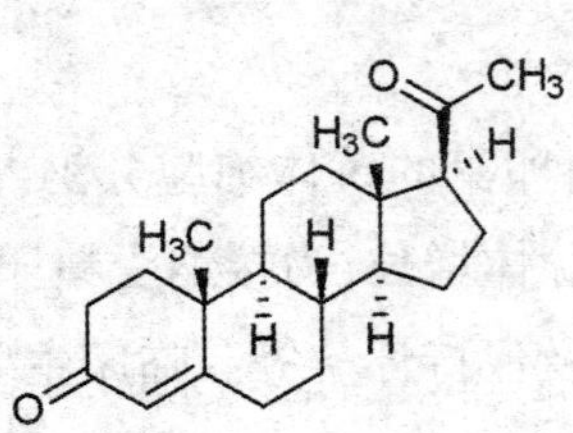

课堂活动

请同学给该药命名，然后老师点评并给出正确答案。

又名孕酮。

本品为白色或几乎白色的结晶性粉末；无臭，无味。极易溶解于三氯甲烷，溶解于乙醇、乙醚或植物油，不溶于水。熔点为128～131℃；比旋度为+186°～+198°（1%乙醇溶液）。

本品的甲醇溶液，加亚硝基铁氰化钠、碳酸钠及醋酸铵，摇匀，一段时间后，应显蓝紫色。该反应为黄体酮特有专属的鉴别反应。

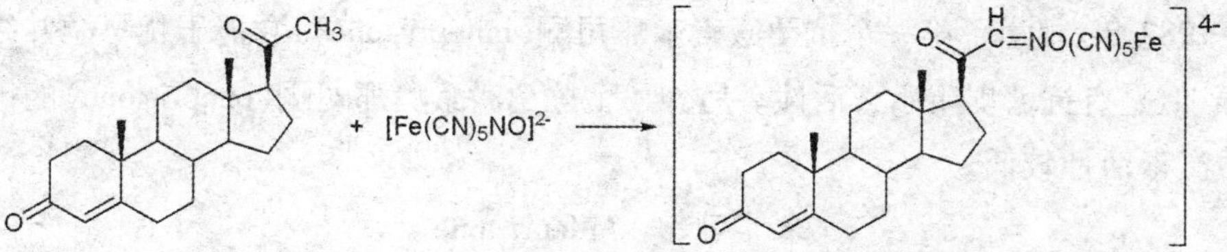

本品与异烟肼缩合生成黄色的异烟腙，与盐酸羟胺缩合生成黄体酮二肟。

课外活动

试写出本品与异烟肼、盐酸羟胺的缩合产物。

本品具有保胎作用，常用于先兆流产、习惯性流产、子宫功能性出血、月经失调及痛经，与雌激素类药物合用可作避孕药。

炔诺酮　Norethindrone

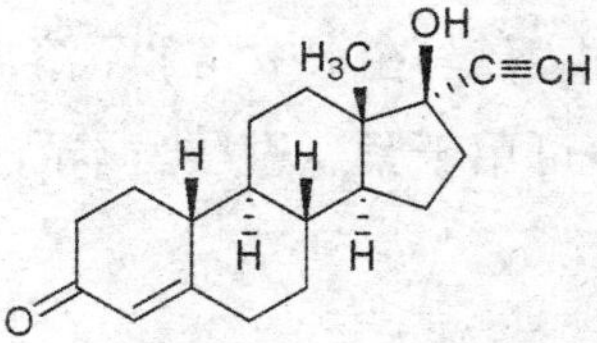

化学名为17β-羟基-19-去甲-17α-孕甾-4-烯-20-炔-3-酮。

本品为白色或类白色的结晶性粉末；无臭，味微苦。溶解于三氯甲烷，略溶于丙酮，微溶于乙醇，不溶于水。熔点为202～208℃；比旋度为-22～-28°（1%的三氯甲烷溶液）。

本品的乙醇溶液遇硝酸银试液，产生白色炔诺酮银盐沉淀。

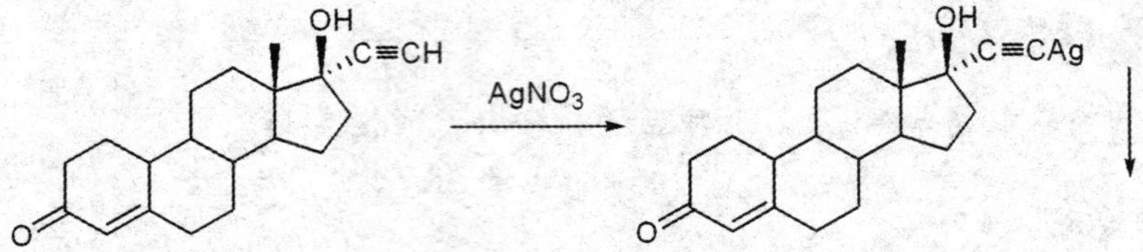

本品临床用于治疗功能性子宫出血、妇女不育症、子宫内膜异位等，并与炔雌醇合用作为短效口服避孕药。

（二）抗孕激素

抗孕激素（antiprogestins）指与孕激素竞争受体并拮抗其活性的化合物，是终止早孕的重要药物。

1982 年，报道了第一个抗孕激素米非司酮（mifepristone），它能干扰早孕并终止妊娠，但是有抗糖皮质激素活性。另外一个抗孕激素奥那司酮（onapristone）的抗糖皮质激素活性较低。

米非司酮　Mifepristone

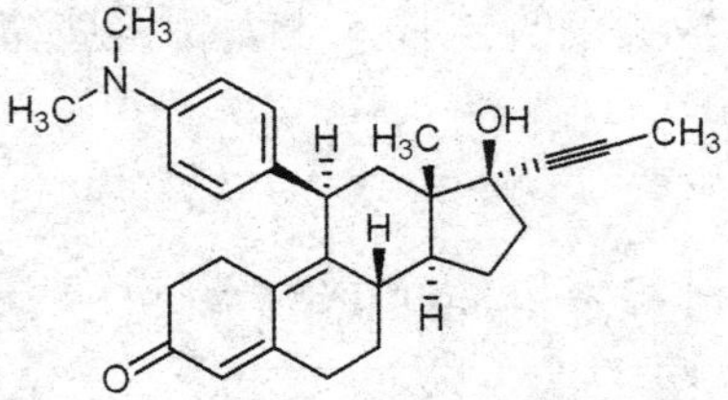

化学名为 11β－（4－N，N－二甲氨苯基）－17β－羟基－17－（1－丙炔基）－雌甾－4，9－二烯－3－酮。

本品为白色或类白色结晶，熔点为 150℃，比旋度为 +138.5°。在二氯甲烷、甲醇中易溶，在乙醇、乙酸乙酯中溶解，在水中几乎不溶。

本品主要用于抗早孕，也可用于紧急避孕。本品与前列腺素类似物米索前列醇合用，抗早孕有良好效果。

（三）甾体避孕药

口服甾体避孕药（contraceptives），是通过阻断生殖过程某个环节（排卵、受精、着床等），达到避孕或终止妊娠目的的一类药物。目前临床中常用的口服甾体避孕药多为孕激素和雌激素的复合剂型。

甾体避孕药按药理作用分为：（1）抗排卵；（2）改变宫颈黏液的理化性质；

(3)影响孕卵运行;(4)抗着床及抗早孕。按剂型和使用方式,包括:复合避孕药、单纯孕激素避孕药、事后避孕药等。本节主要介绍作为避孕药使用的甾体激素。

炔雌醇 Ethinylestradiol

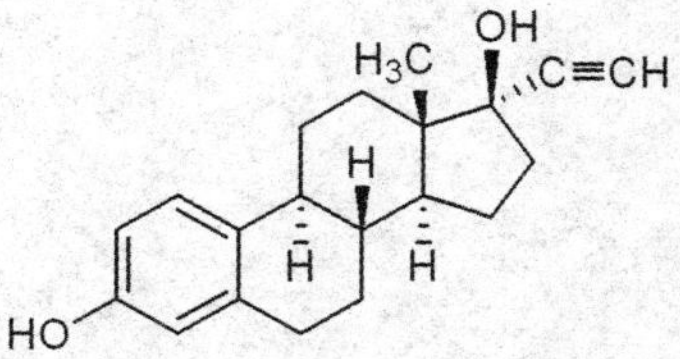

化学名为3-羟基-19-去甲-17α-孕甾-1,3,5(10)-三烯-20-炔-17-醇。

本品为白色或类白色的结晶性粉末;无臭。易溶于乙醇、丙酮或乙醚,溶解于三氯甲烷、氢氧化钠溶液,不溶于水。熔点为180~186℃;比旋度为-26°~-31°(1%吡啶溶液)。

本品和硫酸作用显橙红色,在反射光线下出现黄绿色荧光,将此溶液倾入水中,产生玫瑰红色絮状沉淀。

本品的乙醇溶液遇硝酸银试液生成白色炔雌醇银盐沉淀。

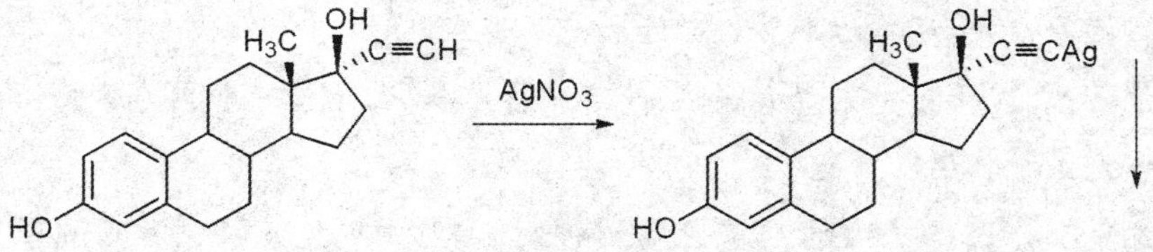

本品为口服、高效、长效雌激素,活性为雌二醇的7~8倍,为己烯雌酚的20倍,临床用于月经紊乱、子宫发育不全、前列腺癌等。

本品和孕激素配伍组成各种复方制剂,用作口服避孕药,对抑制排卵有协同作用,可增强避孕效果。

五、肾上腺皮质激素

肾上腺皮质激素(adrenocorticoids),是肾上腺皮质受脑垂体前叶分泌的促肾上腺皮质激素(ACTH)刺激所产生的一类激素。皮质酮(corticosterone)和醛固酮(aldosterone)影响体内水、盐代谢,称为盐皮质激素;可的松(cortisone)和氢化可的松(cortisol),调节糖、脂肪和蛋白质的生物合成和代谢,称为糖皮质激素,在临床作用广泛。其中本章中主要介绍糖皮质激素。

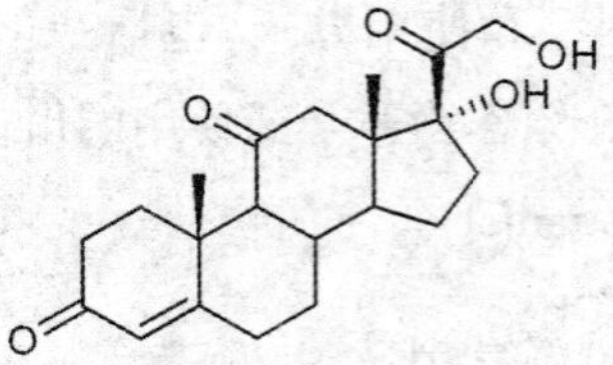

可的松

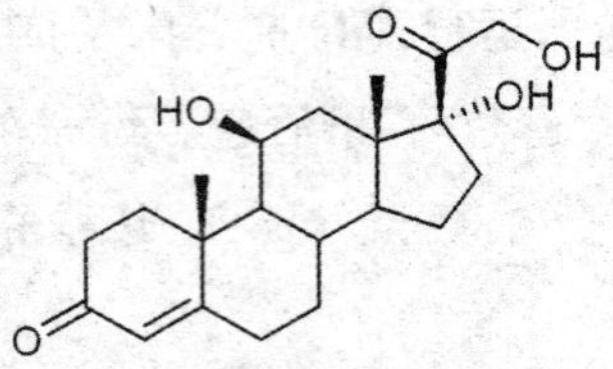

氢化可的松

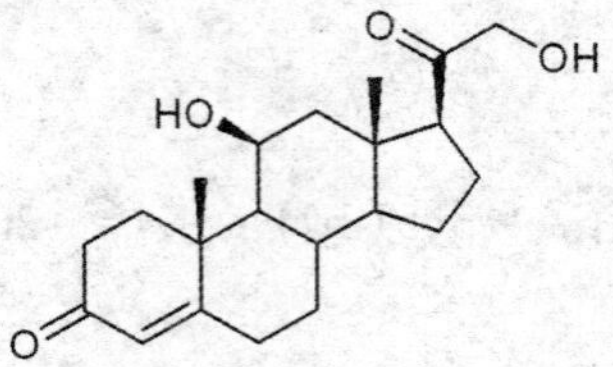

皮质酮

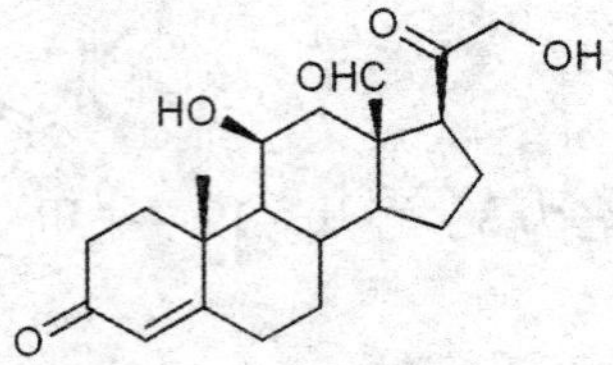

醛固酮

知识链接

糖皮质激素的“四抗”

糖皮质激素的药理作用主要可归纳为“四抗”，即抗炎、抗免疫、抗毒和抗休克作用。

抗炎：对各种原因引起的炎症都有抑制作用。主要用于改善炎症早期的红、肿、热、痛等症状，炎症后期防止粘连和疤痕形成。

抗毒：表现为针对内毒素解热，改善中毒症状，但不能中和内毒素，对外毒素损害亦无保护作用。

抗免疫作用：对细胞和体液免疫均抑制，但对细胞免疫抑制作用更强，后者在大剂量时才明显。

抗休克：超大剂量可对抗各种严重休克，特别是中毒性休克。

此外，糖皮质激素对血液与造血系统、中枢神经系统等也有广泛的影响。

天然皮质激素都具有孕甾烷基本母核，含有 Δ^4-3 酮、20 酮、21－羟基功能基，通常同时具有 17α－羟基和 11－氧（羟基或氧代）的为糖皮质激素；而不同时具备的为盐皮质激素。

天然糖皮质激素存在许多不足，如稳定性差、作用时间短、仍有一定的影响水盐代谢的作用等缺点。通过其结构修饰，得到了一些专一性好、副作用小的药物。进行结构修饰的位置主要是：

1. C_{21} 位的修饰　将 C_{21} 位羟基成酯，稳定性增加，作用时间延长。如醋酸氢化可的松（hydrocortisone acetate）。

课外活动

试总结化学药物结构修饰的目的，并举例说明。

2. C_1 位的修饰　将可的松和氢化可的松脱氢，在 C_{1-2} 位形成双键，分别得到泼尼松(prednisone)和泼尼松龙(prednisonlone)，抗炎作用增加，而副作用降低。

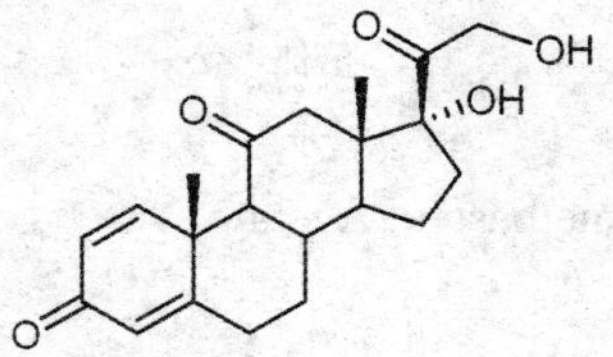

泼尼松

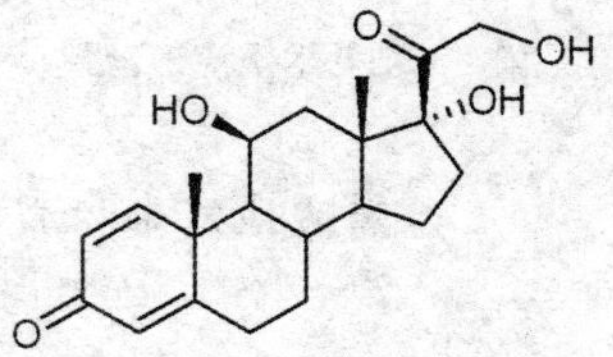

泼尼松龙

3. C_6 位的修饰　在 6α 位引入氟原子，抗炎作用大大增加，但盐皮质激素作用也大幅度增加，如醋酸氟轻松(fluocinonid acetate)，只能外用于治疗皮肤病。

课外活动

引入氟元素后药物疗效发生明显改变的药物有哪些？其药效是增强还是减弱了？

4. C_9 位和 C_{16} 位的修饰　在氢化可的松的 9 引入卤素得到的卤化物活性增加，9α－氟化物作用最强，但是盐皮质激素活性也大大增强。

5. C_{16} 位的修饰　研究发现 16 位引入 α－羟基，其糖皮质激素作用保留，盐皮质激素作用明显降低，合成得到了曲安西龙(triamcinolone)和曲安奈德(triamcinolone acetonide)，抗炎作用都强。

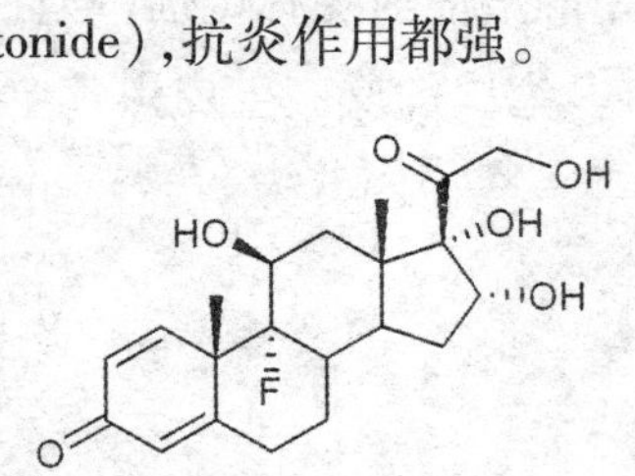

曲安西龙

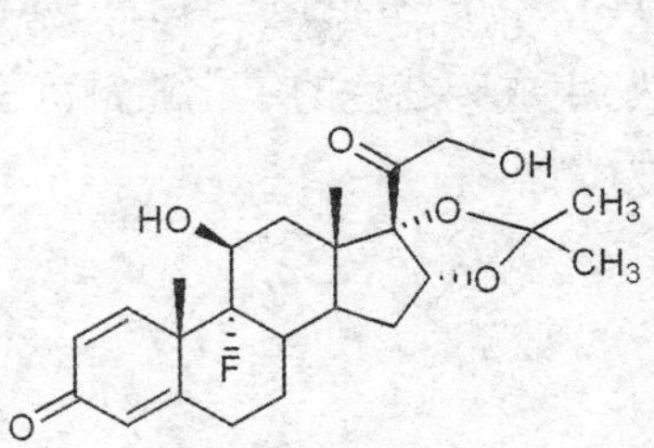

曲安奈德

用甲基替换 16α－羟基，提高侧链稳定性，进一步增强了抗炎的活性和降低了盐皮质激素作用。引入16α－甲基的地塞米松(dexamethasone)和16β－甲基的倍他米松(betamethasone),都是结构修饰后成功的药物。

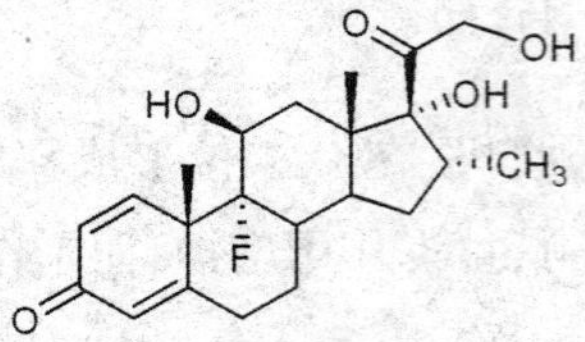

地塞米松

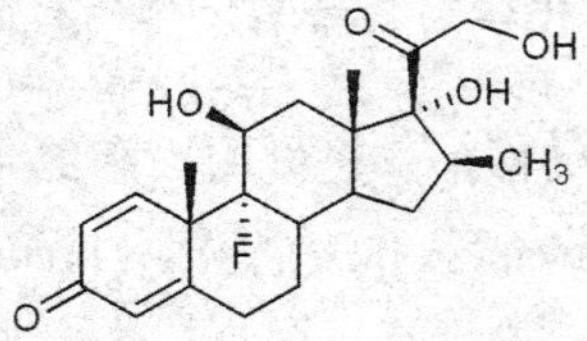

倍他米松

醋酸地塞米松　Dexamethasone Acetate

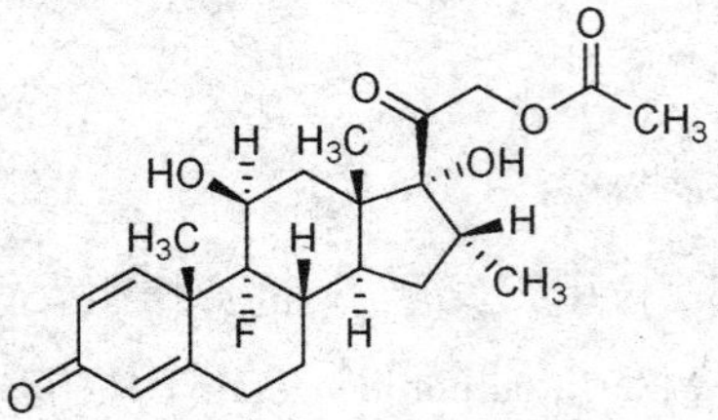

课堂活动

请同学给该药命名,然后老师点评并给出正确答案。

又名醋酸氟美松。

本品为白色或类白色的结晶或结晶性粉末;无臭,味微苦。易溶于丙酮,溶解于甲醇或无水乙醇,略溶于乙醇或三氯甲烷,极微溶解于乙醚,不溶于水。熔点为223～233℃,熔融时同时分解;比旋度为＋82°～＋88°(1%二氧六环溶液)。

本品加硫酸溶解后,即显淡红棕色,加水后颜色消失。

本品具有17α－醇酮基,具有还原性。其甲醇溶液与斐林试剂(碱性酒石酸铜试剂)共热,生成砖红色的氧化亚铜沉淀;其与多伦试剂反应生成黑色金属银沉淀(或银镜反应)。

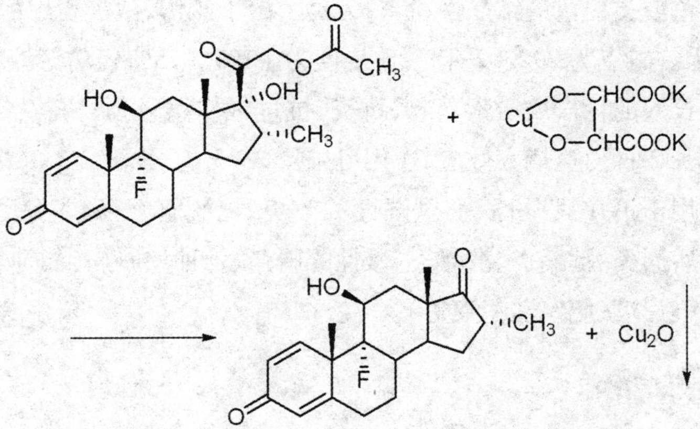

C_{17}位上的α－醇酮基具有还原性，能与氧化剂四氮唑盐反应而呈色。如醋酸泼尼松在碱性条件下与氯化三苯四氮唑试液反应生成红色。

本品具有醋酸酯结构，加乙醇制氢氧化钾试液，水浴加热，冷却，加硫酸煮沸，即发生醋酸乙酯的香气。

本品经有机破坏后生成无机氟化物，再与茜素氟蓝及硝酸亚铈反应显蓝紫色。

本品作用强而持久，具显著的抗炎抗过敏作用。主要用于过敏性与自身免疫性炎症性疾病。如结缔组织病、严重的支气管哮喘、皮炎等过敏性疾病，以及溃疡性结肠炎，急性白血病，恶性淋巴瘤等。此外，本药还用于某些肾上腺皮质疾病的诊断——地塞米松抑制试验。

课外活动

黄体酮和醋酸地塞米松结构特点上有什么差异？如何用化学方法区别这两种药物？

曲安奈德　Triamcinolone　Acetonide

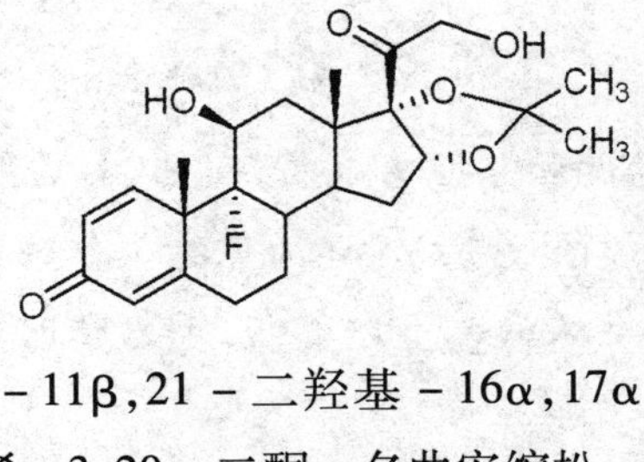

化学名为又9α－氟－11β，21－二羟基－16α，17α－［（1－甲基亚乙基）双（氧）］－孕甾－1，4－二烯－3，20－二酮。名曲安缩松。

本品为白色或类白色的结晶性粉末；无臭。溶于氯仿，微溶于甲醇、丙酮、乙酸乙酯，不溶于水。熔点为292～294℃；比旋度为+109°（75%氯仿溶液）。

本品是一长效的糖皮质激素药物，抗炎、抗过敏作用较强且持久，肌注后数小时内生效，经1～2日内达最大效应，作用可维持2～3周。

本品主要用于治疗风湿性、类风湿性关节炎、支气管哮喘、过敏性鼻炎、荨麻疹、急性扭伤、肩周炎、腱鞘炎、滑囊炎、慢性腰腿痛、各种皮肤病（如神经性皮炎、湿疹、牛皮癣、疤痕疙瘩、肥厚性疤痕等）。

课堂活动

根据所学知识，试分析一下醋酸氢化可的松与醋酸地塞米松由于结构改变所导致的药效变化。

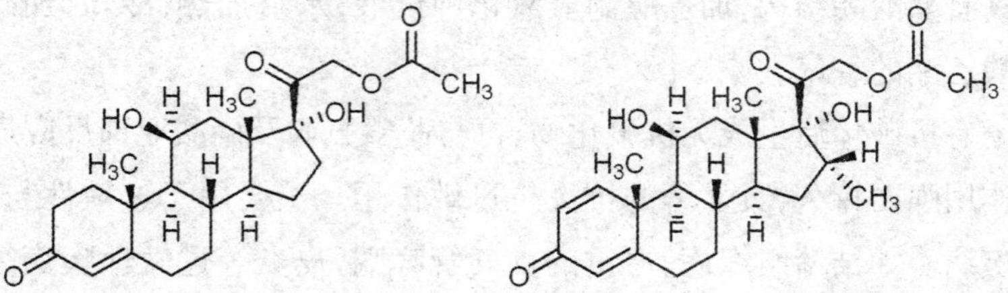

第二节　胰岛素及口服降血糖药

糖尿病是一种常见病。它是以血糖增高为特征的代谢紊乱性内分泌疾病，可出现“三多一少”（多尿、多饮、多食、体重减少出现疲乏和消瘦）等症状，严重时可发生酮症酸中毒，并能诱发多种并发症。

知识链接

糖尿病与胰岛素

糖尿病分为Ⅰ型糖尿病和Ⅱ型糖尿病。其中Ⅰ型糖尿病多发生于青少年，病人胰岛素分泌缺乏，必须依赖胰岛素治疗维持生命。Ⅱ型糖尿病多见于中、老年人，其胰岛素的分泌量并不低甚至还偏高，主要病因是机体对胰岛素不敏感（即胰岛素抵抗）。

胰岛素是由人体胰腺β细胞分泌的身体内唯一的降血糖激素。胰岛素抵抗是指体内组织对胰岛素的敏感性降低,外周组织如肌肉、脂肪对胰岛素促进葡萄糖摄取的作用发生了抵抗。

糖尿病目前不能根治,但可以良好地控制。如果在医师的指导下,正确运用好现在的三类基本疗法,包括饮食、运动、降糖药物的综合疗法而进行终生治疗,绝大多数患者可以同正常人一样生活和工作。

降血糖药(hypoglycemic agent)通过减少机体对糖的摄取或加快糖代谢,从而使血糖下降。

目前常用于降血糖的化学药物有:(1)胰岛素类:胰岛素等。(2)口服降糖药:1)磺酰脲类:如甲苯磺丁脲、格列本脲等。2)双胍类:如二甲双胍等。3)α-葡萄糖苷酶抑制剂:如阿卡波糖等。4)促进胰岛素分泌剂:如瑞格列奈等。5)噻唑烷二酮类胰岛素增敏剂:如吡格列酮、罗格列酮等。

一、胰岛素

胰岛素(insulin)是由胰脏β-细胞分泌的一种蛋白质激素,在体内起调节糖代谢作用,是治疗糖尿病的有效药物。

1926年,科学家首次从动物胰脏中提取分离得到胰岛素结晶,1955年阐明其全部氨基酸序列的一级结构,1965年我国科学家首次将胰岛素人工合成成功。

胰岛素由A、B两个肽链组成。人胰岛素A链有11种21个氨基酸,B链有15种30个氨基酸,共16种51个氨基酸组成。其中A7(Cys)-B7(Cys)、A20(Cys)-B19(Cys)四个半胱氨酸中的巯基形成两个二硫键,使A、B两链连接起来。分子式$C_{257}H_{383}N_{65}O_{77}S_6$。

本品为白色或类白色的结晶粉末。在水、乙醇、三氯甲烷或乙醚中几乎不溶;酸碱两性,易溶于稀酸或稀碱溶液,在微酸性(pH2.5~3.5)中较稳定,在碱性溶液中易破坏。熔点为233℃。本品对热不稳定,中国药典规定,胰岛素原料应遮光、密闭,在-15℃以下保存,胰岛素注射液应密闭,在冷处(2~10℃)保存,避免冰冻。等电点pH5.1~5.3,结晶随pH变化可得到不同晶型。

课堂活动

某糖尿病患者需要长期使用胰岛素注射剂，一年四季每次取药后都喜欢将药物握在手中，一小时后到家，将药物存放在抽屉里。请问：

1. 该患者的做法对吗？为什么？

2. 如果你是药师，你将建议该患者如何运输和贮存胰岛素注射剂？

3. 胰岛素注射剂可以放在冰箱冷冻室吗？为什么？

本品是蛋白质类药物，可被蛋白酶水解，因此易被消化液中的酶破坏，故口服无效，必须注射。

胰岛素主要用于治疗胰岛素依赖型糖尿病、糖尿病妇女妊娠期与分娩期、糖尿病合并重度感染，有严重并发症以及非胰岛素依赖型糖尿病经口服降糖药足够剂量治疗一段时间后，血糖仍很高的患者。

知识链接

胰岛素的作用时间

1. 超短效：注射后 15 分钟起作用，高峰浓度 1～2 小时。

2. 短效（速效）：注射后 30 分钟起作用，高峰浓度 2～4 小时，持续 5～8 小时。

3. 中效（低鱼精蛋白锌胰岛素）：注射后 2～4 小时起效，高峰浓度 6～12 小时，持续 24～28 小时。

4. 长效（鱼精蛋白锌胰岛素）：注射后 4～6 小时起效，高峰浓度 4～20 小时，持续 24～36 小时。

5. 预混：即将短效与中效预先混合，可一次注射，且起效快（30 分钟），持续时间长达 16～20 小时。市场常见的有 30% 短效和 70% 中效预混合短、中效各占 50% 的预混两种。

二、口服降血糖药

甲苯磺丁脲　Tolbutamide

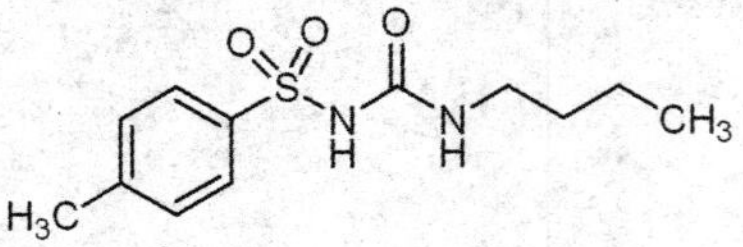

化学名为4－甲基－N－[(丁氨基)羰基]苯磺酰胺。又名D－860。

本品为白色结晶或结晶性粉末;无臭,无味。易溶于丙酮或三氯甲烷,溶于乙醇,几乎不溶于水。熔点126～130℃。

甲苯磺丁脲含磺酰脲结构,显弱酸性,可溶于氢氧化钠溶液。

结构中脲部分不稳定,酸性溶液中受热易水解,生成甲苯磺酰胺。

磺酰脲类主要是通过刺激胰岛素分泌,减少肝脏对胰岛素的清除,降低血糖,对正常人及糖尿病人均有降糖作用。甲苯磺丁脲降糖作用较弱但安全有效,用于治疗轻中度Ⅱ型糖尿病。

格列本脲　Glibenclamide

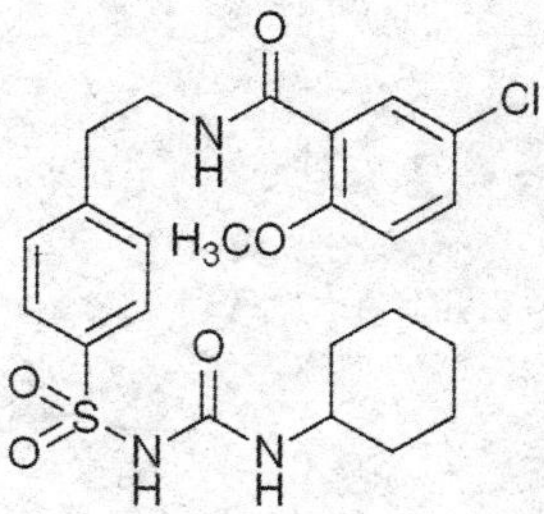

又名优降糖。

本品为白色结晶性粉末;几乎无臭,无味。本品在三氯甲烷中略溶,在甲醇或乙醇中微溶,在水或乙醚中不溶。熔点为170～174℃,熔融同时分解。

本品在干燥条件下贮存较稳定,对湿度比较敏感,易发生水解。

本品于1969年在欧洲首次上市,是第二代磺酰脲类口服降糖药的代表药物,属于强效降糖药,其降糖作用是同等剂量甲苯磺丁脲的200倍,用于治疗中、重度Ⅱ型糖尿病。

口服降糖药种类较多,作用机制各不相同。目前临床中常用的一些口服降糖药见表10－1。

表10－1　一些常用的口服降糖药物

药物名称	药物结构	作用特点
格列齐特 gliclazide	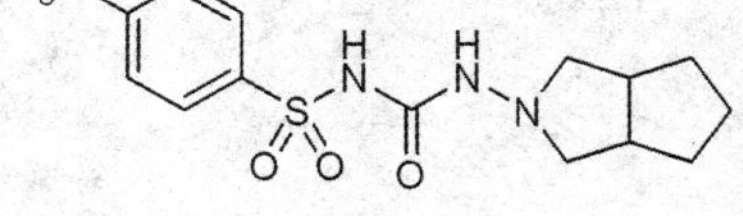	第二代磺酰脲类口服降糖药。用于成年型糖尿病、伴有血管病变者或糖尿病伴有肥胖症者

（续表）

药物名称	药物结构	作用特点
二甲双胍 metformin	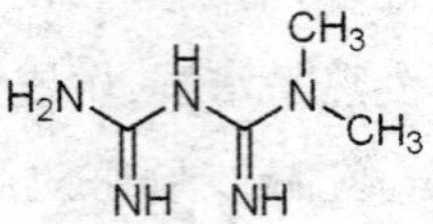	双胍类降血糖药。增加骨骼肌和脂肪组织的葡萄糖氧化和代谢，减少对葡萄糖的吸收，抑制肝糖的产生和输出，降低血糖。有利于降低餐后血糖和控制空腹血糖
阿卡波糖 acarbose	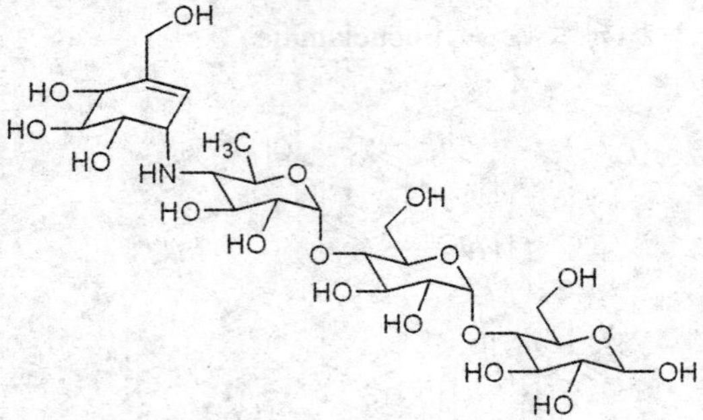	新型口服降血糖药物，通过在肠道内竞争性抑制葡萄糖苷酶，降低糖类的吸收，具有降低饭后高血糖和血浆胰岛素浓度的作用
瑞格列奈 repaglinide	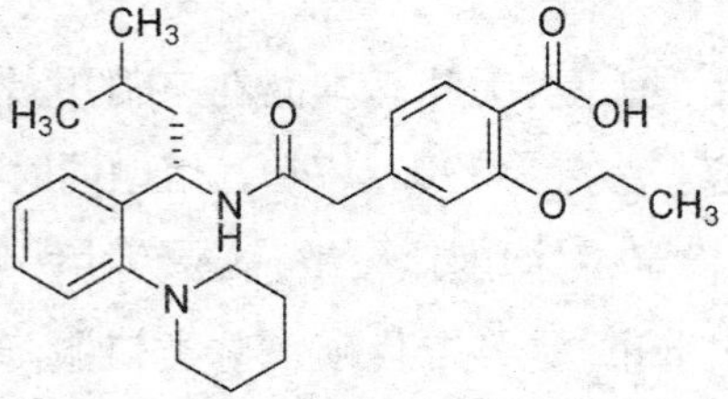	新型短效促胰岛素分泌降血糖药。能刺激胰腺释放胰岛素使血糖水平快速降低，作用依赖于胰岛中有功能的β细胞
吡格列酮 pioglitazone	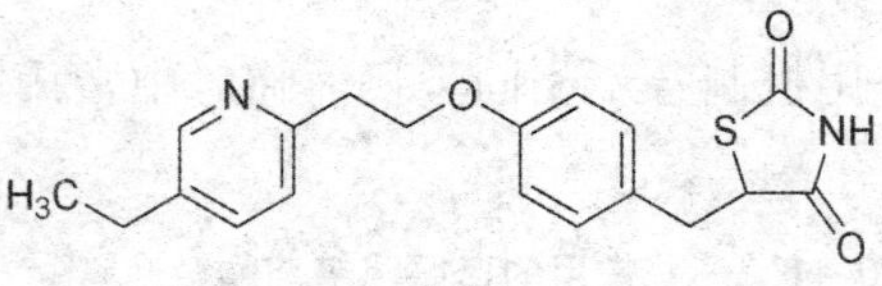	噻唑烷二酮类胰岛素增敏剂。选择性高，增加骨骼肌、肝脏、脂肪组织对胰岛素的敏感性，提高细胞对葡萄糖的利用而发挥降血糖作用
罗格列酮 rosiglitazone	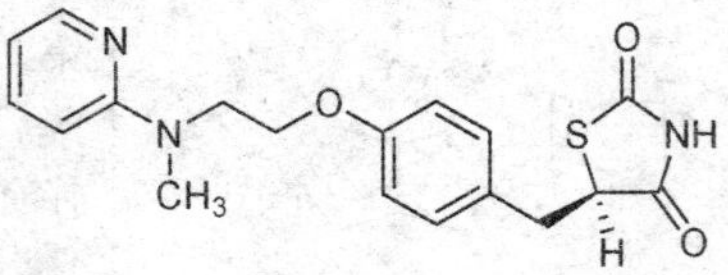	噻唑烷二酮类胰岛素增敏剂。用于经饮食控制和锻炼治疗效果仍不满意的Ⅱ型糖尿病患者

目 标 检 测

一、选择题

(一)单项选择题

1. 甾体激素药的基本结构是　(　　)

A. 环戊烷并多氢菲　　B. 丙二酰脲结构

C. 黄嘌呤结构　　D. 异喹啉结构

2. "A 环为苯环,C_3 位为酚羟基"是以下哪一类激素药物的结构特点　(　　)

A. 雄激素类药物　　B. 雌激素类药物

C. 孕激素类药物　　D. 肾上腺皮质激素类药物

3. 具有雌甾烷母核的药物是　(　　)

A. 黄体酮　　B. 甲基睾丸素

C. 地塞米松　　D. 炔雌醇

E. 氢化泼尼松

4. 黄体酮属于哪一类甾体药物　(　　)

A. 雌激素　　B. 雄激素

C. 孕激素　　D. 盐皮质激素

5. 睾酮的 17α 位上引入甲基,设计思想是　(　　)

A. 增大位阻,可以口服　　B. 增强疗效

C. 降低毒性　　D. 可以注射

E. 增强脂溶性,以利吸收

6. 黄体酮灵敏、专属的鉴别反应是　(　　)

A. 亚硝基铁氰化钠反应　　B. 与斐林试剂反应

C. 与强酸的呈色反应　　D. 有机氟的呈色反应

7. 醋酸地塞米松能与醇制 KOH,H_2SO_4 共热产生香气,是因为该结构上具有　(　　)

A. 有机 F　　B. 醋酸酯结构

C. 酮基结构　　D. 酚羟基结构

8. 己烯雌酚属 ( )

A. 雄激素药　　B. 孕激素药

C. 雌激素药　　D. 抗生素药

9. 下列甾体类药物中含有雄甾烷母核结构的是 ( )

A. 雌二醇　　B. 己烯雌酚

C. 甲睾酮　　D. 苯丙酸诺龙

10. 不具有甾体母核基本结构但有雌激素作用的药物是 ( )

A. 雌三醇　　B. 己烯雌酚

C. 黄体酮　　D. 甲睾酮

E. 己酸羟孕酮

11. 遇到硝酸银,生成白色银盐沉淀的是 ( )

A. 雌二醇　　B. 黄体酮

C. 甲睾酮　　D. 炔诺孕酮

12. 具有“四抗”作用的激素是 ( )

A. 地塞米松　　B. 雌二醇

C. 甲睾酮　　D. 黄体酮

13. 下列属于α－葡萄糖苷酶抑制剂类降糖药物的是 ( )

A. 胰岛素　　B. 甲苯磺丁脲

C. 二甲双胍　　D. 阿卡波糖

14. 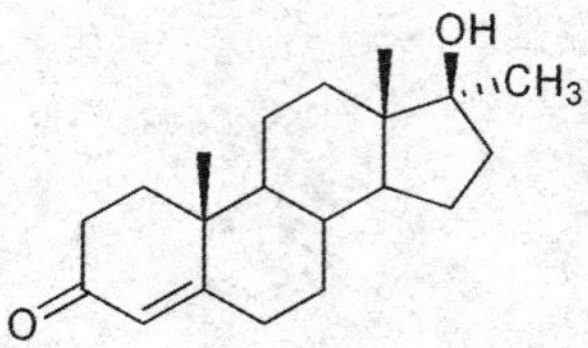

该结构的药物名称 ( )

A. 雌二醇　　B. 黄体酮

C. 甲睾酮　　D. 炔诺孕酮

15. 胰岛素注射剂应存放在 ( )

A. 冰箱冷冻室　　B. 冰箱冷藏室

C. 常温下　　D. 阳光充足处

16. 以下不能口服的药物是 ( )

A. 炔雌醇　　B. 炔雌醚

C. 雌二醇　　　　D. 甲睾酮

17. 下列结构式代表的药物是　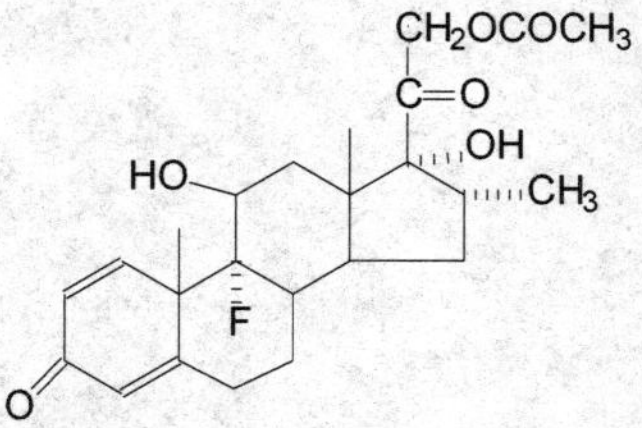　(　　)

A. 醋酸地塞米松　　　　B. 醋酸氢化可的松

C. 氟轻松　　　　D. 倍他米松

18. 其甲醇溶液与碱性酒石酸酮共热,生成橙红色沉淀的药物是　(　　)

A. 甲睾酮　　　　B. 黄体酮

C. 地塞米松　　　　D. 苯丙酸诺龙

19. 在氢化可的松的哪个位置引入双键可使抗炎作用增强　(　　)

A. 11 位　　　　B. 9 位

C. 5 位　　　　D. 1 位

20. 反式异构体有效,顺式异构体无效的药物是　(　　)

A. 双炔失碳酸　　　　B. 己烯雌酚

C. 黄体酮　　　　D. 左炔诺孕酮

21. 黄体酮属于哪类甾体药物　(　　)

A. 雌激素　　　　B. 雄激素

C. 孕激素　　　　D. 糖皮质激素

22. 黄体酮是　(　　)

A. 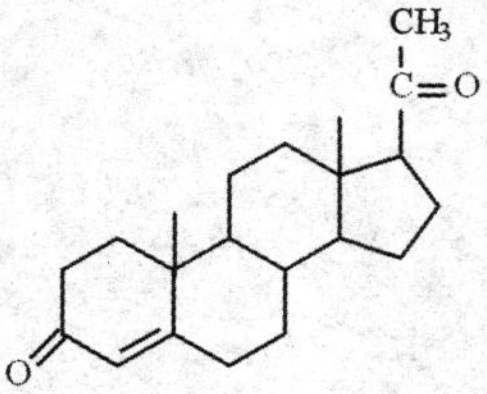　　B. 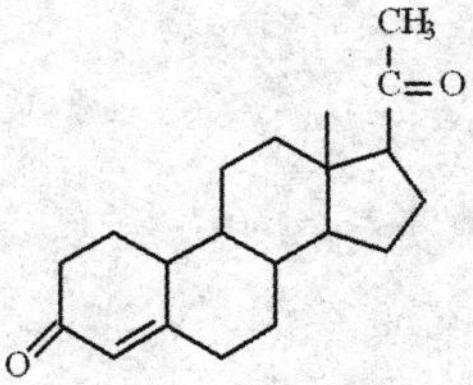

C. 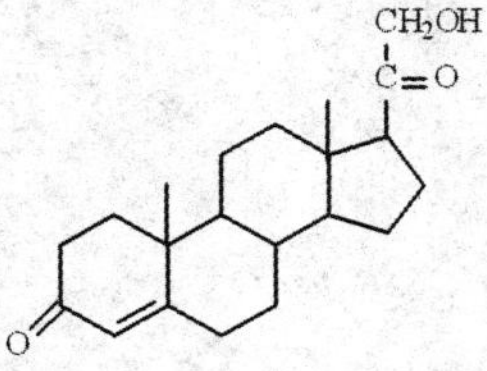　　D. 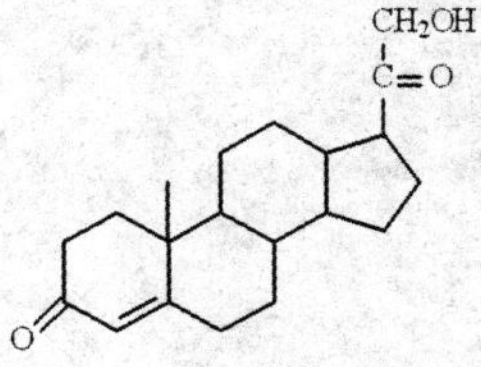

23. 抗雌激素药物 (　　)

A. 炔雌醇　　B. 雌二醇

C. 己烯雌酚　　D. 他莫昔芬

24. 抗孕激素药物 (　　)

A. 炔诺孕酮　　B. 米非司酮

C. 己烯雌酚　　D. 黄体酮

(二)配伍选择题

(1～5题)A. 甲睾酮　B. 苯丙酸诺龙　C. 地塞米松　D. 雌二醇　E. 黄体酮

1. 3－位有羟基的甾体激素

2. 临床上注射用的孕激素

3. 临床上用于治疗男性缺乏雄激素病的甾体激素

4. 用于慢性消耗性疾病、严重灼伤、骨质疏松等

5. 具有显著的抗炎抗过敏作用

(6～10题)A. 泼尼松　B. 炔雌醇　C. 苯丙酸诺龙　D. 甲羟孕酮　E. 甲睾酮

6. 雄激素类药物　　7. 促蛋白同化激素类药物

8. 雌激素类药物　　9. 孕激素类药物

10. 皮质激素类药物

(11～15题)　A. 雌甾烷衍生物,A环为苯环,3位有羟基

B. 雌甾烷衍生物,19去甲基　　C. 孕甾烷衍生物,有羟甲酮基

D. 孕甾烷衍生物,有甲酮基　　E. 雄甾烷衍生物,有丙酸酯

11. 丙酸睾酮　12. 苯丙酸诺龙　13. 地塞米松

14. 雌二醇　15. 黄体酮

(三)多项选择题

1. 下列甾体类药物中具有4－烯－3－酮结构的是 (　　)

A. 雌二醇　　B. 黄体酮

C. 甲睾酮　　D. 苯丙酸诺龙

E. 醋酸可的松

2. 下列属于磺酰脲类降糖药物的是 (　　)

A. 甲苯磺丁脲　　B. 阿卡波糖

C. 二甲双胍　　D. 胰岛素

E. 格列苯脲

3. 甾类药物按其结构特点可分为　　　　　　　　　　　　　　　　　　　　　　　　（　　）

A. 性激素　　　　　　　　　　　　　　B. 肾上腺皮质激素

C. 雌甾烷　　　　　　　　　　　　　　D. 孕甾烷

E. 雄甾烷

4. 含有孕甾烷母核的药物有　　　　　　　　　　　　　　　　　　　　　　　　　　（　　）

A. 己烯雌酚　　　　B. 黄体酮　　　　C. 甲孕酮

D. 地塞米松　　　　E. 氢化可的松

5. 有关黄体酮叙述正确的是　　　　　　　　　　　　　　　　　　　　　　　　　　（　　）

A. 属孕甾烷衍生物　　　　　　　　　　B. 属孕激素类药物

C. 具保胎作用　　　　　　　　　　　　D. 多用油溶液肌肉注射

E. 与亚硝酰铁氰化钠反应呈蓝紫色

6. 甲睾酮的叙述正确的是　　　　　　　　　　　　　　　　　　　　　　　　　　　（　　）

A. 属孕雄烷衍生物　　　　　　　　　　B. 雄激素类药物

C. 有4-烯-3-酮结构　　　　　　　　D. 可口服给药

E. 肾上腺皮质激素

二、问答题

1. 甾类激素药物是如何命名的?

2. 甾类激素药物是如何分类的? 各类有哪些结构特征?

3. 在雌二醇结构上引入炔基的目的是什么?

4. 如何用化学方法区别黄体酮和炔诺酮?

5. 简述肾上腺皮质激素类药物的结构改造。

三、实例分析

在省运会期间,医院根据有关规定要求严控兴奋剂的使用。可药师小李在门诊药房却遇到一名运动员咨询苯丙酸诺龙注射剂用途并欲取用。作为药师,小李应该如何根据规定和药物作用处置好这一事情?

（余霞）

第十一章　维生素

维生素(vitamin)是维持机体正常代谢所必需的一类微量有机物质或小分子有机物质,主要用于机体的能量转移和代谢调节。维生素主要来源于食物,是人类食物中必需的六大营养素(碳水化合物、蛋白质、脂肪、水、矿物质、维生素)之一。维生素补充不及时,吸收减少或机体需要的量增加时,就会产生维生素缺乏症,从而导致营养不良或产生疾病。

课堂活动

生活中出现的牙龈出血、夜盲症、佝偻病、脚气及脂溢性皮炎分别与体内缺乏哪种维生素有关?

维生素作为药物,一方面主要用于各种维生素缺乏症的防治;另一方面可以与许多药物联合使用,以增强药物的作用或降低药物的副作用。但过量服用维生素,不但无益,有时可引起中毒,应加以注意。

维生素种类较多,生理功能不尽相同,化学结构各异。一般根据维生素的溶解性质分为脂溶性和水溶性维生素两大类。又根据维生素发现的先后顺序,将其命名为维生素 A、B、C、D、E、K 等。脂溶性维生素包括维生素 A、D、E、K 等,水溶性维生素包括维生素 B 类(B_1、B_2、B_6、B_{12}等)、维生素 C、烟酸、烟酰胺、肌醇、叶酸等。

第一节　脂溶性维生素

脂溶性维生素(fat soluble vitamins)在食物中与脂类中共存,并随脂类一同被吸收进入机体内,它们包括维生素 A、D、E、K 等。因脂溶性维生素在机体内排泄较慢,若摄取过多则可引起积蓄中毒。

一、维生素 A

维生素 A 广泛存在于动物的肝、奶、肉类及蛋黄中，它能显著改善动物的生长。分别从哺乳动物、咸水鱼及淡水鱼的肝脏分离出维生素 A_1（又名视黄醇）、维生素 A_2，维生素 A_2 化学结构与维生素 A_1 类似，均为多烯烃一元醇，只是环已烯的 3 位多了一个双键，但生物活性仅为后者的 30% ~40%。

在植物中仅仅含有如胡萝卜素、玉米黄素等维生素 A 原。理论上一分子的胡萝卜素在体内可转变为两分子的维生素 A，在人类营养中约 2/3 的维生素 A 来自于 β－胡萝卜素；玉米黄素能转变为一分子的维生素 A，但由于维生素 A 原在体内的吸收率和转化率均较低，故目前主要由人工合成方法制备。

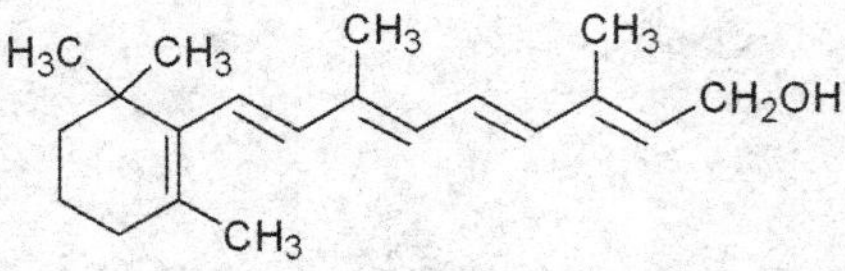

维生素A_1

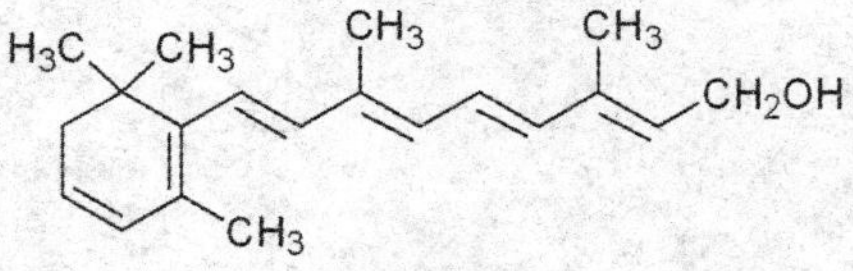

维生素A_2

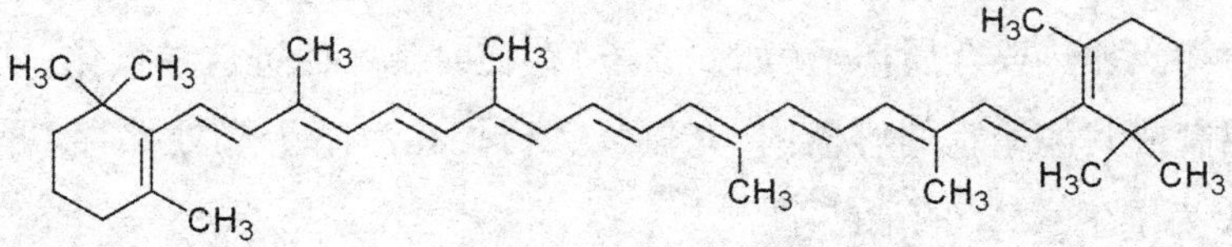

β-胡萝卜素

维生素 A 醋酸酯　VitaminA Acetate

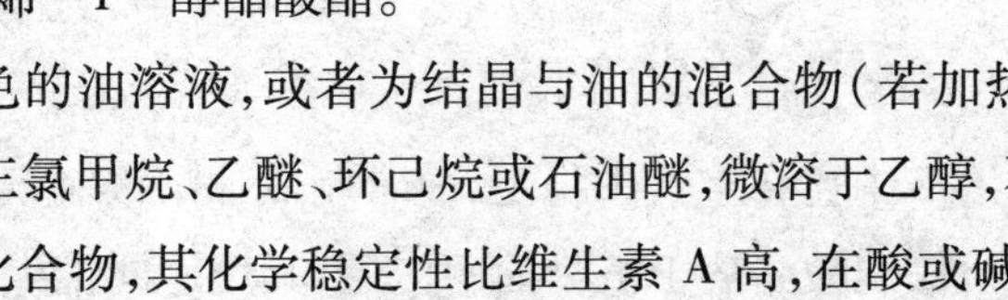

化学名为全反式－3,7－二甲基－9－(2,6,6－三甲基－1－环已－1－烯基)－2,4,6,8－壬四烯－1－醇醋酸酯。

本品为淡黄色的油溶液，或者为结晶与油的混合物（若加热至 60℃应为澄明溶液）；极易溶于三氯甲烷、乙醚、环已烷或石油醚，微溶于乙醇，不溶于水。

本品为酯类化合物，其化学稳定性比维生素 A 高，在酸或碱的催化下，易发生水解反应，生成维生素 A 和醋酸。维生素 A 含有丙烯醇型结构，遇酸易发生脱水反应，生成脱水维生素 A，其生物活性只有维生素 A 的 0.4%。

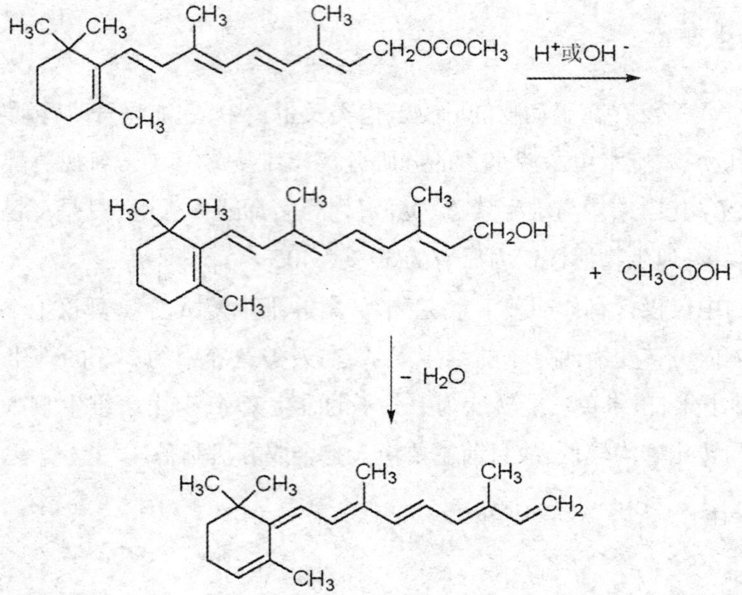

维生素 A 分子结构中含有共轭多烯醇的侧链，对紫外线不稳定，且易被空气氧化，氧化的初步产物为无活性的环氧化合物，在酸性介质中经分子重排后，生成呋喃型氧化产物。加热或金属离子（如铁离子）存在时都可促进这种氧化。所以贮存时应装于铝制或其他适宜的容器内，充氮气、密封，在凉暗干燥处保存。药典收载的维生素 A 为维生素 A_1 的醋酸酯。

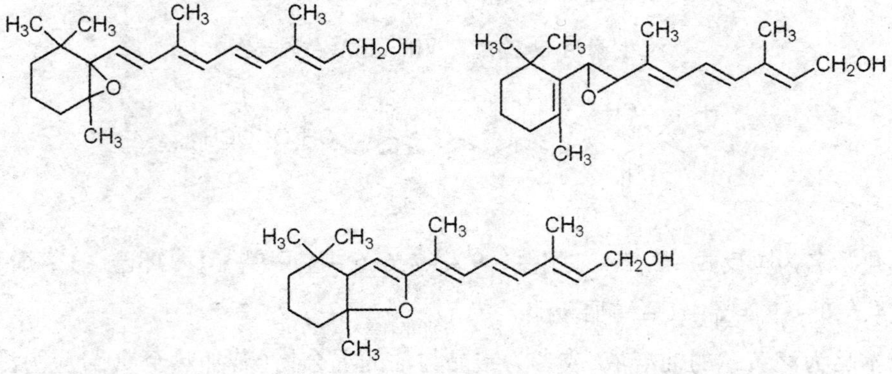

维生素 A 在油溶液中比在空气中稳定，故常制成油溶液制剂，临床常将维生素 A 醋酸酯或维生素 A 棕榈酸酯溶于植物油中应用，其用途同维生素 A。

本品的三氯甲烷溶液，加入三氯化锑的三氯甲烷溶液后，即显蓝色，逐渐变为紫红色。

本品主要用于防治维生素 A 缺乏症，如角膜软化病、干眼病、夜盲症等。

课堂活动

胡萝卜主要含有哪种维生素？生活中如何吃才能保证最大程度利用其营养？

维 A 酸 Tretinoin

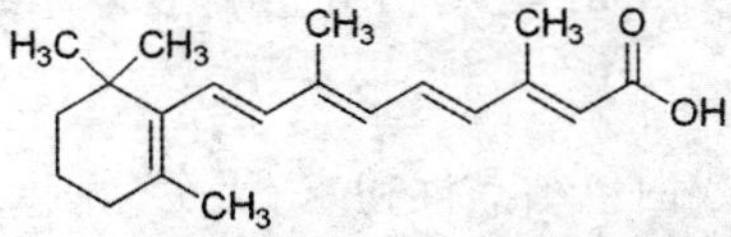

本品临床上主要用于治疗寻常痤疮、扁平苔藓、粘膜白斑、脂溢性皮炎、鱼鳞病、毛囊角化病以及其他角化异常类皮肤病，对牛皮癣、恶性上皮癌、皮肤基底细胞癌、对光化性唇炎癌变等有效，是目前诱导急性早幼粒细胞白血病的首选药物。

二、维生素 D

维生素 D 是一类抗佝偻病维生素的总称，主要存在于鱼肝油、肝脏、蛋黄和乳汁中。维生素 D 类均属于甾醇的开环衍生物，目前已知的至少有十多种，其中最重要的为维生素 D_2 和维生素 D_3。

课外活动

查阅资料，骨质疏松症治疗药物有哪些？

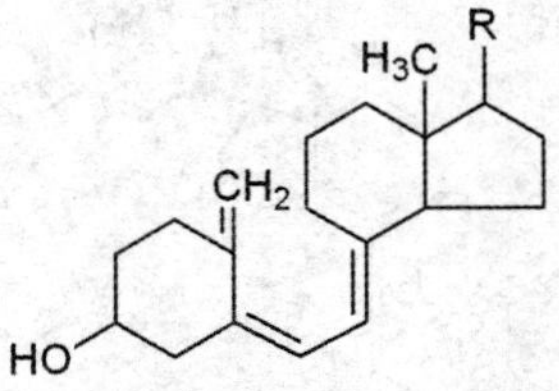

开环甾醇

在人体皮肤内含有维生素 D_3 的前体，其经日光或紫外线照射后可转化为维生素 D_3，这种方式是人体获得维生素 D 的主要途径。故多晒太阳是预防维生素 D 缺乏的主要手段之一。植物和酵母中含有维生素 D_2 的前体，经日光或紫外线照射可转变为维生素 D_2。

维生素 D_2 Vitamin D_2

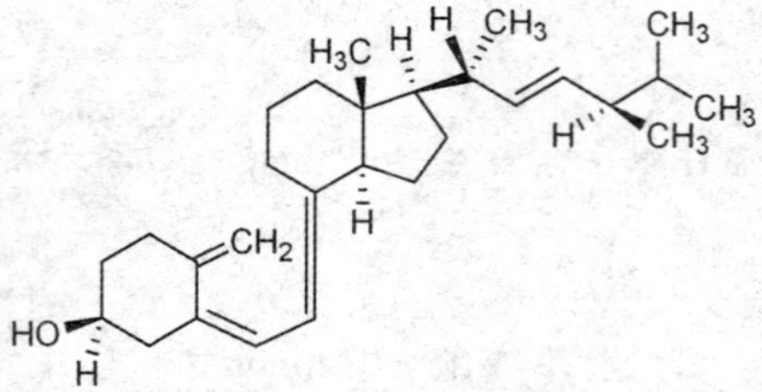

化学名为9,10－开环麦角甾－5,7,10(19),22－四烯－3β－醇,又名骨化醇、麦角骨化醇。

本品为无色针状结晶或白色结晶性粉末;无臭,无味。熔点115～118℃(熔融时同时分解),极易溶于三氯甲烷,易溶于乙醇、乙醚和丙酮,略溶于植物油中,不溶于水。比旋度为＋102.5°至＋107.5°(4%无水乙醇溶液),＋79.5°至＋83.5°(1.6%,丙酮)。

本品分子中因含有较多的双键,对光敏感,在空气和日光下,遇酸或氧化剂,均能发生氧化而变质,失去药理活性,毒性增加。故制备时紫外线照射时间不宜太长,贮存时应遮光、充氮、密封在冷处保存。

本品的三氯甲烷溶液加入少许醋酐与硫酸,摇振后,溶液初显黄色,渐变红色,迅速呈紫色,最后变为绿色。这是甾类化合物的通性。

本品为维生素类药,可以促进人体对钙和磷的吸收,并帮助骨骼钙化,临床上主要用于预防和治疗佝偻病和骨质软化病。

维生素 D_3 Vitamin D_3

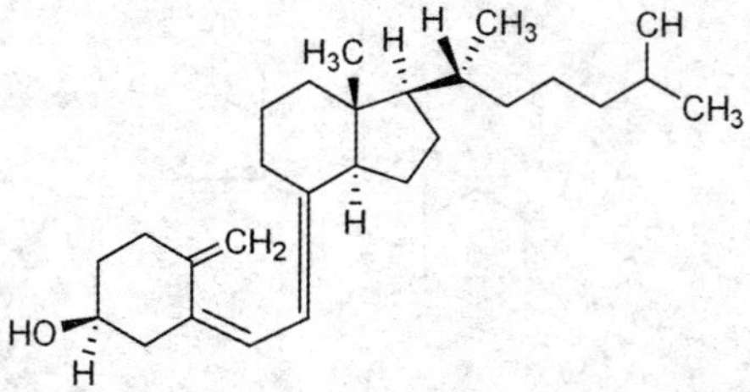

本品在化学结构上与维生素 D_2 比较,因侧链上无双键,C_{24}上没有甲基,故稳定性高于维生素 D_2,但在空气中或遇光等均易变质。故贮存时应遮光、充氮、密封在冷处保存。

本品的三氯甲烷溶液,加入醋酐和硫酸溶液并摇振后,溶液初显黄色,渐变为红色,迅速变为紫色、蓝绿色,最后变为绿色。

本品用途与维生素 D_2 相同，主要用于调节体内钙、磷的代谢。

知识链接

机体钙、磷代谢与维生素 D 的应用

维生素 D_3 进入肝脏，经 25－羟化酶代谢生成 25－羟基维生素 D_3，然后经肾脏 1α－羟化酶代谢生成 1α，25－二羟基维生素 D_3。它能促进小肠增加对钙、磷的吸收和转运，也能促进肾小管对钙、磷的重吸收，帮助骨骼钙化，促进骨骼生长。从而维持血浆中钙、磷的正常水平。当维生素 D 缺乏时，儿童可导致佝偻病，老年人可致骨质疏松。老年人肾脏中的 1α－羟化酶几乎无活性，故老年人应该服用阿法骨化醇或骨化三醇。

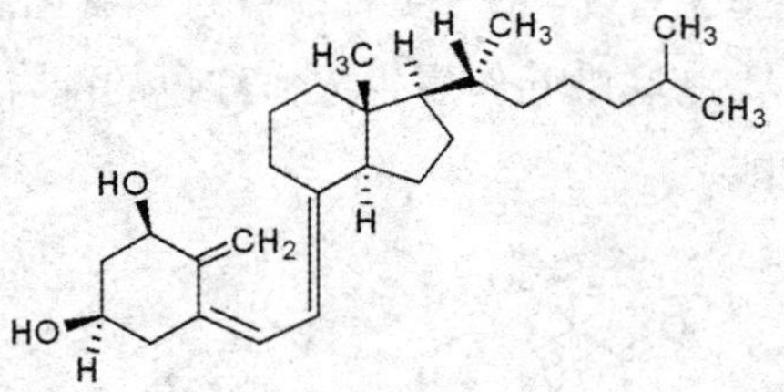

阿法骨化醇

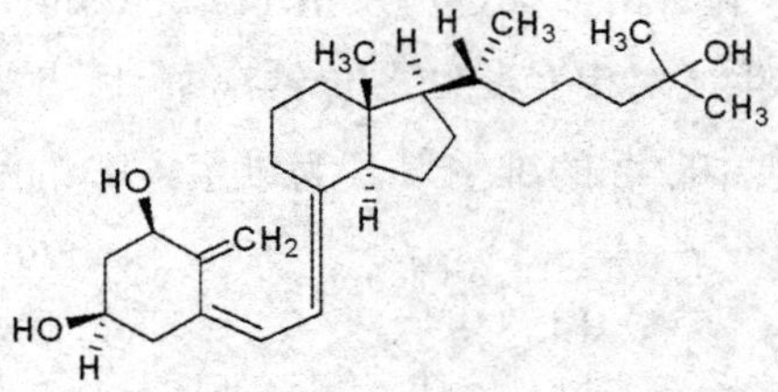

骨化三醇

三、维生素 E

维生素 E，又名生育酚(tocopherol)，是一类与生育有关、具有生育酚基本结构的天然化合物的总称，它们都属于苯并二氢吡喃的衍生物，苯环上均含有一个酚羟基。目前已知的维生素 E 类有 8 种，分别是 α、β、γ、δ、ε、ζ_1、ζ_2、η－生育酚，各个异构体显示不同的生理活性，其中 α－生育酚的活性最强，此外包括生育三烯酚等。主要存在于植物中，其中以麦胚油、豆类及蔬菜中含量最为丰富。天然型维生素 E 均为右旋体，人工合成品为消旋体，其生物活性为右旋体的 40% 左右。

课堂活动

请思考，为什么要将维生素 A 和维生素 E 均制备成醋酸酯的形式？

维生素 E 醋酸酯　Vitamin E Acetate

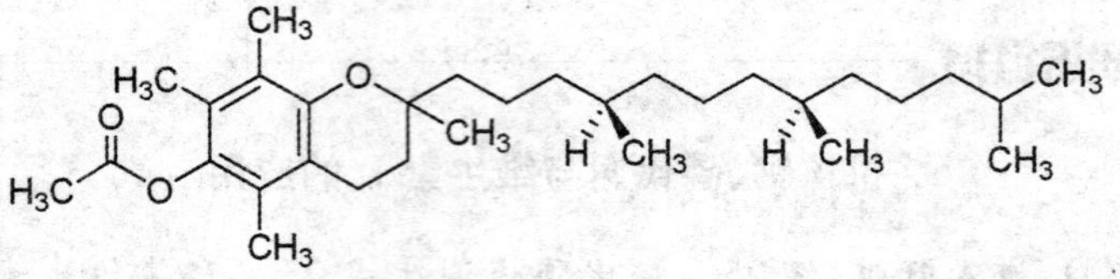

化学名为(±)-2,5,7,8-四甲基-2-(4,8,12-三甲基-十三烷基)-6-苯并二氢吡喃醇醋酸酯,又名α-生育酚醋酸酯。

本品为微黄色或黄绿色透明的粘稠液体;几乎无臭,遇光色渐变深。易溶于无水乙醇、丙酮、三氯甲烷、乙醚等有机溶剂,不溶于水。折光率为1.4950~1.4972。

本品系α-生育酚酯类化合物,性质虽比α-生育酚稳定,较不易被氧化,但与氢氧化钾溶液加热可发生水解,生成游离α-生育酚。α-生育酚可与三氯化铁作用,生成对生育醌和二价铁离子,后者与2,2′-联吡啶作用生成血红色的配合物。药典中收载的维生素E为维生素E的醋酸酯。

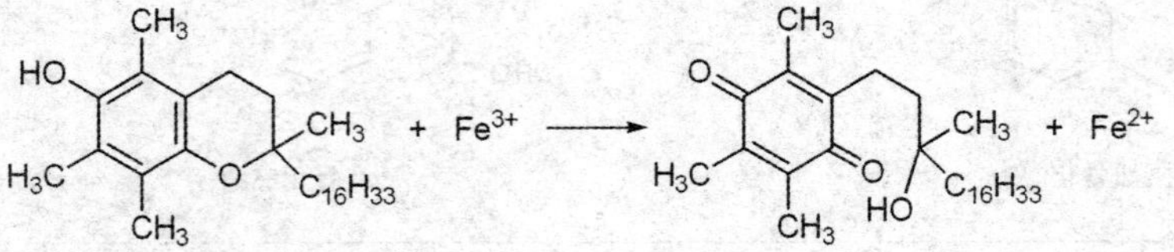

生育醌

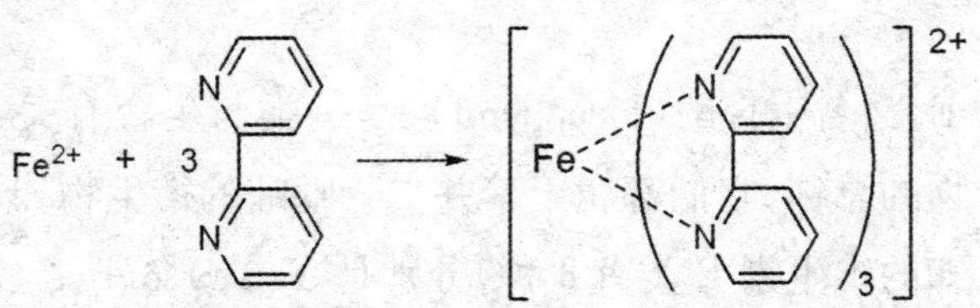

本品加无水乙醇溶解后,再加硝酸并微热后,生成生育红,其溶液显橙红色。

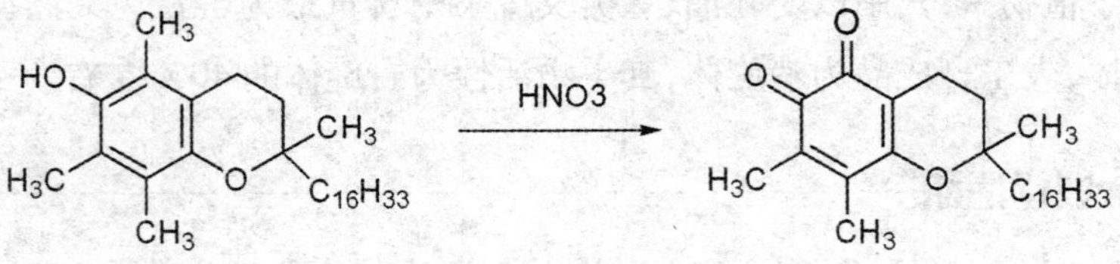

生育红

因本品具有较强的还原性,易被氧化,故通常将其作为油溶性的抗氧剂使用。

本品临床上主要用于习惯性流产、不孕症、进行性肌营养不良等,亦可用于心血管疾病、脂肪肝及抗衰老等。

本品应避光，密封干燥处保存。

案例分析

案例：某女患者因病长期服用钙剂和人造补血药，为了延缓衰老同时又服用了维生素 E，请问能达到延缓衰老的目的吗？

分析：维生素 E 分子结构中含有羟基，能与钙离子发生络合反应，生成维生素 E－钙的络合物，导致维生素 E 在肠道吸收减少而使维生素 E 疗效降低。部分含钙的食物如牛奶、豆腐等对维生素 E 也有此影响。人造补血药为枸橼酸铁胺的复方制剂，枸橼酸铁胺中的铁为三价铁，能与维生素 E 发生氧化还原反应生成对醌式化合物而失效。故维生素 E 不能与钙剂和人造补血药同时服用，应分别间隔 2～3 小时服用。

四、维生素 K

维生素 K 是一类具有凝血作用、结构类似的维生素的总称。广泛存在于绿色植物中，在菠菜、白菜、萝卜、卷心菜中含量最为丰富，此外，瘦肉、牛肝、猪肝、蛋等含量也较高，多数微生物也能合成维生素 K。目前已经发现的有 7 种，即维生素 K_1～K_7 七种，其中维生素 K_1～K_4 都属于 2－甲基－1,4－萘醌类衍生物；维生素 K_5～K_7 则都属于萘胺类衍生物。维生素 K_1、K_2 广泛存在于绿色植物中，维生素 K_3、K_4 为化学合成品。其中维生素 K_3 的生物活性最强。

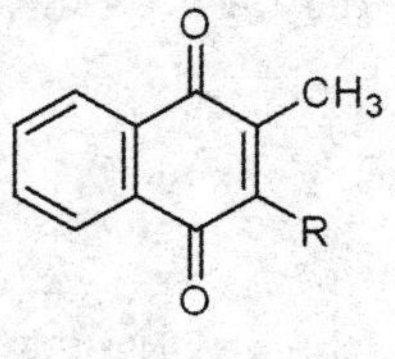

K_1　R= $—CH_2CH{=}C(CH_3)(CH_2CH_2CH_2CH(CH_3))_3CH_3$

K_2　R= $—CH_2(CH{=}C(CH_3)CH_2CH_2)_3CH{=}C(CH_3)CH_3$

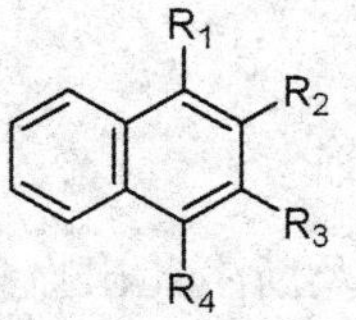

	R_1	R_2	R_3	R_4
K_4	$—OCOCH_3$	$—CH_3$	—H	$—OCOCH_3$
K_5	—OH	$—CH_3$	—H	$—NH_2$
K_6	$—NH_2$	$—CH_3$	—H	$—NH_2$
K_7	—OH	—H	$—CH_3$	$—NH_2$

维生素 K_3 Vitamin K_3

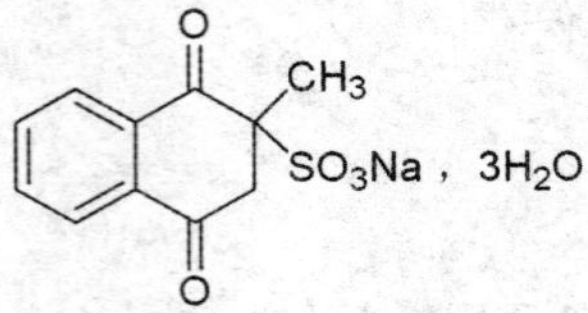

又名亚硫酸氢钠甲萘醌。

本品为白色结晶或结晶性粉末；几乎无臭。有吸湿性，易溶于水（1：2），微溶于乙醇，几乎不溶于乙醚和苯等有机溶剂，水溶液对石蕊试纸呈中性。

本品水溶液遇光和热，部分可发生异构化，产物为2－甲基－1,4－萘氢醌－3－磺酸钠和2－甲基－1,4－萘氢醌，活性降低。为防止这一反应的发生，可保持溶液pH在2～5之间，并加入稳定剂亚硫酸氢钠。

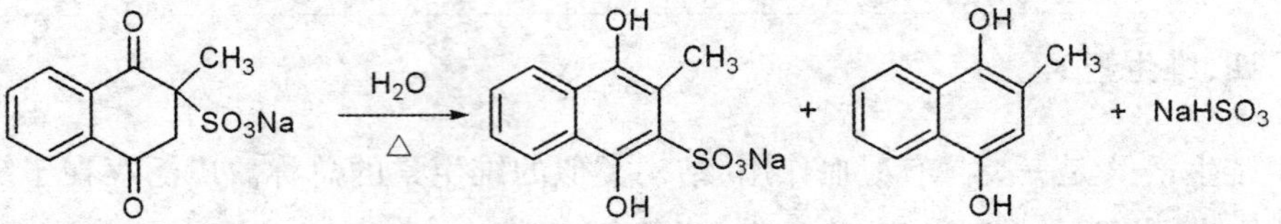

反应生成的2－甲基－1,4－萘氢醌－3－磺酸钠与邻二氮杂菲试液作用，产生红色沉淀，而维生素 K_3 不反应。

本品水溶液与甲萘醌和亚硫酸氢钠间存在动态平衡，若水溶液遇空气中的氧气或遇碱氢氧化钠将析出黄色甲萘醌沉淀；若遇稀盐酸析出黄色甲萘醌沉淀，亚硫酸氢钠分解并放出二氧化硫气体。光和热也可促进药物的分解，因此本品水溶液不适宜在水中久存。

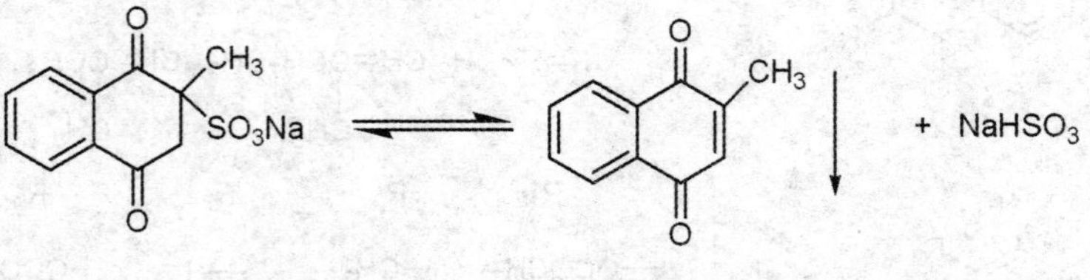

甲萘醌

本品临床上主要用于凝血酶原过低症，维生素K缺乏病及新生儿出血症的防治。

本品应遮光、密封在干燥处保存。

知识链接

抗生素与维生素 K

长期服用广谱抗生素或磺胺药，可能抑制肠道正常菌群生长，也可使多种厌氧菌生长过盛，厌氧菌能水解结合胆盐（胆汁的作用主要是胆盐或胆汁酸的作用），使胆汁作用减弱，维生素 K 吸收障碍，造成维生素 K 严重缺乏，维生素 K 缺乏的主要症状是凝血时间延长，甚至引起小儿颅内出血等严重并发症。

第二节　水溶性维生素

水溶性维生素（water soluble vitamins）通常是指溶于水的维生素。但部分水溶性维生素可以微溶于有机溶剂。水溶性维生素可分为维生素 B 族和维生素 C 两类。

维生素 B 族包括很多化学结构和生理活性完全不同的一类物质，但是由于最初是从同一来源中分离得到的，所以将其归为一类。B 族维生素主要有：B_1（硫胺）、B_2（核黄素）、B_6（吡多辛）、B_{12}（氰钴胺）、烟酸及烟酰胺等。

一、维生素 B_1

维生素 B_1 存在于米糠、麦麸、酵母等，也可以由人工合成。本品具有维持糖代谢及神经传导的正常功能。维生素 B_1 在体内吸收较慢，并易被硫胺酶破坏而失效。

维生素 B_1　Vitamin B_1

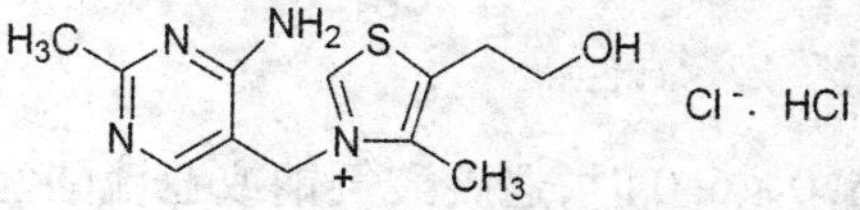

化学名为氯化 4 - 甲基 - 3 - [（2 - 甲基 - 4 - 氨基 - 5 - 嘧啶基）甲基] - 5 -（2 - 羟基乙基）噻唑嗡盐酸盐，又称盐酸硫胺。

本品为白色结晶或结晶性粉末；味苦，具有微弱的特臭；干燥品露置在空气中迅速吸收约 4% 的水分。易溶于水，微溶于乙醇，不溶于乙醚。其水溶液显酸性。熔点为 248 ~ 250℃，熔融时同时分解。

本品固体在干燥环境中性质稳定，如在密闭容器中长期放置或于 100℃ 加热 24 小时，均无明显的变化。但其水溶液与空气接触或在铁氰化钾碱性溶液中，易被氧化成具荧光的硫色素而失效。遇光、金属离子（如铜、铁、锰）等均能加速其氧化作用。

本品水溶液遇酸较稳定，当 pH 升高时稳定性下降，若在碱性条件下，则噻唑环被破坏，生成硫醇型化合物而失效。基于上述原因，本品遇碱性药物（如苯巴比妥钠、氨茶碱等）易引起变质，故不宜与碱性药物配伍使用。

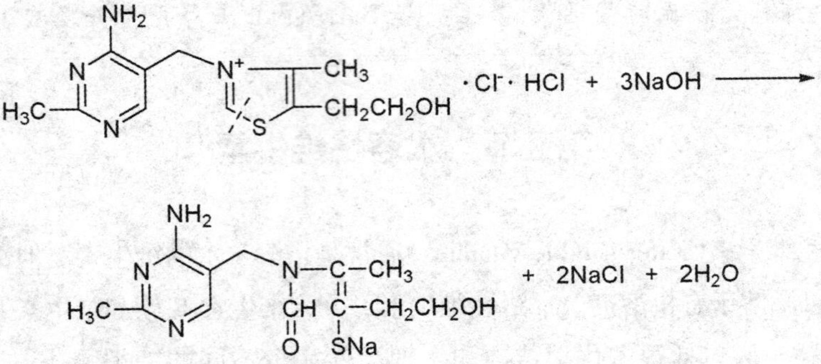

本品在氢氧化钠溶液中，噻唑环被破坏，生成硫醇型化合物，加入铁氰化钾试液，则氧化成硫色素，将产物溶于正丁醇中，醇层显蓝色荧光，加酸成酸性时，荧光消失，再加碱，荧光又显现。

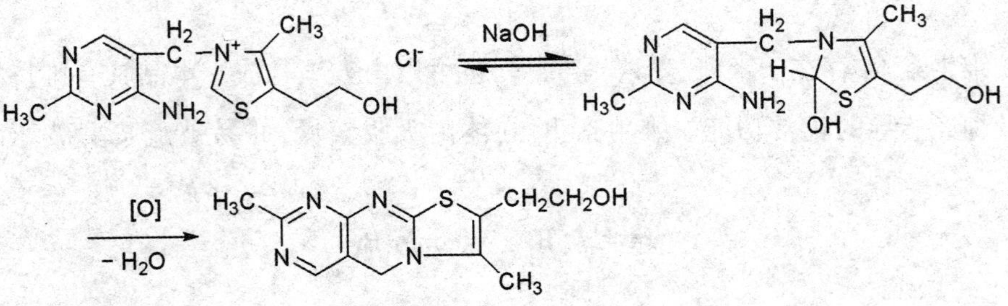

硫色素

本品水溶液在 pH5.0～6.0 时，遇碳酸氢钠或亚硫酸氢钠均可发生分解，故本品的制剂不能使用亚硫酸氢钠或碳酸氢钠作为稳定剂。

案例分析

案例：案例：某患者糖尿病多年，最近出现多发性神经炎并伴有酮酸中毒，医生给予处方：

维生素 B_1 注射液　100mg

5% $NaHCO_3$ 注射液　150 mL

5% 葡萄糖注射液　500 mL

该处方合理吗？

分析：维生素 B_1 结构中的噻唑环易受 HCO_3^- 或 HSO_3^- 进攻，开环分解失效。故本品不能与 $NaHCO_3$ 同时静脉滴注，但由于 $NaHCO_3$ 在体内吸收迅速，患者可以先用 $NaHCO_3$ 治疗，半小时后再使用维生素 B_1。

本品分子结构中含有嘧啶环和噻唑环两个杂环，能与某些生物碱沉淀试剂反应生成沉淀。如与碘化汞钾反应生成黄色的沉淀（$B \cdot H_2Hg_2I_4$）；与三硝基苯酚作用生成扇形结晶；与碘生成红色沉淀（$B \cdot HI.I_2$）。

本品主要适用于防治维生素 B_1 缺乏所致的脚气病，也可用于神经炎、消化不良等。

二、维生素 B_2

维生素 B_2 又称核黄素，容易加氢还原成无色核黄素，故具有传递氢或电子的功能。在体内经过磷酸化生成黄素单核苷酸和黄素腺嘌呤二核苷酸，从而具有生物活性。

维生素 B_2　Vitamin B_2

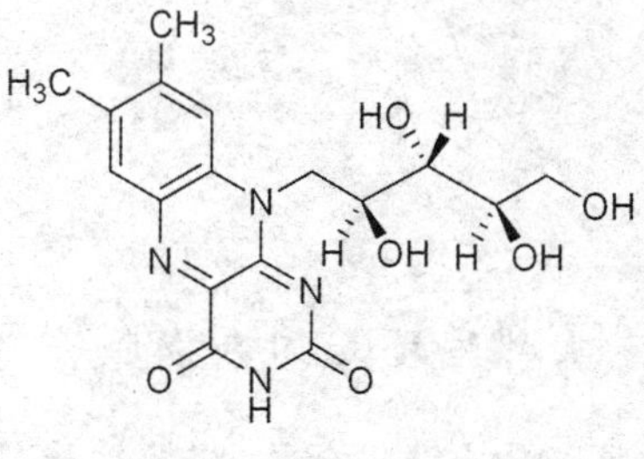

又名核黄素。

本品为橙黄色结晶性粉末，微臭，味微苦。熔点为 280℃，熔融时同时分解。不溶于水、乙醇、三氯甲烷或乙醚，在稀氢氧化钠溶液中溶解。比旋度为 −120° ~

$-140°$(0.5%的氢氧化钾乙醇液)。

维生素 B_2 化学结构中含有酰亚胺和叔胺结构，故本品为两性化合物（$Ka=6.3\times10^{-12}$，$Kb=0.5\times10^{-12}$），既能溶于稀碱，又能溶于稀酸中；其饱和溶液的 pH 为 6。

维生素 B_2 水溶液呈黄绿色荧光，当 pH 为 6.0～7.0 时荧光最强，但加入酸或碱后，荧光将立即消失。

本品固体在干燥时性质稳定，但其水溶液遇光极易分解，且分解的速度随温度和 pH 升高而加快。在碱性条件下分解为感光黄素；在酸性或中性条件下，分解为光化色素。此外，在酸性或碱性溶液中还可生成微量的核黄素 - 10 - 乙酸。

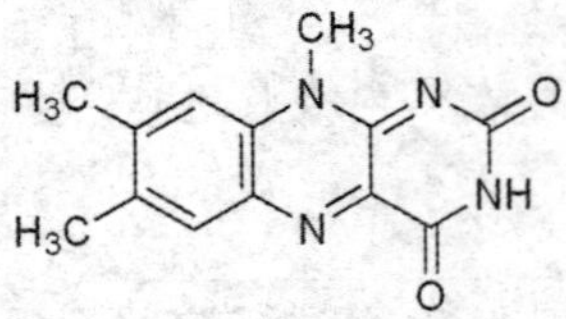
感光黄素

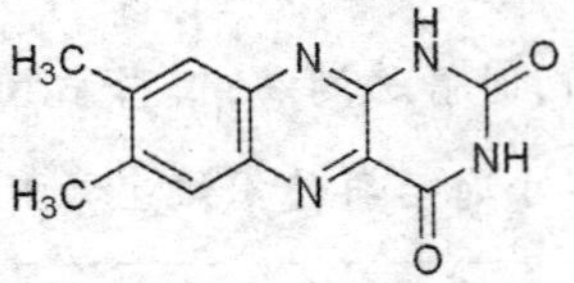
光化色素

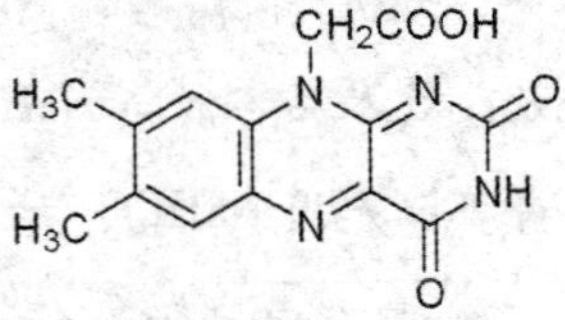
核黄素-10-乙酸

本品在避光条件下，其酸性水溶液较稳定，但在碱性溶液中极易变质。如本品的 1% 氢氧化钠溶液，在 24 小时之内即可完全分解。

本品对一般的弱氧化剂比较稳定，但能被强氧化剂如高锰酸钾或铬酸等所氧化而破坏。此外，若遇还原剂如连二亚硫酸钠或维生素 C 等可被还原为无荧光的二氢核黄素并从水中析出，最后二氢核黄素在空气中又被氧气氧化成核黄素。

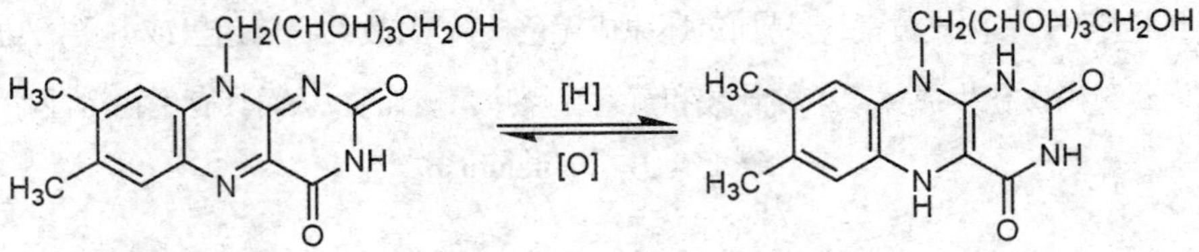
核黄素　　　　二氢核黄素

知识链接

维生素 B_2 的助溶剂

维生素 B_2 可与硼砂形成分子型化合物，溶解度较维生素 B_2 增大；能与烟酰胺形成电荷转移复合物（CTC），而增加维生素 B_2 的水溶性。故硼砂和烟酰胺能分别作为维生素 B_2 制剂的助溶剂使用。

本品主要用于治疗维生素 B_2 缺乏所致的唇炎、脂溢性皮炎、结膜炎等。

三、维生素 B_6

维生素 B_6 包括吡多辛(pyridoxine)、吡多醛(pyridoxal)、吡多胺(Pyridoxamine)。因最初分离得到的是吡多辛,故一般以它作为维生素 B_6 的代表。

维生素 B_6　Vitamin B_6

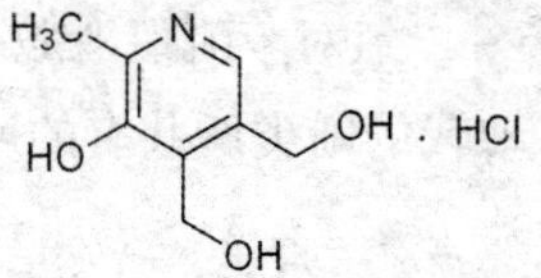

化学名为5-羟基-6-甲基-3,4-吡啶二甲醇盐酸盐,又名盐酸吡多辛。

盐酸吡多辛可以与吡多醛、吡多胺在体内可以相互转化。

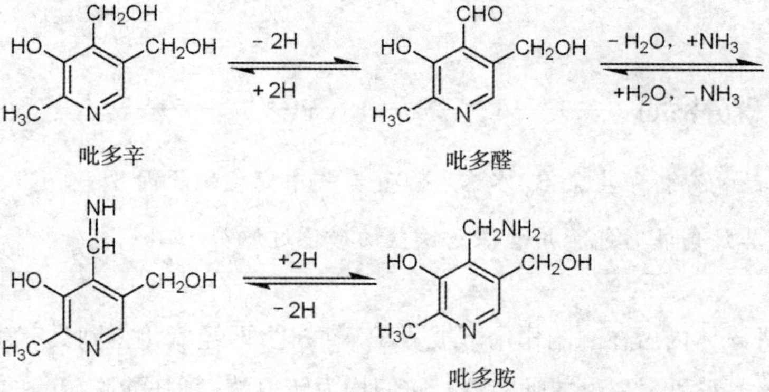

本品为白色或类白色的结晶或结晶性粉末;无臭,味微酸苦。遇光渐变质,有升华性。易溶于水,微溶于乙醇,不溶于三氯甲烷或乙醚。熔点为205~209℃,熔融时同时分解。

本品的固体在干燥条件下对光和空气较稳定,但由于分子中具有三个羟基,其水溶液遇空气可被氧化变色,随 pH 升高,氧化速度加快。本品在酸性溶液中稳定,但其中性或碱性溶液遇光则分解,如中性水溶液加热至120℃左右,可发生两分子聚合而失去活性。

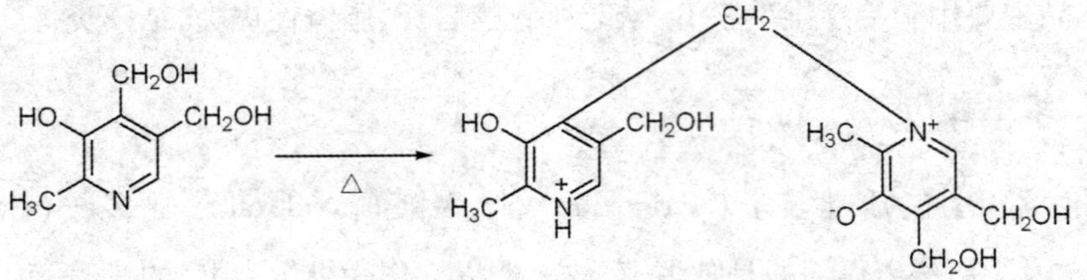

本品结构中的烯醇型羟基可与三氯化铁作用呈红色，其分子中的两个醇羟基可被酯化。此外，本品能与2,6－二氯对苯醌氯亚胺作用生成蓝色化合物，数分钟后转为红色。该反应为对位未取代的酚类所共有的反应。

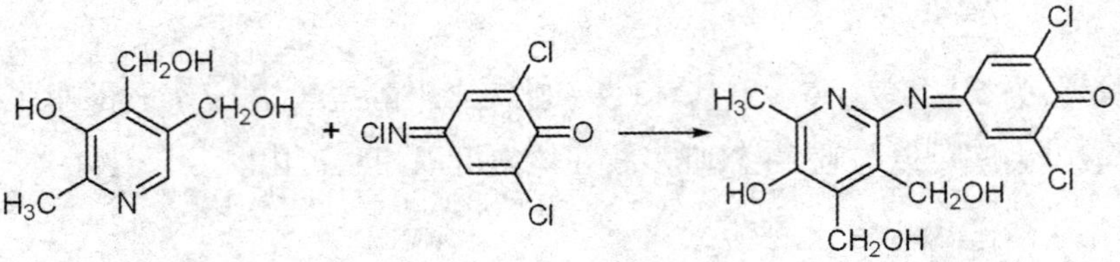

课外活动

根据结构分析维生素 B_6 水溶液放置空气中变色的原因？

制备其注射液时能否用含微量铁盐的砂蕊过滤？

本品进入体内后在酶的作用下被ATP磷酸化，再经氧化得到具有生物活性的5′－磷酸吡多醛和5′－磷酸吡多胺。它们均为转氨酶、氨基酸脱羧酶的辅酶，并参与氨基酸和神经递质的代谢。

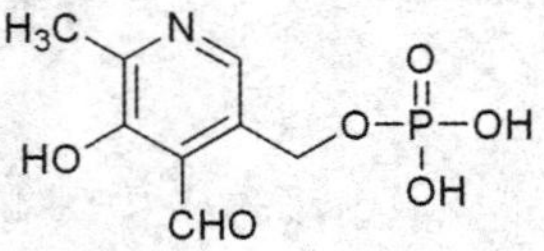

5′-磷酸吡多醛

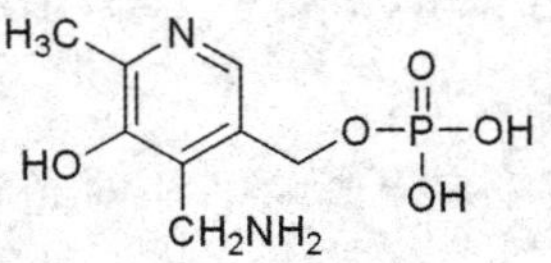

5′-磷酸吡多胺

本品用于妊娠呕吐、放射病或抗癌药所致的呕吐、异烟肼中毒、脂溢性皮炎等。

四、维生素C

维生素C广泛存在于绿叶蔬菜和新鲜水果中，特别是在番茄、橘子、山楂、鲜枣、辣椒等中含量最为丰富。维生素C为胶原和细胞间质合成所必需的原料，当摄入不足时可导致坏血病。药用品多由化学合成得到。此外，维生素 C 也被广泛用于制药和食品工业的抗氧剂或添加剂等。

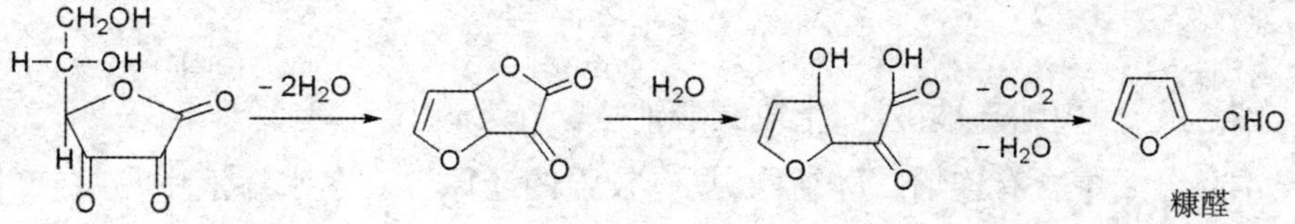

课外活动

维生素 C 是如何发现的？

维生素 C　Vitamin C

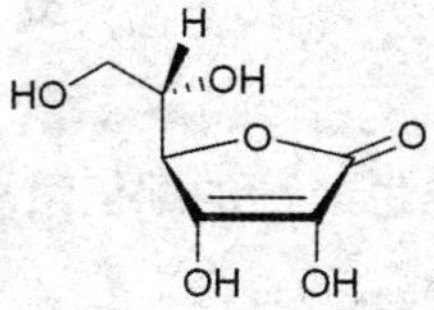

化学名为 L(+) – 苏糖型 – 2,3,4,5,6 – 五羟基 – 2 – 己烯酸 – 4 – 内酯，又名 L – 抗坏血酸。

本品为白色结晶或结晶性粉末；无臭，味酸；久置色渐变微黄。易溶于水，略溶于乙醇，不溶于三氯甲烷或乙醚。熔点为 190 ~ 192℃，熔融时同时分解。

本品结构中含有两个手性碳原子，有四个光学异构体。其中 L – (+) – 抗坏血酸的活性最强，D – (–) – 异抗坏血酸的活性仅为 L – (+) – 抗坏血酸的 1/20，D – (–) – 抗坏血酸和 L – (+) – 异抗坏血酸几乎无效。

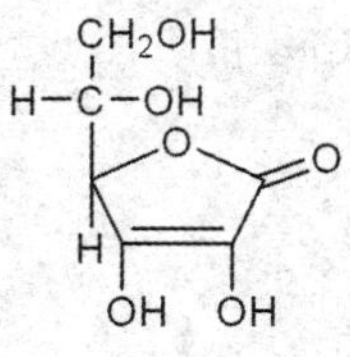

L-（+）-抗坏血酸

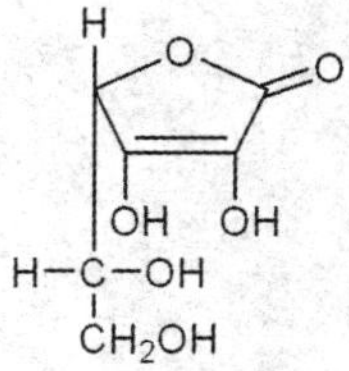

D-（-）-抗坏血酸

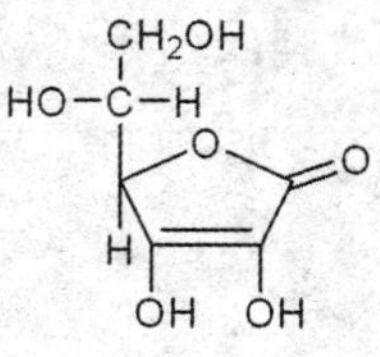

D-（-）-异抗坏血酸

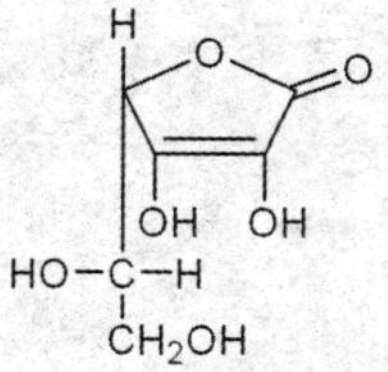

L-（+）-异抗坏血酸

本品结构中含有连烯二醇结构，其水溶液呈酸性，因为 C_2 上的羟基可与 C_1 的羰基形成分子内氢键，所以，C_2 羟基的酸性较 C_3 上的羟基弱。C_3 上羟基的酸性较强，可与碳酸氢钠或稀氢氧化钠反应，生成 C_3 烯醇钠盐。但在强碱溶液中，如浓氢

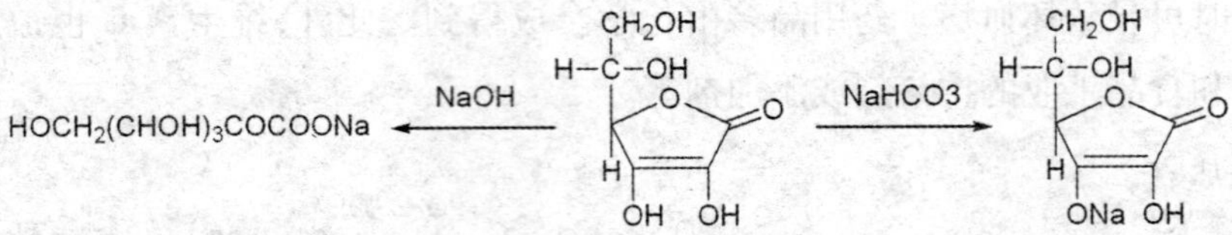

氧化钠溶液，因内酯环被破坏，生成酮酸钠盐。

本品分子中含有连烯二醇结构，具有较强的还原性。在水溶液中易被空气中的氧气氧化，另外也可被硝酸银、碱性酒石酸铜、三氯化铁、碘及2,6－二氯靛酚所氧化，生成去氢维生素C。由于分子中的共轭体系被破坏，使得去氢维生素C比维生素C更易被水解，生成2,3－二酮古糖酸，并可进一步被氧化为苏阿糖酸和草酸而失去活性。在空气中的氧化速度由pH和氧气的浓度决定，重金属离子等可催化上述反应。

知识链接

维生素C的配伍禁忌

1. 维生素C不宜与维生素B_2配伍混合口服：维生素C具有较强的还原性，在水溶液中尤其在碱性溶液中容易被氧化。维生素B_2为具有氧化还原性，氧化性大于还原性。当维生素C与维生素B_2配伍混合口服时，会因发生氧化还原反应而失效。

2. 维生素C不宜与碳酸氢钠等碱性药物配伍使用：维生素C因分子结构中含有连烯二醇结构，显酸性，其水溶液不稳定，在碱性溶液中更易被破坏，在空气中易氧化失效。若维生素C与碳酸氢钠配伍使用，而碳酸氢钠为碱性药物，在碱性溶液中维生素C极易氧化而脱去两个氢原子，形成去氢维生素C，失去原来的药理作用。另外，氨茶碱、谷氨酸钠（钾）等偏碱性药物也不能与维生素C合用。

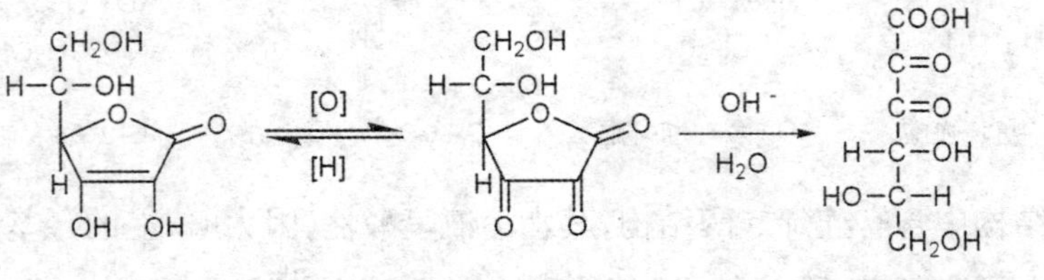

去氢维生素C　　2，3-二酮古糖酸

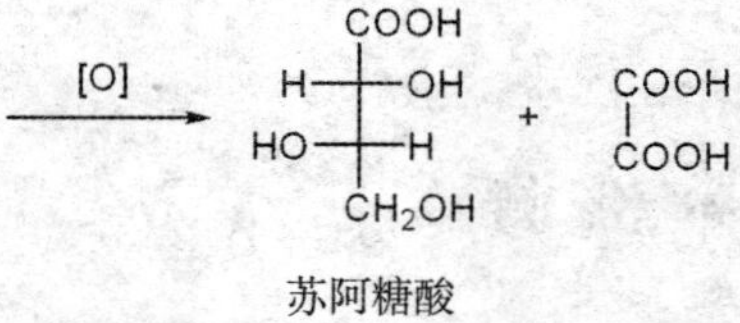

苏阿糖酸

本品水溶液,加入硝酸银试剂可发生银镜反应,产生黑色的银沉淀。另外,还可使二氯靛酚试液(试液本身为青色,在酸性溶液中为红色)褪色。

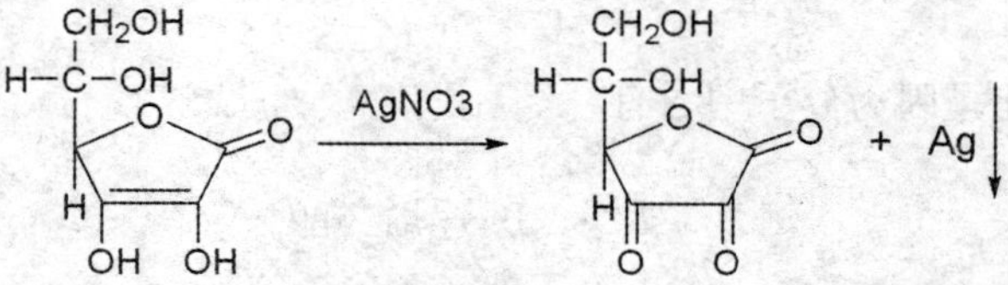

本品在空气、光线、温度等的影响下,氧化生成去氢维生素 C,在一定条件下发生脱水,水解和脱羧反应而生成糠醛,以至聚合呈色。

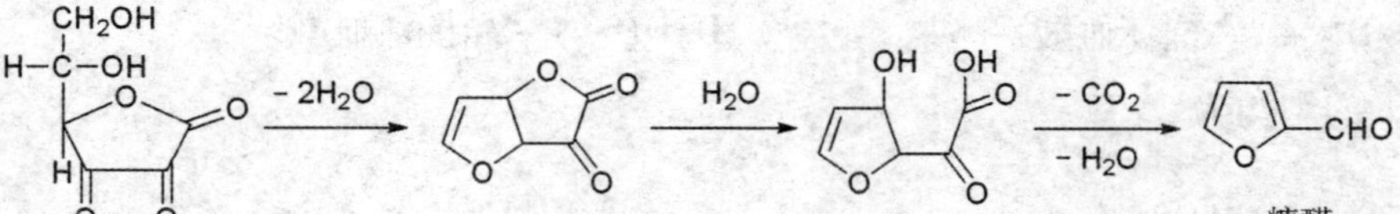

糠醛

课堂活动

维生素 C 制成片剂或注射液时分别应该采取哪些措施保证其稳定性?

本品用于防治坏血病,预防冠心病,大量注射本品可用于治疗克山病也适用于尿的酸化、各种贫血和许多其他疾病。

课外活动

1. 药物的物理、化学性配伍变化分别有哪些?
2. 能够水解的药物的结构类型有哪些?
3. 能够被还原的药物的结构类型有哪些?

目标检测

一、选择题

(一)单项选择题

1. Vc 容易被氧化是因为分子中含有 ( )

A. 内酯　　B. 连烯二醇

C. 多个羟基　　D. 酚羟基

2. 药用的 Vc 是 ( )

A. L(+)-抗坏血酸　　B. L(+)-异抗坏血酸

C. D(-)-抗坏血酸　　D. D(-)-异抗坏血酸

3. Vc 的结构为 ( )

A. 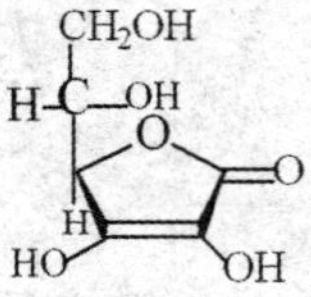

B. 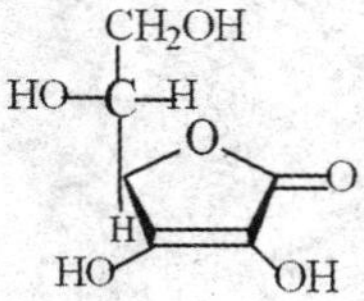

C. 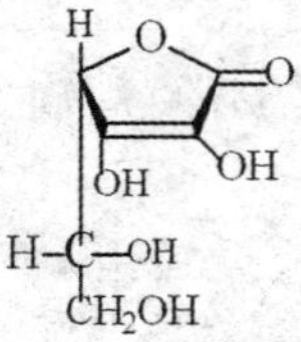

D. 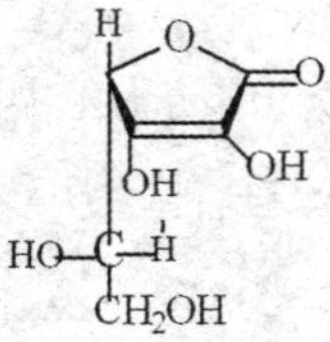

4. Vc 结构中不含有 ( )

A. 内酯　　B. 连烯二醇

C. 多个羟基　　D. 酚羟基

5. 水溶性维生素是 ( )

A. 维生素 A　　B. 维生素 D

C. 维生素 E　　D. 维生素 C

6. 脂溶性维生素是　　　　　　　　　　　　　　　　　　　（　　）

A. 维生素 A　　　　　　　　　　B. 维生素 B_6

C. 维生素 B_1　　　　　　　　　　D. 维生素 C

7. 在自然界中与吡多醛、吡多胺共存而在体内可以相互转化的是羟基　（　　）

A. 维生素 C　　　　　　　　　　B. 维生素 B_6

C. 维生素 D　　　　　　　　　　D. 维生素 A

8. 可以鉴别 V_C 的方法是　　　　　　　　　　　　　　　（　　）

A. 加入 $AgNO_3$ 产生黑色沉淀　　　　B. 加入 $AgNO_3$ 产生灰色沉淀

C. 硫色素反应　　　　　　　　　D. 加入三氯化锑的三氯甲烷溶液显蓝色

9. 可用做水溶性抗氧剂的是　　　　　　　　　　　　　　（　　）

A. 维生素 C　　B. 维生素 A　　C. 维生素 D　　D. 维生素 E

10. 可用做油溶性抗氧剂的是　　　　　　　　　　　　　　（　　）

A. 维生素 C　　B. 维生素 A　　C. 维生素 D　　D. 维生素 E

11. 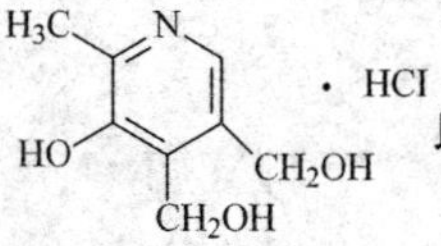 此结构是　　　　　　　　　　　（　　）

A. 维生素 B_6　　B. 维生素 B_1　　C. 维生素 B_{12}　　D. 维生素 C

12. 维生素 K_3 的结构是　　　　　　　　　　　　　　　（　　）

A. 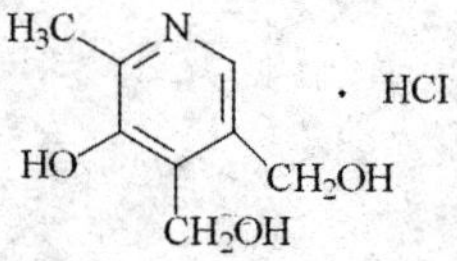

B. 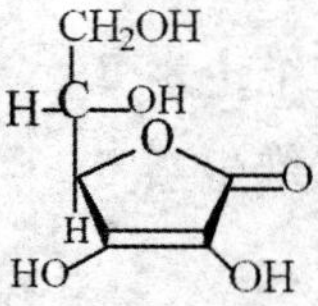

C. 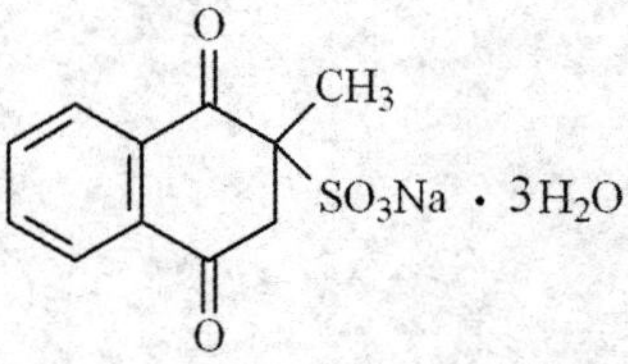

D. 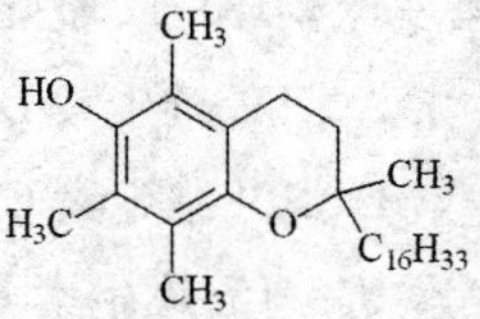

13. 下述维生素又称抗坏血酸的是　　　　　　　　　　　　（　　）

A. 维生素 A　　　　　　　　　　B. 维生素 B

C. 维生素 C　　　　　　　　　　D. 维生素 D

14. 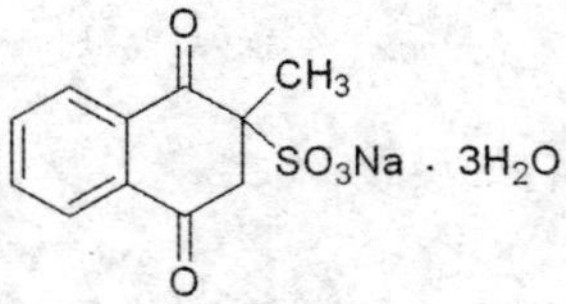 此结构为下列哪种维生素 (　　)

A. 维生素 K_3　　B. 维生素 K_1

C. 维生素 E　　D. 维生素 B

15. 可用于抗佝偻病的维生素是 (　　)

A. 维生素 A　　B. 维生素 B

C. 维生素 C　　D. 维生素 D

16. 下列关于维生素 A 的叙述错误的是 (　　)

A. 极易溶于三氯甲烷、乙醚

B. 含共轭多烯醇侧链易被氧化为环氧化物

C. 与维生素 E 共存时更易被氧化

D. 应装于铝制或其他适宜的容器内，充氮气密封，在凉暗处保存

(二)配伍选择题

(1－9 题)　A. 凝血　B. 夜盲症　C. 抗佝偻病　D. 妊娠呕吐　E. 脚气病　F. 防治坏血病　G. 习惯性流产　H. 恶性贫血　I. 唇炎及舌炎

1. 维生素 A　2. 维生素 D

3. 维生素 E　4. 维生素 C

5. 维生素 B_1　6. 维生素 B_6

7. 维生素 K_3　8. 维生素 B_2

9. 维生素 B_{12}

(10－15 题)　A. 甾醇衍生物　B. 苯并二氢吡喃衍生物　C. 甲萘醌衍生物　D. β－紫罗蓝酮环　E. 吡啶环　F. 连烯二醇

10. 维生素 A　11. 维生素 D

12. 维生素 E　13. 维生素 C

14. 维生素 B_6　15. 维生素 K_3

(三)多项选择题

1. 属于脂溶性的维生素的是 (　　)

A. 维生素 A　　B. 维生素 D　　C. 维生素 E

D. 维生素 K　　E. 维生素 C

2. 水溶液不稳定易被空气氧化的维生素是 (　　)

A. 维生素 B_1　　B. 维生素 K_3　　C. 维生素 B_6

D. 维生素 C　　E. 烟酸

3. 维生素 C 结构中含有连烯二醇结构，因此具有 (　　)

A. 酸性　　B. 碱性　　C. 氧化性

D. 还原性　　E. 水解性

4. 维生素 B_2 具有 (　　)

A. 旋光性　　B. 酸碱两性　　C. 还原性

D. 水溶液显荧光性　　E. 氧化性

5. 贮存时应遮光，密封的维生素 (　　)

A. 维生素 A　　B. 维生素 K_3　　C. 维生素 B_1

D. 维生素 C　　E. 维生素 E

6. 维生素 C 的叙述正确的是 (　　)

A. 有 2 个手性 C

B. 内酯结构可以水解

C. 连二烯醇结构，具有还原性

D. 用于防治坏血病

E. L(+) - 抗坏血酸的活性最强

7. 维生素 B_6 的叙述正确的是 (　　)

A. 又名盐酸吡多醇

B. 在体内与吡多醛、吡多胺互相转化

C. 与三氯化铁作用呈红色

D. 水溶液遇空气可以被氧化变色

E. 用于妊娠呕吐、异烟肼中毒

8. 维生素 B_1 具有 (　　)

A. 水溶性　　B. 脂溶性　　C. 酸性

D. 碱性　　E. 荧光性

二、简答题

1. 维生素 C 在制备成制剂时需要采取哪些措施，以防其发生变质？

2. 可作为抗氧剂使用的维生素有哪些？

3. 为什么要将维生素 A 和维生素 E 制成酯类化合物？

4. 维生素 C 结构中哪一部分不稳定？放置过程中变色的主要原因是什么？

5. 维生素 A 为什么不稳定？怎样储存和保管？

三、实例分析

某人购买了两种维生素分别为维生素 A 和维生素 E，均为黄色液体，但不小心将其标签弄掉了，根据所学知识如何运用化学方法来区别这两种维生素。

（李敏之）

药物化学实验实训

实训项目一　药物化学实训基本知识

药物化学是研究化学药物的化学结构、理化性质、制备方法、构效关系、体内代谢、作用机制以及寻找新药途径与方法的一门综合性学科。药物化学实训可以使学生对药物化学的内容有一个感性认识,加深理解药物化学的基本理论和基本知识,增强学生运用知识,解决实际问题的能力,规范技能训练,培养学生的科研意识和实事求是、严格认真的科学态度以及良好的职业习惯,为今后的实际工作打下良好的基础。为保障药物化学实训能够安全、顺利、有效地进行,我们要求学生必须掌握药物化学实训的基本知识和基本操作技能。

一、实验室守则

为了确保实验的正常进行和培养学生良好的实验作风,学生必须遵守下列实验室规则:

1. 实验前要认真预习,做好一切准备工作。要求通过预习明确实验目的要求、基本原理、操作步骤和有关的操作技术,了解实验所需的原料、试剂、仪器和装置,并充分考虑如何防止可能发生的事故和一旦发生事故时采用的处理措施。

2. 实验室中应保持安静,不得大声喧哗,严禁在实验室追逐、打闹。实验进行时思想要集中,操作要认真,并要如实地做好实验记录。实验中途不得擅自离开实验室。

3. 严格按照要求进行实验,遵守实验室纪律,服从老师和实验室人员的安排和指导。学生若有新的建议,须得到老师同意方可进行。

4. 爱护仪器设备,节约用电用水,节约药品材料。公用仪器、原料、试剂和工具应在指定的地点使用,用后立即放回原处。严格控制原料、试剂用量。破损仪器应及时报损补充。严禁将实验室的仪器、药品、器材、设备等物品带走。

5. 在实验过程中要保持桌面、地面、水槽及仪器的清洁。废物与回收溶剂等应放到指定的地方，不得乱丢乱倒。实验结束后，应将所有仪器洗涤干净，并放置整齐，进行安全检查。征得教师的同意后，才能离开实验室。

6. 值日生职责范围：负责门窗玻璃、桌面、地面、水槽的清洁，整理公用原料、试剂和器材，清除垃圾，检查水、电、煤气安全，关好门窗。

二、实验室安全规则

药物化学实验中使用的化学药品，有的具有易燃性和易爆性，有的具有刺激性和腐蚀性，有的剧毒，在化学实验过程中，由于操作的疏忽，使用不当，可能引起着火、爆炸、中毒、腐蚀等不幸事故，因此，在进行实验时，必须根据化学反应的条件和化学试剂的理化特性，恰当地选择仪器，正确安装，采取必要的安全和防护措施，以保证实验顺利进行。

(一)实验室一般安全规则

1. 熟悉实验室环境，熟悉消防器材及急救药箱的放置地点和使用方法。

2. 实验开始前应检查仪器是否完整无损，装置是否正确稳妥，在征得实验指导教师同意后开始进行实验。

3. 实验进行中不得随便离开，要注意反应进行的情况和装置有无漏气、破裂等，并要随时记录每一步实验，记录的内容包括实验时间、实验材料、实验条件、实验现象及各种数据和结果。

4. 使用精密仪器及电气设备时，须在装配完毕经检查合格后才接上电源。要严格按操作规程进行操作，不要用湿手接触电器。电器用完后，应立即清理，关闭电源，再拆除装置。

5. 加热试管时，不能将管口对着自己和别人。

6. 蒸馏前应加入数粒沸石，以防爆沸而导致实验失败或烫伤。

7. 将药品加到容器中时，切勿在容器上方俯视；也不要俯视正在加热的液体，以防热液溅出伤人。

8. 在进行有可能发生危险的实验时，要根据具体情况采取必要的安全措施，如戴防护眼镜、面罩、手套等；对反应中产生的有害气体要按规定处理。

9. 实验中所用的易燃、易爆、有毒物品不得随意散失、丢弃。实验完成后产生的废液或残渣必须按要求倒入相应的容器中。

10. 如遇意外事故，应保持镇静，不要乱跑，应立即告知教师或实验室人员，采取相应措施。

（二）实验中事故的预防和处理

1. 防火

（1）严格遵守实验操作规程。

（2）防止煤气管、阀漏气。

（3）操作易燃溶剂时，应远离火源，切勿将易燃溶剂盛放在广口容器内（如烧杯等）。

（4）尽量防止或减少易燃物的气体外逸。当处理大量的易燃性液体时，应在通风橱中或在指定的地方进行，且室内应严禁有明火。

（5）使用酒精灯时，应用火柴引火，严禁用其他酒精灯的火焰直接引火，以免酒精流出而着火。

（6）在蒸馏易挥发及易燃性有机溶剂时，应先打开冷凝水，再开加热开关。应在水浴锅或密封的电热板上缓慢进行。严禁用明火或电炉直接加热。

（7）用油浴加热蒸馏或回流时，切勿使冷凝用水溅入热油浴中，以免使油外溅到热源上而起火。

（8）点燃的火柴梗或纸片不得乱抛乱掷，应放在小烧杯中。

（9）身上或手上沾有易燃物时，应立即清洗干净，以防着火。

（10）不得将易燃溶剂倒入废液缸中，大量的溶剂要专门回收，少量的可倒入水槽用水冲走（与水有强烈反应者除外）。

2. 防爆

（1）操作易燃易爆的有机溶剂时，应防止其蒸气散发室内，因为空气中混杂的易燃易爆蒸气达到某一极限时，一遇明火即发生爆炸。

（2）反应或蒸馏装置必须正确，不能造成密闭的加热系统；减压蒸馏时，要用圆底烧瓶作接受器，不可用三角烧瓶。否则会有发生爆炸的危险。

（3）使用易燃易爆的气体如乙炔、氢气等时，应保持空气流通，严禁明火，并防止一切火花的产生。

（4）使用乙醚时，必须检查有无过氧化物的存在，如发现有过氧化物的存在时，应立即用硫酸亚铁除去过氧化物，才能使用。同时使用乙醚时应在通风较好的地方或在通风橱内使用。

(5)对于易爆炸的有机化合物,如过氧化物、重金属乙炔化物、芳香多硝基化合物等都不能受压或撞击,以免引起爆炸。对于危险的实验物残渣必须小心处理,如重金属乙炔化合物可用浓硝酸或浓盐酸破坏,重氮化合物可加水煮沸使之分解等。

(6)严禁氧化剂与可燃物一起研磨。

(7)取用过金属钠的器械,须先用酒精洗涤,再用水冲洗。严禁将金属钠屑或擦过金属钠的纸直接投入水中,金属钠与水、卤代烷等可猛烈反应发生爆炸。

3. 防中毒

(1)对有毒物品应认真操作、妥善保管。实验后的有毒残渣必须及时按要求处理,不许乱放。

(2)使用或反应过程中产生氯、溴、氧化氮、卤化氢等有毒气体或液体的实验,应在通风橱内进行,有时也可用气体吸收装置以去除所产生的有毒气体。在使用通风橱时,实验开始后不要把头深入橱内。

(3)严禁试剂入口,如需用鼻鉴别试剂时,应将试剂瓶远离鼻子,以手轻轻扇,严禁以鼻子接近瓶口鉴别。

(4)有些有毒物质会渗入皮肤,因此接触这些物质时必须戴橡皮手套,操作后立即洗手,切勿让毒物沾及五官或伤口。切不可用手抓取药品,要用药匙。

(5)对沾染过有毒物质的仪器和用具,用毕应立即处理,消除其毒性。

4. 防玻璃割伤

(1)实验开始前应检查玻璃仪器是否完整无损,实验过程中应注意玻璃仪器要轻拿轻放,以避免玻璃破裂割伤自己或他人。

(2)玻璃管(棒)切割后断面应在火上烧熔以消除棱角。

(3)将玻璃管(棒)或温度计插入塞中时应先检查塞孔大小是否合适,玻璃是否平光,用布裹住并涂些甘油等滑润剂后旋转插入。握玻璃管(棒)的手应靠近塞子,防止玻管(棒)折断而割伤皮肤。

5. 防触电

使用电器设备,应先检查接线是否完好、是否漏电,并注意手、衣服等是否干燥,不能用湿手或用手握湿的物体接触插头,以防触电。电器设备用过后随即拔去电源插头,以防发生事故。

6. 事故的处理和急救

(1)火灾的处理

实验室如发生火灾事故,切勿惊慌失措,应积极而有秩序地采取措施进行灭火,以减少事故损失。一般采取如下措施:

首先要防止火势扩展。立即关闭煤气灯,熄灭其他火源,拉开室内总电闸,搬开易燃物质。

随后应立即采取措施进行灭火:主要用隔绝空气的办法灭火。在大多数情况下,严禁用水灭火。①当有机溶剂或油类着火时,若火势小,可用湿抹布、石棉布、黄沙等覆盖火源,使其隔绝空气灭火,决不能用口吹。②当电器着火时,首先切断电源,然后用二氧化碳或四氯化碳灭火器灭火,用四氯化碳灭火时室内人员要避开,以防四氯化碳所产生的光气引起中毒。不能用水或泡沫灭火器去灭电火,因为灭火液体导电易导致触电事故。③可燃性金属(如钾、钙、钠、镁、铝、钛等)着火,最有效的东西是砂土,严禁用水、酸碱灭火器、泡沫灭火器和二氧化碳灭火器。④身上衣服着火时,立即在地上打滚,使之隔绝空气灭火。惊慌乱跑更有利于火苗燃烧。

总之,当失火时,应根据起火的原因和火场周围的情况,采取不同的方法扑灭火焰。

(2)试剂触及身体的处理

试剂触及身体引起化学烧伤时应迅速解脱衣服,清除皮肤上的化学药品,并用大量干净的水冲洗,再用消除该种有害药品的特种溶剂或溶液处理。如果是碱灼伤,再用1%硼酸溶液淋洗;如果是酸灼烧,再用1%碳酸氢钠溶液淋洗;如果是溴灼伤,再用酒精擦至无溴液存在为止,然后涂上烫伤油膏。

假如是眼睛受到化学灼烧,最好的方法是立即用洗涤器的水流洗涤,洗涤时要避免水流直射眼球,且不要揉眼睛。如果是碱灼伤,再用1%硼酸溶液淋洗;如果是酸灼烧,再用1%碳酸氢钠溶液淋洗。

(3)中毒的处理

吸入气体中毒者,将中毒者移至室外,解开衣领及纽扣。如吸入少量氯气或溴可用碳酸氢钠溶液漱口,严重者立即送医疗单位医治。

溅入口中尚未咽下者,应立即吐出,再用大量水冲洗口腔。如已吞下,应根据毒物性质给予解毒剂,并立即送医疗单位医治。

(4)玻璃割伤的处理

受伤者应仔细观察伤口,取出玻璃碎片。若伤势不重,用消毒棉花和硼酸(或双氧水)洗净伤口,涂上红药水或碘酒包扎;若伤口大,则先按紧主血管以防大量出血,急送医疗单位医治。

(5)烫伤的处理

不慎烫伤时,不要把受伤处弄湿。如伤势不重,仅较轻烫伤,皮肤发红或起泡,涂抹烫伤药。重伤涂抹烫伤油膏后立即送医疗单位救治。

(三)常用玻璃仪器及实验装置

1. 常用玻璃仪器

药物化学实验常用玻璃仪器见图1-1。使用玻璃仪器都应轻拿轻放,除试管等少数外都不能直接用火加热。锥形瓶不耐压,不能作减压用。厚壁玻璃器皿(如抽滤瓶)不耐热,故不能加热。广口容器(如烧杯)不能贮存有机溶剂。此外,不能用温度计作搅拌棒用,也不能用其测量超过刻度范围的温度。温度计用后要缓慢冷却,不可立即用冷水冲洗,以免炸裂。

实验中还常用带有标准磨口的玻璃仪器,通过磨口组装仪器,即使仪器安装简便、规范、气密性好,又避免了发生溶剂溶解橡皮管或软木塞而漏气的情况。

标准磨口玻璃仪器一般可分多种组件套。常用的标准磨口最大端直径(mm)有10、14、19、24、29、34、40、50等多种。半微量仪器一般为10号和14号磨口,常量仪器磨口则在19号以上。磨口编号相同者可紧密相连,不同者可通过转换接头相连接,如19/24接头可将24号磨口和19号磨口连接起来。

标准磨口玻璃仪器使用时须注意:①磨口处必须洁净,若粘有固体杂物,则使磨口对接不致密,导致漏气。②安装标准磨口璃璃仪器装置时应注意整齐、正确,使磨口连接处不受歪斜的应力,否则常易折断,尤其在加热时应力更大。③一般使用磨口无需涂润滑剂,以免污染反应物或产物。若反应中有强碱,则应涂润滑剂,以免磨口连接处遭碱腐蚀粘牢而无法拆开。④用后应拆卸洗净,否则若长期放置,磨口的连接处就会粘牢,难以拆开。

2. 玻璃仪器的洗涤

仪器洁净是做好实验的重要保证之一。实验室中常使用各种玻璃仪器,这些仪器是否干净,常影响到药物化学实验的顺利进行及准确性,所以应保证使用仪器洁净。洗涤玻璃仪器的方法很多,应根据污物的性质来选用(有可溶性物质、尘土、

不溶性物质,还有油污、药物等)。常用的洗涤方法有:

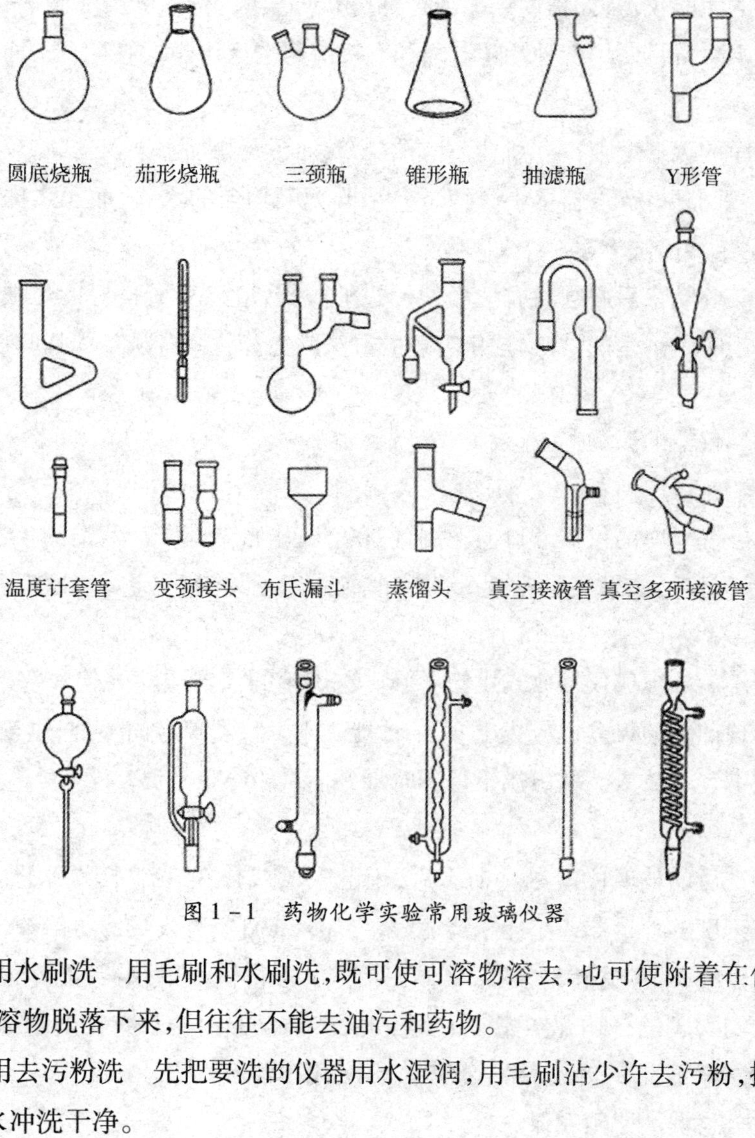

图 1-1　药物化学实验常用玻璃仪器

(1)用水刷洗　用毛刷和水刷洗,既可使可溶物溶去,也可使附着在仪器上的尘土和不溶物脱落下来,但往往不能去油污和药物。

(2)用去污粉洗　先把要洗的仪器用水湿润,用毛刷沾少许去污粉,擦洗瓶内外,再用水冲洗干净。

(3)用洗涤液洗　对于顽固黏附在玻璃上的斑迹或残渣,可用洗涤液来洗涤。最常用的洗涤液是由等体积的浓硫酸和饱和的重铬酸钾溶液配制而成。对药物和油污的去污能力特别强。使用时,于仪器内加少量洗液,使仪器倾斜并慢慢转动,让仪器内壁完全为洗液润湿。稍后,把洗液倒回原瓶内,再用大量水冲洗仪器。如果用洗涤液将仪器浸泡一段时间,则效果更好。

对一般使用的玻璃实验仪器，用毛刷和去污粉洗涤即可。而对某些清洁程度要求更高的实验仪器，如精制产品或产品分析等实验仪器，可用洗涤剂、蒸馏水进行洗涤。不要盲目使用各种化学试剂和有机溶剂洗涤仪器，不仅浪费，而且可能带来危险。

已洗净的仪器壁上，不应附着有不溶物或油污。如加水于仪器，将仪器倒转过来，水即顺着器壁流下，器壁上只留下一层既薄又均匀的水膜，而无水珠附着在上面，则表示仪器已洗干净。

每次实验结束后必须及时洗净使用过的仪器，应该养成良好的习惯。因为污物的性质当时是清楚的，容易选用合适的方法除去，而且脏仪器放时间久了更加难以洗涤。

3. 玻璃仪器的干燥

(1) 自然晾干

把已经洗干净的仪器开口向下倒置，在空气中自然晾干。清洁的仪器，水珠易流下，干燥得快。如果仪器洗得不够干净，则水珠不易流下，干燥速度慢。

(2) 烘箱烘干

将清洗后的玻璃仪器放入烘箱干燥。送烘箱的仪器应除去软木塞(橡皮塞)，带有磨口玻璃塞的仪器也应拔出塞子，才能烘干。仪器口应向上，向烘箱内放仪器应从上至下逐层放入。取出烘干仪器时最好使烘箱冷至室温。

(3) 热风吹干

将清洗后的玻璃仪器尽量沥干后，用电吹风或挂在气流干燥器上，用热风吹干。带有刻度的计量器或小体积烧瓶等，可加入少许易挥发的有机溶剂(最常用的是乙醇或丙酮)倾斜并转动仪器，再倾出溶剂。经淋洗后的仪器，能够很快挥干而干燥。如用吹风机，则干得更快(用此法时，玻璃仪器内的水应完全流尽。加入的乙醇或丙酮量不宜多，用后倒回废液容器中，用于清洗)。

4. 玻璃仪器的使用和保养

(1) 温度计

温度计水银球部位玻璃很薄，容易打破，使用时要特别小心，不能用温度计当搅拌棒使用，也不能测定超越温度计最高刻度的温度，更不能把温度计长时间放在高温溶剂中，否则会使水银球变形，乃至读数不准。温度计用后应让它慢慢冷却，特别在测量高温之后，切不可立即用水冲洗，应待其冷却后洗净擦干收好。

(2)冷凝管

因为冷凝管通水后较重,所以安装冷凝管时应将夹子夹紧在冷凝管的重心地方,以免翻倒。洗涤冷凝管时要用长毛刷,如用洗涤液或有机溶剂洗涤时,应用塞子塞住一端。不用时,应直立倒置,便于晾干。

(3)分液漏斗

分液漏斗的活塞和盖子都是磨口的,如果不是原配的,可能不严密而造成滴漏,所以,使用时要注意保护活塞和盖子,各个分液漏斗之间也不要互相调换。用过洗涤后,一定要在活塞和盖子的磨口间垫上纸片,以免日久后粘住难以打开。如已粘住可在磨口四周涂上润滑剂后,用电吹风吹热风,或用水煮后再轻敲塞子,使之松开。

5. 常用实验装置

药物化学实验常用实验装置见图1-2。

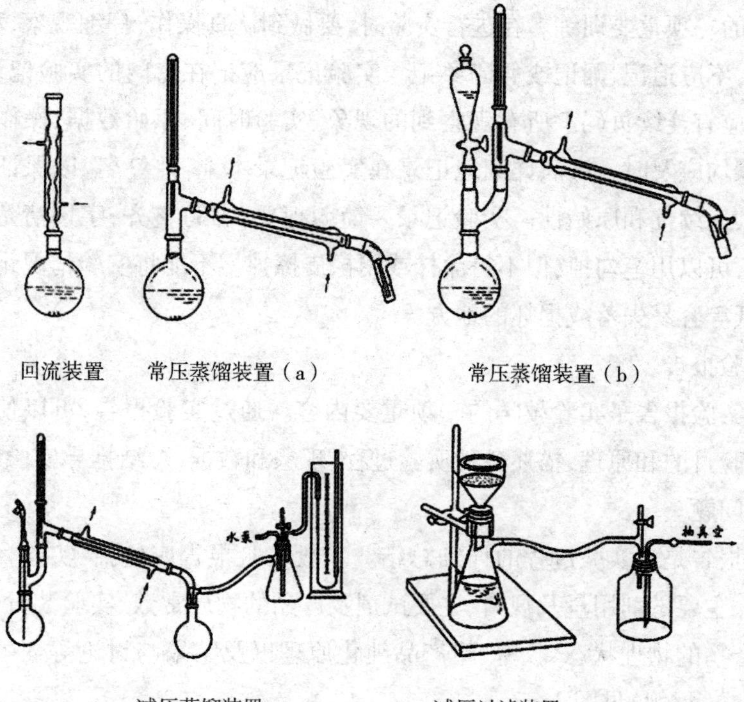

回流装置　常压蒸馏装置(a)　常压蒸馏装置(b)

减压蒸馏装置　减压过滤装置

图1-2　药物化学实验常用实验装置

(五)实验预习、实验记录和实验报告

药物化学实验是一门综合性较强的实践课程,对培养学生正确的思维方式、提高他们分析问题解决问题的能力具有重要的作用。在进行每一个实验时,都必须做好实验预习、实验记录和实验报告,这也是每一个研究人员必备的基本素质。

1. 实验预习

在实验前,对所做的实验应该充分做好预习工作。预习工作包括反应的原理、可能发生的副反应、实验操作的原理和方法、产物提纯的原理和方法、注意事项及实验中可能出现的危险和处置办法,应给出详细的预习报告。同时还要了解反应中化学试剂的用量,要记录化学试剂的理化常数,以便查询。

2. 实验记录

实验记录是研究实验内容和书写实验报告的重要依据,写好实验记录是从事科学实验的一项重要训练。在进行实验时,要做到认真操作,仔细观察,积极思考,及时记录,不应追记、漏记或凭印象记。实验记录应记在专门的实验记录本上,实验记录本应有连续页码。所有观察到的现象、实验时间、原始数据、操作和后处理方法、步骤均应及时、准确、详细地记录在实验记录本上,并签名,以保证实验记录的完整性、连续性和原始性。实验记录要简明扼要,书写整齐,字迹清楚。记录错误的部分,可以用笔勾掉,但不得涂抹或用橡皮擦掉。不能将实验情况记录在便条纸、餐巾纸等容易失落或损坏的地方。

3. 实验报告

书写实验报告是实验教学的一项重要内容。通过实验报告,可以使学生进一步明确实验目的和原理,描述各种实验过程、现象和数据,总结推导实验结论,讨论各种实验问题。

实验报告是对实验过程的详细总结。一般实验报告应包括:实验目的、原理、反应机制、主要试剂用量及规格、主要试剂及产品的物理常数、实验装置、实验步骤和现象、产物的物理状态、收率、粗产品纯化原理以及结果与讨论等内容。常见实验报告格式(示例)见图 1 –3。

实验报告的结果与讨论是非常重要的部分,应根据自己所观察到的现象与结果,从中分析在实验过程中的成功与不足,并对实验提出改进意见,这将有助于培养学生分析问题、解决问题的能力,提高学生独立工作的能力。

实验题目:×××

实验人:×××　实验日期:×××　天气:××

一、实验目的和要求

二、反应原理和可能发生的副反应

三、主要试剂及产物的物理常数

四、化学试剂规格及用量

五、实验装置

六、实验操作(分步骤,可以有多种书写形式,如下面的表格形式)

起止时间	实验操作	实验现象	现象注释

七、实验结果

八、实验小结

图1-3　实验报告格式(示例)

(杨俊玲)

实训项目二　药物溶解度测定实训

【实训目的】

1. 熟悉药典对药物近似溶解度的规定。

2. 掌握药物溶解度、熔点测定方法,以及药物的熔点与纯度之间的关系。

【实训原理】

1. 药物溶解度　药物的溶解度是指在一定温度下,在一定量溶剂中药物溶解形成饱和溶液时的最大量。

药物能否溶解于某种溶剂中,以及溶解度的大小,主要取决于溶质和溶剂分子间引力。只有当溶质和溶剂分子间引力超过溶质分子间的引力时,溶质才可能溶于溶剂中。因此,药物的溶解度与药物本身的分子结构及溶剂的性质和温度等有关。

【实训内容】

1. 实训用品

(1)药品：苯巴比妥钠、盐酸普鲁卡因、阿司匹林、对乙酰氨基酚、维生素 C、维生素 K_1、磺胺嘧啶、已烯雌酚。

(2)试剂：乙醇、乙醚、液体石蜡。

(3)器材：天平(1/100 感量)、量杯、锥形瓶、试管、烧杯、表面皿、温度计、恒温水浴箱等。

2. 操作步骤

溶解度的实验方法：称取研成细粉或量取液体的供试品，置于 25±2℃一定容量的溶剂中，每隔 5 分钟强力振摇 30 秒钟；观察 30 分钟内的溶解情况，如看不见溶质颗粒或液滴时，即视为完全溶解。

(1)药物在水中溶解度测定：分别称取苯巴比妥钠、盐酸普鲁卡因、阿司匹林、对乙酸氨基酚、磺胺嘧啶各 0.10g，置适宜容器中，依照溶解度测定一般方法进行操作，记录溶剂水的用量。

(2)药物在不同溶剂中溶解度测定：分别称取维生素 C 和维生素 $K_1$0.10g 各三份，分别置适宜容器中并标号，依照溶解度测定一般方法进行操作，分别记录溶剂水、乙醇和乙醚的用量。

【实训注意】

1. 实验中药物在水中溶解度为：苯巴比妥钠极易溶解，盐酸普鲁卡因易溶，对乙酸氨基酚略溶，阿司匹林微溶，磺胺嘧啶几乎不溶。维生素 C 在纯化水中易溶，在乙醇中略溶，在乙醚中不溶。维生素 K_1 在纯化水中不溶，乙醇中略溶，乙醚中易溶。

2. 实验中的药品均为原料药，否则制剂中的辅料对溶解度有干扰。

3. 为了便于实验的观察和操作，药物的取量和容器都可以适当加减或选用其他仪器。

附：药典在对药品近似溶解度的规定和溶解度的实验方法

1. 近似溶解度可以用以下名词来表示：

极易溶解　系指溶质 1g(mL)能在溶剂不到 1 mL 中溶解；

易溶　系指溶质 1g(mL)能在溶剂 1～不到 10 mL 中溶解；

溶解　系指溶质 1g(mL)能在溶剂 10～不到 30 mL 中溶解；

略溶　系指溶质 1g(mL)能在溶剂 30～不到 100 mL 中溶解；

微溶　系指溶质1g(mL)能在溶剂100～不到1000 mL中溶解；

极微溶解　系指溶质1g(mL)能在溶剂1000～不到10 000 mL中溶解；

几乎不溶或不溶　系指溶质1g(mL)能在溶剂10 000 mL中不能溶解。

【实训检测】

1. 影响药物溶解度的因素有哪些？

2. 说出药物结构与溶解度的关系。

【实训报告】

实训项目名称

药物名称	试剂及反应条件(可用图示)	实验现象	结果分析

【实训评价】

实训技能评价表

<table>
<tr><th colspan="2" rowspan="2">评价项目</th><th colspan="4">评价得分</th></tr>
<tr><th>自我评价</th><th>小组评价</th><th>教师评价</th><th>总评</th></tr>
<tr><td rowspan="3">实训前准备</td><td>1. 实训预习</td><td></td><td></td><td></td><td></td></tr>
<tr><td>2. 实训仪器准备、玻璃仪器洗涤</td><td></td><td></td><td></td><td></td></tr>
<tr><td>3. 试液配制</td><td></td><td></td><td></td><td></td></tr>
<tr><td rowspan="3">实训过程</td><td>4. 药品、试剂取用准确、规范</td><td></td><td></td><td></td><td></td></tr>
<tr><td>5. 按规程操作</td><td></td><td></td><td></td><td></td></tr>
<tr><td>6. 观察现象并记录</td><td></td><td></td><td></td><td></td></tr>
<tr><td rowspan="4">实训后整理</td><td>7. 仪器清洗并归位</td><td></td><td></td><td></td><td></td></tr>
<tr><td>8. 实训报告、结论</td><td></td><td></td><td></td><td></td></tr>
<tr><td>9. 实训总结与体会</td><td></td><td></td><td></td><td></td></tr>
<tr><td>10. 卫生整理</td><td></td><td></td><td></td><td></td></tr>
<tr><td>总　分</td><td></td><td></td><td></td><td></td><td></td></tr>
</table>

（王桂梅）

实训项目三　药物的水解及氧化变质实训

【实训目的】

1. 掌握不同化学结构的药物发生水解反应的原理，了解影响水解反应的外界因素。

2. 掌握不同结构的药物发生氧化反应的原理，了解外界因素对氧化反应的影响。

3. 认识防止药物发生氧化反应发生所采取的措施的重要性。

【实训原理】

1. 酯类药物的水解反应方程式为：

$$R-\overset{\overset{O}{\|}}{C}-OR' + H_2O \rightleftharpoons RCOOH + R'OH$$

2. 酰胺类药物的水解反应方程式为：

$$R-\overset{\overset{O}{\|}}{C}-NHR' + H_2O \rightleftharpoons RCOOH + R'NH_2$$

酯类药物的水解反应在酸性和碱性下都可进行，且在碱性下的水解反应速度比酸性条件下的水解反应速度快，并能完全水解。

盐酸普鲁卡因、青霉素钠或青霉素钾、尼可刹米等药物分子结构中分别具有酯键（或内酯）或酰胺键，因此可以在一定条件下发生水解。

盐酸普鲁卡因的水解产物为二乙氨基乙醇，蒸气能使湿润的红色石蕊试纸变蓝；青霉素钠或青霉素钾发生分子重排生成青霉二酸的白色沉淀；尼可刹米水解产生乙二胺和烟酸，乙二胺使湿润的红色石蕊试纸变蓝。

3. 药物的自动氧化过程是指药物在空气中被氧气自发引起的游离基链式反应，能发生自动氧化反应的官能团类型主要有以下几类：

(1)含有不饱和的碳－碳双键结构的药物易被氧化。

(2)结构中含有酚羟基药物均易被氧化，含酚羟基结构数量越多，越易被氧化。在碱性条件下更易被氧化，氧化产物多为有色化合物。

(3)含芳香第一胺结构的药物易被氧化成有色的醌型化合物、偶氮化合物或氧化偶氮化合物。

(4)具有脂肪性或芳香性巯基的药物均有还原性,因硫原子的电负性小于氧,易失去电子,故巯基比酚羟基或醇羟基更易被氧化。

(5)醛类药物由于含有醛基,也能在一定的条件下被氧化成酸。醇羟基通常情况下还原性较弱,但若具有连烯二醇结构或α-羟基β氨基结构的药物,其还原性将增强。此外,吩噻嗪类药物也易被氧化,母核结构被氧化为醌型化合物和亚砜。

4. 影响药物自动氧化的外界因素

(1)氧的影响　氧是药物发生自动氧化反应的必需条件,故能够发生自动氧化的药物应尽可能地避免和氧接触。

(2)光线的影响　光线能促进药物的自动氧化,其原因主要是光能使氧分子由基态转变为激发态,成为活性氧,促进自由基的形成。一般情况下,为了避免药物受光的影响,通常将药物贮存于有色玻璃容器或避光容器中。

(3)金属离子的影响　金属离子主要是来自于原料、辅料、容器、溶剂等,它们以微量杂质的形式存在于药物之中。常见的有 Cu^{2+}、Fe^{3+}、Pb^{2+}、Mn^{2+} 等,这些金属离子可以促进药物的自动氧化。

因此为避免金属离子的影响,常在药物中加入适量的金属配合剂,如乙二胺四乙酸二钠(EDTA-2Na),以减少金属离子的含量,从而增加药物的稳定性。

(4)温度的影响　一般情况下,若温度升高,则化学反应速度加快。因此,易发生自动氧化的药物应在生产和贮存过程中选择适当的温度条件,以防止自动氧化反应的发生。

(5)溶液酸碱性的影响　药物的自动氧化反应受溶液酸碱性的影响,且有些药物的自动氧化反应需要氢离子或氢氧根离子的参与。

维生素C结构中含有连烯二醇结构极易被氧化成黄色的糠醛。

盐酸氯丙嗪分子中具有吩噻嗪环的结构,可被氧化成红色的醌型化合物。

【实训内容】

1. 实训用品

(1)药品:盐酸普鲁卡因、青霉素钠或青霉素钾、尼可刹米、维生素C、盐酸氯丙嗪等。

(2)试剂:10%氢氧化钠溶液、稀盐酸、3%过氧化氢溶液、2%亚硫酸钠溶液、硫酸铜试液、0.05mol/L 乙二胺四乙酸二钠溶液等。

(3)器材:电热恒温水浴锅、试管、红色石蕊试纸、滴管等。

2. 操作步骤

(1)盐酸普鲁卡因的水解实验

1)取盐酸普鲁卡因约0.1g,加水3 mL使其溶解,将一条湿的红色石蕊试纸盖于试管口,在沸水浴上加热,红色石蕊试纸不变色。

2)取盐酸普鲁卡因约0.1g,加水3 mL使其溶解,加入10%氢氧化钠溶液1 mL,将一条湿的红色石蕊试纸盖于试管口,在沸水浴上加热,红色石蕊试纸变成蓝色。

(2)青霉素钠或青霉素钾的水解实验

1)取青霉素钠或青霉素钾约0.1g,加水5 mL使其溶解,观察溶液的澄清度,放置2小时,观察溶液颜色及是否有浑浊。

2)取青霉素钠或青霉素钾约0.1g,加水5 mL使其溶解,加稀盐酸2滴,有白色沉淀产生。

(3)尼可刹米的水解实验

1)取尼可刹米10滴,加水3 mL,将一条湿的红色石蕊试纸盖于试管口,在沸水浴上加热,红色石蕊试纸不变色。

2)取尼可刹米10滴,加水3 mL,加入10%氢氧化钠溶液3 mL,将一条湿的红色石蕊试纸盖于试管口,在沸水浴上加热,红色石蕊试纸变成蓝色并有二乙胺的臭味。

(4)维生素、盐酸　氯丙嗪的氧化变质实验

1)分别取维生素C 0.25g、盐酸氯丙嗪50mg置于50 mL锥形瓶中,加水30 mL振摇,使其溶解。用移液管将两种药品各分别取出5 mL于具塞的试管中成五份,将每种药物编号,各成"1~5"号备用。

2)将上述两种药品的"1"号管,同时去掉试管的塞子,在空气中置于日光下直射,观察并记录各药品的颜色的变化。

3)将上述两种药品的"2"号管,分别加入3%过氧化氢溶液1 mL,同时放入沸水浴上加热,观察并记录各药品在5、20、60分钟时的颜色变化。

4)将上述两种药品的"3"号管,分别加入2%亚硫酸钠溶液2 mL后,再分别加入3%过氧化氢溶液1 mL,同时放入沸水浴上加热,观察并记录各药品在5、20、60分钟时的颜色变化。

5)将上述两种药品的“4”号管,分别加入硫酸铜试液2滴,观察并记录各药品的颜色的变化。

6)将上述两种药品的“5”号管,分别加入0.05mol/l乙二胺四乙酸二钠溶液2 mL后,再分别加入硫酸铜试液2滴,观察并记录各药品的颜色的变化。

【实训注意】

1. 盐酸普鲁卡因的水解实验项目(2)中,当加入10%氢氧化钠溶液后将会产生游离的普鲁卡因白色沉淀。

2. 在本实验中有青霉素过敏史者应特别注意!

3. 本实验中的各单项实验均应平行操作,即相同的试剂及加入剂量、反应的条件及时间等。

【实训检测】

1. 哪些结构类型的药物在一定条件下容易发生水解反应?影响药物水解变质的外界因素有哪些?

2. 哪些结构类型的药物在一定条件下容易被空气氧化?影响药物氧化变质的外界因素有哪些?

【实训报告】见实训项目二

【实训评价】见实训项目二

(崔成红)

实训项目四　药物在输液中的稳定性观察及药物的配伍变化实训

【实训目的】

1. 通过本次实训,熟悉一些常见药物相互配伍或与输液配伍时的化学反应。能分析配伍变化原因,并有的放矢地找到相应的防范措施。

2. 进一步树立安全用药意识,多措并举,确保临床用药安全有效。

【实训原理】

注射给药为临床常用给药途径,约占用药总量的50%,其中又以静滴给药最为常用。临床上经常出现联合注射给药,选择适宜的溶剂、药物合并后的相互作用和配伍禁忌都是临床使用中应注意的。从化学角度看，有的药物相互作用，可出现浑浊、沉淀、变色和活性降低。

人体血液有一定的渗透压，血细胞才能保护一定的形状。如果血液的渗透压太高了，血细胞内液外流，细胞变扁；如果渗透压太低，会使用细胞内吸水膨胀，到达一定限度，就会破裂造成溶血现象。因此，输液的液体应该与血液的渗压相当或略高。0.9% NaCl 溶液和5%的葡萄糖为等渗液，因此最适合作为药物的溶剂，但它们还有其各自的特点：

1. 氯化钠溶液为中性溶液，pH = 7，酸性或碱性环境下不稳定的药物，如青霉素类和头孢菌素类，最适合选择这种中性溶液。

2. 葡萄糖的化学结构含有多个羟基，具有弱的酸性，葡萄糖液的 pH 为 3.2 ~ 5.5，适合作大部分药品的溶剂，但青霉素类、头孢菌素类、氨茶碱以及其他生物碱药物，会被破坏或中和而失效。

3. 葡萄糖氯化钠也是等渗溶液，内含有 5% 葡萄糖和 0.9% 的氯化钠，pH 为 3.5 ~5.5，也属于偏酸性的液体，因为是复方成分，有热量又有电解质，更适合需要补充电解质的病人使用。

临床中常用的药物大多为强酸弱碱盐或强碱弱酸盐，易发生水解反应产生沉淀而失效。如：苯巴比妥钠、青霉素钠、苯妥英钠、磺胺嘧啶钠等。

有些药物结构中含有易氧化官能团，如：盐酸氯丙嗪的吩噻嗪环，维生素 C 的连烯二醇等，在酸性溶液中稳定，遇到碱性药物或含重金属离子药物时易被氧化变色。

头孢曲松钠与钙剂配伍时易产生沉淀，对人体有毒副作用；四环素与钙剂配伍时生成配位化合物，影响钙剂的吸收。因此，这类药物禁与钙剂配伍。

【实训内容】

（一）实训用品

1. 药品　盐酸氯丙嗪注射液、注射用青霉素钠、盐酸普鲁卡因注射液、盐酸利多卡因注射液、5% 葡萄糖注射液、0.9% 氯化钠注射液、磺胺嘧啶钠、维生素 C 注射液、氯化钙注射液、葡萄糖酸钙注射液。

2. 试液　稀盐酸、1mol/L 盐酸溶液、1mol/L 氢氧化钠溶液。

3. 器材　电子天平、试管、药匙、烧杯、滴管、量杯等。

（二）操作步骤

1. 易水解药物配伍变化

（1）注射用青霉素钠

1）取本品约0.1g，加5%葡萄糖注射液5 mL振摇溶解，观察并记录现象。

2）取本品约0.1g，加0.9%氯化钠注射液5 mL振摇溶解，将上述溶液分为2份：①一份中加入稀盐酸溶液2 mL，摇匀；②另一份中加入盐酸普鲁卡因注射液2 mL，摇匀。分别于10、20、30、60分钟后观察并记录现象。

（2）盐酸利多卡因注射液

1）取本品2 mL置于一支洁净的试管中，加入5%葡萄糖注射液2 mL，摇匀，将上述溶液分成2份：①一份中加入1mol/L的HCl溶液1 mL，摇匀；②另一份中加入磺胺嘧啶钠约0.05g，摇匀。分别于10、20、30、60分钟后观察并记录现象。

2）取本品2 mL置于一支洁净的试管中，加入0.9%氯化钠注射液2 mL，摇匀，将上述溶液分成2份：①一份中加入1mol/L的HCl溶液1 mL，摇匀；②另一份中加入磺胺嘧啶钠约0.05g，摇匀。分别于10、20、30、60分钟后观察并记录现象。

2. 易氧化药物配伍变化

（1）维生素C注射液

1）取本品2 mL置于一支洁净的试管中，加入5%葡萄糖注射液2 mL，摇匀，观察是否稳定。将上述溶液分成2份：①一份中加入1mol/L的NaOH溶液1 mL，摇匀；②另一份中加入苯巴比妥钠约0.05g，摇匀。分别于10、20、30、60分钟后观察并记录现象。

2）取本品2 mL置于一支洁净的试管中，加入0.9%氯化钠注射液2 mL，摇匀，观察是否稳定。将上述溶液分成2份：①一份中加入1mol/L的NaOH溶液1 mL，摇匀；②另一份中加入苯巴比妥钠约0.05g，摇匀。分别于10、20、30、60分钟后观察并记录现象。

（2）盐酸氯丙嗪注射液

1）取本品2 mL置于一支洁净的试管中，加入5%葡萄糖注射液2 mL，摇匀，观察是否稳定。将上述溶液分成2份：①一份中加入1mol/L的NaOH溶液1 mL，摇匀，10min后观察并记录现象；②另一份中加入苯巴比妥钠约0.05g，摇匀。分别于10、20、30、60分钟后观察并记录现象。

2）取本品2 mL置于一支洁净的试管中，加入0.9%氯化钠注射液2 mL，摇匀，观察是否稳定。将上述溶液分成2份:①一份中加入1mol/L的NaOH溶液1 mL，摇匀,10min后观察并记录现象;②另一份中加入苯巴比妥钠约0.05g,摇匀。分别于10、20、30、60分钟后观察并记录现象。

【实训注意】

1.易氧化药物配伍变化实验中,可以通过与原液对照,有助于观察氧化后的颜色变化。

2.有青霉素过敏史的同学应注意!

3.在实训过程中同学们一定要仔细观察每一步实验现象,并通过认真仔细的纵向或横向对比,发现问题,分析问题,解决问题。

【实训检测】

1.强酸弱碱盐、强碱弱酸盐分别与哪类药物配伍易生成沉淀?请举例说明。同时为防止沉淀的生成我们在配伍使用时应注意采取什么措施?

2.易氧化药物配伍时应注意什么?

3.影响药物水解变质的外界因素有哪些?我们在使用这些药物时应注意怎样防范?

4.作为药师,在临床遇到药物配伍变化时我们应该如何处置?

【实训报告】见实训项目二

【实训评价】见实训项目二

(隋新安)

实训项目五　阿司匹林的合成

【实训目的】

1.熟悉酰化反应的原理及基本操作。

2.掌握重结晶、抽滤和熔点测定等基本方法。

【实训原理】

醋酐在硫酸催化下形成乙酰正离子,进攻水杨酸上的酚羟基,生成阿司匹林。

合成过程中乙酰化不完全或发生副反应生成水杨酰水杨酸、乙酰水杨酸酐、多

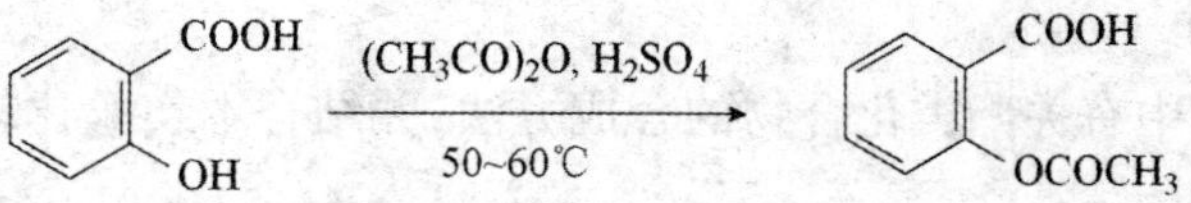

聚物等产物,粗品用重结晶方法纯化。

【实训内容】

1. 实训用品

(1)药品:水杨酸(CP)、醋酐(CP)、98%浓硫酸(CP)、无水乙醇(CP)。

(2)仪器:锥形瓶(50 mL、100 mL、150 mL)、量筒(50 mL、100 mL)、布氏漏斗、抽滤瓶、恒温水浴锅。

2. 操作步骤

(1)酰化:将水杨酸10.0g,醋酐14 mL,5滴浓硫酸加入装有搅拌器、温度计的100 mL三口瓶中。然后启动搅拌机,电热套加热到50~60℃反应30min。停止搅拌,稍冷,将反应液倾入150 mL冷水中,搅拌、析出阿司匹林晶体。抽滤,用少量水洗涤滤饼,压干,得阿司匹林粗品。

(2)精制:将所得阿司匹林粗品和30 mL乙醇放到100 mL圆底烧瓶中,然后接上球形冷凝管,水浴加热至阿司匹林全部溶解,稍冷,加入少量活性炭,加热回流10min,趁热抽滤。将滤液慢慢倾入75 mL热水中,自然冷却析出白色结晶。待结晶析出完全后,抽滤,用少量冷水洗涤滤饼,压干,干燥的精品。

【实训注意】

1. 酰化反应须无水操作,仪器必须干燥无水,同时反应温度不宜过高,否则会增加副产物的生成。

2. 析出结晶一定要充分放冷。

3. 精制时,抽滤应快速、趁热。

【实训检测】

1. 酰化反应中,为什么反应需要在无水条件下进行?能否用铁制仪器?

2. 在阿司匹林的合成过程中,要加入少量的浓硫酸,其作用是什么?

3. 分析本实验过程中可能产生的杂质有哪些?用什么方法除去?

4. 重结晶时为什么选用乙醇为溶剂,在精制过程中为什么滤液要自然冷却?快速冷却会出现什么现象?

5. 总结一下阿司匹林制备实验中导致产率降低的原因。

6. 如何监测反应完全?简述其基本原理。

【预习内容】

1. 有机化学中有关酯类化合物的合成方法，并结合本实验比较各方法之间优缺点。

2. 重结晶及抽滤的原理、操作和注意事项。

3. 水杨酸、醋酐、浓硫酸、阿司匹林的理化性质。

4. 反应装置的安装和拆除次序，冷凝管进出水位置。

【实训报告】见实训项目二

【实训评价】见实训项目二

（付艳辉）

实训项目六　对乙酰氨基酚的合成

【实训目的】

1. 掌握对乙酰氨基酚的制备及精制方法。

2. 掌握易被氧化产品的重结晶精制方法。

3. 了解对氨基酚的氨基的选择性乙酰化而保留酚羟基的方法。

【实训原理】

用计算量的醋酐与对氨基酚在水中反应，可迅速完成 N－乙酰化而保留酚羟基。

反应式：

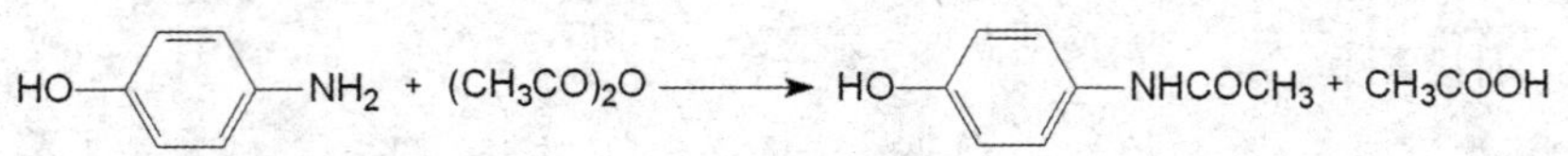

副反应：

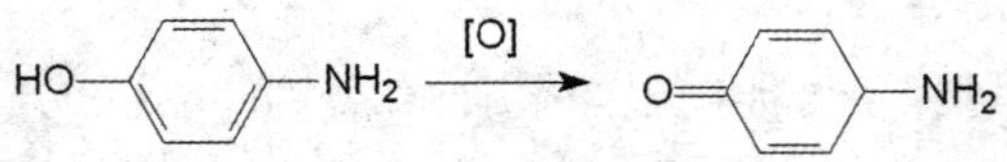

常用的乙酰化试剂有醋酸、醋酐、乙酰氯等。乙酰氯的活性较高但选择性较差，而醋酸与对氨基酚反应生成的水分子抑制了反应的进行程度，所表现出的活性太低，相对而言醋酐是一种良好的乙酰化试剂，既有较高的活性，又有良好的选择性。

【实训内容】

1. 实训用品

(1)药品:对氨基酚(C. P.)、醋酐(A. R.)、亚硫酸氢钠(A. R.)。

(2)试液:10%亚硫酸氢钠溶液。

(3)器材:天平(分度值为0.1 g)、电动搅拌、烧杯、玻璃棒、表面皿、温度计、布氏漏斗、抽滤瓶、电热恒温水浴锅、250 mL电热套、250 mL四口圆底烧瓶、直形或球形冷凝管。

2. 操作步骤

(1)酰化:150 mL单颈瓶中加入对氨基酚,醋酐,纯化水,开动磁力加热搅拌器,反应液开始放热并溶解成均相,待反应放热完成后,将水浴加热至80℃反应30分钟,冷却,待晶体析出完成后,抽滤,用水洗涤晶体2~3次,使无醋酸味,抽干并干燥,称重,计算收率。

(2)精制:于100 mL锥形瓶中加入粗品,每克粗品用5 mL水加热使溶解,稍冷后加入粗品重量2%活性炭和0.5 g亚硫酸氢钠,煮沸脱色10 min,趁热过滤(滤瓶内先加亚硫酸氢钠半匙),滤液冷却,析出结晶,抽滤,用少量0.5%的亚硫酸氢钠溶液洗涤,干燥,称重。计算收率。

【实训注意】

1. 对乙酰氨基酚制备时,酰化反应中加水的目的是进行选择性酰化氨基而非羟基。

2. 加亚硫酸氢钠可有效防止乙酰氨基酚被空气氧化,但用量不宜太多,否则会影响产品质量(亚硫酸氢钠残留超过药典标准)。

3. 对氨基酚加水和醋酐后,反应温度下降时,可能会有结晶析出,但在80℃水浴加热搅拌下又能溶解,不影响反应。

4. 精制热滤时要将漏斗放在70℃~80℃热水中预热(取出时防止烫伤),铺好滤纸,用热水湿润抽紧后,迅速过滤,如果抽滤温度低,会影响过滤效果,发生堵塞,使收率降低。

5. 精心操作,避免物料转移过程中不必要的物料损失。

【实训检测】

1. 试比较冰醋酸、醋酐、乙酰氯三种乙酰化试剂的优缺点。

2. 精制过程选水做溶剂有哪些必要的精制条件? 应注意哪些操作上的问题?

3. 使亚硫酸氢钠的目的是什么？酰化反应时为什么选用醋酐而不用醋酸作为酰化剂?

【实训报告】见实训项目二

【实训评价】见实训项目二

（余霞）

实训项目七　苯妥英钠的合成

【实训目的】

1. 掌握三氯化铁氧化剂的使用方法,乙内酰脲环合反应操作方法。

2. 通过苯妥英钠的合成,巩固和掌握已学的分离、精制操作。

【实训原理】

苯妥英钠通常用苯甲醛为原料,经安息香缩合,生成二苯乙醇酮(安息香),随后氧化为二苯乙酮,再在碱性醇液中与尿缩合、重排制得。本实验因课时所限,以购得安息香为原料,反应式如下:

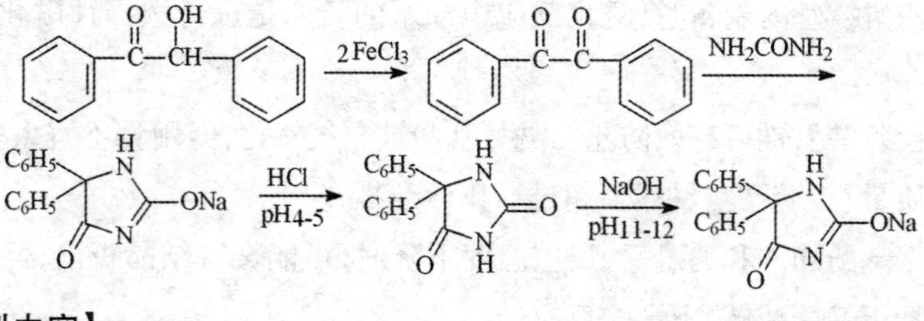

【实训内容】

1. 实训用品

搅拌器、电热套、升降台、温度计、球型冷凝管、250 mL 三颈瓶、抽滤瓶

步骤	名称	规格	用量
氧化	苯甲酰苯甲醇(安息香)	化学纯或工业品	4.2g
	冰醋酸	化学纯	20 mL
	三氯化铁($FeCl_3.6H_2O$)	化学纯	18 g

（续表）

步骤	名称	规格	用量
重排与环合	联苯甲酰	自制	4.0 g
	脲	化学纯	2.8 g
	50%乙醇		20 mL
	20%氢氧化钠	化学纯	适量
	15%盐酸	化学纯	适量
成盐与精制	20%氢氧化钠	化学纯	适量
	氯化钠	化学纯	0.5g

2.操作步骤

（1）联苯甲酰（二苯基乙二酮）的制备

1）在装有温度计、搅拌、冷凝器的250 mL三颈瓶中加入20 mL冰醋酸、10 mL水、18.0g $FeCl_3 \cdot 6H_2O$，加热至沸腾。

2）再加入4.2g安息香，继续加热回流50min。

3）加水70 mL，煮沸后冷却，析出黄色固体。

4）抽滤得粗产品，称重，计算收率。

（2）苯妥英的制备

在装有温度计、冷凝器的100 mL三颈瓶中，投入二苯基乙二酮4.0 g、脲2.8g、20% NaOH 12 mL、50% 乙醇20 mL，开动搅拌，加热回流反应30 min。反应完毕，反应液倾入到60 mL沸水中，加入活性碳，煮沸5 min，放冷，抽滤。滤液用15%盐酸调至pH 4－5，放置析出结晶，抽滤，结晶用少量水洗，得苯妥英粗品，称重。

（3）成盐与精制

将苯妥英粗品置100 mL烧杯中，按粗品与水为1∶2之比例加入水，水浴加热至40℃，加入20% NaOH至全溶，加活性碳少许，在60℃搅拌加热5 min，趁热抽滤，滤液缓慢冷却结晶（如无结晶析出，加氯化钠至饱和）。待结晶完全，抽滤，少量冰水洗涤，干燥得苯妥英钠，测熔点（299℃），称重，计算收率。

【实训注意】

1.二苯基乙二酮易结块，在冷却析晶时，应用玻璃棒搅动，防止结成大块，包进杂质。

2.制备钠盐时，水量稍多，可使收率受到明显影响，要严格按比例加水。

【实训检测】

1. 安息香氧化除用三氯化铁外,还可用什么氧化剂?三氯化铁氧化有什么优点?

2. 本实训过程中产品精制的原理是什么?精制过程中加入氯化钠的目的是什么?

【实训报告】见实训项目二

【实训评价】见实训项目二

(李淑敏)

实训项目八　茶叶中提取咖啡因

【实训目的】

1. 掌握从茶叶中提取咖啡因的原理和方法。

2. 熟悉蒸馏和回流的安装与操作。

3. 了解利用升华提纯固体物质的操作。

【实验原理】

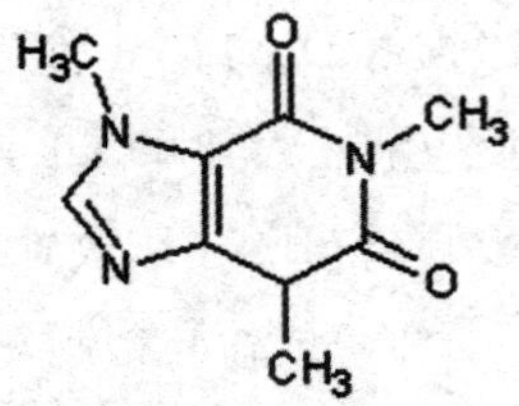

茶叶中含有多种生物碱,其中咖啡因约占2%～5%。咖啡因是杂环化合物嘌呤的衍生物,咖啡因为无色针状晶体,熔点236℃,味苦。含结晶水的咖啡因在100℃时即失去结晶水,并开始升华,在120℃升华显著,178℃升华很快。易溶于热水(约80℃)、乙醇、丙酮、二氯甲烷、氯仿,难溶于石油醚。

咖啡因具有刺激心脏、兴奋大脑神经和利尿等作用。在医学上用作心脏、呼吸器官和神经系统的兴奋剂,也是复方阿司匹林等药物的组分之一。

为了提取茶叶中的咖啡因,可用适当的溶剂在脂肪提取器中连续萃取,然后蒸去溶剂,即得粗咖啡因。粗咖啡因中还含有其他一些生物碱等杂质,可利用升华法进一步提纯。

【实训内容】

1. 仪器与药品

仪器：圆底烧瓶（150 mL）、蒸馏烧瓶、球形冷凝管、直形冷凝管、烧杯（500 mL）、接液管、锥形瓶、纱布、温度计（250℃）、电热套、蒸发皿、玻璃漏斗、滤纸、刮刀、酒精灯、石棉网、三脚架、玻璃棒。

药品、茶叶、乙醇(95%)、生石灰、沸石。

名称	性状	相对分子质量(M)	比重	熔点(mp/℃)	沸点(bp/℃)	折光率(n_D^{20})	溶解度：g/100 mL
咖啡因	白色针状晶体	194.19	1.23	238	178	——	溶于水、醇、酮
乙醇	无色透明液体	46.07	0.79	-114	78.4	1.3614	与水任意比互溶

2. 实验步骤

(1)提取　称取 7 g 研细的茶叶末，放入圆底烧瓶，加入 50 mL95% 乙醇；安装回流装置；加热回流 20 min；稍冷却，用纱布过滤，得滤液。

(2)蒸馏　将滤液倒入蒸馏烧瓶，加沸石，改蒸馏装置，加热蒸馏至蒸馏烧瓶内剩余大约 5 mL 滤液（粗产品）时，停止加热，回收蒸出的乙醇。

(3)中和、蒸发除乙醇　将烧瓶中的残液（粗产品）倒入干燥的蒸发皿中，加入 4 g 生石灰粉，搅拌均匀成糊状。将蒸发皿放在一个大烧杯上，烧杯内盛放 1/2 溶剂的水，用蒸汽加热蒸发乙醇。此间仍不断搅拌，并压碎块状物。直到固体混合物变成疏松的粉末状，乙醇全部除去为止。

(4)升华　冷却后，擦净蒸发皿边缘上的粉末，盖上一张刺有细密小孔且孔刺朝上的滤纸，再将干燥的玻璃漏斗罩在滤纸上，漏斗颈部塞上一团疏松的棉花。用砂浴缓慢加热升华，控制砂浴温度在 220℃ 左右。当滤纸的小孔上出现较多白色针状晶体时，暂停加热，冷却后，取下漏斗，轻轻揭开滤纸，用刮刀将附在滤纸上下两面的咖啡因晶体刮下。残渣经搅拌后，盖上滤纸和漏斗，继续用大火加热，使升华完全。合并两次升华的咖啡因，称量。

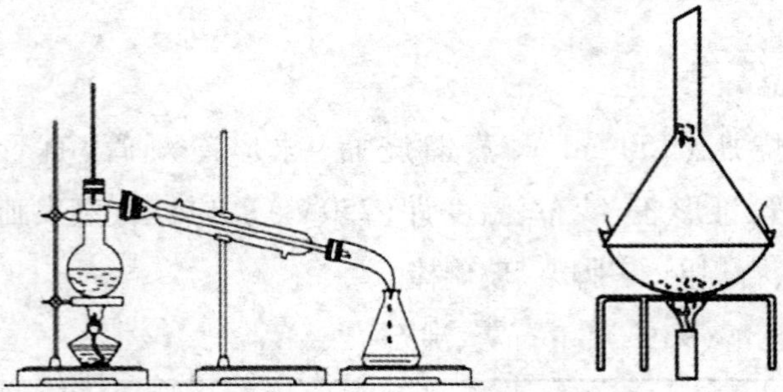

【实训注意】

1. 加入生石灰起中和作用以除去丹宁酸等酸性的物质。生石灰一定要研细。

2. 乙醇将要蒸干时,固体易溅出皿外,应注意防止着火。

3. 升华前,一定要将水分完全除去,否则在升华时漏斗内会出现水珠。遇此情况,则用滤纸迅速擦干水珠并继续焙烧片刻而后升华。

4. 升华过程中必须严格控制加热温度。

【实训检测】

1. 升华前加入生石灰起什么作用?

2. 升华操作的原理是什么?

【实训报告】见实训项目二

【实训评价】见实训项目二

（李淑清）

实训项目九　药物临床应用案例分析

【实训目的】

1. 复习所学药物的主要理化性质。

2. 训练学生学会分析处方的合理配伍。

3. 培养学生综合应用药物化学知识解决实际问题的能力。

【实训内容】

【案例一】

患者女性,23岁,被诊断为缺铁性贫血,医生开出了下列处方:

硫酸亚铁片 0.3g×20

Sig. 0.3g t.i.d. p.o.

维生素C片 100mg×20

Sig. 100mg t.i.d. p.o.

盐酸四环素片 0.25g×10

Sig. 0.25 g q.i.d. p.o.

【案例二】

患者男性,16岁,因不注意饮食卫生,患严重中毒性菌痢,医生开出了下列处方:

氢化可的松注射液 100 mg

注射用头孢噻肟钠 0.5 g

维生素C注射液 0.5 g

5%葡萄糖注射液 500 mL

Sig. i.v. gtt.

【案例三】

患者男性,5岁,被诊断为流行性脑膜炎,医生开出了下列处方:

10%磺胺嘧啶钠注射液2 mL

维生素C注射液 5 mL

10%葡萄糖注射液 500 mL

Sig. i.v. gtt.

【案例四】

患者男性,40岁,患严重呼吸道感染,医生开出了下列处方:

注射用青霉素钠 160万U

硫酸庆大霉素注射液 8万U

10%葡萄糖注射液 500 mL

Sig. i.v. gtt.

【案例五】

患者女性,35 岁,因去一家卫生条件不合格的饭店吃饭,出现上腹部疼痛、反酸、恶心呕吐、伴有轻度地腹泻等症状,入院治疗后医生开出以下处方:

盐酸环丙沙星胶囊　0.25 g×20

Sig.　0.25 g　b.i.d.　p.o.

硫糖铝片　0.25 g×200

Sig.　1g　b.i.d.　p.o.

大黄苏打片　300 mg×100

Sig.　1.2 g　t.i.d.　p.o.

【案例六】

患者女性,60 岁,被诊断为急性盆腔炎,医生开出下列处方:

硫酸庆大霉素注射液　8 万 U

注射用头孢拉定　0.5 g

5% 葡萄糖注射液　500 mL

Sig.　i.v. gtt.

【案例七】

患者女性,55 岁,患有支气管哮喘并伴有神经症状,医生开出下列处方:

氨茶碱注射液　0.125 g

盐酸普鲁卡因注射液　0.45 g

地塞米松注射液　5 mL

10% 葡萄糖注射液　250 mL

Sig.　i.v. gtt.

【案例八】

患者男性,29 岁,患有恶性淋巴瘤,医生开出下列处方:

卡莫司汀注射液　按体表面积 100 mg/m^2

5% 碳酸氢钠注射液　2~5 mmol/kg

Sig.　i.v. gtt.

【案例九】

患者女性,45 岁,患有周围神经炎,医生开出下列处方:

维生素 B_1 注射液　0.1g

碳酸氢钠注射液　250 mL

Sig.　i. v. gtt.

【案例十】

患者男性,15 岁,患有癫痫大发作,医生开出下列处方:

注射用苯妥英钠　0.125～0.25g

5%葡萄糖注射液　20～40 mL

Sig.　缓慢 i. v.

【实训检测】

【案例一】

1. 结合学过的知识上网检索及查阅相关资料,分析该处方是否合理,并说明理由。

2. 盐酸四环素有哪些主要化学性质?

3. 分析处方中各药物的结构特点、不良反应。各药物使用时应注意什么问题?

【案例二】

1. 结合学过的知识上网检索及查阅相关资料,分析该处方是否合理,并说明理由。

2. 写出氢化可的松、头孢噻肟钠、维生素 C 的结构和主要化学性质。

3. 分析处方中各药物的结构特点。各药物使用时应注意什么问题?

4. 如处方中氢化可的松注射液换成注射用氢化可的松琥珀酸钠是否可以?

【案例三】

1. 结合学过的知识上网检索及查阅相关资料,分析该处方是否合理,并说明理由。

2. 写出磺胺嘧啶钠的结构和主要化学性质。

3. 分析处方中各药物的结构特点。各药物使用时应注意什么问题?

【案例四】

1. 结合学过的知识上网检索及查阅相关资料,分析该处方是否合理,并说明理由。

2. 写出青霉素钠、硫酸庆大霉素的主要化学性质。

3. 分析处方中各药物的结构特点。各药物使用时应注意什么问题?

【案例五】

1. 结合学过的知识上网检索及查阅相关资料,分析该处方是否合理,并说明理由。

2. 写出盐酸环丙沙星的结构和主要化学性质。

3. 分析处方中各药物的主要用途。各药物使用时应注意什么问题?

【案例六】

1. 结合学过的知识上网检索及查阅相关资料,分析该处方是否合理,并说明理由。

2. 写出头孢拉定的结构和理化性质。

3. 分析处方中各药物的结构特点。各药物使用时应注意什么问题?

【案例七】

1. 结合学过的知识上网检索及查阅相关资料,分析该处方是否合理,并说明理由。

2. 写出氨茶碱、普鲁卡因及地塞米松的结构和理化性质。

3. 分析处方中各药物的主要用途。各药物使用时应注意什么问题?

【案例八】

1. 结合学过的知识上网检索及查阅相关资料,分析该处方是否合理,并说明理由。

2. 写出卡莫司汀的结构和主要理化性质。

3. 分析卡莫司汀使用时应注意什么问题?

【案例九】

1. 结合学过的知识上网检索及查阅相关资料,分析该处方是否合理,并说明理由。

2. 写出维生素 B_1 的结构和主要理化性质。

3. 分析维生素 B_1 使用时应注意什么问题?

【案例十】

1. 结合学过的知识上网检索及查阅相关资料,分析该处方是否合理,并说明理由。

2. 写出苯妥英钠的结构和主要理化性质。

3. 分析苯妥英钠为何制成固体粉针?其使用时应注意什么问题?

附表

处方中常用拉丁文缩写用法标示

拉丁文缩写	中文含义	拉丁文缩写	中文含义	拉丁文缩写	中文含义
aa.	各	Co.	复方的、复合的	gtt.	滴
ad.	加至	Sig.	用法	Rp	取,取药
a. c.	饭前	q. d.	每天	i. h.	皮下注射
a. m.	上午	q. h.	每小时	i. m.	肌内注射
p. c.	饭后	q. 4h	每 4 小时	i. v.	静脉注射

（续表）

拉丁文缩写	中文含义	拉丁文缩写	中文含义	拉丁文缩写	中文含义
p. m.	下午	h. s.	睡前	i. v. gtt.	静脉滴注
Stat!;St!	立即	b. i. d.	每日 2 次	p. o.	口服
p. r. n.	必要时	t. i. d.	每日 3 次		
s. o. s.	需要时	q. i. d.	每日 4 次		

（付艳辉）

实训项目十　未知药物的确证

【实训目的】

1. 复习巩固已实验过的部分典型药物的主要理化性质。

2. 训练学生学会鉴别已知范围内的未知药物的方法和程序。

3. 培养学生分析问题、解决问题和综合应用能力

【实训原理】

1. 初步实验

(1)性状观察:维生素 B_2 为橙黄色结晶性粉末;奥沙西泮、对乙酰氨基酚、阿司匹林、磺胺嘧啶、青霉素钠、硫酸链霉素、维生素 C 为白色或类白色结晶性粉末。

(2)溶解性实验:青霉素钠、硫酸链霉素、维生素 C、盐酸普鲁卡因溶于水;对乙酰氨基酚略溶于水;阿司匹林微溶于水;奥沙西泮、磺胺嘧啶、维生素 B_2 不溶于水。

2. 确证实验

(1)三氯化铁显色反应:对乙酰氨基酚分子中含有酚羟基,与三氯化铁试液作用显蓝紫色;阿司匹林加热水解,生成含有酚羟基的水杨酸,与三氯化铁试液作用显紫堇色。

(2)硝酸银氧化反应:维生素 C 含有连二烯醇结构,具有还原性,和硝酸银试液反应,能析出黑色的银沉淀。

(3)重氮化－偶合反应：奥沙西泮在酸性或碱性中加热水解，生成的2－苯甲酰基－4－氯苯胺的含有芳伯氨基，经重氮化后与碱性β－萘酚偶合，生成橙红色的偶氮化合物。磺胺嘧啶和盐酸普鲁卡因含有芳伯氨基，也具有重氮化－偶合反应。

(4)铜盐反应：磺胺嘧啶与硫酸铜试液发生取代反应，生成黄绿色的磺胺嘧啶铜沉淀。

(5)Na^+的火焰反应：青霉素钠含有钠离子，灼烧产生黄色火焰。

(6)SO_4^{2-}的沉淀反应：硫酸链霉素含有SO_4^{2-}，与氯化钡试液反应生成白色的$BaSO_4$沉淀。

【实训内容】

1.实训用品

(1)药品：奥沙西泮、对乙酰氨基酚、阿司匹林、磺胺嘧啶、青霉素钠、硫酸链霉素、维生素C、维生素B_2、盐酸普鲁卡因

(2)试液：硝酸银试液、氯化钡试液、三氯化铁试液、0.4%氢氧化钠溶液、硫酸铜试液、0.1mol/L亚硝酸钠试液、碱性β－萘酚试液

(3)器材：电热恒温水浴锅、试管、药匙、量筒、烧杯、研钵、漏斗、铂丝、酒精灯、试管夹。

2.操作步骤

(1)对9个未知药品进行编号，将每个药品分成三份，一份初步试验，一份作确证试验，另一份供复查核使用。先进行外观观察、溶解性试验、灼烧试验等初步试验，然后再进行确证试验。

(2)观察9个未知药品的颜色。

(3)取9支试管，分别加入少量9个未知药品，加入1 mL水，观察药物的溶解性；取铂丝，一端弯成钩形，先在酒精灯上烧去杂质，至火焰无色后，铂丝先蘸取盐酸液湿润后，再分别蘸取9个未知药品少许，放进火焰中灼烧，观察出现鲜黄色火焰的药品。

通过初步试验，可以定论的药品有：橙黄色结晶性粉末，不溶于水的为维生素B_2；溶于水，有鲜黄色火焰的为青霉素钠。略溶于、微溶于水或不溶于水的药品还有4个，溶于水的药品还有3个。

(4)取2支试管，分别加入溶于水的3个药品约0.2g，加水10 mL溶解后，每种

药品再分成二等份，加硝酸银试液0.5 mL，产生黑色沉淀的可以定论为维生素C，另两种药品为硫酸链霉素和盐酸普鲁卡因。将未确定的两种药品试管中加入稀盐酸，加0.1 mol/L亚硝酸钠试液数滴，再加碱性β－萘酚试液数滴，生成红色沉淀的为盐酸普鲁卡因；或者加氯化钡试液，生成白色沉淀的为硫酸链霉素。

(5)取四支试管，分别加入略溶于、微溶于或不溶于水的四个药品微量，加少许的水溶解，向四支试管中各滴加三氯化铁试液，显蓝紫色的为对乙酰氨基酚。

(6)取三支试管，分别加入尚未确证的三个药品约0.1 g，加水10 mL煮沸，放冷，加三氯化铁试液1滴，即显紫堇色的为阿司匹林。

(7)取两支试管，分别加入尚未确证的奥沙西泮和磺胺嘧啶约0.1 g，加水与0.4%氢氧化钠溶液各3 mL，振摇使溶解，滤过，取滤液，加硫酸铜试液1滴，生成黄绿色沉淀，放置后变为紫色的为磺胺嘧啶，另一支试管中的药品为奥沙西泮。

【实训注意】

1. 若供试品为片剂，应先提前进行处理，然后再照上述方法进行，实验现象应与原料药相同。

2. 经编号而未标名的未知药品，实验取样中，不能用同一药勺，严格避免混淆掺杂而干扰结果。

3. 进行硝酸银反应时，若两支试管均出现白色凝胶沉淀，则检查蒸馏水中是否存有 Cl^-，做蒸馏水的空白对照实验。

【实训检测】

1. 写出上述药物的结构，并指出用于定性鉴别的官能团位置。

2. 画出本实训中药物鉴别的流程图。

3. 总结未知药物定性鉴别的步骤。

【实训报告】见实训项目二

【实训评价】见实训项目二

（隋新安）

附　录

一、我国常用试剂分级规格和选用试剂的参考原则

一般常用的化学试剂分为优级纯试剂(GR)、分析纯试剂(AR)、化学纯试剂(CR)、实验试剂(LR)四个等级。

1. 优级纯试剂　瓶签以白底绿字表示,英文缩写为GR(guaranteed reagent)。

2. 分析纯试剂　瓶签以白底红字表示,英文缩写为AR(analytical reagent)。

3. 化学纯试剂　瓶签以白底蓝字表示,英文缩写为CR(chemical reagent)。

4. 实验试剂　瓶签以白底棕字或黄字表示,英文缩写为LR(laboratory reagent)。

化学试剂除上述分级规格外,尚有特殊用途的基准试剂(专做基准物质用)、光谱纯试剂、色谱纯试剂等高纯度试剂。

选用试剂的参考原则:

1. 标定标准液或滴定液用基准试剂。

2. 配制标准液或滴定液一般可采用分析纯试剂或化学纯试剂。

3. 一般定性鉴别、杂质检查用的试液采用分析纯试剂或化学纯试剂。

4. 制备用试剂采用化学纯试剂或实验室试剂。

二、一些特定符号、名称的含义

(一)计量

1. 温度以摄氏度(℃)表示。

水浴温度　除另有规定外,均指98~100℃;

热水　系指70~80℃;

微温或温水　系指40~50℃;

室温　系指 10～30℃；

冷水　系指 2～10℃；

冰浴　系指约 0℃；

放冷　系指放冷至室温。

2. 百分比用"%"符号表示，系指重量的比例；但溶液的百分比，除另有规定外，系指溶液 100 mL 中含有溶质若干克；乙醇的百分比，系指 20℃时容量的比例。

3. 液体的滴，系在 20℃时，以 1.0 mL 水为 20 滴进行换算。

4. 溶液后标示的"(1→10)"等符号，系指固体溶质 1.0 g 或液体溶质 1.0 mL 加溶剂使成 10 mL 的溶液；未指明用何种溶剂时，均系指水溶液。

5. 乙醇未指明浓度时，均系指 95%(mL/mL)的乙醇。

(二)精确度

1. 试验中供试品与试药等"称重"或"量取"的量，其精确度可根据数值的有效位数来确定。如称取"0.1 g"系指称取重量可为 0.06～0.14g；称取"2g"系指称取重量可为 1.5～2.5g；称取"2.0g"系指称取重量可为 1.95～2.05g；称取"2.00g"系指称取重量可为 1.995～2.005g。

"精密称定"系指称取重量应准确至所取重量的千分之一；"称定"系指称取重量应准确至所取重量的百分之一；"精密量取"系指量取体积的准确度应符合国家标准中对该体积移液管的精密度要求；"量取"系指可用量筒或按照量取体积的有效数位选用量具。取用量为"约"若干时，系指取用量不得超过规定量的 ±10%。

2. 试验中的"空白试验"系指在不加供试品或以等量溶剂替代供试液的情况下，按同法操作所得的结果。

3. 试验时的温度，未注明者，系指在室温下进行。

(三)试液

试验用水，除另有规定外，均系指纯化水。

(王桂梅)

参考文献

1. 国家药典委员会. 中华人民共和国药典. 2010 年版. 北京:中国医药科技出版社,2010.

2. 陈新谦,金有豫,汤光. 新编药物学. 第 17 版. 北京:人民卫生出版社,2011.

3. 葛淑兰,惠春. 药物化学. 北京:人民卫生出版社,2013.

4. 葛淑兰. 归纳释疑提升练习——药物化学分册. 北京:人民卫生出版社,2010.

5. 葛淑兰,张玉祥. 药物化学. 北京:人民卫生出版社,2009.

6. 彭司勋. 药物化学——回顾与发展. 北京:人民卫生出版社,2002

7. 全国卫生专业技术资格考试专家委员会. 全国卫生专业技术资格考试指导——药学化学. 北京:人民卫生出版社,2012.

8. 尤启东. 药物化学. 第 7 版. 北京:人民卫生出版社,2012.

9. 尤启东. 药物化学. 第 2 版. 北京:化学工业出版社,2008.

10. 张彦文. 药物化学. 北京:高等教育出版社,2006.

11. 王润玲. 药物化学. 第 3 版. 北京:中国医药科技出版社,2012.

12. 叶发青. 药物化学. 杭州:浙江大学出版社,2012.

13. 彭司勋. 药物化学进展. 北京:化学工业出版社,2011.

14. 彭师奇. 药物化学原理. 北京:北京大学医学出版社,2006.

15. 于淑萍. 化学制药技术综合实训. 北京:化学工业出版社,2007.

16. 孟繁浩,余瑜. 药物化学. 北京:科学出版社,2010.

17. 白东鲁,陈凯先. 高等药物化学. 北京:化学工业出版社,2011.

18. 郑虎. 药物化学. 第 5 版. 北京:人民卫生出版社,2004.

图书在版编目（C I P）数据

药物化学／李淑敏，崔成红主编．—济南：山东人民出版社，2014．8（2018.1 重印）
ISBN 978－7－209－08673－8

Ⅰ.①药…　Ⅱ.①李…　②崔…　Ⅲ.①药物化学　Ⅳ.①R914

中国版本图书馆 CIP 数据核字（2014）第 189570 号

责任编辑：常纪栋

药物化学
李淑敏　崔成红　主编

山东出版传媒股份有限公司
山东人民出版社出版发行
社　址：济南市英雄山路 165 号　邮　编：250002
网　址：http://www.sd-book.com.cn
发行部：（0531）82098027　82098028

新华书店经销
山东华立印务有限公司印装

规　格　16 开（169mm×239mm）
印　张　21.5
字　数　380 千字
版　次　2014 年 8 月第 1 版
印　次　2018 年 1 月第 5 次
ISBN 978－7－209－08673－8
定　价　36.00 元